칸반
KANBAN
SUCCESSFUL EVOLUTIONARY CHANGE FOR YOUR TECHNOLOGY BUSINESS

Kanban: Successful Evolutionary Change for Your Technology Business
By David J. Anderson

Copyright ⓒ 2010, David J. Anderson

Korean Translation Copyright ⓒ 2014 Insight Press. The Korean edition was published by arrangement with David J. Anderson & Associates through Agency-One, Seoul.

이 책의 한국어판 저작권은 에이전시 원을 통해 저작권자와의 독점 계약으로 인사이트에 있습니다. 신저작권법에 의해 한국 내에서 보호를 받는 저작물이므로 무단전재와 무단복제를 금합니다.

칸반: 지속적 개선을 추구하는 소프트웨어 개발

초판 1쇄 발행 2014년 11월 30일 **지은이** 데이비드 J. 앤더슨 **옮긴이** 조승빈 **펴낸이** 한기성 **펴낸곳** 인사이트 **편집** 송우일 **제작·관리** 이지연·박미경 **표지출력** 소다그래픽스 **본문출력** 현문인쇄 **용지** 월드페이퍼 **인쇄** 현문인쇄 **제본** 자현제책 **등록번호** 제10-2313호 **등록일자** 2002년 2월 19일 **주소** 서울시 마포구 잔다리로 119 석우빌딩 3층 **전화** 02-322-5143 **팩스** 02-3143-5579 **블로그** http://blog.insightbook.co.kr **이메일** insight@insightbook.co.kr **ISBN** 978-89-6626-122-2 책값은 뒤표지에 있습니다. 잘못 만들어진 책은 바꾸어 드립니다. 이 책의 정오표는 http://www.insightbook.co.kr/348428에서 확인하실 수 있습니다. 이 도서의 국립중앙도서관 출판예정도서목록(CIP)은 서지정보유통지원시스템 홈페이지(http://seoji.nl.go.kr)와 국가자료공동목록시스템(http://www.nl.go.kr/kolisnet)에서 이용하실 수 있습니다.(CIP제어번호: CIP2014032993)

일러두기

1. 본문 중 후주 및 참고 문헌은 로마숫자로, 그 외 각주는 아라비아 숫자로 표기했습니다.

agile

칸반
KANBAN

데이비드 J. 앤더슨 지음 | 조승빈 옮김

차례

옮긴이의 글 xii
추천의 글 xvii

1부 소개 1

1장 애자일 관리자의 딜레마 3
지속 가능한 속도 4
성공적 변화 관리 6
드럼-버퍼-로프에서 칸반으로 9
칸반의 탄생 11
커뮤니티의 칸반 채택 12
직관에 어긋나는 칸반의 가치 13

2장 칸반이란 무엇인가? 15
칸반 시스템이란 무엇인가? 17
소프트웨어 개발에 칸반을 사용하다 18
왜 칸반 시스템을 사용하는가? 20
칸반은 린 복잡적응 시스템이다 21
칸반의 창발적 특성 21
칸반은 권한을 준다 22

2부 칸반의 장점 — 27

3장 성공 레시피 — 29
- 레시피 적용 — 30
- 성공 레시피와 칸반 — 47

4장 5분기 만에 최악에서 최고로 — 49
- 문제 — 50
- 업무 흐름 시각화 — 51
- 성과에 영향을 미치는 요소 — 52
- 프로세스 정책을 명시적으로 만들다 — 54
- 추정은 낭비였다 — 54
- 진행 중 업무를 제한하다 — 55
- 입력 케이던스를 정하다 — 57
- 새로운 타협점을 찾다 — 58
- 변화를 추진하다 — 59
- 정책 조정 — 59
- 그 이상의 개선을 모색하다 — 61
- 결과 — 62

5장 지속적 개선 문화 — 67
- 카이젠 문화 — 67
- 칸반은 조직 성숙도와 역량을 높인다 — 68
- 사례 연구: 코비스 응용 프로그램 개발 팀 — 70
- 사회학적 변화 — 75
- 사례 연구: 코비스 응용 프로그램 개발 팀(계속) — 77
- 문화 변화가 칸반 최대의 장점이다 — 80

3부 칸반의 적용　　　　　　　　　　　　　　83

6장 가치 흐름 그리기　　　　　　　　　　　85
제어 시작 지점 및 종료 지점 정의　　　　　　85
업무 항목 유형　　　　　　　　　　　　　　86
카드벽 그리기　　　　　　　　　　　　　　88
요구 분석　　　　　　　　　　　　　　　　91
요구에 맞는 수용량 할당　　　　　　　　　　93
업무 항목 카드　　　　　　　　　　　　　　94
전자 추적　　　　　　　　　　　　　　　　96
입력과 출력의 경계 설정　　　　　　　　　　97
동시 활동　　　　　　　　　　　　　　　　98
순서 없는 활동　　　　　　　　　　　　　　100

7장 칸반 시스템의 조정　　　　　　　　　　103
시각적 제어 및 당김　　　　　　　　　　　　103
전자 추적　　　　　　　　　　　　　　　　105
일일 스탠드업 회의　　　　　　　　　　　　106
후속 회의　　　　　　　　　　　　　　　　108
대기열 보충 회의　　　　　　　　　　　　　109
릴리스 계획 회의　　　　　　　　　　　　　110
예비 진료　　　　　　　　　　　　　　　　112
이슈 로그 리뷰 및 확대　　　　　　　　　　114
스티키 버디　　　　　　　　　　　　　　　115
지역 동기화　　　　　　　　　　　　　　　116

8장 출시 케이던스   119

출시 조정 비용   122
출시 처리 비용   123
출시 효율성   125
출시 케이던스 합의   127
출시 케이던스 증가를 위한 효율성 개선   128
요구 또는 특별한 목적에 의한 출시   129

9장 입력 케이던스   133

우선순위 부여 조정 비용   133
우선순위 부여 케이던스 합의   136
우선순위 부여 효율성   137
우선순위 부여 처리 비용   138
우선순위 부여 케이던스 증가를 위한 효율성 개선   139
요구 또는 특별한 목적에 의한 우선순위 부여   140

10장 진행 중 업무 제한   145

업무 작업 제한   145
대기열 제한   147
병목 지점 완화   148
입력 대기열 크기   149
업무 흐름을 제한하지 않는 구간   151
조직을 압박하지 말자   153
진행 중 업무를 제한하지 않는 것은 실수다   154
수용량 할당   155

11장 서비스 수준 합의   159
    일반적 서비스 클래스 정의   160
    서비스 클래스 정책   167
    서비스 출시 목표 결정   170
    서비스 클래스 할당   172
    서비스 클래스 활용   173
    서비스 클래스의 수용량 할당   174

12장 지표 및 관리 보고   179
    진행 중 업무 추적   180
    리드 타임   181
    완료일 달성 실적   183
    처리량   183
    이슈 및 차단 업무 항목   185
    흐름 효율성   185
    초기 품질   187
    실패 부하   187

13장 칸반 확대   189
    계층적 요구 사항   190
    가치 출시와 업무 항목 변동성의 분리   192
    2단계 카드벽   195
    레인 도입   196
    크기 변동성을 다루는 또 다른 접근법   197
    서비스 클래스 포함   197
    시스템 통합   198
    공유 자원 관리   199

14장 운영 리뷰 — 203

- 회의 전 — 203
- 첫 분위기는 비즈니스 중심으로 — 204
- 손님을 초대하면 지지자를 넓히고 가치를 더한다 — 205
- 주요 안건 — 206
- 린 변화의 핵심 — 207
- 적절한 케이던스 — 208
- 관리자의 가치를 보여주다 — 209
- 조직적 집중이 카이젠을 촉진한다 — 210
- 초기 사례 — 210

15장 칸반 변화 계획의 시작 — 213

- 변화 계획 관리가 아닌 문화의 변화 — 213
- 칸반 시스템의 1차 목표 — 215
- 칸반 시스템의 2차 목표 — 215
- 목표를 이해하고 장점을 분명히 설명한다 — 221
- 칸반 시작 가이드 — 222
- 칸반의 협상은 다르다 — 224
- 칸반 협상 — 227

4부 개선 — 237

16장 세 가지 유형의 개선 기회 — 239

- 병목 지점, 낭비 제거, 변동성 감소 — 240
- 칸반을 회사 문화에 맞추다 — 247

17장 병목 지점과 즉시 불가성   249
    수용량 제약 자원   251
    즉시 불가성 자원   259

18장 린 경제 모델   269
    '낭비'의 재정의   269
    처리 비용   270
    조정 비용   273
    활동이 비용인지 어떻게 알 수 있을까?   275
    실패 부하   276

19장 변동성의 원인   279
    변동성의 내부 원인   281
    변동성의 외부 원인   287

20장 이슈 관리 및 확대 정책   297
    이슈 관리   298
    이슈 확대   300
    이슈 추적 및 보고   300

감사의 글   305
부록1. 영감을 불러 일으키는 전 세계 칸반 실천가들의 한마디   309
부록2. 인터뷰 1 - 칸반의 개척자 데이비드 J. 앤더슨   341
부록3. 인터뷰 2 - 린 칸반 2013 콘퍼런스에서 만난 데이비드 J. 앤더슨   351
칸반 관련 자료   361
후주 및 참고 문헌   362
찾아보기   365

니콜라와 나탈리에게

옮긴이의 글

『칸반』원서를 처음으로 읽기 시작했을 때에는 "칸반? 이름은 많이 들어 봤는데, 뭔지 대충 한 번 알아볼까?"라는 가벼운 마음이었습니다. 표지가 귀여운 만화 스타일이어서 그렇게 생각했을지도 모르겠습니다. 하지만 얼마 지나지 않아, 이 책이 담고 있는 전혀 예상치 못한 깊이에 저는 깜짝 놀라고 말았습니다.

기본적으로 이 책은 칸반 입문서가 맞습니다. 사전 지식이 전혀 없는 사람들도 책을 읽고 나서 바로 칸반을 실천해 볼 수 있습니다. 이것이 이 책이 지닌 원래 목적이자 첫 번째 가치입니다. 그러나 이 책은 단순히 입문 수준에 그치지 않습니다. 진정한 가치는 다른 부분에 있습니다.

이 책을 읽으면서 가장 인상 깊었던 것은 흔들림 없이 자신의 비전을 이루고자 노력해 온 지은이 데이비드 J. 앤더슨의 열정입니다. 지속 가능한 속도를 유지하면서 변화에 대한 저항을 최소화할 수 있는 개발 방법을, 오랜 시간에 걸쳐 거듭 고민하고, 실행하고, 피드백을 얻어서 다음 단계로 한걸음씩 나아가는 모습을 보며, 그가 지니고 있는 비전에 자연스럽게 공감할 수 있었습니다. 또한 제약 이론, 도요타 생산 시스템, 린 사고, 애자일, 통계적 품질 관리 등 다양한 지식 체계를 하나로 자연스럽게 묶어 냈기 때문에, 칸반의 핵심 원리나 기본 철학을 설명하는 부분에서는 절로 고개를 끄덕이게 됩니다.

『칸반』을 번역하는 도중에 지인에게 이런 이야기를 들은 적이 있습니다. "스크럼에 실패했던 많은 팀에서 칸반을 사용하려 하고 있죠. 그런 팀들이 과연 칸반을 성공적으로 도입할 수 있을까요?" 곰곰이 생각해 보니 어떤 측면에서는 맞는 말이고, 또 어떤 측면에서는 틀린 말입니다.

칸반이나 스크럼 둘 다, 훌륭한 팀이 지금보다 더욱 훌륭한 제품을 개발할 수 있도록 도움을 주는 도구일 뿐입니다. 도구가 훌륭한 팀을 만들어 주지는 않습니다. 서로 투명하지 못하고, 감당할 수 없을 정도로 과도한 업무에 시달리고 있으며, 공유하는 목표가 없고, 협업하지 않는 팀은 스크럼이나 칸반뿐 아니라 그 어떤 도구를 사용하더라도 성공할 수 없습니다.

하지만 스크럼보다 칸반을 사용하는 것이 좀 더 적합한 환경이 있습니다. 여러분이 조직에서 상향식 변화나 하향식 변화를 기대하기 어려운 중간 관리자 입장이라면 칸반은 좋은 선택이 될 수 있습니다. 또, 예측 불가능한 변수가 너무 많아서 스프린트를 완벽히 보호할 수 없는 팀에서도 칸반을 시도해 볼 만합니다. 그리고 기존 역할이나 조직 구조를 쉽게 바꿀 수 있을 만큼 권한이 크지는 않지만, 무언가 더 좋은 방향으로 변화를 시도해 보고 싶을 때에도 칸반을 통해 도움을 얻을 수 있습니다.

『칸반』을 번역하면서 몇 가지 희망 사항이 생겼습니다.

우선, 칸반을 올바르게 이해하는 사람이 더 많아졌으면 좋겠습니다. 소프트웨어 분야에서 애자일·린에 조금이라도 관심이 있다면 칸반이라는 이름을 많이 들어 봤을 겁니다. 하지만 칸반을 정확하게 이해하고 있는 사람을 찾아보기 의외로 어려웠고 실제로 칸반을 적용해 보았다는 사람도 거의 만나 보지 못했습니다. 이름이 널리 알려져 있지만 사람들이 그 주제를 깊이 이해하지 못하는 경우 여러 가지 오해가 생겨나기 마련입니다. 이 책을 읽어보면, 칸반 하면 머릿속에 떠오르는 '포스트잇이 붙어 있는 보드'는 칸반의 한 가지 요소일 뿐이며, 칸반은 다양한 분야에서 가져온 여러 아이디어로 이루어진 유기체라는 섬을 분명히 이해힐 수 있습니다.

그다음으로, 애자일·린을 실천하고자 하는 사람들이 다양한 도구를 갖출 수 있었으면 좋겠습니다. 스크럼이 워낙 널리 확산되다 보니, 최근에는 '스크럼 == 애자일'이라고 여기는 경향성이 생겨나고 있습니다. 스크럼이 매우 훌륭하고 검증된 도구이긴 하지만 당연하게도 모든 환경에서 그 위력을 발휘할 수 있는 건 아닙니다. 스크럼이라는 프레임워크는 조직에 스크럼을 적용하는 방법을 포함하고 있지 않습니다. 그래서 스크럼 도입 성공은 전적으로 애자일 코치의 역량이 얼마나 뛰어난지, 그리고 해당 조직이 얼마나 성숙한지에 달려 있습니다. 제품을 점진적이고 반복적으로 개발하는 것처럼, 개발 방법의 변화도 당연히 점진적이고 반복적으로 이루어져야 합니다. 대부분의 실패는 변화를 시도하려고 하면 필연적으로 일어나게 마련인 구성원들의 저항에서 비롯됩니다. 저는 평소에 스크럼에서 이 부분을 분명히 다루고 있지 않다는 사실에 아쉬움을 느껴왔습니다. 조직 또는 애자일·린 코치가 때와 장소에 따라 적절히 사용할 수 있는 도구를 다양하게 갖춘다면, 모두가 바라는 더 좋은 개발 문화가 우리 앞으로 한걸음 더 가까이 다가올 수 있다고 생각합니다.

마지막은 궁극적 바람이기도 한데, 칸반이 널리 확산되어 우리나라 소프트웨어 업계의 발전에 보탬이 되었으면 좋겠습니다. 저는 많은 조직이 칸반을 통해 점진적으로 개발 문화 개선을 이뤄내는 모습을 상상해 봅니다. 2004년 처음으로 탄생해서 2010년에 이 책의 원서가 출간될 때까지, 그리고 그 이후에도 칸반은 끊임없이 발전하고 있습니다. 칸반에 관심이 있는 많은 사람들과 함께 지속적으로 학습하고 실천하면서 같은 비전을 마음속에 그릴 수 있길 기대해 봅니다.

끝으로 『칸반』이 세상에 나올 수 있도록 도움을 주신 많은 분들에게 고마운 마음을 전하고 싶습니다.

제일 먼저, 2010년 Xper를 통해 제가 칸반의 존재를 처음으로 알 수 있게 해준, SK플래닛의 황상철님과 LG전자의 심우곤님께 감사드립니다. 두 분이 아니었다면, 이 책이 아직 한국에 나오지 못했거나 다른 사람을 통해 소개되었겠지요.

바쁜 와중에도 기꺼이 시간을 내어 번역 원고를 검토해주신 Odd-e

Korea의 박준표, LG전자의 심우곤, 백미진, 그리고 NBT 파트너스의 곽근봉, 남상균 님 감사합니다. 덕분에 책에 담겨 있는 내용을 좀 더 분명하게 다듬을 수 있었습니다.

그리고 제가 던졌던 수많은 질문에 언제나 번개 같이 답변해준 지은이 데이비드 J. 앤더슨, 좋은 책을 번역할 수 있는 기회를 주시고 항상 좋은 책을 세상에 보여주는 인사이트 한기성 사장님, 원고를 깔끔하게 리뷰해서 멋진 책으로 바꿔주신 편집 팀에도 감사합니다.

칸반을 실제로 적용하면서 얻은 경험도 번역에 많은 도움이 되었습니다. 제가 지금까지 겪어본 중 최고 수준의 협업을 실천하고 있는 우리 NBT 개발 팀의 곽근봉, 김모세, 나석현, 남상균, 민경국, 박정훈, 서재상, 유지은, 이강수, 이영돈, 이중석, 조국현, 최병열, 최수경, 최은정, 최정환 님, 컬트 Khurtsbold Tsoodol, 호르헤 Jorge Gaete 모두 고맙습니다. 아직 넘어야 할 산이 더 많긴 하지만, 지금까지 8개월 남짓 직접 칸반을 적용해 오면서 언젠가는 우리가 최고의 개발 팀이 될 수 있으리라 저는 확신하고 있습니다.

아울러 매일 칸반 보드 앞에서 서로 솔직하고 투명한 피드백을 주고받고 있는 서비스기획 팀의 김병완, 김정태, 김형규, 송수호, 최근식, 디자인 팀의 김미진, 김현미, 문정미, 최경미 님에게도 감사하다는 말씀드리고 싶습니다.

또한 강대웅, 곽근봉, 김병완, 김승혁, 김정태, 김찬환, 김현미, 박광연, 박주형, 임영주, 정내리, 한서진, 한세희, 허원석, 그리고 개발 문화 개선에 많은 지원을 아끼지 않는 (경영학을 전공하고도 장인 마인드가 충만한) CEO 박수근 님 등 NBT 리더들도 항상 고맙습니다. 매주 금요일 대기열 보충 회의에 참여해서, 여러분이 조직 전체 관점에서 무엇이 최선인지 토론하는 모습을 볼 때마다 묘한 감동을 느낍니다.

평소에는 잘 표현하지 못하고 있지만, 여기에 미처 언급하지 못한 분들을 포함해서 NBT의 모든 구성원들에게 언제나 많은 것을 배우고 있고, 제가 얻은 것 이상으로 돌려드리고 싶은 마음이 항상 가득하다는 말씀을 드리고 싶습니다.

그리고 마지막으로 번역 기간 중 많은 어려움을 참아주고 배려를 아끼지 않았던 아내 그리고 딸 민유, 아들 민하에게 진심으로 사랑한다는 말을 전하고 싶습니다.

2014년 11월
조승빈

추천의 글

나는 데이비드의 활동을 항상 주목하고 있었다. 2003년 10월에 데이비드가 내게 자신의 책 『Agile Management for Software Engineering: Applying the Theory of Constraints for Business Results』를 보내주었을 때 데이비드를 처음 알게 되었다. 책 제목에서 알 수 있듯이 그 책은 엘리 골드랫Eli Goldratt의 제약 이론Theory of Constraints, TOC으로부터 깊은 영향을 받은 책이었다. 그 후 2005년 3월에 나는 데이비드를 직접 만나러 마이크로소프트에 갔다. 당시 데이비드는 누적 흐름도를 활용해서 인상적인 활동을 하고 있었다. 2007년 4월에는 데이비드가 코비스Corbis에 적용한 칸반 시스템이라는 눈부신 결과물을 볼 기회를 얻었다.

내가 이 과정을 설명하는 이유는 데이비드가 관리에 대해 갖고 있던 자신의 아이디어를 꾸준히 발전시켜 왔다는 사실을 여러분에게 알려주고 싶기 때문이다. 데이비드는 한 가지 아이디어에 집착하지도 않았고, 세상을 그 아이디어에 억지로 끼워 맞추려고 하지도 않았다. 대신에 자신이 해결하려고 하는 문제를 전체적으로 고민했고, 가능한 다른 해결책에도 마음을 열어두고 있었으며, 실전에서 테스트해 보고, 효과가 있는 이유를 돌이켜 생각해 보았다. 여러분은 이 새로운 책을 통해 데이비드의 이러한 접근 방식이 이루어낸 성과를 보게 될 것이다.

물론 아무리 속도가 빠르더라도 올바른 방향이 아니라면 그 속도는 의미가 없다. 나는 데이비드의 방향이 옳다고 확신했다. 특히 칸반 시스템을 활용한 데이비드의 최근 활동이 흥미로웠다. 나는 예전부터 꾸준히 제약 이론보다는 린 제조lean manufacturing[1] 쪽에서 제품 개발에 직접 사용할 수 있는 아이디어를 찾고 있었다. 실제로 2003년 10월에는 데이비드에게 이렇게 이야기하기도 했다. "제약 이론의 가장 큰 약점 중 하나는 배치 크기batch size[2]를 별로 중요하게 다루지 않는다는 점입니다. 제약을 찾아내서 줄이는 일이 가장 중요한 문제라고 생각한다면, 십중팔구 엉뚱한 문제를 해결하는 중인 거에요." 나는 지금도 이 말이 옳다고 생각한다.

우리가 2005년에 만났을 때도, 제약 이론에서 이야기하는 병목 지점에 집중하는 것이 전부가 아니라고 데이비드에게 재차 강조했다. 도요타 생산 시스템Toyota Production System, TPS이 대단한 성공을 거둔 이유는 병목 지점을 찾아내서 제거했기 때문이 아니라고 설명했다. 도요타가 성과를 얻었던 이유는 진행 중인 업무의 개수를 줄이려고 배치 크기를 작게 해서 변동성을 감소시켰기 때문이다. 개수를 줄여서 경제적 이익을 얻었고 이러한 성과는 칸반 같은 진행 중 업무 제약 시스템 덕분이었다.

2007년에는 코비스를 방문해서 칸반 시스템을 적용하고 있는 인상적인 모습을 보았다. 그 모습을 본 나는 데이비드에게 도요타의 칸반을 훨씬 뛰어넘는 발전을 이룩했다고 말했다. 내가 이렇게 말했던 이유는 무엇일까? 도요타 생산 시스템은 반복적이고 예측 가능한 작업, 즉 작업 기간과 지연 비용이 서로 비슷한 작업을 처리하기에 적당하다. 그런 조건에서는 선입선출first-in-first-out, FIFO 같은 방식을 사용하는 것이 옳다. 또한 진행 중 업무가 제한에 도달하면 더 이상 업무가 들어오지 못하도록 차단하는 것이 옳다. 그러나 이 방식은 반복적이지 않고 예측하기 어려운 작업, 즉 지연 비용과 기간이 서로 다른 작업, 더 정확히 말하자면 우리가 제품을 개발하면서 처리해야만 하는 작업에는 적당하지 않다. 우리에게는 도요타 생산 시스템보다 더욱 발전된 시스템이 필요하며, 이 책은 그러한 시스템을 실용적으

---

1 (옮긴이) 재고를 낮게 유지하고 작업을 더 유연하게 하는 등의 활동을 통해 낭비 제거를 목표로 하는 제조 방식
2 (옮긴이) 어떤 처리를 연속적으로 하는 것이 아니라 일정량씩 나누어 처리하는 경우 그 일정량을 배치(batch)라고 한다.

로 상세히 설명하는 첫 번째 책이다.

나는 독자들에게 몇 가지 간단한 주의 사항을 전달하고자 한다. 첫째, 여러분이 이미 칸반 시스템의 원리를 이해하고 있다고 생각한다면, 대부분 린 제조 분야에서 사용하던 칸반 시스템을 머릿속에 떠올리고 있는 것이다. 이 책에 담긴 아이디어는 정적 진행 중 업무 제한, 선입선출 일정 관리, 단일 서비스 클래스를 사용하는 그런 단순한 시스템이 아니다. 이 차이점에 주목해야 한다.

둘째, 이 방식을 단순히 시각적 제어 시스템으로 생각하지 않길 바란다. 진행 중 업무 시각화가 칸반 보드의 두드러진 특징이기는 하지만 한 가지 측면에 지나지 않는다. 여러분이 이 책을 꼼꼼히 읽는다면 더욱 많은 것을 찾아낼 수 있다. 업무가 들어오고 나가는 프로세스, 대체 불가능한 자원을 관리하는 방법, 서비스 클래스의 사용 같은 부분에 진짜배기 통찰이 담겨 있다. 시각적 부분에 현혹되어 중요한 세부 요소를 놓치지 않도록 하자.

셋째, 사용하기 쉬워 보인다는 이유로 이 방법을 가볍게 생각하지 말자. 이렇게 사용하기 쉬운 이유는 최소한의 노력으로 최대한의 이익을 만들어 내고자 했던 데이비드의 통찰력 덕분이다. 데이비드는 이 방법을 실제로 적용하려는 실천가가 중요하다는 사실을 분명히 알고 있었으며, 적용했을 때 실제로 효과를 얻을 수 있도록 고민해 왔다. 방법이 단순해야 혼란을 줄일 수 있고 지속적으로 이익을 얻을 수 있다.

이 책은 마땅히 주의 깊게 읽어야 할 매우 흥미롭고 중요한 책이다. 여러분이 이 책에서 무엇을 얻을 수 있느냐는 이 책을 얼마나 진정으로 읽느냐에 달려 있다. 이렇게 앞서 가는 아이디어를 이보다 더 훌륭하게 보여줄 수 있는 책은 없다. 나만큼 여러분도 이 책을 즐길 수 있길 바란다.

2010년 2월 7일
캘리포니아 주 레돈도 비치
『The Principles of Product Development Flow』의 지은이
도널드 라이너슨(Donald Reinertsen)

1부

소개

1
애자일 관리자의 딜레마

2002년 나는 궁지에 몰려 있는 개발 관리자였다. 당시 워싱턴 주 시애틀의 모토로라 휴대 전화 사업부에서 근무하고 있었는데, 우리 부서는 모토로라가 1년 전 인수한 스타트업 회사의 일부였고, OTA over-the-air[1] 다운로드나 OTA 장치 관리 같이 무선 데이터 서비스에 사용하는 네트워크 서버 소프트웨어를 개발하고 있었다. 이 서버 응용 프로그램들은 통신사 네트워크 내부의 다양한 구성 요소 및 결제 시스템 같은 백오피스 인프라뿐 아니라 휴대 전화의 클라이언트 코드와도 밀접한 통합 시스템의 일부였다. 관리자는 공학적 복잡도, 위험 요소, 프로젝트 규모를 고려하지 않은 채 개발 마감 시한을 정해 놓은 상태였고, 우리가 개발 중인 코드는 원래 스타트업 회사의 코드를 기반으로 하고 있었는데, 많은 절차를 무시한 채 사용 중이었다. 한 고참 개발자는 우리 제품을 '시제품 prototype'으로 불러야 한다고 주장했다. 비즈니스 요구 사항을 충족시키려면 더 뛰어난 생산성과 더 높은 품질이 간절히 필요한 상태였다.

2002년을 돌이켜보면, 나는 일상 업무 그리고 이전에 썼던 책을 통해 마음속에 두 가지 도전을 품고 있었다. 첫 번째 도전은 어떻게 하면 늘어나는 비즈니스 요구로부터 팀을 보호하면서 애자일 커뮤니티에서 말하는 '지속 가능한 속도'를 달성할 수 있을까였고, 두 번째 도전은 이떻게 하면 성공적으로 애자일 방식을 기업 전체에 확산시키면서도 변화에 필연적으

---

[1] (옮긴이) OTA, 즉 무선 통신이란 둘 또는 그 이상의 지점 사이에 전기 전도체의 연결이 없는 정보의 전송을 일컫는다.

로 뒤따르는 저항을 극복할 수 있을까였다.

지속 가능한 속도

2002년 당시 애자일 커뮤니티에서 생각하던 지속 가능한 속도라는 개념은 단순히 '주당 40시간 근무'를 의미했다.ⅶ 애자일 선언 이면의 원칙ⅷ을 보면 "애자일 프로세스들은 지속 가능한 개발을 장려한다. 스폰서, 개발자, 사용자는 일정한 속도를 계속 유지할 수 있어야 한다"라고 말하고 있다. 2년 전 스프린트 PCSSprint PCS[2]에 있을 때, 나는 우리 팀원들에게 "대규모 소프트웨어 개발은 단거리 경주가 아니라 마라톤입니다"라는 이야기를 자주 했다. 팀원들이 속도를 유지하며 18개월짜리 프로젝트라는 긴 여정을 계속하려면, 한두 달 만에 지쳐 쓰러져서는 안 됐다. 팀원들이 지치지 않고 매일 합리적인 시간을 일하도록 하려면, 프로젝트 계획이 있어야 하고, 예산을 확보해야 하며, 일정이 있어야 하고, 그 규모를 추정할 수 있어야 했다. 관리자로서 내 도전은 이 목표를 달성하면서도 모든 비즈니스 요구를 받아들이는 것이었다.

1991년에 내가 PC 또는 그 밖의 소형 컴퓨터에 사용하는 비디오 캡처 보드를 만들던 5년 차 스타트업 회사에서 처음으로 관리자 업무를 시작했을 때, CEO로부터 내 리더십이 '매우 부정적'이라는 피드백을 받은 일이 있었다. 개발 수용량capacity이 이미 한계치에 도달한 상태에서 더 많은 제품이나 기능을 개발하라는 요청을 받으면 나는 항상 "안 됩니다"라고 대답했다. 2002년에는 그것이 분명한 패턴으로 자리 잡고 있었다. 비즈니스 책임자의 끊임없이 변덕스러운 요구에 "안 됩니다"라고 말하면서 10년이라는 세월을 낭비해 왔던 것이다.

소프트웨어 개발 팀이나 IT 부서는 가장 합리적이고 객관적인 계획마

---

[2] (옮긴이) CDMA 서비스를 제공하는 미국 스프린트의 PCS(personal communication service) 사업부로 지금은 없어졌다.

저도 협상을 요구하고, 회유하고, 위협하고, 약속을 파기하는 다른 부서에 의해 휘둘리고 있다. 빈틈없는 분석에 기초한 계획이나 수년간의 과거 데이터를 근거로 한 계획도 이런 상황에서는 무용지물이다. 철저히 분석하는 방법도 잘 모르겠고 과거 데이터도 없는 팀은 대부분 알 수 없는 (그리고 전혀 합리적이지 못한) 제품을 약속하라고 압박하는 다른 이들의 손아귀에서 무력하기만 하다.

한편으로, 노동자들은 말도 안 되는 일정과 이해할 수 없는 업무를 대부분 당연하게 받아들여 왔다. 소프트웨어 엔지니어는 사회생활이나 가정생활을 제대로 누릴 수가 없다. 이런 상황이 불합리한 것은 당연하다! 아이들이나 가족과의 관계를 회복할 수 없을 정도로 과도한 업무에 시달리고 있는 사람을 나는 수없이 많이 알고 있다. 그러나 대개 일반적인 소프트웨어 개발 긱geek들에게는 쉽사리 동정심이 느껴지지 않는다. 내가 살고 있는 미국 워싱턴 주에서는 소프트웨어 엔지니어의 연봉이 치과 의사에 이어 두 번째로 높다. 1920년대 포드Ford 조립 라인 노동자는 괜찮은 보수를 받았기 때문에(미국 평균 임금의 다섯 배를 벌었다), 아무도 업무의 단조로움이나 노동자의 삶의 질에 관심을 두지 않았다. 소프트웨어 개발 같은 지식 분야에서 노동조합이 탄생하는 모습을 상상하기란 어렵다. 개발자가 일상적으로 겪는 육체적 또는 정신적 질환의 근본 원인을 고민하는 사람이 없어 보이기 때문이다. 비교적 경제적으로 넉넉한 고용주는 문제의 근본 원인을 해결하려고 노력하지는 않고, 마사지나 심리 치료 같은 복지 혜택을 주거나 가끔씩 '정신 건강'을 위한 유급 휴가를 제공하기도 한다. 유명한 소프트웨어 업체에서 근무하는 한 테크니컬 라이터technical writer가 내게 이렇게 이야기한 적이 있었다. "항우울제를 처방받는 일이 부끄러운 일은 아니에요. 그런 사람이 한둘이 아니거든요!" 소프트웨어 엔지니어들은 이러한 폐해를 겪으면서도 부당한 요구에 침묵하고, 높은 급여를 받으며, 그 결과에 고통받고 있다.

나는 그 틀을 깨고 싶다. 내가 "예"라고 대답할 수 있으면서도 지속 가능한 속도를 이룩해서 팀을 보호할 수 있는 '윈-윈' 방식을 찾고 싶다. 팀에 사회생활과 가정생활을 돌려주고 싶고, 20대밖에 안 되는 젊은 개발자가 스트레스 때문에 건강 문제를 겪는 상황을 개선하고 싶다. 그래서 나는 이 문제를 해결하려고 무언가를 하기로 결심했다.

성공적 변화 관리

내 두 번째 도전은 대규모 조직의 변화를 이끌어 가는 것이었다. 나는 스프린트 PCS에서도 개발 관리자였고 모토로라에서도 개발 관리자였다. 두 회사 모두 업무를 더욱 애자일한 방식으로 발전시키려는 현실적 비즈니스 요구가 있었다. 그러나 두 군데 다 애자일을 한두 팀 이상으로 확산시키는 데 애를 먹었다.

두 회사에서 모두, 나는 여러 팀에 쉽게 변화를 추진할 수 있을 만큼 충분한 힘을 지닌 위치에 있지 못했다. 윗선의 지시를 이용해서 변화에 영향을 미쳐 보려고도 했지만 내게는 아무런 힘도 없었다. 나는 동료에게 내가 우리 팀에 했던 것처럼, 각자의 팀에 변화를 일으킬 수 있는 활동을 해달라고 부탁했다. 분명히 우리 팀에서는 좋은 결과를 만들어 냈던 기법이었는데, 다른 팀에는 그 기법을 적용하는 데 저항이 있었다. 이 저항에는 아마도 많은 이유가 있겠지만 가장 흔한 이야기는 팀마다 상황이 다르다는 것이었다. 우리 팀에서 사용했던 기법을 다른 팀에 적용하려면 특정 요구에 적합하게 그 기법을 바꾸고 맞추어야 했다. 2002년 중반에 나는 변화를 받아들이지 않는 팀에는 소프트웨어 개발 프로세스를 강제로 도입하기로 결심하기도 했다.

프로세스는 각각의 고유한 상황에 맞게 조정해야 하는데, 그러려면 각 팀에는 적극적 리더십이 필요하다. 하지만 이런 리더십이 부족한 경우가 많았다. 충분한 리더십이 있더라도 제대로 된 프레임워크가 없거나 프로세스를 상황에 맞게 조정하는 방법을 적절히 알려주지 못한다면 의미 있는 변화를 일으킬 수 있을지 의심스러웠다. 변화를 이끌어 갈 리더, 코치, 프로세스 엔지니어가 없다면 잘못된 믿음을 근거로 한 주관에 따라 프로세스를 조정할 가능성이 높다. 프로세스 템플릿을 부적절하게 적용한다면 분노와 반대만 불러오게 될 것이다.

나는 당시에 집필했던 책인 『Agile Management for Software Engineering』에서 이 문제를 일부 다루었다. 그 책에서 나는 이렇게 질문했다. "왜 애자일 개발의 경제적 결과가 전통적 방법에 비해 더 나은가?" 나는 그 근거를 만드는 데 제약 이론Theory of Constraints, TOC[IV]을 활용했다.

그 책을 연구하고 집필하는 동안, 나는 어떤 방식으로든 모든 상황이 고유하다는 사실을 깨달았다. 왜 제약 요인과 병목 지점이 모든 팀, 모든 프로젝트에서 언제나 같은 곳에 있어야 한다고 생각하는가? 각 팀은 서로 다르다. 기술이 다르고 역량이 다르고 경험이 다르다. 각 프로젝트도 서로 다르다. 예산이 다르고 일정이 다르고 범위가 다르고 위험 프로파일이 다르다. 그리고 모든 조직도 다 다르다. 그림 1.1처럼, 서로 다른 시장에서 서로 다른 가치 사슬[3]을 다룬다. 여기에서 변화에 대한 저항의 단서를 얻을 수도 있다는 생각이 들었다. 무슨 이익을 얻을 수 있을지 알 수 없는 방향으로 업무 관행이나 행동을 바꾸라고 하면 사람들은 그 요구에 저항할 것이다. 마찬가지로 팀 구성원이 제약이나 제한 요소가 무엇인지 인식하는 데 도움을 주지 못하는 변화라면 사람들은 저항할 것이다. 간단히 말하자면, 맥락을 무시한 채 요구한 변화는 프로젝트의 맥락 속에서 살며 이해하고 있는 사람들이 거부할 것이다.

차라리 병목 지점을 하나씩 제기해서 프로세스를 새로운 방향으로 발전시키는 편이 훨씬 나아 보였다. 이것이 골드랫의 제약 이론에 담겨 있는

---

[3] (옮긴이) 기업 활동에서 부가 가치가 생성되는 과정을 의미한다.

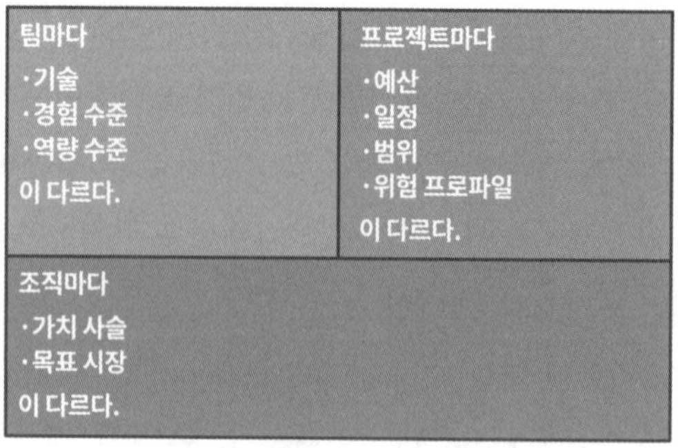

```
┌─────────────────────────┬─────────────────────────┐
│ 팀마다                  │ 프로젝트마다            │
│ • 기술                  │ • 예산                  │
│ • 경험 수준             │ • 일정                  │
│ • 역량 수준             │ • 범위                  │
│ 이 다르다.              │ • 위험 프로파일         │
│                         │ 이 다르다.              │
├─────────────────────────┴─────────────────────────┤
│ 조직마다                                          │
│ • 가치 사슬                                       │
│ • 목표 시장                                       │
│ 이 다르다.                                        │
└───────────────────────────────────────────────────┘
```

그림 1.1 '널리 적용하도록 만든' 개발 방법은 왜 효과가 없을까?

핵심 주제다. 공부해야 할 것이 많다는 사실을 깨닫긴 했지만, 제약 이론에 가치가 있다고 생각했기 때문에 원래 계획했던 대로 원고를 작성해 나갔다. 나는 내 첫 번째 책이 변화 관리에 별다른 도움을 주지 못했고, 아이디어를 확대해 적용하는 방법도 적절히 조언해 주지 못했다는 점을 충분히 알고 있다.

16장에서 설명할 골드랫의 접근 방식에서는 병목 지점을 찾아낸 다음 그 병목 지점이 더 이상 성과를 제약하지 않을 때까지 완화하는 방법을 찾는다. 그 후 새로운 병목 지점이 나타나면 그 과정을 되풀이한다. 골드랫의 방식은 병목 지점을 찾아내고 제거함으로써 체계적으로 성과를 개선하는 반복적 접근 방식이다.

나는 이 기법을 린 아이디어와 결합할 수도 있다고 생각했다. 소프트웨어 개발 생애 주기의 업무 흐름workflow을 가치 흐름value stream 같은 모양으로 만든 다음, 시스템 내부를 '흘러가는' 업무의 상태 변화를 추적하고 시각화하는 시스템을 만들면 병목 지점을 찾아낼 수 있다. 제약 이론의 기본 모델에서 첫 번째 단계는 병목 지점을 찾아내는 것이다. 골드랫은 '드럼-버퍼-로프Drum-Buffer-Rope'라는 특이한 이름으로 흐름 문제를 응용하는 방법을 이미 만들어 놓았다. 그 이름은 특이했지만, 드럼-버퍼-로프를 단순하게 만들면 소프트웨어 개발에도 적용할 수 있다는 사실을 깨달았다.

드럼-버퍼-로프는 일반적으로 당김 방식pull system으로 알려진 해결책 중 한 가지 예다. 2장에서 보겠지만, 칸반 시스템도 당김 방식의 또 다른 예다. 당김 방식의 흥미로운 2차 효과는, 이 방식이 진행 중 업무work-in-progress, WIP를 합의한 양만큼으로 제한해서 작업자가 과부하 상태에 빠지지 않도록 예방한다는 점이다. 그러면 병목 지점에 위치한 작업자만이 최대 부하 상태에 놓이게 되며, 나머지 위치에 있는 작업자는 잉여 시간을 경험하게 된다. 나는 당김 방식이 내 두 가지 도전을 모두 해결할 가능성이 있다고 생각했다. 당김 방식을 사용하면 (원컨대) 저항이 상당히 줄어들어 프로세스 변화를 점진적으로 이룰 수 있고, 지속 가능한 속도를 이룰 수 있을 것 같았다. 기회가 생기면 바로 드럼-버퍼-로프 당김 방식을 시도해 보겠다고 결심했다. 나는 점진적 프로세스 발전을 실험해 보고 싶었고, 지속 가능한 속도를 이룰 수 있는지, 그리고 변화에 대한 저항 감소가 가능한지 확인해 보고 싶었다.

마침내 2004년 가을 마이크로소프트에 있을 때 적당한 기회를 얻었고, 그 이야기는 4장의 사례 연구에서 자세히 다루려고 한다.

드럼-버퍼-로프에서 칸반으로

마이크로소프트에 적용한 드럼-버퍼-로프 방식은 꽤 잘 진행되고 있었다. 작은 저항이 있긴 했지만 생산성은 세 배 증가했고 리드 타임lead time[4]은 90% 감소했으며 반면에 예측성은 98% 개선되었다. 나는 그 결과를 2005년 가을 바르셀로나에서 있었던 콘퍼런스에서 발표했고[v], 2006년 겨울에도 같은 내용을 다시 발표했다. 덕분에 도널드 라이너슨Donald Reinertsen이 내 성과를 주목하게 되었고, 그는 워싱턴 주 레드먼드에 있는 마

---

4 (옮긴이) 상품 생산 시작부터 원 생키기 걸리는 시간

이크로소프트로 나를 만나러 왔다. 도널드는 내가 완전한 칸반 시스템을 제대로 만들 수 있는 모든 조건을 다 갖추고 있다고 이야기했다.

칸반看板이란 일본어로 '신호 카드signal card'를 의미한다. 제조업에서는 프로세스의 상류upstream 단계에 더 생산하라는 신호를 보낼 때 이 카드를 사용한다. 하류downstream 단계로부터 이 신호를 받지 못하면 프로세스 각 단계에 있는 작업자는 업무를 진행할 수 없다. 나는 이런 메커니즘을 알고 있긴 했지만, 칸반이 지식 업무, 특히 소프트웨어 공학 분야에도 쓸모가 있는지, 그리고 실행 가능한 기법인지 확신할 수 없었다. 칸반 시스템을 사용하면 지속 가능한 속도는 달성할 수 있으리라 생각했다. 그러나 점진적 프로세스 개선을 다루는 데도 적당한지는 알 수 없었다. 나는 도요타 생산 시스템의 창시자 중 한 명인 오노 다이이치大野耐一에 대해 잘 모르고 있던 상태였다. 오노 다이이치는 이렇게 이야기했다. "도요타 생산 시스템을 떠받치는 두 개의 기둥은 적시 생산just-in-time, JIT과 사람이라는 요소가 포함된 자동화autonomation입니다. 그리고 도요타 생산 시스템 운영에 사용하는 도구가 칸반입니다." 다시 말해 칸반은 도요타의 카이젠改善(지속적 개선) 프로세스의 핵심이다. 칸반은 일이 돌아가게끔 만드는 메커니즘이다. 나는 5년간의 경험으로 이 말이 전적으로 사실이라는 것을 알게 되었다.

다행스럽게도, 도널드는 내게 드럼-버퍼-로프를 칸반 시스템으로 바꿔야 한다고 주장했다. 병목 지점에 대한 드럼-버퍼-로프의 부족한 부분을 칸반 시스템이 매끄럽게 채울 수 있다는 그 말은 널리 알려진 이야기는 아니었지만 퍽 설득력이 있었다. 그러나 도널드가 어떤 이야기를 했는지 구체적으로 설명하지 않아도, 이 책을 읽고 이해하는 데 별 문제는 없을 것이다.

마이크로소프트에서 적용했던 최종 방식을 도널드와 다시 논의하면서 우리가 상상해온 것이 처음부터 칸반 시스템이었다는 것을 알게 되었고, 칸반 시스템에서 얻을 수 있는 결과는 내가 원하는 결과와 완벽히 일치했다. 두 가지 다른 접근 방식에서 같은 결과가 나온다는 사실이 흥미로웠다. 그래서 만들어진 프로세스가 결과적으로 동일하다면 꼭 드럼-버퍼-로프를 고집할 필요는 없다고 생각했다.

나는 차츰 드럼-버퍼-로프라는 용어보다는 '칸반'이라는 용어를 더욱 자주 사용하게 되었다. 이미 린 제조(또는 도요타 생산 시스템)에서 칸반이라는 용어를 사용하고 있다. 이 지식 체계는 제약 이론보다 더 널리 퍼져 있고 받아들여져 왔다. 칸반이 일본어이기는 하지만 드럼-버퍼-로프보다 덜 은유적이다. 칸반은 대화를 나누기에도 더 쉽고, 설명하기도 더 쉬웠으며, 나중에 안 사실이지만, 가르치고 적용하기에도 더 쉬웠다. 그래서 나는 칸반이라는 이름을 사용하게 되었다.

칸반의 탄생

2006년 9월 나는 마이크로소프트에서 코비스Corbis의 소프트웨어 개발 부서로 자리를 옮겼다. 시애틀 중심가에 위치해 있던 코비스는 사진 저장소 및 지적 재산권 사업을 하고 있는 비상장 회사였다. 마이크로소프트에서 얻은 성과에 고무되었던 나는 코비스에도 칸반 당김 방식을 적용하기로 결심했다. 코비스에서 얻은 결과에도 다시 용기를 얻은 나는, 그 시기에 이 책에 담겨 있는 아이디어 대부분을 발전시킬 수 있었다. 그때 발전시킨 업무 흐름 시각화workflow visualization, 업무 항목 유형work item types, 케이던스cadence, 서비스 클래스classes of service, 상세 관리 보고specific management reporting, 운영 리뷰operations reviews 같은 아이디어를 모아 칸반을 정의하였다.

이 책의 나머지 부분에서 신호 카드 당김 방식, 시각화, 그 밖의 도구들을 활용하여 기술 개발 및 IT 운영에 린 아이디어의 도입을 촉진하는 섬진적 변화 방법인 칸반을 설명할 것이다. 프로세스는 조금씩 점진적으로 발전하는 것이다. 칸반을 사용하면 지속 가능한 속도를 유지하고 변화에 대한 저항을 최소화하면서도 상황에 맞게 프로세스를 최적화할 수 있다.

커뮤니티의 칸반 채택

2007년 5월에 릭 가버Rick Garber와 나는 시카고에서 열린 린 뉴 프로덕트 디벨롭먼트Lean New Product Development 콘퍼런스에서 약 55명의 청중에게 코비스에서 얻은 초기 결과를 발표했다. 그해 여름이 지나고 워싱턴 D.C.에서 있었던 애자일 2007 콘퍼런스에서는 약 25명의 참가자와 함께 칸반 시스템에 대해 토론하는 오픈 스페이스 세션을 진행했다. 이틀 후에는 콘퍼런스 참가자 중 한 명이었던 알로 벨쉬Arlo Belshee가 자신의 네이키드 플래닝Naked Planning[VI] 기법을 공유하는 발표를 했다. 다른 사람도 나와 마찬가지로 당김 방식을 적용해 왔다는 사실을 알게 되었다. 야후 토론 그룹Yahoo! Discussion group이 만들어졌고 회원이 금세 100명으로 늘어났다. 이 글을 쓰고 있는 현재는 회원이 1000명을 넘었다. 오픈 스페이스 세션 참가자 중 다수가 자신의 직장에서 칸반을 시도해 보기로 약속했고, 그중에는 스크럼Scrum을 적용하려고 노력 중인 팀도 있었다. 이 중에서 가장 주목할 만한 사람은 칼 스코틀랜드Karl Scotland, 애런 샌더스Aaron Sanders, 조 아놀드Joe Arnold였는데, 모두 야후에서 근무하는 사람들이었고, 야후는 3개 대륙 10개 이상의 팀에서 빠르게 칸반을 채택했다. 오픈 스페이스에 참석했던 사람 중에서 중요한 또 한 명은 일본에서 칸반 방식을 연구하고 있던 히라나베 켄지平鍋健児였다. 켄지는 머지않아 해당 주제로 인포큐InfoQ에 두 건의 글을 기고하여[VII][VIII] 많은 인기와 관심을 끌었다. 2007년 가을에는 『Managing Agile Projects』[IX]의 지은이이자 애자일 프로젝트 리더십 네트워크Agile Project Leadership Network, APLN의 설립자인 산지브 어거스틴Sanjiv Augustine이 시애틀의 코비스를 방문해서 우리 칸반 시스템을 보고 이렇게 말했다. "내가 지난 5년 동안 처음으로 본 새로운 애자일 방법이에요."

그다음 해 토론토에서 열린 애자일 2008에서는 다른 상황에서 칸반 카드를 사용한 발표가 여섯 건 있었다. 그중 하나는 익스트림 프로그래밍

Extreme Programming, XP 컨설팅 및 교육 회사인 인더스트리얼 로직Industrial Logic의 조슈아 케리에브스키Joshua Kerievsky의 발표였는데, 조슈아는 나와 비슷한 아이디어로 자신의 비즈니스 환경에 맞게 익스트림 프로그래밍을 적용하고 개선한 방법을 보여주었다. 그해 애자일 얼라이언스Agile Alliance는 애자일 커뮤니티에 대한 공로를 기리고자 알로 벨쉬와 히라나베 켄지에게 고든 패스크 상Gordon Pask Award을 수여하였다. 두 명 다 칸반 탄생이나 칸반과 매우 비슷한 아이디어를 만들고 소통하는 데 눈에 띄는 기여를 했다.

직관에 어긋나는 칸반의 가치

여러모로 지식 업무는 생산 활동과 차이점이 많다. 소프트웨어 개발은 분명히 제조업과 다르다. 각 분야가 보여주는 속성이 전혀 다르다. 제조업은 변동성이 낮은 반면에 소프트웨어 개발은 대부분 변동성이 매우 높으며 이익 창출을 위해 참신한 설계를 통한 변동성을 이용하기도 한다. 소프트웨어는 근본적으로 '소프트'하며 낮은 비용으로 쉽게 바꿀 수 있지만, 제조업은 주로 바꾸기 어려운 '하드'한 것을 중심으로 삼는다. 소프트웨어 개발 및 그 밖의 IT 업무에서 칸반의 가치를 회의적으로 생각하는 것은 당연하다. 커뮤니티 대부분은 지난 몇 년간 칸반이 직관에 어긋난다는 사실을 알게 되었다. 그 누구도 코비스 기업 문화에 미친 영향이나 직무 간 협업의 개선(이 부분은 5장에서 설명한다)을 예상하지 못했다. 이 책에서 나는 "칸반은 가능하다!"라는 것을 보여주고 싶다. 칸반의 단순한 규칙을 사용하면 출시 시간을 줄이면서도 생산성, 예측성, 고객 만족을 개선할 수 있다고 설득하고 싶다. 그리고 이 모든 것과 함께, 조직 전체에 더욱 실용적 업무 관계를 형성하는 협업이 늘어나서 조직 문화가 바뀌게 될 것이다.

이것만은 기억하자

- 칸반 시스템은 당김 방식의 일종이다.
- 엘리 골드랫의 제약 이론을 응용한 드럼-버퍼-로프는 당김 방식을 구현한 한 가지 모습이다.
- 당김 방식을 추구한 동기는 두 가지였다. 하나는 지속 가능한 업무 속도를 달성할 수 있는 체계적 방법을 찾는 것이고, 다른 하나는 최소한의 저항으로 프로세스를 변화시킬 수 있는 방식을 찾는 것이다.
- 칸반은 지속적 개선을 추구하는 도요타 생산 시스템과 카이젠 방식을 뒷받침하는 메커니즘이다.
- 2004년 초 마이크로소프트에서 시도했던 가상 칸반 시스템은 소프트웨어 공학에서 사용한 최초의 칸반이다.
- 초기 칸반 적용은 점진적 방식을 통해 지속 가능한 속도를 달성하고, 변화에 대한 저항을 최소화하는 등 고무적 결과를 만들어냈고, 의미 있는 경제적 이익을 창출해냈다.
- 칸반은 2007년 8월 워싱턴 D.C.에서 개최되었던 애자일 2007 콘퍼런스 이후에 커뮤니티에서 채택하면서 변화를 다루는 방식으로 성장하기 시작하였다.
- 이 책 전반에서 '칸반kanban'은 신호 카드를 의미하며, '칸반 시스템kanban system'은 (가상) 신호 카드를 사용하는 당김 방식을 나타낸다.
- 칸반Kanban은 2006년부터 2008년 사이에 코비스에서 탄생하였고, 그 이후 많은 린 소프트웨어 개발 커뮤니티에서 지속적으로 발전해온 점진적 프로세스 개선 방법을 의미한다.[5]

---

[5] (옮긴이) 도요타 생산 시스템에서 사용하는 신호 카드의 이름도 칸반이고 데이비드 앤더슨이 만든 당김 방식의 이름도 칸반이기 때문에 용어를 사용할 때 혼란스러운 부분이 있다. 원문에서는 신호 카드를 의미할 때에는 소문자 k의 kanban을 사용하고, 신호 카드를 사용하는 당김 방식을 의미할 때에는 소문자 k의 kanban system을 사용하며, 앤더슨이 만든 당김 방식을 의미할 때에는 대문자 K의 Kanban을 사용해서 이를 구별한다고 언급하고 있으나, 사실상 원문에서도 그 규칙을 엄격하게 지키고 있지는 않다. 대부분 맥락으로 구별이 가능하기 때문에 kanban과 Kanban 모두 '칸반'으로 번역하였다. 최근 칸반 커뮤니티에서는 앤더슨의 칸반을 말할 때 주로 'Kanban Method'라는 명칭을 사용한다.

2

칸반이란 무엇인가?

2005년 봄, 벚꽃이 피는 4월 초에 나는 일본 도쿄에서 휴가를 보내는 행운을 얻었다. 이 장관을 즐기려고 도쿄 중심부에 위치한 고쿄 히가시고엔皇居東公園[1]에 두 번째로 방문했다. 여기에 칸반이 있다는 사실을 미처 몰랐다. 칸반은 제조업에만 있는 것이 아니었다.

2005년 4월 9일 토요일에, 나는 다케바시 역 근처에서 해자를 가로지르는 다리를 건너 북문으로 공원에 들어갔다. 수많은 도쿄 시민이 화창한 토요일 아침에 공원의 평온함과 벚꽃의 아름다움을 즐기려 하고 있었다.

벚꽃이 떨어지는 벚나무 아래를 산책하는 풍습을 하나미花見라고 한다. 하나미는 일본의 오랜 전통이며 아름다움, 허무함, 인생무상을 성찰할 수 있는 기회다. 벚꽃의 짧은 생애는 광활한 우주에서 살아가는 우리의 인생과 짧고 아름다우며 허무한 우리의 존재를 상징한다.

벚꽃은 도쿄 중심가의 회색빛 빌딩과, 도쿄의 혼잡함, 바쁘게 오가는 사람들, 교통 소음과 대조를 이루었다. 공원은 콘크리트 정글의 심장부에 위치한 오아시스였다. 가족과 함께 다리를 건너가고 있을 때, 어깨에 가방을 멘 노신사 한 분이 우리에게 다가왔다. 그 노인은 가방에서 플라스틱 카드를 한 움큼 꺼냈다. 가족들에게 각각 카드를 한 장씩 나누어준 다음, 내 품에 안겨 있는 3개월 된 딸 아이에게도 카드를 줘야 할지 잠시 망설였다. 딸에게도 카드를 주기로 결정했는지 내게 카드를 두 장 내밀었다. 그

---

[1] (옮긴이) 고쿄(皇居)는 일본 도쿄에 있는 궁성으로 일본 천황과 가족들이 살고 있으며, 히가시고엔(東公園)은 고쿄의 동쪽에 있는 정원으로 1968년에 일반에 공개되었다.

노인은 아무 말도 하지 않았고, 내 일본어 실력도 변변치 않았기 때문에 아무런 대화도 나눌 수 없었다. 우리 가족은 소풍을 즐길 만한 장소를 찾아 공원으로 들어갔다.

두 시간 후 따스한 햇살이 내리쬐는 아침을 마무리하고, 우리는 짐을 챙겨서 오테마치에 있는 동문으로 향했다. 출구에 도착해서 작은 안내소 앞에 줄을 섰다. 줄이 조금씩 줄어들면서 플라스틱 입장 카드를 반납하고 있는 사람들이 보였다. 나는 주머니를 뒤적여 받았던 카드를 꺼냈다. 안내소에 가까이 다가가자 깔끔하게 제복을 차려 입은 여성이 안에 있었다. 안내소 카운터에는 반원형 구멍이 뚫려 있는 유리 칸막이가 있었는데, 그 모습이 마치 극장이나 놀이 공원 매표소 같았다. 나는 유리에 뚫려 있는 구멍 안으로 플라스틱 카드를 내밀었다. 그 여성은 흰 장갑을 낀 손으로 카드를 받아서 다른 카드와 함께 선반에 쌓아두었다. 그리고 미소를 지으며

가볍게 머리를 숙여 내게 감사 인사를 했다. 입장료를 지불한 것은 아니었다. 나는 두 시간 전에 공원에 들어온 이후, 왜 두 장의 흰색 플라스틱 입장 카드를 지니고 다녀야 했는지 아무런 설명도 듣지 못했다.

이 입장권은 무슨 용도일까? 왜 무료 입장인데도 번거롭게 티켓을 나누어 주는 것일까? 내 머릿속에는 제일 먼저 공원 경비 때문임이 틀림없다는 생각이 떠올랐다. 아마도 회수한 카드 수를 세어서, 운영 관계자가 오후 늦게 문을 닫을 때 길을 잃고 구내에 남아 있는 방문객이 없는지 확인하려는 목적이라고 짐작했다. 하지만 잠깐 생각해 보니 경비 제도치고는 상당히 허술하다는 생각이 들었다. 누군가가 카드를 한 장이 아니라 두 장을 받았다면 어떻게 될까? 세 살배기 내 아이를 방문객으로 셈할 수 있을까? 그 시스템은 변동성이 너무 커 보였다. 오류 발생 기회가 너무나 많았

다! 정말로 경비 때문에 이 티켓을 사용 중이라면 당연히 제 기능을 하지 못할 것이며, 정상을 문제라고 판단하는 오류가 매일 발생할 것이다(여담이지만, 이 시스템에서는 문제를 정상으로 판단하는 오류는 쉽게 발생할 수 없다. 그렇게 되면 입장 티켓을 추가로 제작해야 하기 때문이다. 이것은 칸반 시스템이 공통적으로 지니는 유용한 속성이다). 그렇게 되면 공원 경비원들은 매일 저녁 길을 잃은 관광객을 찾아 덤불을 뒤지고 다녀야 한다. 아니다. 무언가 다른 이유가 있을 것만 같았다. 나는 고쿄 히가시고엔에서 칸반 시스템을 사용하고 있다는 사실을 뒤늦게 깨달았다!

이 커다란 깨달음으로 나는 제조업의 범위를 넘어선 칸반 시스템을 생각해 봤다. 관리가 필요한 어떤 상황에서도 칸반 토큰은 쓸모 있어 보였다.

칸반 시스템이란 무엇인가?

시스템에는 (합의한) 수용량에 상응하는 수많은 칸반(또는 카드)이 유통되고 있다. 카드 한 장은 업무 하나와 연결된다. 각 카드는 신호 메커니즘 역할을 한다. 카드에 여유가 있을 때에만 새로운 업무를 시작할 수 있다. 이 카드는 업무와 연결되어 시스템을 통해 흘러 다니면서 그 업무를 따라다닌다. 남아 있는 카드가 하나도 없다면, 새로운 업무를 시작할 수 없다. 카드에 여유가 생길 때까지 새로운 업무는 대기열에서 기다려야만 한다. 완료한 업무가 있을 때 그 카드는 기존 업무와 연결이 끊어지고 재활용된다. 카드를 사용할 수 있게 되면 대기열에 있던 새로운 업무를 시작하는 것이다.

이 메커니즘을 당김 방식이라고 한다. 필요할 때 새로운 업무를 시스템으로 밀어 넣는 것이 아니라, 새로운 업무를 처리할 수 있을 때 업무를 시스템으로 당겨오기 때문이다. 유통 중인 신호 카드 숫자를 판단해서 시스템 수용량을 적절히 설정해 놓으면, 당김 방식이 과부하 상태에 빠지는 일은 없다.

고쿄 히가시고엔은 공원 그 자체가 시스템이다. 방문객이 진행 중 업무work-in-progress, WIP이고 시스템 수용량은 유통 중인 입장권 개수로 제한되어 있다. 새로 도착한 방문객은 여분의 티켓이 있는 경우에만 입장할 수 있다. 평범한 날이라면 전혀 문제가 없다. 그러나 명절이나 벚꽃이 피는 계절의 토요일처럼 혼잡한 날이라면 공원은 인기 있는 장소다. 입장권을 모두 나누어주고 나면, 새로 온 방문객은 다리 건너편 바깥에서 줄을 서서 공원을 떠나는 방문객이 카드를 반납하기를 기다려야 한다. 칸반 시스템은 공원 내부 인원을 제한하여, 인파 규모를 제어하는 단순하면서도 비용이 낮고 쉽게 실행할 수 있는 방법을 제공한다. 이를 통해 공원 관리소는 공원을 적절한 상태로 유지하고 너무 많은 사람이 몰려서 생기는 손상을 피할 수 있다.

소프트웨어 개발에 칸반을 사용하다

우리는 소프트웨어 개발에서 진행 중 업무를 제한하려고 가상 칸반 시스템을 사용하고 있다. '칸반'이 '신호 카드'를 의미하며 소프트웨어 개발 분야에 적용 중인 칸반에 대부분 카드가 있긴 하지만, 실제로 이 카드가 업무를 더 많이 당기는 신호의 기능을 수행하지는 않는다. 그 대신 카드는 업무 항목을 나타낸다. 실제 신호 카드가 없기 때문에 '가상'이라는 용어를 사용한다. 제한(또는 수용량)을 나타내는 값에서 눈에 보이는 진행 중 업무의 양을 뺀 값이 새로운 업무를 당기는 간접적 신호가 된다. 실천가들은 보드에 접착식 메모지를 붙이거나 칸을 나누는 따위의 방식을 사용해서 물리적으로 칸반을 적용해 왔다. 소프트웨어로 되어 있는 업무 추적 시스템에서 신호가 생기는 경우도 많다. 6장에서는 칸반 시스템의 메커니즘을 IT 업무에 적용한 사례를 다룰 예정이다.

그림 2.1의 카드벽card wall은 애자일 소프트웨어 개발에서 인기 있는 시각적 제어 메커니즘이다. 진행 중 업무를 추적하려고 핀으로 인덱스 카드를 고정할 수 있는 코르크 게시판을 사용하거나, 접착식 메모지를 화이트보드에 사용하는 일은 매우 흔하다. 커뮤니티 내에 일부 반대 의견이 있긴 했지만, 무엇보다 이 카드벽이 본질적으로 칸반 시스템이 아니라는 사실에 주목할 필요가 있다. 카드벽은 단지 시각적 제어 시스템일 뿐이다. 카드벽을 사용하면 팀은 프로젝트 관리자나 직속 상사의 지시 없이도 진행 중 업무를 시각적으로 관찰할 수 있고, 작업을 스스로 조직하고 할당할 수 있으며, 백로그backlog에 있는 업무를 완료할 수 있다. 그러나 진행 중 업무에 명시적 제한이 없고 새로운 업무를 당기는 신호가 시스템 내에 없다면 그것은 칸반 시스템이 아니다. 이 내용은 7장에서 더 자세히 설명할 것이다.

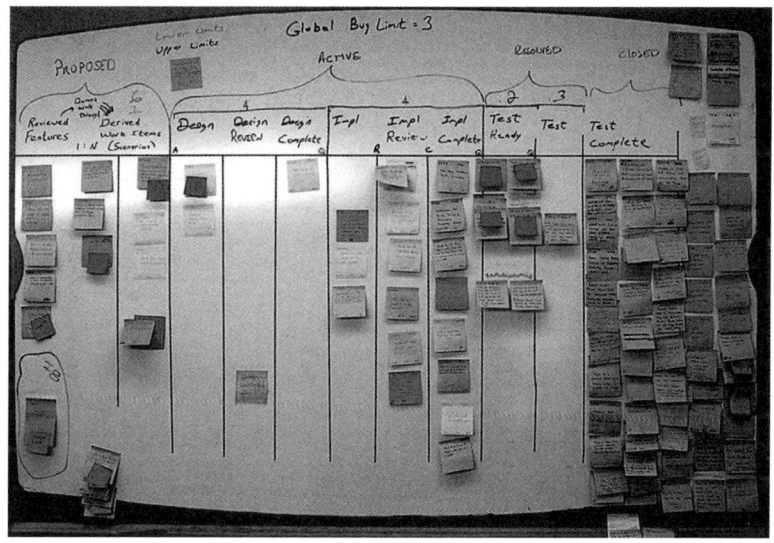

그림 2.1 칸반 카드벽(Software Engineering Professionals의 허가를 받고 수록하였음)

2장 칸반이란 무엇인가?   19

왜 칸반 시스템을 사용하는가?

이후에 분명히 드러나겠지만, 칸반 시스템을 사용하는 이유는 팀이 진행 중 업무를 정해진 수용량만큼으로 제한하고, 들어오는 요구량을 팀의 업무 처리량에 맞추기 위함이다. 이렇게 함으로써 개개인이 업무와 개인 생활 간의 균형을 이룰 수 있는 지속 가능한 개발 속도를 달성할 수 있다. 또한 차차 알게 되겠지만 칸반은 성과에 악영향을 미치는 이슈를 빠르게 해소하며, 꾸준한 업무 흐름을 유지하기 위해 팀이 이러한 이슈를 해결하는 데 집중하게끔 만든다. 품질 및 프로세스 문제에 가시성을 부여함으로써 결함, 병목 지점, 변동성, 흐름, 처리량이 경제적 비용에 미치는 영향을 명백히 드러낸다. 칸반으로 진행 중 업무를 제한하는 단순한 행동이 높은 품질과 뛰어난 성과를 촉진한다. 흐름이 좋아지고 품질이 높아지면 리드 타임이 더 짧아지고 예측성과 완료일 달성 실적을 개선할 수 있다. 규칙적 릴리스 케이던스[2]를 설정하고 그것을 바탕으로 지속적으로 출시하면 칸반은 고객과의 신뢰, 그리고 가치 흐름에 있는 다른 부서, 공급자, 종속된 하류 파트너와 신뢰를 쌓는 데 도움이 된다.

이를 통해 칸반은 조직 문화 발전에 기여한다. 문제를 노출하고, 조직이 그 문제를 해결하는 데 집중하며, 그 문제가 앞으로 미칠 영향을 제거함으로써 칸반은 높은 협업, 높은 신뢰, 높은 위임, 지속적으로 개선하는 조직의 탄생을 촉진한다.

칸반을 사용하면 가치 있는 소프트웨어를 규칙적으로 믿을 만한 고품질로 릴리스하여 고객 만족을 개선하는 효과를 얻는다. 또한 생산성, 품질, 리드 타임 개선에도 효과가 있다. 게다가 칸반은 문화의 점진적 변화를 통해 더욱 애자일한 조직을 탄생시키는 중심 촉매다.

이 책의 나머지 부분에서 소프트웨어 개발에 칸반 시스템을 사용하는

---

2 (옮긴이) 어떤 유형의 이벤트가 지닌 규칙적 리듬을 의미한다(57쪽 참고).

방법을 이해할 수 있도록 돕고, 팀이 이러한 이익을 얻을 수 있도록 칸반 시스템을 적용하는 방법을 가르칠 것이다.

칸반은 린 복잡적응 시스템이다

칸반은 조직의 린 결과를 촉진하기 위한 복잡적응 시스템Complex Adaptive System, CAS[3]이다. 복잡적응 시스템에는 복잡하고 적응적이며 창발적인 행동의 씨앗을 뿌리는 데 필요한 초기 상태와 단순한 규칙이 있다. 칸반은 조직에서 린 행동의 출현을 이끌어내는 데 다섯 가지 핵심 특성을 활용한다. 이 특성은 4장에서 설명하는 마이크로소프트 사례를 포함하여 성공적으로 칸반을 적용한 모든 경우에 나타나고 있다. 그 다섯 가지 특성은 다음과 같다.[4]

1. 업무 흐름 시각화
2. 진행 중 업무 제한
3. 흐름 측정 및 관리
4. 명시적 프로세스 정책 수립
5. 개선 기회를 인식할 수 있는 모델[5] 사용

칸반의 창발적 특성

다음은 칸반을 적용하면서 우리가 기대했던 창발적 특성 목록으로, 점점 늘어나는 중이다. 이들 중 일부 혹은 전부가 거의 대부분 최근에 칸반을

---

3 (옮긴이) 복잡 시스템은 많은 개체가 서로 강하게 연결되어 상호 작용하는 시스템을 일컫는다. 복잡적응 시스템은 복잡 시스템의 한 가지 형태로, 여러 상호 작용의 결과로 시간이 흐르면서 시스템이 변화에 적응하는 현상을 설명한다. 거시경제학, 주식 시장, 개미 군체, 생태계, 면역 체계, 정당 등이 복잡적응 시스템의 예다. 따라서 복잡적응 시스템을 이해하려면 하나의 정답을 찾는 태도보다 맥락을 이해하는 태도가 중요하다.
4 (옮긴이) 최근 데이비드 J. 앤더슨은 핵심 특성에 한 가지를 더 추가하였다. 자세한 내용은 부록의 인터뷰를 참조하라.
5 (지은이) 칸반에서 흔히 사용하는 모델에는 제약 이론, 시스템 사고, W. 에드워즈 데밍의 사상을 바탕으로 한 변동성 이해, 도요타 생산 시스템의 무다(無駄: 낭비) 개념이 있다. 칸반에서 사용하는 모델은 지속적으로 발전하고 있으며 사회학이나 심리학, 위험 관리 같은 다른 분야에서 얻은 아이디어가 일부 칸반 적용에 나타나고 있다.

적용하면서 등장했는데, 모두 2007년에 코비스에서 칸반을 적용하면서 나타난 것이다. 칸반이 조직에 미치는 효과를 더 많이 알게 되면 이 목록이 더욱 늘어나리라 예상하고 있다.

1. 각 프로젝트/가치 흐름에 맞춘 고유한 프로세스
2. 케이던스의 분리('반복 없는' 개발)
3. 지연(기회) 비용을 고려하여 수립한 업무 일정
4. 서비스 클래스를 이용한 가치 최적화
5. 수용량 할당에 의한 위험 관리
6. 프로세스 실험에 대한 관용
7. 정량적 관리
8. 조직 전반의 (칸반) 확산
9. 좀 더 유동적인 노동력 풀과 결합되어 있는 소규모 팀

칸반은 권한을 준다

칸반은 소프트웨어 개발 생애 주기 방법론도 아니고 프로젝트 관리 방식도 아니다. 칸반을 사용해서 프로세스를 점진적으로 변화시키려면 기존에 사용 중인 프로세스가 있어야 한다.

   점진적 변화를 촉진하는 이러한 접근 방식은 애자일 소프트웨어 개발 커뮤니티 내에서 논란이 많은 주제였다. 애자일은 팀이 방법론이나 프로세스 템플릿을 사용하지 않도록 장려하기 때문이다. 서비스 및 도구 업계에서는 인기 있는 애자일 개발에서 정의한 이런저런 작은 실천법을 발전시켜 왔다. 이제는 칸반을 통해 각 개인과 팀은 이러한 서비스와 새로운 도구가 필요 없는 자신만의 유일한 프로세스를 발전시킬 수 있다. 사실, 칸반은 특정 업무 흐름에 쉽게 맞출 수 있는 좀 더 시각적이고 프로그래밍 가능한 도구로 기존 애자일 프로젝트 관리 도구를 대체하고 싶어 하는 도

구 판매 업체에 저항하는 새로운 분위기를 만들고 있다.

초창기 애자일 소프트웨어 개발에서는 자기가 사용하는 방법이 왜 효과가 있는지 모르는 커뮤니티 리더가 많았다. 우리는 '에코시스템ecosystems'×에 대해 이야기를 나누면서, 실천법이나 해결 방법을 그저 따라 하기만 하는 사람은 실패하기 쉽다는 조언을 했다. 최근 몇 년간 이런 생각을 확산시키는 부정적 경향이 있다. 몇몇 업계에서는 실천법 적용을 평가하는 방법을 찾으려고 애자일 성숙도 모델Agile Maturity Model을 발표하기도 했다. 스크럼 커뮤니티에는 '노키아 테스트Nokia Test'×i라는 실천법 중심 평가가 있다. 이러한 실천법 중심 평가는 사람들을 그 평가에 순응하게끔 만들고, 맥락을 이해하면서 적응할 필요가 있다는 사실을 부정하도록 한다. 칸반은 이러한 실천법 중심 평가 체계를 무시할 수 있는 권한을 준다. 칸반은 적극적으로 다양성을 권장한다.

2007년에는 실무에서 칸반을 사용하는 모습을 보려고 많은 사람이 코비스에 있는 내 사무실을 방문했다. 애자일 소프트웨어 개발 커뮤니티에서 온 방문자들은 모두 이렇게 질문했다. "데이비드, 건물을 돌아다니면서 7개의 칸반 보드를 봤어요. 전부 서로 다르더군요! 팀마다 서로 다른 프로세스를 따르고 있었어요! 이렇게 복잡한 상황에 대처하는 것이 가능한가요?" 나는 항상 이렇게 대답했다. "물론이죠! 각 팀은 서로 상황이 다릅니다. 스스로 자신의 상황에 맞게 프로세스를 발전시키고 있습니다." 그러나 나는 이러한 프로세스들의 원칙은 동일하며, 팀원들이 그 기본 원칙을 이해하고 있기 때문에 다른 팀으로 자리를 옮기더라도 쉽게 적응할 수 있다는 사실을 알고 있었다.

칸반을 시도하는 사람이 점점 더 늘어나면서, 조직 내 변화 관리에서 자신이 부닥친 문제를 다루는 데 칸반이 도움이 된다는 사실을 알게 되었다. 칸반은 팀, 프로젝트, 조직을 더욱 기민하게 만든다. 칸반이 특정 상황에 최적화된 맞춤 프로세스를 만들 수 있는 권한을 준다는 사실도 알게 되었다. 칸반은 사람들에게 스스로 생각할 수 있는 권한을 준다. 칸반은 사람들에게 다르게 존재할 수 있는 권한을 준다. 맞은편에 있는 팀과도 다르게 존재할 수 있고, 다른 층에 있는 팀과도 다르게 존재할 수 있으며, 옆 건물이나 이웃 회사에 있는 팀과도 다르게 존재할 수 있다. 칸반은 책으로부터 벗어날 수 있는 권한을 준다. 무엇보다도 칸반은 다르게 존재하는 것이 더 나은 이유, 그리고 다른 선택이 그 상황에서 올바른 선택인 이유를 설명할 수 있는, (그리고 정당화할 수 있는) 도구를 제공한다. 이 선택을 강조하려고, 나는 셰퍼드 페어리Shepard Fairey의 오바마 선거 포스터에서 영감을 받아, 도요타의 칸반 시스템 창시자인 오노 다이이치의 얼굴이 새겨진 Limited WIP Society의 티셔츠를 만들었다. "우리는 칸반을 한다Yes We Kanban"라

는 슬로건은 우리에게 권한이 있음을 강조하기 위함이다. 우리는 칸반을 시도할 권한이 있다. 우리는 우리 프로세스를 바꿀 권한이 있다. 우리는 다르게 존재할 권한이 있다. 여러분이 처한 상황은 유일하며 여러분에게는 여러분의 분야, 가치 흐름, 관리하고 있는 위험, 팀의 기술, 고객 요구에 맞게 최적화한 유일한 프로세스를 정의할 자격이 있다.

이것만은 기억하자

- 칸반 시스템은 시스템 내부에 있는 사물의 양을 제한하고자 하는 모든 상황에 사용할 수 있다.
- 도쿄의 고쿄 히가시고엔은 공원 내부 군중의 규모를 제어하는 데 칸반 시스템을 사용한다.
- 유통 중인 '칸반' 신호 카드의 양은 진행 중 업무를 제한한다.

- 현재 진행하고 있는 업무 지시 또는 작업이 완료되어 반환된 신호 카드에 의해 새로운 업무가 프로세스 안으로 당겨진다.
- IT 업무에서는 (일반적으로) 돌아다니는 물리적 카드가 진행 중 업무 제한을 정의하지 않는 가상 칸반 시스템을 사용한다.
- 애자일 소프트웨어 개발에서 흔히 사용하는 카드벽은 칸반 시스템이 아니다.
- 칸반 시스템은 직장 내에서 문제를 논의하도록 해주는 긍정적 긴장을 형성한다.
- 칸반에서는 변화의 촉매로서 칸반 시스템을 활용한다.
- 칸반에서는 프로세스 정책을 명시적으로 정의해야 한다.
- 문제 분석 및 해결 방법 발견을 촉진하기 위해 칸반은 다양한 분야의 지식에서 가져온 도구를 사용한다.
- 칸반에서는 프로세스 성과에 영향을 미치는 이슈를 찾아내는 행동을 반복함으로써 점진적으로 프로세스를 개선할 수 있다.
- 현재의 칸반 정의는 Limited WIP Society 커뮤니티 웹 사이트(http://www.limitedwipsociety.org)에서 찾을 수 있다.
- 칸반은 소프트웨어 개발 종사자들에게 권한을 준다. 소프트웨어 개발 생애 주기 프로세스 정의나 템플릿을 맹목적으로 따르기보다 팀이 특정 상황에 맞는 프로세스 해결책을 창안하도록 장려한다.

2부

칸반의 장점

3
성공 레시피

나는 지난 10년간 다음 질문의 답을 찾으려고 노력해 왔다. 관리자로서 기존에 있던 팀을 담당하게 되었는데, 그 팀이 애자일 방식에 관심도 없고 팀원들의 능력도 천차만별인 제 기능을 전혀 못하는 팀이라면 어떻게 해야 할까? 나는 변화 전문가change agent로서 관리자의 자리에 들어가는 경우가 많았다. 그래서 두세 달이라는 짧은 기간 안에 빠르게 긍정적 변화를 만들기 위해 노력해 왔다.

나는 대규모 조직의 관리자로 일하면서 직접 팀을 구성할 수 있었던 적이 없었다. 항상 기존 팀을 맡아서, 최소한의 인력 변경으로 조직 성과의 혁신을 이루어 달라는 요청을 받아왔다. 내 생각에는 팀을 완전히 새롭게 구성하는 일보다 이런 상황이 훨씬 흔하다.

나는 실패의 경험에서 얻은 교훈을 바탕으로, 이러한 변화를 만들어 내는 방식을 서서히 발전시켜 나갔다. 그 실패는 프로세스를 도입하고 업무 흐름을 만드는 데 지위의 힘을 사용하려고 했던 시도에서 비롯된 것이었다. 관리자의 일방적 지시는 실패하기 쉽다. 팀에 행동 변화를 요구하거나 기능 주도 개발Feature Driven Development, FDD 같은 애자일 방법을 요구했을 때, 나는 저항에 맞닥뜨렸다. 저항에 마주쳤을 때 나는, 필요한 교육이나 코칭을 제공할 테니 누구도 두려워할 필요가 없다고 말했다. 그런 대응으로 내가 얻을 수 있었던 것은 기껏해야 거짓으로 잠자코 따르기만 하는 사람들이었고, 그것은 변화를 제도화한 것에 불과했다. 행동 변화를 요구하면 사람들은 두려워했고 자존감은 낮아졌다. 그것은 마치 현재 갖고 있는 기술이 더 이상 아무런 가치가 없다고 이야기하는 것이나 마찬가지였다.

나는 이 이슈를 다루려고 성공 레시피Recipe for Success를 만들었다. 성공 레시피는 새로운 관리자가 이미 있는 팀에 적용할 수 있는 지침이다. 레시피를 따르면 팀의 저항을 낮게 유지하면서 빠른 개선이 가능하다. 나는 이 레시피를 도널드 라이너슨의 직접적 영향과 엘리 골드랫의 간접적 영향을 받아 만들었음을 알리고 싶다. 레시피의 첫 번째, 두 번째, 여섯 번째 단계는 도널드 라이너슨이 내게 직접 알려준 것이며, 네 번째와 다섯 번째 단계는 엘리 골드랫이 만든 제약 이론 및 집중의 5단계에서 큰 영향을 받은 것이다.

레시피의 6단계는 다음과 같다.

- 품질에 집중한다.
- 진행 중 업무를 줄인다.
- 자주 출시한다.
- 요구량을 처리량에 맞춘다.
- 우선순위를 부여한다.
- 예측성을 개선하기 위해 변동성의 원인을 공략한다.

레시피 적용

레시피는 기술 관리자가 사용하기 좋도록 실행 순서대로 되어 있다. 품질에 집중하는 단계가 첫 번째인데, 그 이유는 품질이 개발 관리자나 테스트 관리자 또는 기술 책임자 같은 관리자의 관리자가 전적으로 제어하며 좌우하는 문제이기 때문이다. 목록의 아래로 내려갈수록 점차 관리자의 통제권이 약해지며, 우선순위 부여 단계까지는 다른 상류 및 하류 그룹과 더욱 긴밀하게 협업해야 한다. 우선순위 부여 단계는 기술 조직의 일이 아니라 마땅히 비즈니스 부문의 일이기 때문에, 기술 관리자의 책임

범위 내에 있어서는 안 된다. 불행하게도 비즈니스 관리자가 그 일을 책임지지 않고 기술 관리자가 업무에 우선순위를 부여하도록 두는 일이 흔하다. 그런 다음에 어리석은 선택을 한 기술 관리자를 비난한다. 일부 변동성 중에는 변동성을 감소시키려면 행동 변화가 필요한 유형이 있기 때문에, 예측성을 개선하기 위해 변동성의 원인을 공략하는 단계는 목록의 맨 마지막에 있다. 사람들에게 행동을 바꾸라고 요구하는 것은 어려운 일이기 때문이다! 그래서 앞선 단계의 성공으로 분위기가 바뀔 때까지 변동성 공략은 그냥 내버려두는 편이 낫다. 4장에서 살펴보겠지만, 때때로 앞쪽 단계를 가능하게 하려면 변동성의 원인을 다루어야 하는 경우도 있다. 그럴 때에는 변동성의 원인 중에서 행동 변화가 거의 필요하지 않고 사람들이 더 쉽게 받아들일 수 있는 것을 선택하는 방법이 비결이다.

품질에 집중하는 단계가 가장 쉬운데 기술 직무 관리자가 통제할 수 있는 단계이기 때문이다. 그 외 단계는 다른 팀과의 합의와 협업에 따라 그 결과가 달라지기 때문에 더 어렵다. 여기에는 명확한 표현, 협상, 심리학, 사회학, 감성 지능 같은 능력이 필요하다. 요구량을 처리량에 맞추는 단계에서는 의견 일치를 이루는 것이 매우 중요하다. 팀원의 역할과 책임 사이에 문제가 발생한 경우 그 이슈를 해결하려면 정치력이나 협상력이 뛰어나야 한다. 따라서 우선 여러분이 직접 제어하고 있는 것을 목표로 하면, 그것이 팀의 성과와 비즈니스 성과 양쪽 모두에 긍정적 효과를 불러올 것이다.

다른 팀과의 신뢰 수준을 높이는 일은 매우 어려운 일이다. 결함이 거의 없는 고품질 코드를 개발하고 보여주면 신뢰를 개선할 수 있다. 고품질 코드를 규칙적으로 빌드하여 릴리스한다면 신뢰를 더 높일 수 있다. 신뢰 수준이 높아지면 관리자는 정치적 자본을 더 많이 얻게 된다. 이 정치적 자본의 힘으로 레시피의 다음 단계로 나아갈 수 있다. 그렇게 되면 궁극적으로 여러분의 팀은 제품 책임자, 마케팅 팀, 비즈니스 후원자들이 자신의 행동을 바꾸고 가장 가치 있는 개발 업무에 우선순위를 부여하도록 협력하는 데 영향을 줄 수 있을 만큼 존중받을 것이다.

예측성을 개선하기 위해 변동성의 원인을 공략하는 일은 쉽지 않다. 팀이 지금보다 더 성숙하고 높은 수준의 기량을 발휘할 때까지 이 단계를 시작해서는 안 된다. 레시피의 첫 네 단계가 여기에 중요한 영향을 미친다. 새로운 관리자가 이 단계를 따라 한다면 성공을 보장받을 수 있다. 그러나 진정한 혁신 문화와 지속적 개선 문화를 만들려면, 프로세스 변동성의 원인을 공략할 필요가 있다. 따라서 레시피의 마지막 단계는 추가 점수를 얻기 위한 것이다. 이 단계를 통해 진정으로 대단한 테크니컬 리더와 그냥 경쟁력 있는 관리자를 구별할 수 있다.

품질에 집중한다

애자일 선언Agile Manifesto에는 품질에 대해 아무런 언급이 없다. 애자일 선언 이면의 원칙[XII]을 보면 장인 정신을 이야기하고 있고, 거기에 품질에 집중하라는 의미가 암묵적으로 들어 있기는 하다. 애자일 선언에 품질에 대한 이야기가 없는데, 왜 성공 레시피에는 첫 번째에 포함되어 있는 것일까? 간단히 말하자면, 지나친 결함은 소프트웨어 개발에서 가장 큰 낭비이기 때문이다. 이 수치는 너무 엄청나서 믿기 어려우며, 그 차이가 천차만별이다. 케이퍼스 존스Capers Jones[XIII]가 2000년의 닷컴 버블 기간에 발표한 바로는, 북미에 있는 팀들의 소프트웨어 품질을 측정한 결과, 기능 점수당 6개의 결함을 보여준 팀부터 100 기능 점수당 3개의 결함을 보여준 팀까지 있어서, 그 차이가 무려 200 대 1이었다. 대략적으로 0.6~1.0 기능 점수당 1개의 결함이 중간점이다. 이 발표는 팀 활동의 90% 이상이 결함 수정에 들어가는 상황이 흔하다는 뜻이다. 이와 관련한 직접적 증언이 있는데, 2007년 하반기에 칸반 초기 지지자 중 한 명이었던 애런 샌더스는 kanbandev 야후 그룹에, 자신이 과거에 일을 했던 어떤 팀에서는 결함을 수정하는 데 가용 수용량의 90%를 사용하기도 했다고 말했다.

높은 초기 품질을 장려하면 결함률이 높은 팀의 생산성과 처리량에 큰 영향을 미칠 것이다. 처리량을 두 배 내지 네 배까지 개선할 수 있다. 정말로 상태가 나쁜 팀이라면, 품질에 집중하여 처리량을 열 배도 개선할 수 있다.

소프트웨어 품질 개선은 익히 알려져 있는 문제다.

애자일 개발과 전통적 접근 방식 모두 품질에 보탬이 될 수 있다. 둘 다 조합해서 사용해야 한다. 테스트는 전문 테스터가 해야 한다. 테스터는 결함을 찾아내고, 미처 발견하지 못한 결함이 제품에 포함되는 것을 예방한다. 개발자에게 단위 테스트를 작성하고, 회귀 테스트를 자동화하기 위해 단위 테스트를 자동화해 달라고 요청하는 것 또한 극적 효과를 낳는다. 개발자에게 테스트 코드를 먼저 작성해 달라고 요청하는 것은 심리적 장점이 있는 듯하다. 이른바 테스트 주도 개발TDD은 테스트 커버리지를 더욱 완벽하게 해주는 장점이 있다. 내가 관리를 했던, 교육이 훌륭하게 되어 있는 팀들은 기능 코드를 작성한 후에 테스트 코드를 작성했는데, 그 팀들이 업계 최고의 품질을 보여주었다는 사실은 주목할 만한 일이다. 그렇기는 하지만, 일반적인 팀에는 기능 코드를 작성하기 전에 테스트 코드를 먼저 작성하라고 강력히 요구하면 분명히 품질을 개선할 수 있다.

코드 인스펙션code inspection**은 품질을 개선한다.** 짝 프로그래밍pair programming, 상호 평가peer review, 코드 워크스루code walkthrough, 완전한 페이건 인스펙션fagan inspection[1]도 코드 인스펙션과 마찬가지다. 외부 품질과 내부 코드 품질 둘 다 개선하는 데 도움이 된다. 코드 인스펙션은 소금씩 사주 힐 때 제

---

1 (옮긴이) 소프트웨어 개발 프로세스의 다양한 단계에서 산출된 프로그래밍 코드, 명세서, 설계 문서 같은 개발 산출물에서 결함을 찾기 위해 구조화된 프로세스다. 소프트웨어 인스펙션의 창시자로 유명한 마이클 페이건(Michael Fagan)의 이름에서 따온 것이다. IBM에서 근무하던 하드웨어 개발자인 마이클 페이건이 하드웨어 인스펙션을 소프트웨어 산출물에 도입한 것으로 대표적인 정형화된 소프트웨어 검토 방식이다.

일 효과가 좋다. 나는 적어도 매일 30분은 코드를 검토하라고 팀에 권장한다.

협력적 분석 및 설계는 품질을 개선한다. 문제를 분석하고 해결책을 만드는 데 함께하라고 팀에 요청하면, 품질이 더 높아진다. 나는 공동으로 팀 분석 및 설계 모델링 세션을 열라고 팀에 권장한다. 설계 모델링은 매일 조금씩 진행해야 한다. 스코트 앰블러Scott Ambler는 이것을 애자일 모델링Agile Modeling→XIV이라고 부른다.

디자인 패턴의 사용은 품질을 개선한다. 디자인 패턴이란 알려져 있는 문제에 대한 알려져 있는 해결책이다. 디자인 패턴으로 생애 주기 초기에 정보를 더 많이 확보할 수 있고 설계 결함을 제거할 수 있다.

최신 개발 도구의 사용은 품질을 개선한다. 많은 최신 도구가 코드의 정적 또는 동적 분석을 수행하는 기능을 지원한다. 이 기능을 각 프로젝트에 적용하고 조정해야 한다. 이러한 분석 도구를 사용하면 프로그래머는 기초적 실수를 예방할 수 있다. 즉, 보안 결함 같이 널리 알려져 있는 문제를 일으키지 않을 수 있다.

소프트웨어 생산 라인Software Product Line (또는 소프트웨어 팩터리Software Factory) 같은 더욱 색다른 최신 개발 도구와 도메인 특화 언어Domain Specific Language는 결함을 감소시킨다. 소프트웨어 팩터리는 디자인 패턴을 코드 조각으로 요약하는 데 사용할 수 있고, 그렇게 함으로써 코드를 직접 입력할 때 생길 수 있는 결함의 가능성이 줄어든다. 또한 반복적 코드 작업을 자동화하는 데도 사용할 수 있다. 이것 역시 코드를 입력할 때 생길 수 있는 결함의 가능성을 줄여준다. 팩터리 코드는 다시 점검할 필요가 없기 때문에, 소프트웨어 팩터리를 사용하면 코드 검토의 필요성을 줄일 수도 있다. 그 효과는 잘 알려져 있다.

내 마지막 제안은 품질보다는 프로세스 변동성을 줄이는 유형에 속한다. 소프트웨어 팩터리를 사용하고 거기에다가 디자인 패턴도 사용하라고 요청하는 것은 개발자에게 자신의 행동을 바꾸라고 요청하는 것이다. 전문 테스터 활용, 테스트 코드 우선 작성, 자동화된 회귀 테스트, 코드 검토는 본전을 뽑을 만한 큰 가치가 있다. 그리고 한 가지 더...

진행 중인 설계의 양을 줄이면 소프트웨어 품질이 향상된다.

진행 중 업무를 줄이고 자주 출시한다

2004년에 나는 모토로라에서 두 팀과 함께 일하고 있었다. 두 팀 모두 휴대 전화 응용 프로그램의 네트워크 서버 측 코드를 개발하고 있었다. 한 팀은 벨 소리, 게임, 그 밖의 응용 프로그램 및 데이터에 사용하는 OTA 다운로드 서버를 개발하고 있었고, 다른 팀은 OTA 장치 관리divice management 서버를 개발하고 있었다. 두 팀 모두 기능 주도 개발 방법을 사용하고 있었고, 대략 8명의 개발자, 1명의 아키텍트, 5명에 이르는 테스터, 1명의 프로젝트 관리자로 구성되어 있어 규모는 거의 비슷했다. 팀은 마케팅 부서 사람들과 함께 일하면서 자체적으로 분석과 설계를 담당하고 있었다. 그리고 두 프로젝트 팀 모두에게 서비스를 제공하는 사용자 경험User Experience, UX 디자인 팀과 사용자 문서(테크니컬 라이팅) 팀이 있었다.

진행 중 업무, 리드 타임, 결함

그림 3.1은 OTA 다운로드 팀 프로젝트 업무의 누적 흐름도다. 누적 흐름도cumulative flow diagram는 주어진 상태별 업무량을 영역으로 표현하는 그래프다. 이 그래프에서 보여주고 있는 상태에는, 아직 시작하지 않은 백로그 또는 대기열 목록을 의미하는 '목록', 기능의 요구 사항을 개발자에게 설명했다는 것을 의미하는 '시작', 기능이 UML 시퀀스 다이어그램sequence diagram으로 구체화되었음을 의미하는 '설계', 시퀀스 다이어그램이 메서드method로 구현되었음을 의미하는 '코딩', 모든 단위 테스트를 통과하고 코드에 대한 상호 검토를 수행했으며 팀 수석 개발자가 승인해서 테스트

대기 중인 상태를 의미하는 '완료'가 있다.

그래프에서 맨 위 첫 번째 선은 프로젝트 범위에 포함되어 있는 기능 수를 보여준다. 비즈니스 책임자는 프로젝트 범위를 두 번으로 나눠 전달하였다. 두 번째 선은 개발을 시작한 기능 수를 보여주며, 세 번째 선은 설계된 기능 수를 보여준다. 네 번째 선은 코딩된 기능 수를 보여주고, 다섯 번째 선은 완료하여 테스트 대기 중인 기능 수를 보여준다.

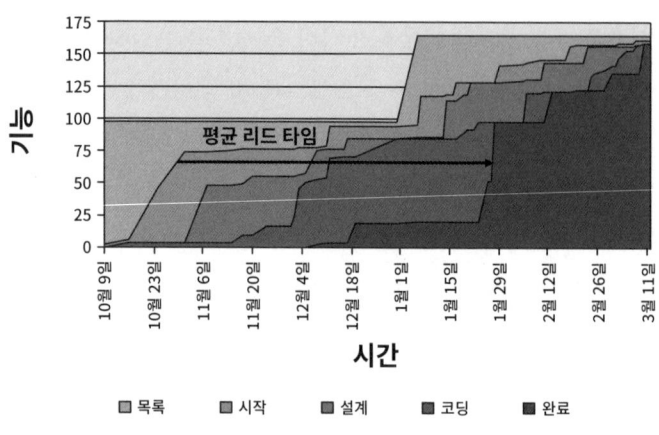

그림 3.1 2003년 가을부터 2004년 겨울 사이의 OTA 다운로드 서버 팀 누적 흐름도

특정 날짜의 두 번째 선과 다섯 번째 선 사이 높이는 진행 중 업무WIP의 양을 보여주며, 두 번째 선과 다섯 번째 선 사이의 너비는 기능을 시작한 날부터 완료가 될 때까지 리드 타임의 평균을 보여준다. 그 너비가 특정 기능에 대한 리드 타임이 아니라 평균 리드 타임이라는 것에 주목해야 한다. 누적 흐름도는 특정 기능을 추적하지 않는다. 개발을 쉰다섯 번째로 시작한 기능을 서른 번째에 완료할 수도 있다. y축 위에 놓인 선과 백로그의 특정 기능 사이에는 아무런 관계가 없다.

OTA 다운로드 서버 팀은 교육이 부족한 것일 수도 있고 기능 주도 개발 사용을 잘 받아들이지 못한 것일 수도 있다. 그 팀은 기능 주도 개발에서 요구하는 것처럼 협력적으로 일하지 않았다. 각 개발자에게 기능을 한 꺼번에 나누어준 것이다. 그 팀의 개발자는 진행해야 하는 기능을 보통 열 개 정도 갖고 있었다. OTA 장치 관리 팀은 교재에서 정의하고 있는 방법을 따랐다. 그 팀은 상당히 협력적으로 일을 진행했고, 모든 기능마다 단위 테스트를 100% 개발하고 있었다. 그리고 가장 중요한 것은, 한 번에 진행하는 기능의 양이 적은 편이었는데, 보통 팀 전체가 개발 중인 기능은 다섯 개에서 열 개 사이였다. 기능 주도 개발에서는 기능 하나가 약 1.6에서 2.0의 기능 점수를 나타낸다.

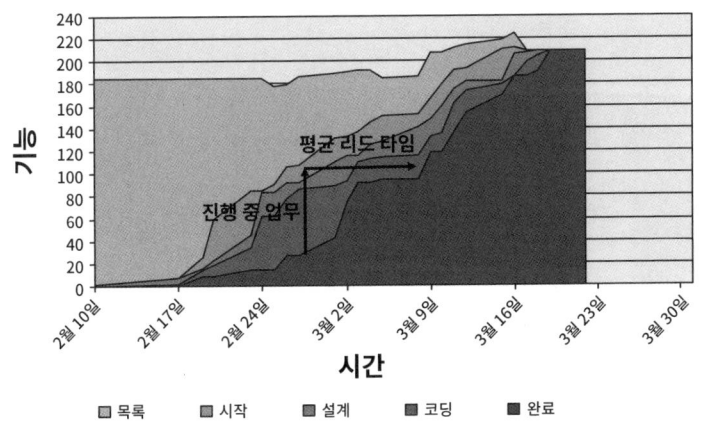

그림 3.2 2004년 겨울 OTA 장치 관리 팀의 누적 흐름도

그림 3.1처럼, 워싱턴 주 시애틀에 있는 팀에서 기능 구현을 시작하여 완료한 다음, 일리노이 주 샴페인에 있는 팀에서 통합 테스트를 진행할 수 있도록 넘겨주기 전까지, OTA 다운로드 서버 팀의 평균 리드 타임은 단위당 약 3개월이었다. OTA 장치 관리 팀의 평균 리드 타임은 그림 3.2처럼 단위당 5일에서 10일이었다. 미처 발견하지 못해서 시스템 테스트나 통합 테스트로 넘어간 결함을 측정해 보니, 두 팀 사이의 초기 품질 차이는 30배 이상이었다. OTA 장치 관리 팀은 100개 기능당 두세 개의 결함

이 나타나는 업계 최고 수준의 초기 품질을 보여주었고, 반면에 OTA 다운로드 서버 팀의 초기 품질은 기능 한 개당 결함이 약 두 개 나타나는 업계 평균 수준이었다.

그래프를 살펴보니 진행 중 업무의 양이 리드 타임과 직접 관련이 있다는 사실을 알 수 있었다. 그림 3.2는 진행 중 업무가 줄어들면 평균 리드 타임이 줄어든다는 사실을 명백히 보여주고 있다. 최고점에서 평균 리드 타임은 12일이다. 프로젝트 후반에 진행 중 업무가 점점 줄어들면서, 평균 리드 타임은 4일로 떨어진다.

진행 중 업무의 양과 평균 리드 타임 사이에는 인과 관계가 있는데, 그 관계는 선형을 이룬다. 제조업에서 이 관계는 리틀의 법칙[2]으로 알려져 있다. 모토로라의 이 두 팀으로부터 얻은 증거는 리드 타임 증가와 품질 저하 사이에 상관관계가 있음을 시사한다. 실제로 평균 리드 타임이 대략 6.5배 증가할 때 초기 결함은 30배 이상 증가하였다. 평균 리드 타임이 증가한 이유는 진행 중 업무의 양이 늘어났기 때문이다. 따라서 품질 개선을 위해 관리자가 집중해야 하는 일은 진행 중 업무의 양을 줄이는 것이다. 이 사실이 드러난 이후 나는 품질을 제어하기 위한 수단으로 진행 중 업무를 관리해 왔고 진행 중 업무의 양과 초기 품질의 관계를 확신하게 되었다. 그러나 이 글을 쓰는 시점에서 이러한 경험적 관찰 결과를 뒷받침하는 과학적 증거를 갖고 있지는 않다.

진행 중 업무를 줄이거나 반복 주기iteration의 길이를 짧게 하면 초기 품질이 상당한 영향을 받는다. 진행 중 업무의 양과 초기 품질 사이의 관계가 비선형이라는 것은 분명하다. 즉, 진행 중 업무의 양이 증가하면 결함은 기하급수적으로 늘어난다. 그러므로 2주의 반복 주기는 4주의 반복 주기보다 더 낫고, 1주의 반복 주기는 2주의 반복 주기보다 더 낫다. 반복 주기

---

2 (옮긴이) 미국 MIT 교수이자 마케팅학의 대부인 존 리틀(John Little)이 1961년에 발견한 법칙. 한 공간 안에 머무는 물체의 수는 기준 시간 동안 물체가 들어오는 양과 머무는 시간에 비례한다.

가 짧으면 품질이 더 높아질 것이다.

  증거가 보여주고 있는 논리에 따르면, 칸반 시스템을 사용해서 진행 중 업무를 제한하면 분명히 좋은 결과를 얻을 수 있다. 진행 중 업무를 관리하면 품질이 개선된다는 것을 알고 있다면, 왜 진행 중 업무를 제한하는 명시적 정책을 도입해서 관리자가 다른 활동에 집중할 수 있도록 만들어주지 않고 있는가?

  진행 중 업무와 품질 사이의 밀접한 상호 작용으로 인해, 레시피의 2단계는 1단계와 동시에 또는 바로 뒤이어 실행해야 한다.

어느 쪽이 더 나은가?

나는 2003년 크리스마스 주간에 OTA 다운로드 팀에 개입하여, 진행 중 업무가 너무 많고 리드 타임은 너무 길며 실제로 완료한 기능이 아주 극소수인 상태라고 팀장에게 넌지시 이야기했다. 이런 상황으로 인해 품질 저하가 생기고 있다는 걱정을 전달했다. 팀장은 내 조언을 진심으로 받아들였고, 2004년 1월에 팀이 일하는 방법에 변화를 주었다. 그 결과 2004년에는 팀의 진행 중 업무가 줄어들고 리드 타임이 눈에 띄게 짧아졌다. 그러나 팀이 엄청난 결함을 만들어 내고 있는 상황을 막기에는 변화가 너무 늦게 찾아왔다.

  그래프를 보면 프로젝트는 2004년 3월 중순에 완료된 것처럼 보이지만, 팀은 그해 7월 중순까지 소프트웨어 개발을 계속했다. OTA 다운로드 팀 인원의 절반이 결함 수정 작업을 하느라 프로젝트를 진행하지 못하는 지경에 이르렀다. 2004년 7월에 사업부 총 책임자는 품질 문제가 여전함에도 불구하고 제품이 완성되었다고 선언했다. 그 제품은 현상 엔지니어링 팀에 전달되었다. 출시가 진행되는 동안 무려 50%나 되는 고객이 품질 문제로 인해 구매를 취소하였다. 현장 엔지니어링 팀은 이 제품을 개발한 팀과 인간적으로 좋은 관계를 유지하긴 했지만, 팀의 전문성을 낮게 평가했고 능력을 신뢰하지 않았다. OTA 다운로드 팀이 개발한 제품은 품질이 낮으며, 그 팀은 더 나은 제품을 출시할 만한 능력이 없다는 것이 현장 엔지니어링 팀의 의견이었다.

역설적으로 시애틀 중심가의 소도$_{SoDo}$ 근처에 있는 빌딩으로 들어가서 개발자들에게 "이 근처에서 제일 똑똑한 사람이 누구인가요?"라고 물어보면 OTA 다운로드 팀에 있는 누군가를 가리켰을 것이다. "가장 경험이 풍부한 사람은 누구인가요?"라고 다시 물어보더라도 똑같은 대답을 들었을 것이다. 이력서를 보면 OTA 다운로드 팀의 경력이 OTA 장치 관리 팀보다 평균 3년 정도 많음을 알게 되었을 것이다. 서류상으로는 OTA 다운로드 팀이 모든 면에서 더 낫다는 것을 보여주고 있다. 그리고 지금까지도, 이 사람들 중 몇몇은 모든 정량적 증거가 그렇지 않은데도 불구하고 자신들이 더 낫다고 믿고 있다.

나는 이 팀을 관리하고 코칭한 경험을 통해, OTA 장치 관리 팀원 중 일부가 직업적 자존감이 낮아서 괴로워했으며, 자신에게는 똑똑한 다른 팀 구성원만큼의 재능이 없다고 걱정했다는 것을 알고 있다. 그러나 OTA 장치 관리 팀은 초기 품질이 세 배 이상 향상되면서 생산성이 5.5배 증가하였다. 좋은 교육, 강력한 관리, 훌륭한 리더십을 통한 올바른 프로세스는 모든 것을 바꾼다. 이 사례가 진정으로 보여주는 것은 세계 최고 수준의 결과물을 만들어 내는 데 최고의 인재가 필요하지는 않다는 점이다. 애자일 커뮤니티에서 굳게 믿고 있는 것이 한 가지 있는데, 성공을 거두려면 정말로 뛰어난 사람들과 함께 작은 팀을 만들어야 한다는 것이다. 하지만 나는 그것을 "기술적 우월 의식"이라고 부른다. 이 사례에서는 재능 편차가 다양한 팀에서도 세계 최고 수준의 결과를 만들어 낼 수 있었다.

출시를 자주 하면 신뢰를 쌓는다

진행 중 업무를 줄이면 리드 타임이 짧아진다. 리드 타임이 짧아진다는 것은 작동하는 코드를 더 자주 릴리스할 수 있다는 의미다. 자주 릴리스하면 외부 팀, 특히 마케팅 팀이나 비즈니스 후원자에게서 신뢰를 얻게 된다. 신뢰라는 말은 정의하기 어렵다. 사회학자들은 신뢰를 사회적 자본이라고 부른다. 사회학자들의 연구에 따르면 신뢰는 사건 중심이며, 큰 표현을 가끔 하는 쪽보다 작은 표현을 자주 하거나 작은 사건을 자주 만드는 쪽이 더 많은 신뢰를 쌓는다.

나는 이 내용을 강의하면서, 강의실에 있는 여성들에게 첫 데이트에 다녀온 후 어떤 남성을 더 선호하는지에 대한 질문을 자주 한다. 두 남녀가 즐거운 데이트 시간을 보낸 다음, 남성이 2주 동안 연락을 하지 않았다고 가정했다. 2주 후에 그 남성은 꽃다발을 들고 여성의 집 문 앞에 나타나서 사과를 했다. 이 상황과 반대로 데이트 후 집으로 돌아가는 길에 "오늘 밤 즐거웠어요. 꼭 다시 만나고 싶습니다. 내일 전화해도 될까요?"라고 메시지를 보내고 나서 실제로 그다음 날 전화를 건 남성과 비교해 보라고 주문했다. 여성들이 어떤 남성을 더 선호하는지 한번 추측해 보겠는가? 작은 표현은 크고 비싼 (또는 포괄적인) 표현에 비해 신뢰를 쌓는 데 아무런 비용이 들지 않는 경우가 많다.

소프트웨어 개발에서도 마찬가지다. 조금씩 자주 높은 품질로 출시하는 것이 가끔 대규모로 출시하는 것보다 파트너가 되는 팀으로부터 더 많은 신뢰를 얻을 수 있다.

작은 릴리스는 소프트웨어 개발 팀이 출시 능력이 있고 가치 제공을 약속한다는 것을 보여준다. 이렇게 하면 개발 팀은 마케팅 팀이나 비즈니스 후원자에게서 신뢰를 얻을 수 있게 된다. 릴리스한 코드의 품질이 높으면 운영, 기술 지원, 현장 개발, 영업 부서 같은 하류 파트너와의 사이에서도 신뢰를 쌓을 수 있다.

암묵지

작은 코드 배치가 품질을 개선하는 이유를 추측하기란 상당히 쉬운 일이다. 지식 업무에서는 진행 중 업무의 양이 증가하면 복잡도 문제가 기하급수적으로 증가한다. 그렇게 되면 인간의 두뇌는 이 모든 복잡도에 대처하느라 어려움을 겪는다. 소프트웨어 개발 분야에서는 방대한 지식의 이전과 정보의 발견이 사실상 암묵적이며 얼굴을 맞대고 함께 업무를 진행하는 동안 이루어진다. 정보가 언어적이고 시각적이긴 하지만, 화이트보드에 그린 스케치처럼 가벼운 형식 안에 들어 있다. 우리의 머리는 이 모든 암묵지를 저장해 두기에는 용량이 부족하며 저장하는 동안에 손상되기도 한다. 우리는 정확한 세부 내용을 기억해낼 수도 없고 실수를 하기도 한다. 팀이 같은 위치에서 일하고 있고 항상 서로 만날 수 있다면, 이 기억 상실은 반복 토론이나 공유 기억을 이용해 바로잡을 수 있다. 그래서 같은 사무실에서 함께 일하는 애자일 팀이 암묵지를 오래 유지하기 더 쉬운 것이다. 이와 상관없이 암묵지는 시간이 흘러감에 따라 그 가치가 떨어지기 때문에 암묵지 프로세스의 핵심은 짧은 리드 타임이다. 우리는 진행 중 업무를 줄이는 것이 리드 타임 감소와 직접적 관련이 있다는 사실을 알고 있다. 따라서 진행 중 업무를 더 적게 만들면 암묵지의 가치 하락을 막을 수 있고 그 결과 품질이 더 높아질 것이라고 추론할 수 있다.

요약하자면 진행 중 업무를 줄이면 품질을 개선할 수 있고 릴리스를 더 자주 할 수 있다. 고품질 코드를 더 자주 릴리스하면 외부 팀과의 신뢰를 개선한다.

요구량을 처리량에 맞춘다

요구량을 처리량에 맞춘다는 것은, 소프트웨어 개발 프로세스 내부로 받아들이는 새로운 요구 사항의 양을, 작동하는 코드로 출시 가능한 양에 맞춘다는 의미다. 이렇게 하면 진행 중 업무의 양을 규모에 맞게 효과적으로 바꿀 수 있다. 업무를 전달받으면 요구를 만드는 사람들로부터 새로운 업무(또는 요구 사항)를 당겨온다. 그렇기 때문에 새로운 업무의 우선순위를 정하거나 약속을 논의하려면 원래 진행하던 업무를 먼저 마쳐야 한다.

이러한 변화의 효과는 엄청나다. 프로세스의 처리량은 병목 지점에 의해 제약을 받는다. 그러나 병목 지점이 어디인지 알기는 어렵다. 사실, 가치 흐름 내에 있는 모든 사람에게 이야기해 보면, 아마도 모두가 완전히 과부하 상태라고 주장할 것이다. 그러나 일단 가치 흐름 내에서 요구량을 처리량에 맞추고 진행 중 업무를 제한하면 마법 같은 일이 일어난다. 병목 자원만이 부하가 가득 찬 상태로 남는다. 가치 흐름 내의 다른 작업자는 자신이 여유가 생겼음을 금세 알게 된다. 반면에 병목 지점에 있는 사람은 업무로 바쁘긴 하겠지만 정신을 못 차릴 정도는 아니다. 팀은 아마도 몇 년 만에 처음으로 더 이상 과부하 상태에 빠지지 않을 것이고, 많은 사람이 자신의 경력에서 쉽게 겪기 어려운 일, 즉 여유를 경험하게 된다.

잉여 시간 만들기

조직에서 상당한 압박이 사라지고 사람들은 정확하고 품질이 높은 업무를 수행하는 데 집중할 수 있게 된다. 자신의 업무에 자부심을 갖게 되고 그 경험을 더욱 즐기게 될 것이다. 사람들은 이러한 여유 시간을 환경 개선에 사용하기 시작한다. 사무실을 깔끔하게 정리하거나 그 시간에 교육을 받을 수도 있다. 기술, 도구, 상류 및 하류 부서와의 소통 방법을 발전시키기 시작한다. 시간이 흐르고 하나의 작은 개선이 또 다른 개선을 이끌면서, 팀은 지속적으로 개선하는 모습을 보이게 된다. 문화가 바뀌는 것이다. 진행 중 업무를 제한하고 수용량에 여유가 있을 때에만 새로운 업무를 당겨오는 활동을 통해 만들어진 잉여 수용량은, 아무도 가능하다고 생각하지 못했던 개선을 가능케 한다.

지속적 개선을 하려면 잉여 시간$_{slack}$이 필요하다. 잉여 시간을 만들려면 요구량을 처리량에 맞추고 진행 중 업무량을 제한해야 한다.

사람들은 본능적으로 잉여 시간을 없애야 한다고 믿는다. 그래서 요구량을 처리량에 맞추어 진행 중 업무를 제한한 후에도, 모든 사람을 100% 효율적으로 활용하려고 자원을 조정하여 '균형을 맞추려는' 경향이 생긴다. 이렇게 하면 효율적이고 전형적인 20세기 원가 계산법을 만족하는 것처럼 보이지만 개선 문화 창조를 방해한다. 지속적 개선이 가능하려면 잉여 시간이 필요하다. 잉여 시간을 얻으려면 병목 자원으로 인한 불균형한 가치 흐름이 있어야 한다. 활용을 최적화하는 것은 바람직하지 않다.

우선순위 부여

레시피의 첫 세 단계를 실행했다면 모든 일이 순조롭게 진행되고 있을 것이다. 고품질 코드를 자주 출시하고 있을 것이고, 진행 중 업무 제한으로 개발 리드 타임은 상대적으로 짧아졌을 것이다. 기존 업무가 완료되어 수용량이 생겼을 때에만 새로운 업무를 개발로 당겨온다. 이 시점에서, 관리자는 단순히 출시하는 코드의 양이 아니라 출시하는 가치의 최적화에 주목하기 시작한다. 출시를 예측할 수 없다면 우선순위에 집중하는 것은 무의미하다. 출시 순서를 믿을 수가 없는데 왜 입력 순서를 조정하려고 쓸모없는 노력을 하는가? 이 상황을 바로잡을 때까지 관리자는 출시 능력과 출시의 예측성 개선에 집중하는 편이 더 낫다. 요청받은 순서와 실제로 거의 비슷하게 출시할 수 있게 된 다음, 입력 우선순위를 조정하는 방향으로 생각을 바꾸어야 한다.

영향력

개발 조직이 우선순위 부여를 제어해서는 안 되며, 따라서 개발 관리자가 우선순위 부여를 제어해서는 안 된다. 우선순위 부여를 개선하려면 제품 책임자나 비즈니스 후원자 또는 마케팅 부서에서 스스로 그들의 행동을 바꿀 필요가 있다. 개발 관리자는 기껏해야 우선순위를 부여하는 데 약간의 영향을 미칠 수 있을 뿐이다.

변화에 영향력을 미칠 수 있는 정치적·사회적 자본을 갖추려면 신뢰가 구축되어 있어야 한다. 고품질 코드를 규칙적으로 출시할 수 있는 역량이 없다면 신뢰가 있을 수 없고, 그러므로 우선순위 부여에 영향력을 미쳐서 소프트웨어 팀이 출시한 가치를 최적화할 수 있는 가능성은 거의 없다.

최근 애자일 커뮤니티에서는 비즈니스 가치 최적화와 작동하는 코드의 생산율(소프트웨어 개발 '속도$_{velocity}$')이 중요한 측정 기준이 아니라는 논의가 화두다. 출시한 비즈니스 가치가 성공의 진짜 측정 기준이기 때문이다. 이 말이 궁극적으로는 진실일 수 있지만, 팀이 올라서야 하는 역량 성숙 단계를 바라보는 시각을 잃지 않는 것이 중요하다. 출시한 비즈니스 가치를 측정하고 보고할 수 있는 조직은 거의 없다. 더 큰 도전을 하려면 우선 기본적 기술 역량을 갖추어야 한다.

성숙도 구축

다음은 내가 생각하는 팀이 성숙해지는 방법이다. 우선 고품질 코드를 개발하는 방법을 배운다. 그런 다음 진행 중 업무를 줄이고, 리드 타임을 개선하며 자주 릴리스한다. 다음으로 요구량을 처리량에 맞추고, 진행 중 업무를 제한하고, 개선 활동을 할 수 있는 잉여 시간을 만드는 것이다. 그 후에 소프트웨어 개발 역량을 순조롭게 발휘할 수 있도록 만들고 최적화해서, 가치 전달을 최적화할 수 있도록 우선순위 부여를 개선한다. 비즈니스 가치 최적화는 희망 사항에 불과하다. 성공 레시피를 따라서 점진적으로 이런 수준의 성숙도를 이룰 수 있도록 행동해야 한다.

예측성을 개선하기 위해 변동성의 원인을 공략한다

변동성의 영향과 프로세스에서 그 변동성을 줄이는 방법 모두 고급 주제다. 소프트웨어 개발의 변동성을 감소시키려면, 지식 노동자가 새로운 기술을 배워야 하고 개인 행동을 바꿔서 일하는 방법을 변화시켜야 한다. 이 모든 것이 어려운 일이다. 그러므로 초보자나 성숙하지 못한 조직이 다룰 수 있는 주제는 아니다.

변동성이 높아지면 진행 중 업무가 늘어나고 리드 타임이 더 길어진다. 이 내용은 19장에서 더 자세히 설명할 것이다. 변동성이 높아지면 비병목 자원에는 더 많은 잉여 시간이 필요하다. 업무가 몰렸다가 사라지는 상황이 가치 흐름에 영향을 미치므로 여기에 대처해야 하기 때문이다. 이 말이 진실인 이유를 완벽하게 이해하려면, 이 책의 범위를 넘어서는 통계적 프로세스 관리 및 대기열 이론을 알아야 한다. 나는 개인적으로 도널드 휠러 Donald Wheeler 와 도널드 라이너슨의 변동성 및 대기열 연구를 좋아한다. 그래서 이 주제에 대해 더 많은 정보를 원한다면 이 두 사람의 연구에서 시작해 보자.

일단 요구 사항의 크기 그리고 분석, 설계, 코딩, 테스트, 빌드 통합, 출시에 드는 공수의 변동성이 프로세스 처리량과 소프트웨어 개발 가치 흐름의 운영 비용에 악영향을 미친다는 것이 사실임을 받아들이는 것이 중요하다.

그러나 어리석은 정책으로 인해 변동성의 원인이 무심코 프로세스에 포함되기도 한다. 4장의 사례 연구는 월간 계획 재수립, 추정에 의한 서비스 수준 합의, 제품 문구 변경의 우선순위 등 다양한 사례를 강조하고 있다. 이 사례에 있는 세 가지 모두 바꿀 수 있는 정책이 제어한다. 기존 프로세스 정책을 살짝 바꾸는 것만으로도 예측성에 영향을 미치는 변동성의 원인을 극적으로 줄일 수 있다.

성공 레시피와 칸반

칸반을 사용하면 성공 레시피의 6단계 모두가 가능해진다. 칸반을 실천하면 자연스럽게 성공 레시피를 따르게 되며, 성공 레시피를 실천하면 관리자가 그 실천의 성과를 얻을 수 있게 된다. 결과적으로 성공 레시피는 칸반이 가치 있는 기법인 이유를 보여준다.

이것만은 기억하자

- 칸반은 성공 레시피의 모든 측면을 담고 있다.
- 성공 레시피는 칸반이 가치 있는 이유를 설명한다.
- 낮은 품질은 소프트웨어 개발에서 가장 큰 낭비를 나타낸다.
- 진행 중 업무를 줄이면 품질을 개선할 수 있다.
- 품질을 개선하면 운영 부서 같은 하류 파트너의 신뢰를 개선할 수 있다.
- 릴리스를 자주 하면 마케팅 부서 같은 상류 파트너의 신뢰를 개선할 수 있다.
- 당김 방식을 사용하면 요구량을 처리량에 맞출 수 있다.
- 당김 방식은 병목 지점을 드러내며 비병목 지점에 잉여 시간을 만든다.
- 좋은 품질을 우선시하면 소프트웨어 개발 가치 사슬이 제 기능을 발휘해서 출시하는 가치를 극대화할 수 있다.
- 초기 품질이 좋지 못하고 출시 예측성이 부족하다면 우선순위 부여는 아무런 가치가 없다.
- 변동성을 줄이기 위한 변화를 만들려면 잉여 시간이 필요하다.
- 변동성이 줄어들면 잉여 시간의 필요성이 줄어든다.
- 변동성이 줄어들면 자원 균형(그리고 잠재적으로 인원 감축)을 이룰 수 있다.
- 변동성이 줄어들면 자원에 대한 요구가 줄어든다.
- 변동성이 줄어들면 칸반 도근, 진행 중 업무, 평균 리드 타임이 줄어

드는 결과를 불러온다.
- 잉여 시간이 있으면 개선 기회를 만들어낼 수 있다.
- 프로세스를 개선하면 생산성이 더 훌륭해지고 예측성이 더 높아진다.

4

5분기 만에 최악에서 최고로

2004년 10월, 드라고스 두미트리우Dragos Dumitriu는 마이크로소프트에서 근무 중인 프로그램 관리자 중 한 명이었다. 그즈음에 드라고스가 한 부서를 맡게 되었는데, 그 부서는 마이크로소프트 IT 부문에서 최악의 평가를 받고 있었다.

마이크로소프트의 '프로그램 관리자Program Manager'라는 직책은 쉽게 말하자면 다른 회사에서 말하는 프로젝트 관리자와 비슷하긴 하지만, 프로젝트 관리자의 업무뿐 아니라 분석과 아키텍처 업무를 포함한다. 프로그램 관리자는 각 계획이나 프로젝트 또는 제품에 배정됐고 구현해야 할 기능에 대한 책임이 있었다. 프로그램 관리자는 개발 부서나 테스트 부서 같은 직무 조직의 자원을 통해 주어진 업무를 완수하게 된다. 드라고스는 XIT 사업부에서 소프트웨어 유지 보수를 맡고 있었는데, 이 팀(그림 4.1 참조)

그림 4.1 2004년 후반 인도 하이데라바드 팀. 드라고스는 왼쪽에서 네 번째에 있다.

은 인도에 있는 CMMI 모델 레벨 5등급의 협력 업체였고, 전 세계 각지의 마이크로소프트 직원이 사용하는 80여 개의 다양한 IT 응용 프로그램에 대한 사소한 업그레이드를 개발하고 제품 버그를 수정하고 있었다. 드라고스의 근무지는 워싱턴 주 레드먼드에 있는 본사였다. 이 시기에 나도 드라고스와 함께 근무하고 있었다.

문제

드라고스는 마이크로소프트 내에서 고객 서비스 평판이 가장 나쁜 그 팀을 맡겠다고 자원했다. 변화 전문가로서 드라고스가 해야 할 일은 긴 리드 타임과 형편 없는 기대 수준을 바꾸는 것이었지만 정치적 분위기로 인해 어려운 상황이었다. 이전에 그 자리에 있었던 많은 전임자가 여전히 같은 사업부 내에서 다른 프로젝트를 수행하고 있는 동료들이었고, 혹시나 드라고스가 성과를 내면 그에 견주어서 자신이 무능해 보일까 걱정하고 있었다.

인도의 협력 업체에서 일하고 있는 프로그래머와 테스터는 소프트웨어 공학 연구소Software Engineering Institute, SEI의 개인 소프트웨어 프로세스 및 팀 소프트웨어 프로세스Personal Software Process/Team Software Process, PSP/TSP를 따르고 있었다. 마이크로소프트에서는 의무적으로 이 방법을 사용해야 했다. 당시에 빌 게이츠에게 직접 보고하는 위치에 있던 존 드반Jon De Vaan은 소프트웨어 공학 연구소 와츠 험프리Watts Humphrey[1]의 열광적 팬이었다. 마이크로소프트 IT 부서와 협력 업체에서 사용하는 프로세스는 공학 우수성Engineering Excellence 부서의 장이었던 존 드반이 결정했다. 이것은 현재 사용 중인 소프트웨어 개발 생애 주기 방법론을 드라고스가 바꿀 수는 없다는 의미였다.

드라고스는 문제의 근본 원인이 PSP/TSP도 아니고 협력 업체의 CMMI

---

[1] (옮긴이) 소프트웨어 공학 발전에 커다란 업적을 남겼으며 소프트웨어 품질의 아버지로 불린다. 1980년대에 카네기 멜론 대학교의 소프트웨어 공학 연구소(SEI)에서 CMMI, PSP/TSP 등을 만들고 발전시켰다.

등급도 아닐 가능성이 높다고 생각했다. 사실 그 팀은 요청받은 내용을 꽤 높은 품질로 훌륭하게 개발해냈다. 그렇기는 하지만 변경 요청의 리드 타임이 5개월이나 되었고, 요청 백로그가 늘어나는 것과 마찬가지로 리드 타임도 감당하기 어려운 수준으로 늘어나고 있었다. 사람들은 그 팀이 체계적이지 못하고 관리에 문제가 있다고 인식하고 있었다. 결과적으로 윗선에서는 이 문제를 해결하는 데 추가 비용을 허락하고 싶어 하지 않았다.

그래서 정치, 비용, 회사의 관련 정책으로 인해 변화에는 제약이 많았다. 드라고스는 내게 조언을 구했다.

업무 흐름 시각화

나는 드라고스에게 업무 흐름을 대략 그려 달라고 부탁했다. 드라고스는 최대한 간단하게 변경 요청의 생애 주기를 그림으로 그려주었고, 우리는 함께 그 문제를 논의했다. 그림 4.2는 드라고스가 그린 그림을 옮겨 놓은 것이다. 그림에 있는 프로그램 관리자가 바로 드라고스다.

변경 요청은 불규칙하게 전달된다. 네 명의 제품 관리자는 XIT에서 유

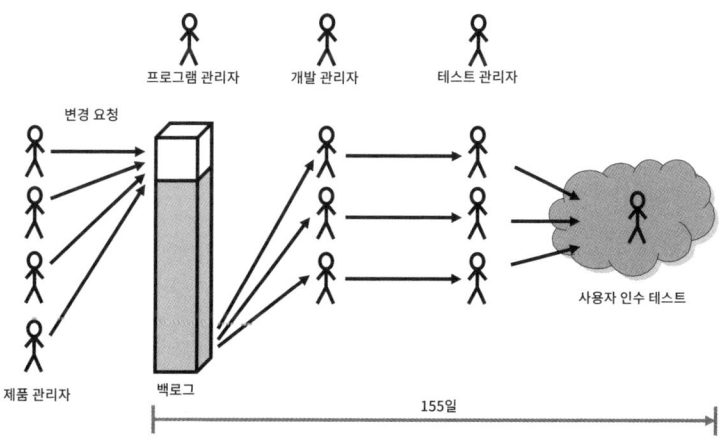

그림 4.2 XIT 유지 개발 팀: 리드 타임을 보여주는 초기 업무 흐름

지 보수하는 응용 프로그램을 담당하고 있는 여러 고객의 예산을 대표하고 제어한다. 제품 관리자는 미처 발견하지 못한(출시 후에 발견된) 제품 결함을 포함하여 새로운 요구를 전달한다. 이런 결함은 유지 보수 팀이 아니라 응용 프로그램 개발 프로젝트 팀이 만든 것이다. 응용 프로그램 개발 팀은 보통 새로운 시스템을 릴리스한 1개월 후에 해산하고, 그 소스 코드를 유지 보수 팀에 넘긴다.

성과에 영향을 미치는 요소

드라고스는 요청을 전달받을 때마다 추정을 위해 그 요청을 인도로 보낸다. 48시간 내에 비즈니스 책임자에게 요청의 추정치를 회신해야 한다는 정책이 있었다. 이 정책은 비즈니스 책임자가 투자 대비 수익ROI을 계산하고 요청을 계속 진행할지 말지 쉽게 결정할 수 있게 하기 위해서다. 드라고스는 한 달에 한 번 제품 관리자나 다른 이해관계자와 만나서, 백로그에 우선순위를 다시 부여하고 그 요청을 기반으로 프로젝트 계획을 수립한다.

당시 한 달 동안 처리할 수 있는 요청 개수는 대략 7개였다. 백로그에는 요청이 80개 이상 쌓여 있는 상태였고, 그 양은 계속 늘어나는 중이었다. 이것은 매월 70개가 넘는 요청에 우선순위를 다시 부여하고 일정을 새로 수립하고 있다는 의미였고, 요청을 처리하는 데는 평균 4개월 이상이 걸렸다. 이것이 불만의 근본 원인이었다. 이 요청은 크기가 작은 것들이었는데, 거듭되는 우선순위 재부여 때문에 요청한 사람들의 불만은 쌓여만 갔다.

요청은 프로덕트 스튜디오Product Studio라고 부르는 도구를 사용해 추적하였다. 마이크로소프트는 나중에 이 도구를 업데이트해서 '팀 파운데이션 서버 작업 항목 추적Team Foundation Server Work Item Tracking'이라는 이름으로 공개 릴리스하였다. XIT 유지 보수 팀은 내가 강의하고 컨설팅할 때 자주 본 유형의 조직이었다. 그들에게는 많은 데이터가 쌓여 있었지만 그 데이터를 사용하지 않고 있었다. 드라고스는 데이터를 분석하기 시작했고, 요청 하나를 개발하는 데 평균 11일이 걸린다는 것을 알았다. 그러나 리드 타임은 보통 125일에서 155일이었다. 리드 타임의 90% 이상이 대기 중 상태 또는 다른 형태의 낭비로 인해 생기고 있었다.

새로 전달되는 업무를 추정하는 데는 많은 노력이 필요했다. 드라고스와 나는 어림짐작으로 요청을 분석하기로 결정했다. 원래는 '대략적 작업량rough order of magnitude, ROM'이라는 방식으로 추정하고 있었는데, 사실 고객은 아주 정확한 추정을 기대했고, 팀원들은 추정 준비에 많은 신경을 써야 한다는 사실을 알고 있었다. 개발자와 테스터가 요청 내용을 추정하는 데 각자 약 하루씩 걸렸다. 우리는 금세 추정 활동에만 수용량의 33% 정도를 소모하고 있다는 것을 알 수 있었다. 40% 이상이 소모되는 경우도 있었다. 추정에 사용하는 수용량은 코딩이나 테스트에 사용하는 수용량보다 우선순위가 높았다. 새로운 요청을 추정하느라 그달에 수립한 계획이 엉망이 되곤 했다.

팀 업무 중에는 변경 요청 이외에 제품 문구 변경production text change, PTC 업무도 있었다. 보통 제품 이미지나 문구를 바꾸거나, 관련 테이블 또는 XML 파일의 값을 바꾸는 일이었다. 이러한 변경 작업에는 개발자가 필요 없었고 주로 비즈니스 책임자나 제품 관리자 또는 프로그램 관리자가 요청하는 업무였는데, 그들은 제품 문구를 변경한 뒤에도 공식 테스트를 진행해 달라고 요구했고 그 요청은 테스터에게 영향을 미쳤다.

제품 문구 변경은 아무런 예고도 없이 날아왔고, 그 밖의 다른 업무나 추정 활동보다 먼저 진행하는 것이 보통이었다. 이따금 제품 문구 변경이 무더기로 오는 경우도 있었다. 제품 문구 변경이 그달에 수립했던 계획을 망쳐버리는 경우도 많았다.

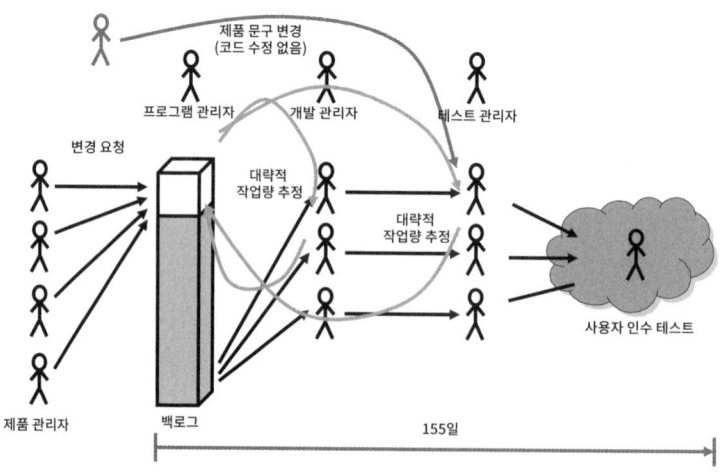

그림 4.3 대략적 작업량 추정과 제품 문구 변경 전달을 보여주는 작업 흐름

프로세스 정책을 명시적으로 만들다

그 팀은 여러 가지 나쁜 정책을 포함하고 있는 프로세스를 지시받아 따르고 있었는데, 그런 정책은 다양한 위치에 있던 관리자들이 만들어낸 결정들이었다. 프로세스란 행동을 통제하는 정책 집합이라고 생각하는 것이 중요하다. 이러한 정책은 관리자가 제어하는 것이다. 예를 들어 PSP/TSP 사용 정책은 빌 게이츠보다 한 단계 아래에 있는 부사장급에서 정한 것이었는데 이 정책 때문에 변화가 어렵거나 불가능했다. 그러나 실제 코딩이나 테스트보다 추정을 중요시하는 정책 같은 그 외 많은 정책은 팀에서 만든 것이고 직속 관리자에게도 재량권이 있었다. 적용된 당시에는 좋은 정책이었을 수도 있지만 환경이 바뀌었는데 팀 운영을 좌우하는 정책을 검토하고 바꾸려는 시도는 없었다.

추정은 낭비였다

드라고스는 동료들이나 관리자와 논의 후 우선 두 가지 관리 방식을 바꾸기로 결정했다. 첫 번째는 추정 중단이었다. 드라고스는 추정 활동 때문에 낭비되는 수용량을 소프트웨어 개발이나 테스트에 사용하고 싶어 했다. 추정으로 인해 일정이 엉망이 되는 일을 없애버리면 예측성도 개선될 것이고, 수용량이 증가하고 예측성이 개선되면 그가 바라는 대로 고객 만족에도 커다란 영향을 줄 것이었다.

그러나 추정 중단에도 문제가 있었다. 추정을 중단하면 투자 대비 수익을 산정할 수 없게 되고, 고객은 우선순위 선택이 잘못되지 않을까 걱정할 수 있었다. 게다가 부서 사이의 원가 산정 및 예산 이전은 추정을 통해 이루어지고 있었다. 또한 관리 정책을 적용할 때에도 추정을 활용하였다. 크기가 작은 요청만이 시스템 유지 보수 업무로 승인받을 수 있었다. 15일을 초과하는 개발 또는 테스트 같은 비교적 크기가 큰 요청은 중요 프로젝트 계획으로 처리해야 했고, 프로그램 관리 조직program management office, PMO의 포트폴리오 관리 정책 프로세스의 심사를 받아야 했다. 이 문제는 금방 다시 논의할 것이다.

진행 중 업무를 제한하다

> 이것은 정책을 선택하는 일이다. 한 명의 개발자가 항상 하나의 변경 요청을 처리하는 것도 정책이다. 정책은 나중에 바꿀 수도 있다. 프로세스를 정책의 집합으로 생각하는 것이 칸반의 핵심 요소다.

드라고스가 내린 두 번째 결정은 진행 중 업무를 제한하고, 현재 진행 중인 업무가 끝난 다음 입력 대기열에서 업무를 당겨오는 것이었다. 드라고스는 개발 팀의 진행 중 업무를 개발자 한 명당 요청 하나로 제한하고, 테스터에게도 같은 규칙을 적용하기로 했다. 그는 제품 문구 변경을 전달받는 데 사용하거나 개발과 테스트 사이의 업무 흐름을 원활하게 만들

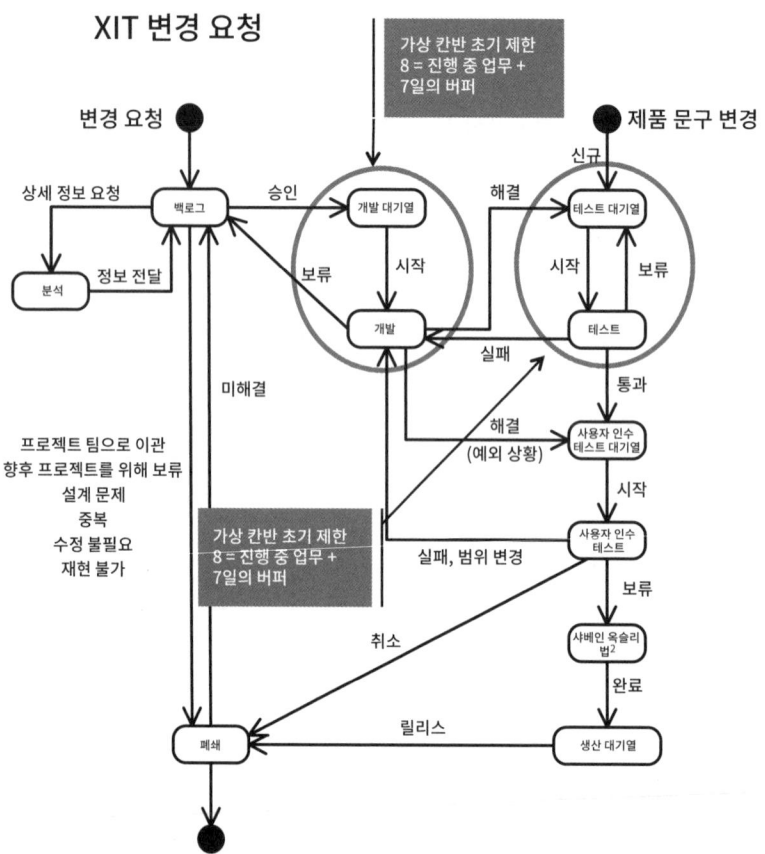

그림 4.4 진행 중 업무 제한을 활용한 정상적 업무 흐름을 보여주는 상태도

려고, 그림 4.4처럼 개발과 테스트 사이에 대기열을 추가했다. 크기의 변동성이나 투입 공수의 변동성을 줄이기 위해 버퍼를 사용하는 이 방식은 19장에서 다룬다.

---

2 (옮긴이) 기업 회계의 책임 및 투명성 강화와 투자자 보호를 위해 2002년에 제정된 미국 회계 개혁에 관한 연방법. 미국의 IT 분야에서는 법안이 요구하는 사항을 충족하려면 다양한 관련 활동을 수행해야 한다.

입력 케이던스를 정하다

> 칸반에서 케이던스cadence라는 개념은 어떤 유형의 이벤트가 지닌 규칙적 리듬을 의미한다. 우선순위 부여, 출시, 회고 및 반복되는 모든 이벤트에는 저마다 케이던스가 있을 수 있다.

드라고스는 진행 중 업무 제한 및 당김 방식 도입을 쉽게 하기 위해, 제품 관리자와 소통하는 케이던스를 고민해야 했다. 백로그에 있는 항목을 입력 대기열로 보충하는 단순한 일이 회의의 주제였기 때문에, 일주일에 한 번 정도가 적당하다고 생각했다. 대개는 대기열에 세 칸이 비어 있었다. 그래서 논의는 다음 같은 질문을 중심으로 진행되었다. "다음 번에 출시하고 싶은 항목 세 가지를 백로그에서 골라주시겠어요?" 이 케이던스는 그림 4.5에 나타나 있다.

드라고스는 입력 대기열로 들어온 업무는 25일 이내에 출시한다는 것을 '보장'하고 싶어 했다. 이 25일은 평균 개발 완료 기간인 11일에 비해 상

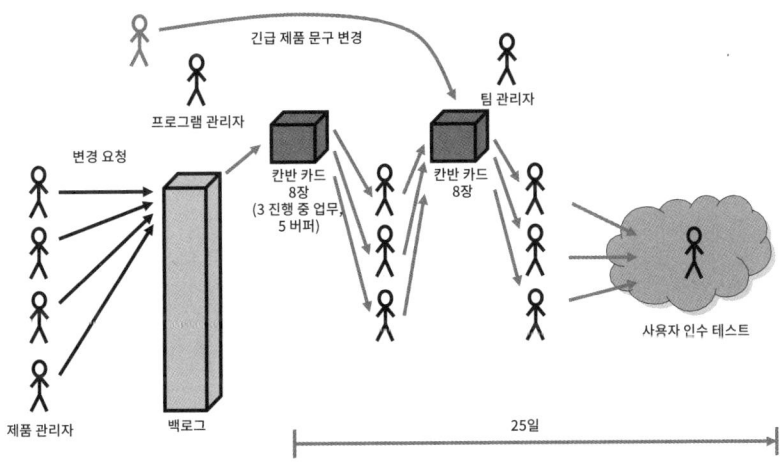

그림 4.5 칸반 진행 중 업무 제한과 대기열을 사용한 업무 흐름

당히 넉넉했다. 통계적 예외 항목들 중에는 약 30일이 필요한 경우도 있었지만, 그런 항목은 극소수이기를 기대했다. 25일이라는 기간은 현재의 140일이라는 리드 타임과 비교해 보았을 때, 제품 관리자에게는 상당히 매력적인 제안이었다. 드라고스는 규칙적으로 출시해서, 제품 관리자 및 그들의 고객과 원하는 만큼의 신뢰를 쌓을 수 있기를 바랐다.

새로운 타협점을 찾다

드라고스는 제품 관리자들에게 한 가지 제안을 했다. 그 제안은 일주일에 한 번씩 함께 만나서 우선순위를 논의했으면 좋겠고, 앞으로는 진행 중 업무의 양을 제한할 것이며, 팀에서 더 이상 추정 작업을 하지 않겠다는 것이었다. 그 대신에 25일 내 출시를 보장하고, 출시 결과를 측정해서 완료일 달성 실적due-date performance을 전달하겠다고 했다.

 그래서 드라고스는 고객에게 추정 활동을 기준으로 삼아 투자 대비 수익을 산출하고 부서 간의 예산을 이전하는 정책을 중단해 달라고 했다. 대신 그들이 얻게 될 보상은 전례 없이 짧은 출시 기간과 신뢰성이었다. 회계상 이슈를 해결하기 위해, 드라고스는 어떤 요청이든지 개발하는 데 평균 11일이 걸린다는 사실을 믿어 달라고 부탁했다. 그리고 기본적으로 비용은 항상 일정하며, 원가를 계산해서 그 비용을 근거로 부서 간의 예산 이전을 하지 말아 달라고 말했다.

 드라고스는 자신의 주장이 옳다는 것을 보여주려고, 해당 협력 업체는 매월 청구하는 연간 계약을 맺고 있다는 사실을 설명했다. 협력 업체는 계약에 따라 인원을 할당했고 이 인원들은 일을 하고 있든 아니든 보수를 받았다. 네 명의 제품 관리자가 여기에 투입하는 예산은 정해져 있었고 할당에 비례해서 부담하고 있었다. 드라고스는 각 제품 관리자에게 공정한 수용량 할당을 보장하겠다고 말했다. 이렇게 하면 제품 관리자가 개별 요청을 추적할 필요가 없어질 것이다. 만약 자신이 부담하는 비용만큼 수용량을 확보하고 그 수용량을 보장받을 수 있다는 것을 받아들일 수만 있다면, 아마도 각 업무 단위를 기준으로 비용을 산정하고 예산을 이전하는 방식에 대한 편견을 없앨 수 있을 것이다. 수용량을 공정하게 할당하기 위해, 대기열을 다시 채우는 항목을 누가 선택할지 결정하는 간단한 규칙을 만들었다. 단순하게 비중에 따른 순차 순환 대기round-robin 방식을 사용해서 충분히 이 목적을 달성할 수 있었다.

변화를 추진하다

XIT 사업부의 제품 관리자와 많은 동료 관리자는 회의적 입장이었고, 드라고스가 일단 시도해 보아야 한다는 것이 전반적 여론이었다. 결국에는 상황이 점점 더 안 좋아졌다. 이보다 악화될 수 없는 지경이었다! 누군가는 시도를 해야만 했고 그 변화를 추진할 후보자는 드라고스였다.

 그렇게 변화가 시작되었다.

 효과를 발휘하기 시작했다. 전달한 요청은 처리 후 제품으로 릴리스되었다. 25일 이내에 출시하겠다는 새로운 약속을 지켜냈다. 주간 회의는 원활하게 진행되었고 대기열은 매주 새롭게 채워졌다. 제품 관리자와 신뢰가 쌓여가기 시작했다.

정책 조정

더 이상 투자 대비 수익 산정을 하지 않는데 어떻게 우선순위를 부여할 수 있는지 궁금할 것이다. 투자 대비 수익 산정은 불필요한 것으로 드러났다. 중요하고 가치 있는 항목이었다면 백로그에서 선택되어 입력 대기열로 옮겨졌을 것이고, 그렇지 않은 항목이었다면 선택되지 않았을 것이다. 얼마 후에 드라고스는 새로운 정책이 필요하다는 생각이 들었다. 6개월이 넘은 항목은 백로그에서 전부 없애버리는 것이다. 선택되지 않고 백로그에 6개월 동안이나 머물러 있을 정도로 중요하지 않은 항목이라면, 전혀 중요한 일이 아니라고 생각할 수 있다. 정말로 중요한 항목이라면 누군가 백로그에 다시 등록할 것이다.

정책 조정은 칸반에서 흔히 볼 수 있는 주제다. 명시적 정책, 투명성, 시각화가 합쳐지면 팀원 각자가 스스로 결정하고 위험을 관리할 수 있게 된다. 관리자는 프로세스가 정책으로 이루어졌다는 사실을 이해하고 있기 때문에 시스템을 신뢰하게 된다. 정책은 위험을 관리하고 고객의 기대에 맞게 제품을 출시하려고 만드는 것이다. 정책이 명시적이고, 업무가 투명하게 추적되면, 모든 팀원이 그러한 정책과 그 정책을 활용하는 방법을 이해하게 된다.

커다란 항목을 중요 프로젝트로 추진하지 않고 유지 보수 팀에 어물쩡 넘기는 사태를 예방하려면 어떤 정책이 필요할까? 이런 상황은 커다란 항목이 넘어올 수도 있다는 사실을 인정함으로써 해결되었다. 이력 데이터를 살펴보니 이런 요청은 전체의 2% 이하라는 것을 알게 되었다. 개발자에게는 이런 요청에 주의하라고 지시했고, 시작하려고 준비 중이던 신규 요청이 커다란 항목이라는 사실이 밝혀지면, 일단 15일 이상이 소요된다고 추정한 후에 팀 관리자에게 알려야 했다. 이렇게 해서 생기는 위험과 비용은 전체 가용 수용량의 0.5% 미만이었다. 엄청나게 수지맞는 장사라고 할 수 있다. 추정을 수행하지 않게 되면서 팀은 33% 이상의 수용량을 얻게 되고 1%도 안 되는 위험을 감수하게 된 것이다. 이 새로운 정책으로 개발자는 위험을 관리할 수 있게 되었고, 필요하다면 거리낌 없이 의견을 제시할 수도 있게 되었다.

시애틀에서는 두 가지 변화를 6개월 동안 간섭하지 않았다. 이 기간 동안 몇 가지 작은 변화가 생겼다. 언급한 바와 같이 백로그 정리 정책이 새로 생겼고 제품 책임자와의 주간 회의도 사라졌다. 프로세스는 매우 원활하게 돌아갔고 드라고스는 대기열에 빈칸이 생기면 자신에게 이메일을 보내는 기능을 프로덕트 스튜디오에 추가했다. 드라고스가 이 이메일을 받으면, 제품 책임자들에게도 그 사실을 이메일로 알려주고, 다음에 어떤 항목을 진행할지 그들끼리 결정하도록 했다. 빈칸이 생기면 두 시간 안에 결론이 났고 대기열은 새로운 요청으로 다시 채워졌다.

그 이상의 개선을 모색하다

드라고스는 그 이상의 개선을 모색하기 시작했다. 자기가 담당하는 협력 업체와 함께 일하는 XIT 내 다른 팀과 비교하여, 테스터의 생산성 이력 데이터를 살펴보았다. 드라고스는 테스터의 업무가 그렇게 많지 않고 상당한 잉여 수용량이 있다고 추측했다. 개발자가 중요한 병목 지점이라는 의미였다. 그는 직접 인도로 가서 그 팀을 만나보기로 결심했고, 돌아오는 길에는 협력 업체에 인원 할당을 변경해 달라고 이야기했는데, 테스트 팀을 세 개에서 두 개로 줄였고 새로운 개발자를 투입했다(그림 4.6). 그 결과 해당 분기의 처리량이 45에서 56으로 증가하면서 거의 선형에 가깝게 생산성이 늘어났다.

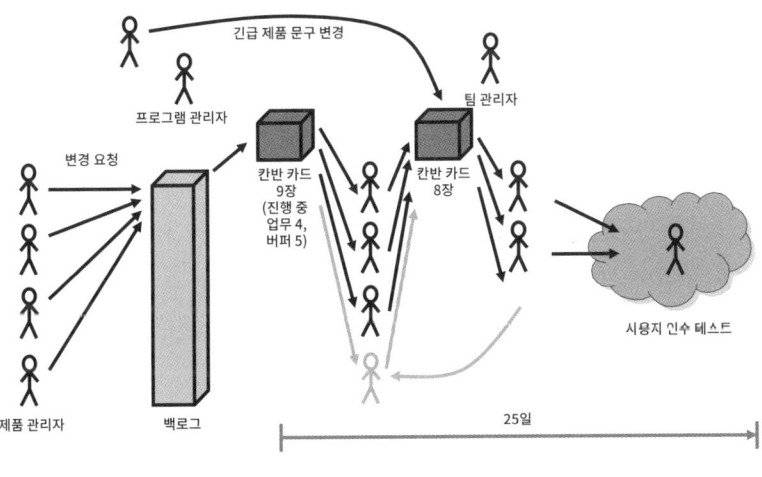

그림 4.6 지원 재분배

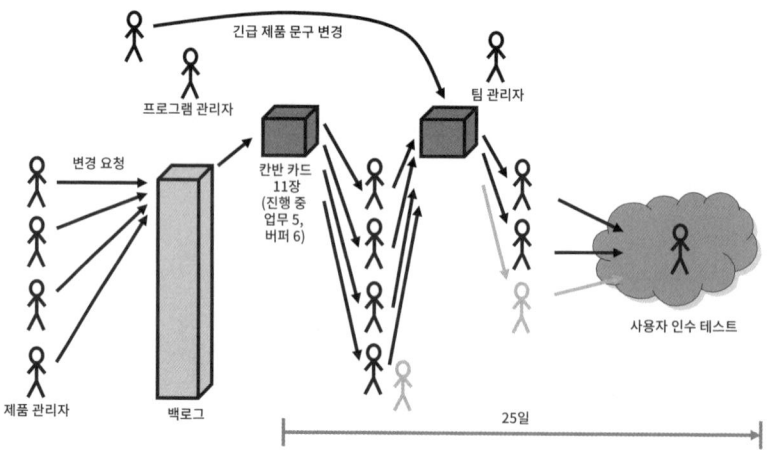

그림 4.7 새로운 자원 추가

마이크로소프트의 회계 연도가 끝나가고 있었다. 고위 관리자들은 XIT 유지 개발(소프트웨어 유지 보수) 팀의 놀라운 생산성 개선과 지속적 출시를 주목하고 있었다. 마침내 경영진은 드라고스와 그가 적용한 기법을 신뢰하게 되었다. 드라고스의 부서가 두 명의 인원을 추가할 수 있는 비용을 배정받은 것이다. 그래서 2005년 7월에 개발자와 테스터가 각 한 명씩 충원되었다. 그 결과는 매우 의미 있는 것이었다(그림 4.7).

결과

새로 충원된 수용량 덕분에 처리량이 요구량 이상으로 충분히 증가했다. 그 결과는 어땠을까? 2005년 11월 22일에 백로그가 완전히 사라졌다. 이 때까지 팀의 리드 타임은 11일에 가까운 평균 14일로 감소하였다. 25일이라는 목표 출시 기간 대비 완료일 달성 실적은 98%였다. 요구 처리량은 세 배 이상 증가한 반면 리드 타임은 90%가 넘게 줄어들었고, 신뢰도도 이와 비슷한 수준으로 개선되었다. 소프트웨어 개발 프로세스나 테스트 프로세스는 아무것도 변하지 않았다. 인도 하이데라바드에서 일하고 있는 사람들은 아무런 변화도 느끼지 못했다. PSP/TSP가 바뀐 것도 아니었고 모든 회사 정책, 프로세스, 업체의 계약 요구 사항도 완벽하게 충족시켰다. 2005년 하반기에 그 팀은 공학 우수상Engineering Excellence Award을 수상했다. 드라고스는 그 보상으로 더 많은 업무를 맡게 되었고 워싱턴 주

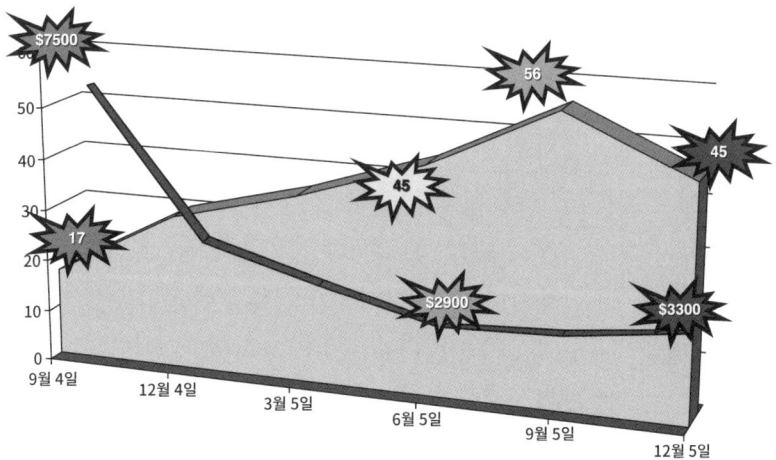

그림 4.8 단위 비용을 함께 표시한 분기별 처리량

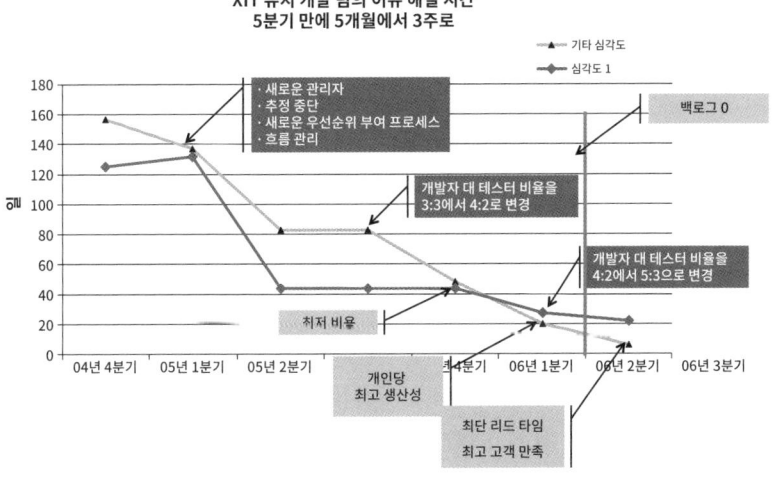

그림 4.9 XIT 유지 개발 팀의 이슈 해결 시간. 마이크로소프트의 회계 연도를 기준으로 표시되어 있다.

에서 하던 팀의 일상 관리는 인도에 새로 발령받은 팀 관리자에게 넘겨주었다.

이러한 개선은 드라고스 두미트리우의 놀라운 관리 능력도 어느 정도 보탬이 되었지만 가치 흐름 그리기, 흐름 분석, 진행 중 업무 제한 설정, 당김 방식의 적용이라는 기본 요소가 핵심 도구였다. 프로세스를 흐름으로 보는 시각과 진행 중 업무를 제한하는 칸반 방식이 없었다면 성과를 얻을 수 없었을 것이다. 칸반을 사용하면 정치적 위험이 낮아지고 변화에 대한 저항이 적은 점진적 변화가 가능하게 된다.

XIT 사례에서 해외 자원을 사용하는 분산 프로젝트에 진행 중 업무 제한 당김 방식을 어떻게 적용하는지, 그리고 전자 추적 도구를 어떻게 활용하는지 볼 수 있다. 이 사례에는 시각적 보드도 없고 이 책에서 설명할 칸반의 수많은 정교한 기능이 아직은 나타나지 않고 있다. 하지만 어떤 관리자가 생산성을 200% 개선하고 리드 타임을 90% 줄일 수 있는 가능성을 외면할 수 있을까? 또 어떤 관리자가 예측성을 크게 개선하면서 정치적 위험과 변화에 대한 저항 최소화를 달성할 수 있을까?

이것만은 기억하자

- 첫 번째 칸반 시스템은 2004년 마이크로소프트의 소프트웨어 유지 보수 팀인 XIT 유지 개발 팀에 적용되었다.
- 첫 번째 칸반 시스템은 전자 추적 도구를 사용했다.
- 첫 번째 칸반 시스템은 CMMI 모델 레벨 5 수준이었던 인도 하이데라바드의 해외 협력 업체에 적용되었다.
- 업무 흐름은 그림으로 표현해야 하며 시각화해야 한다.
- 프로세스는 명시적 정책 집합으로 설명할 수 있어야 한다.
- 칸반을 사용하면 점진적 변화를 이룰 수 있다.
- 칸반을 사용하면 정치적 위험을 줄이면서 변화를 이룰 수 있다.

- 칸반을 사용하면 저항을 최소화하면서 변화를 이룰 수 있다.
- 칸반을 사용하면 공학적 방법을 복잡하게 바꾸지 않고도 개선할 수 있는 기회가 드러난다.
- 첫 번째 칸반 시스템은 200% 이상의 생산성 증가, 90%의 리드 타임 감소, 이와 비슷한 수준의 예측성 개선을 이루어냈다.
- 병목 지점을 관리하고, 낭비를 제거하고, 고객의 기대와 만족에 영향을 미치는 변동성을 감소시키면 의미 있는 개선을 이룰 수 있다.
- 변화가 효력을 완전히 발휘하려면 시간이 걸린다. 이 첫 사례 연구에서는 15개월이 걸렸다.

5

지속적 개선 문화

일본어로 카이젠改善이라는 단어는 '지속적 개선'을 의미한다. '카이젠 문화'란 노동자 모두가 지속적으로 품질, 생산성, 고객 만족 개선에 집중하는 직장 문화다. 매우 극소수의 기업만이 진정한 카이젠 문화를 이루어 왔다. 도요타처럼 거의 모든 직원이 개선 프로그램에 참여해서 지속적 개선의 일환으로 각자 매년 평균 한 가지씩 제안을 하는 회사는 극히 드물다.

소프트웨어 개발 분야를 보면, 카네기 멜론 대학교Carnegie Mellon University의 소프트웨어 공학 연구소SEI는 역량 성숙도 모델 결합Capability Maturity Model Integration, CMMI의 가장 높은 수준을 최적화Optimizing라고 정의한다. 최적화란 조직이 품질과 성과를 지속적으로 개선하고 있다는 것을 의미한다. CMMI에는 문화에 대한 이야기가 거의 없어서 그 정의가 명쾌하지는 않지만 카이젠 문화에서는 조직이 성공적으로 최적화를 달성하기가 더 쉽다.

카이젠 문화

카이젠 문화를 이루기 어려운 이유를 이해하려면, 우선 카이젠 문화가 어떤 모습인지 알아야 한다. 그런 다음에야 왜 카이젠 문화를 달성하고자 하는지 그리고 그 장점이 무엇인지 논의할 수 있다.

카이젠 문화의 노동자에게는 자율성이 있다. 각 개인은 자유롭게 행동할 수 있고 자유롭게 옳은 일을 할 수 있다. 문제를 자발적으로 함께 해결하고, 어떤 선택을 할 수 있는지 논의하고, 수정과 개선을 실행한다. 카이젠 문화의 노동자에게는 두려움이 없다. 프로세스와 성과 개선이라는 이름으로 실험과 혁신을 추구하는 문화라면, 관리자는 대개 실패를 너그럽게 받아들일 것이기 때문이다. 카이젠 문화에서는 각 개인이 스스로 할 일과 그 일을 하는 방법을 (일정 범위 내에서) 자유롭게 구성한다. 시각적 제어 및 신호가 그 특징이며 작업할 업무는 보통 상급자가 할당하는 것이 아니라 자발적으로 선택한다. 카이젠 문화에서는 높은 수준의 협업이 이루어지며, 누구나 자신보다 팀이나 비즈니스 성과를 먼저 생각하는 협력적 분위기가 형성된다. 카이젠 문화는 부분적 개선으로 전체 성과를 끌어올리는 시스템 수준 사고에 집중한다.

카이젠 문화에는 수준 높은 사회적 자본이 있다. 비즈니스 의사 결정 계통에서 어떤 지위에 있는지와 상관없이, 각 개인에게는 높은 수준의 신뢰 문화가 있으며 각자의 기여를 서로 존중한다. 높은 신뢰 문화는 낮은 신뢰 문화에 비해 수평적 구조를 이루는 경향이 있다. 업무를 효율적으로 진행할 수 있는 수평적 구조는 권한 위임이 얼마나 잘 이루어지는가에 달려 있다. 따라서 카이젠 문화를 이루면 낭비적 관리 계층을 없앨 수 있고 결과적으로 조정 비용을 줄일 수 있다.

카이젠 문화의 많은 부분이 현대 서구 문화에서 확립된 문화적·사회적 규범과 대립한다. 서구에서는 경쟁하면서 성장한다. 서구 교육은 시험이나 운동에서 경쟁을 부추긴다. 팀 스포츠에서도 영웅을 만들려고 하며 뛰어난 재능을 지닌 한두 명의 선수를 중심으로 팀을 만든다. 우선 개인에게 집중해서 걸출한 개인이 승리를 인도하거나 위험으로부터 구해주는 데 의지하는 것이 서구의 사회적 규범이다. 협력적 행동과 시스템 수준 사고 및 협조가 필요한 직장에서 사람들이 갈 길을 잃는 것이 당연하다.

칸반은 조직 성숙도와 역량을 높인다

칸반은 변화가 초기에 미치는 영향을 최소화하고 변화를 적용할 때 생기는 저항을 줄일 수 있도록 만들어졌다. 칸반을 적용한다는 것은 조직 문화를 바꾸어야 하며 그 문화가 성숙할 수 있도록 도움을 주어야 한다는 뜻이다. 칸반을 제대로 적용하고 나면, 조직은 변화에 쉽게 적응할 수 있게 되고 변화 및 프로세스 개선을 실행하는 데 익숙해질 것이다. SEI는 CMMI 모델에서 이것을 조직 혁신 및 이행 Organizational Innovation and Deployment, OID [XV] 역량이라고 부른다. 이렇게 수준 높은 변화 관리 역량을 이룬 조직은 덜 성숙한 조직에 비해 스크럼 같은 더 빠르고 더 훌륭한 애자일 개발 방식을 쉽게 적용할 수 있다는 사실이 이미 증명되어 있다.[XVI]

여러분은 칸반을 처음으로 적용할 때 다른 이들에게 경제적으로 극적인 변화를 보여주려고 기존 프로세스를 한꺼번에 바꾸는 방식보다는, 기존 프로세스를 최적화하고 조직 문화를 바꾸는 방식을 추구하고 싶을 것이다. 그래서 칸반은 단지 바꿔야 하는 것들을 최적화하는 방법일 뿐이라는 비판이 있다.[XVII] 그러나 이제는 칸반이 인과 분석 및 해결 Causal Analysis and Resolution, CAR이나 조직 혁신 및 이행 같은 성숙도 높은 핵심 프로세스 영역에서 높은 수준의 조직 성숙도 및 역량 달성을 촉진한다는 상당한 경험적 증거가 있다.[XVIII]

조직 변화를 이끌어내는 방법으로 칸반을 사용해 보기로 결정했다면, 이미 있는 것을 최적화하는 방식이 더 낫다는 관점에 동의하고 있는 것이다. 그런 방식이 신중하게 관리하고 운영하는 유명한 변화 계획보다 더 쉽고 빠르며 저항에 부닥치는 일이 적기 때문이다. 근본적 변화를 추진하는 것은 이미 있는 것을 점진적으로 개선하는 일보다 더 어렵다. 또한 칸반의 협력 게임 같은 측면이 회사 문화와 그 문화의 성숙도 변화에 크게 기여하리라는 점을 이해해야 한다. 이러한 변화는 나중에 더욱 중요한 변화를 이끌어내려고 할 때, 즉각적인 변화를 시도하려고 했을 때보다 저항을 더 낮춰줄 것이다. 칸반을 적용한다는 것은 조직의 장기적 역량, 성숙도, 문화에 투자를 한다는 뜻이다. 칸반은 빠른 해결책을 만들어내려고 만든 방식이 아니다.

사례 연구: 코비스 응용 프로그램 개발 팀

2006년에 내가 코비스에 칸반 시스템을 도입한 주된 이유는 2004년에 마이크로소프트 XIT에서 입증되었던 기계적 이익 때문이었다(4장 참조). 코비스에서도 처음에는 마이크로소프트에서와 마찬가지로 IT 응용 프로그램 유지 보수에 칸반을 적용하였다. 나는 문화나 조직 성숙도가 크게 바뀌리라고 기대하지 않았다. 이 일을 통해 지금 칸반으로 알고 있는 방법이 발전해 나가리라고는 예상하지 못했던 것이다.

2010년 이 책을 쓰는 지금은 칸반이 IT 유지 보수 업무에 자연스럽게 들어맞게 되었다. 2006년을 돌이켜 보면 당시에는 아직 분명하지는 않았지만, 칸반 시스템의 형태가 유지 보수 업무의 기능적 문제에 잘 맞는 것처럼 보였다. 나는 '칸반을 실행'하고자 하는 의도로 코비스에 간 것이 아니었다. 나는 소프트웨어 개발 팀의 고객 만족을 개선하기 위해 코비스에 간 것이다. 코비스에서 다루게 된 첫 번째 문제가 IT 소프트웨어 유지 보수 팀의 제품 출시 예측성 부족이었던 것은 우연한 행운이었다.

배경과 문화

2006년 코비스는 전 세계에 1300여 명의 직원을 거느리고 있는 비상장 회사였다. 코비스는 수많은 훌륭한 미술 작품의 디지털 저작권을 관리할 뿐 아니라, 약 3000명의 전문 사진 작가를 대신해서 출판사나 광고사의 사용권을 관리하고 있었다. 코비스는 세계에서 두 번째로 큰 사진 저장소 업체였다. 이와 별개의 다른 사업 부문도 있었는데, 그중에서 가장 주목할 만한 것은 가족 기업, 부동산 기업, 관리 기업 등을 대신해서 개인이나 유명 인물의 초상권과 성명권을 관리하는 저작권 라이선스 사업이었다. IT 부서에는 약 110명이 근무하고 있었고, 소프트웨어 개발 팀과 네트워크 운영 및 시스템 관리 팀으로 나뉘어 있었다. 그리고 중요한 프로젝트를 진행할 경우 계약직 직원을 충원하는 경우도 가끔 있었다. 직원 수는 2007년 정점에 달해서 소프트웨어 개발 팀에만 105명이 근무하고 있었고, 그 수치는 시애틀에서 근무하는 35명의 계약직 직원과 인도 첸나이의 협력 업체 직원 30명을 포함한 것이다. 테스트는 대부분 첸나이 팀에서 진행하고 있었다. 프로젝트 관리는 매우 전통적 방식으로 이루어지고 있었는데, 모든 계획은 조직 구성에 따른 업무 의존 관계 내에서 이루어졌고 프로젝트 관리 조직의 승인을 받아야 했다. 코비스는 문화가 보수적인 회사였는데, 그런 문화는 보수적이고 느리게 움직이는 산업에 어울리는 것이었다. 코비스는 보수적이고 전통적인 방식으로 프로젝트와 소프트웨어 공학 생애 주기를 관리하고 있었다.

IT 부서는 30여 가지 다양한 시스템을 관리하고 있었다. 일부는 매우 전형적인 회계 및 HR 시스템이었고, 또 어떤 것은 실험적이어서 디지털 저작권 관리 업계에서는 이해할 수 있는 사람이 별로 없어 보이는 시스템도 있었다. 코비스의 IT 부서가 지원하고 있는 기술, 소프트웨어 플랫폼, 언어는 광범위했다. 직원들의 충성도는 엄청나게 높았는데, IT 부서에 있는 많은 사람이 회사에서 8년 넘게 동고동락하고 있었고, 15년이나 근무 중인 사람도 있었다. 코비스는 설립한 지 17년 된 나쁘지 않은 회사였다. 사용 중인 프로세스는 전통적 폭포수 스타일의 소프트웨어 개발 생애 주기software development life-cycle, SDLC였고 비즈니스 분석 부서, 시스템 분석 부서, 개발 부서, 해외 테스트 부서 등이 만들어 수년간 일상적으로 사용하고 있었다. 각 부서에는 한 분야만 전문으로 다루는 사람이 많이 있었는데, 회계 분야에 특화되어 있는 회계 업무 출신 분석가 같은 이들이 그런 사람들이었다. 개발 분야에도 그런 사람들이 있었는데, 예를 들면 오라클의 ERP 솔루션 JD 에드워즈JD Edwards를 유지 보수하는 프로그래머들이 있었다.

이상적인 것은 하나도 없었지만 그것이 현실이었다. 이전과 다를 바가 하나도 없었다. 나는 코비스에 합류하면서 애자일을 도입할 수 있다는 기대감도 있었고, 내 권력으로 사람들의 행동을 강제로 바꾸는 상황이 생길지도 모른다는 두려움도 있었다. 성공할 수도 있고, 처참하게 실패할 수도 있고, 변화 과정에서 발생할 영향이 가혹할 수도 있었다. 나는 상황이 악화될까 두려웠고, 새로운 방식을 교육하고 직원들이 그 방식에 적응하는 동안 프로젝트가 서서히 멈춰버릴까 두려웠다. 또한 핵심 인력을 잃게 될까 두려웠고, 직원들이 지나친 전문화로 인해 취약한 상태라는 것을 알게 될까 두려웠다. 나는 시스템 유지 보수 업무를 정상으로 되돌리고, 거기에서 무슨 일이 일어나는지 살펴보기 위해 칸반 시스템을 도입하기로 했다.

소프트웨어 유지 보수 조직의 필요성

소프트웨어 유지 보수 팀(내부에서는 '신속 대응 팀Rapid Response Team'의 약자를 사용해서 'RRT'라고 불렀다)을 위해 소프트웨어 개발 팀은 이사회로부터 예산의 10%에 해당하는 자금을 추가로 지원받았다. 이 금액은 2006년에 충원했던 5명의 인건비와 동일했다. 코비스에서는 내가 합류하기 얼마 전에 이 5명을 고용했다. 관련 시스템의 종류가 다양하고 팀의 전문화가 지나쳤기 때문에, 이 5명으로 유지 보수 전담 팀을 구성하는 것이 좋은 해결책은 아니었지만 그렇게 하기로 결정했다. 그래서 5명의 추가 인원, 즉 프로젝트 관리자 1명, 분석가 1명, 개발자 1명, 테스터 2명이 일반 자원 풀에 추가되었다. 이로 인해 관리 측면에서는 또 다른 문제가 생겼는데, 추가 인원이 정말로 유지 보수 업무를 하고 있으며 주요 프로젝트에 투입되지 않고 있다는 사실을 보여줄 필요가 있었다. 그러나 언제든지 이 5명이 원래 55명과 함께 중요 프로젝트를 진행하게 되어 버릴 가능성도 있었다.

한 가지 해결책은 팀 시간의 10%를 유지 보수 활동에 사용했다는 것을 보여주기 위해, 모든 사람이 행정적 부담을 감수하고 복잡한 근무 시간 기록표를 작성하는 것이다. 무척 거슬리는 방법이긴 하지만 이런 방식으로 문제를 해결하려는 중간 관리자도 많다. 또 다른 방식은 칸반 시스템을 도입하는 것이었다.

코비스가 2주마다 한 번씩 IT 시스템을 점진적으로 릴리스할 수 있도록 만드는 것이 유지 보수 팀의 목표였다. 주요 프로젝트는 대개 3개월마다 한 번씩 진행하는 주요 시스템 업데이트 및 신규 시스템 릴리스의 영향을 받았다. 그러나 비즈니스가 미성숙하고 시스템 유형이 매우 복잡했기 때문에, 분기마다 이루어지는 주요 릴리스의 케이던스는 불규칙적이었다. 게다가 기존 시스템 중 일부는 사실상 수명을 다해가고 있었고, 실제로 일부는 완전 교체가 예정되어 있었다. 레거시 시스템 교체는 큰 문제였고, 보통은 동일한 기능을 수행하는 새로운 시스템이 가동을 시작해서 낡은 시스템을 대체할 때까지, 많은 인원이 참여하는 장기 프로젝트를 야기했다(이 방식이 전혀 최선은 아니지만 흔한 방식이다).

코비스 IT 부서에서 칸반으로 비즈니스 기민성을 이룰 수 있는 영역 중 하나가 바로 유지 보수 릴리스였다.

소규모 유지 보수 프로젝트는 제대로 돌아가지 않고 있었다
시스템 장애가 발생하면, 2주 단위의 짧은 일정으로 프로젝트를 계획해서 유지 보수 릴리스를 출시하였다. 이런 방식을 2주 반복의 애자일 소프트웨어 개발로 볼 수도 있지만 사실은 그렇지 않았다. 내가 처음 코비스에 왔을 때 2주짜리 프로젝트의 범위를 협의하는 데에만 3주가 걸리는 상황이었다. 릴리스 준비 처리 비용이 가치 부가 업무 비용보다 더 컸던 것이다. 2주짜리 릴리스에 대략 6주가 걸렸다.

변화 실행
어떤 변화를 시도하기에 앞서 현재 상태를 그대로 받아들일 수 없다는 점은 분명했다. 현재 시스템으로는 필요한 수준의 비즈니스 기민성을 절대 보장할 수 없었다. 하지만 시스템 유지 보수 팀 덕분에 이상적인 변화 도입의 기회를 얻을 수 있었다. 유지 보수 업무는 보통 필수 임무는 아니다. 그러나 비즈니스 쪽 사람들이 우선순위에 직접 관여하기 때문에, 유지 보수 업무는 매우 가시성이 높았고, 그들의 선택은 매우 전술적이며 단기 사업 목표에 중요했다. 시스템 유지 보수에 무관심한 사람은 없었으며 모두 효율적이기를 바랐다. 그리고 마지막으로 변화를 이루어야 하는 강력한 이유가 있었다. 기존 시스템을 만족스러워하는 사람이 아무도 없었다. 개발자, 테스터, 분석가들 모두 범위를 협의하는 데 시간을 낭비하면서 지쳐가고 있었고, 비즈니스 쪽 사람들은 그 결과가 너무 불만족스러웠다.

격주로 예정되어 있는 수요일 오후 한 시의 릴리스와, 매주 월요일 오전 열 시에 비즈니스 쪽 사람들이 참석하는 우선순위 회의를 고려해서 칸반 시스템을 구성했다. 그래서 우선순위 부여 케이던스는 1주였고 릴리스 케이던스는 2주였다. 케이던스는 활동에 필요한 처리 비용 및 조정 비용을 근거로, 상류 파트너 및 하류 파트너와의 논의를 통해 결정하였다. 몇 가지 다른 변화도 있었다. 진행 중 업무를 5로 제한하는 개발 준비(입력) 대기열을 만든 다음 분석, 개발, 빌드, 시스템 테스트로 이루어진 생애 주기 전반에 진행 중 업무 제한을 추가하였다. 인수 테스트, 스테이지, 생산 준비 단계에는 진행 중 업무를 제한하지 않고 그대로 두었는데, 정치적으로 직접 제어할 수 있는 범위가 아니었기 때문이다.

변화의 주요 효과

칸반 시스템을 도입해서 발생한 효과는 어떤 면에서는 당연한 것이었고, 또 어떤 면에서는 매우 주목할 만한 것이었다. 우리는 2주마다 릴리스하기 시작했다. 세 번 반복한 후에는 아무런 사고 없이 릴리스를 하고 있었다. 품질은 훌륭했으며 새로운 코드가 제품에 포함되더라도 긴급 수정을 해야 하는 경우는 거의 없었다. 일정 낭비와 릴리스 계획 수립이 극적으로 사라지고, 개발 팀과 프로젝트 관리 조직 사이의 다툼은 거의 없어졌다. 칸반을 통해 기본적 약속을 지킬 수 있게 되었다. 매우 규칙적으로 고품질 릴리스를 최소한의 관리 부담으로 출시하게 되었다. 릴리스 처리 비용 및 조정 비용은 극적으로 감소했다. 팀은 업무를 더 많이 완료하였고 고객에게 더 자주 출시하였다.

이것이 더욱 주목할 만한 2차 효과였다.

칸반 도입의 예상치 못한 효과

2007년 1월 개발 팀은 화이트보드에 접착식 메모지를 사용하는 카드벽을 만들었다. 매일 오전 9시 30분부터 15분 동안 보드 주변에서 아침 스탠드업 회의를 열기 시작했다. 마이크로소프트에서 사용했던 전자 추적 도구보다 실제 보드의 심리적 효과가 더 컸다. 매일 회의에 참여함으로써, 팀원들은 보드의 전체적인 업무 흐름을 찍은 저속 촬영 사진을 볼 수 있게 된 것이다. 분홍색 티켓으로 차단 업무 항목을 표시했고, 팀은 문제 해결 및 유지 보수 흐름에 더욱 집중했다. 생산성이 극적으로 뛰어올랐다.

이제 보드 위에 업무 흐름이 보이면서 나는 프로세스가 작동하는 모습에 관심을 쏟기 시작했다. 그 결과 보드에 몇 가지 변화를 주었다. 팀의 관리자들은 내가 만들고 있었던 변화를 이해하게 되었고, 왜 그런 변화를 만들고 있는지도 이해하게 되었으며, 3

월이 되자 관리자들이 스스로 변화를 만들어내고 있었다. 그런 다음에는 팀원들(개발자, 테스터, 분석가)이 칸반의 작동 방식을 보고 이해하기 시작했다. 초여름에는 팀원모두가 변화를 제안할 수 있다고 느꼈고, 프로세스 문제를 논의하고 적절한 변화를 이루어내는 모임에 사람들이 자발적으로 참여하는 것을 볼 수 있었다(이런 모임에는 다양한 직무를 담당하는 사람들이 함께 모이는 경우가 많았다). 관리선에 변화를 보고하는 일은 보통 사후에 이루어졌다. 대략 6개월 후에는 소프트웨어 개발 팀에 카이젠 문화가 나타났다. 팀원들은 권한을 부여받았다고 생각했다. 두려움은 사라졌다. 그들은 자신의 전문성과 성과에 자부심을 느꼈고 더 나아지기를 원했다.

사회학적 변화

코비스에서 이런 경험을 한 후, 현장에 있는 다른 사람에게도 비슷한 이야기를 꾸준히 들을 수 있었다. 인디고 블루Indigo Blue의 롭 해서웨이Rob Hathaway는 런던에 있는 IPC 미디어의 IT 그룹에 코비스가 칸반을 적용해서 얻은 결과를 그대로 따라 해본 첫 번째 인물이었다. 코비스에서 보았던 칸반의 사회학적 효과를 다른 사람이 따라 해볼 수 있다는 사실로 인해, 나는 칸반과 이러한 변화 사이에 분명한 인과 관계가 있다고 믿게 되었고 그것은 우연의 일치도 아니며 내 개입으로 인한 것도 아니라고 생각하게 되었다.

나는 이러한 사회학적 변화를 가져온 것이 무엇인지 깊이 생각했다. 애자일에서는 10여 년간 진행 중 업무는 투명해야 한다고 이야기하고 있긴 하지만, 칸반을 따르는 팀은 평범한 애자일 소프트웨어 개발 팀보다 더 빠르고 더 효과적으로 카이젠 문화를 이룬 것으로 드러났다. 기존 애자일 방법에 칸반을 접목한 팀에서는 팀원들 사이의 사회적 자본을 크게 개선하기도 했다. 왜 이런 일이 일어났을까?

칸반을 사용하면 업무의 투명성뿐 아니라 프로세스(또는 업무 흐름)의 투명성도 얻을 수 있다는 것이 내 결론이었다. 칸반은 한 그룹에서 다른 그룹으로 업무가 전달되는 방법에 가시성을 제공한다. 칸반을 사용하면 모든 이해관계자가 자신의 행동으로 인한 영향을 볼 수 있다. 한 항목이 차단 상태에 있고 누군가 그 항목을 해결할 수 있다면 칸반은 그 사실을 보여준다. 애매모호한 요구 사항도 있을 것이다. 그런 경우 대개 모호함을 해결할 수 있는 해당 주제 전문가는 회의에 참석해 달라는 이메일을 받는다. 확인 전화를 하고 일정을 조율하면서 대개는 3주 정도가 그냥 흘러가버린다. 칸반과 칸반이 제공하는 가시성으로 인해, 해당 주제 전문가는 자신이 아무런 행동을 하지 않을 때 생기는 영향을 깨닫게 되고, 회의 일정을 2주 후로 미루기보다 이번 주로 다시 조율하게 될 것이다.

칸반은 프로세스 흐름에 가시성을 제공할 뿐 아니라, 진행 중 업무의 제한으로 상호 작용을 더 신속하게 그리고 더 자주 일어날 수 있도록 해주기도 한다. 차단 항목을 무시하고 그냥 다른 일을 하기란 쉽지 않다. 이러한 칸반의 '라인 중지' 측면은 가치 흐름을 뛰어넘어 함께 문제를 해결하는 행위를 장려한다. 서로 다른 직무를 담당하는, 직함이 다양한 사람들이 한 가지 문제에 모여 해결책을 찾으려고 협업하면, 업무 흐름이 유지되고 시스템 차원의 성과가 개선되며 사회적 자본 수준과 팀 신뢰가 증가한다. 협업을 개선하고 신뢰 수준이 더 높아지면 조직에서 생기는 두려움은 사라진다.

진행 중 업무 제한을 서비스 클래스(11장에서 설명한다)와 연결하는 것 역시 각 개인이 관리자의 감독이나 지시 없이도 일정을 스스로 결정할 수 있도록 해준다. 권한을 위임하면 사회적 자본 수준을 개선할 수 있는데, 하급자에게 스스로 훌륭한 의사 결정을 할 수 있는 능력이 있음을 상급자가 믿는다는 것을 보여주기 때문이다. 관리자는 개개인을 관리, 감독하는 일에서 해방되고 자신의 정신적 에너지를 프로세스 성과, 위험 관리, 직원 계발, 고객 및 직원 만족 개선 같은 다른 일에 집중할 수 있게 된다.

칸반은 팀 내부의 사회적 자본 수준을 엄청나게 증가시킨다. 신뢰도를 개선하고 두려움을 없애면 함께 혁신을 추구하고 문제를 해결할 수 있게 된다. 결국에는 짧은 시간 내에 카이젠 문화가 탄생하게 되는 것이다.

협업 확산

칸반으로 인해 코비스 소프트웨어 개발 부서의 분위기가 확실히 나아지기는 했지만, 개발 부서를 넘어선 결과가 가장 주목할 만했다. 어떻게 칸반이 확산되어 회사 전반의 협업을 개선했는지에 대한 이야기는 널리 알리고 분석할 만한 가치가 있다.

사례 연구: 코비스 응용 프로그램 개발 팀(계속)

IT 시스템 유지 보수 릴리스의 조정 역할을 담당하고 있는 프로젝트 관리자인 다이애나 콜로미예츠Diana Kolomiyets는 매주 월요일 오전 열 시에 신속 대응 팀 우선순위 위원회를 소집했다. 비즈니스 쪽에서는 보통 부사장이 참석했다. 사업부를 운영하면서 수석 부사장이나 회사의 C 레벨 임원들에게 보고하는 일이 부사장의 역할이었다. 즉, 부사장은 회사 집행 위원회 구성원에게 보고하는 위치에 있었다. 코비스는 아직 부사장 같은 고위 관리자가 주간 회의에 참석할 수 있을 만큼 작은 회사였다. 그와 동시에 부사장들이 내리는 전술적 선택이 너무나 중요했기 때문에, 그들이 좋은 선택을 할 수 있도록 도와주는 일이 반드시 필요했다.

보통 각 참석자는 회의에 앞서 금요일에 이메일을 한 통 받는다. 이 메일에는 다음 같은 내용이 담겨 있다. "다음 주에는 대기열에 여유가 두 칸 있을 것으로 예상하고 있습니다. 백로그 항목을 검토하시고 월요일 회의에서 논의하고 싶은 후보를 선택해 주세요."

협상

새로운 프로세스를 도입한 후 처음 몇 주 동안, 참석자 중 일부는 협상을 기대하고 회의에 참석했다. 그들은 이렇게 말했다. "여유가 한 칸밖에 없는 것은 알지만 처리해야 할 사소한 일이 두 가지가 있는데 그냥 둘 다 처리해 주시면 안 될까요?" 이런 협상을 받아들이는 경우는 거의 없다. 우선순위 위원회의 다른 구성원이 모두가 규칙을 지키도록 만들었다. 그들은 이렇게 대답했다. "나는 그 항목들이 정말로 사소한 건지 알 수가 없네요. 그 말을 액면 그대로 어떻게 믿을 수 있죠?" 또는 이렇게 반대하기도 했다. "나도 사소한 일이 두 가지가 있어요. 나는 왜 하고 싶은 대로 하면 안 되죠?" 우선순위 회의에서 나타나는 협의 스타일이 협상이기 때문에, 나는 이를 가리켜 "협상 시기"라고 부른다.

민주주의

약 6주 후, 개발팀이 화이트보드를 사용하기 시작한 때와 우연히 비슷한 시기에 우선순위 위원회에서는 민주적 투표 방식을 도입했다. 그들은 논쟁에 지쳐서 자발적으로 투표를 하기 시작했다. 회의에서 협상은 시간 낭비였다. 투표 방식을 다듬는 데 반복 주기가 몇 번 소요되었지만, 최종적으로는 각 참석자가 대기열의 새로운 빈칸마다 한 표씩 투표하기로 결정했다. 회의를 시작하면 각 구성원은 몇 가지 후보 항목을 제안했다. 시간이 흐르면서 제안 요청이 점점 더 정교해졌는데 파워포인트 슬라이드를 만들어 온 사람도 있었고, 어떤 사람은 비즈니스 케이스[1]를 보여주는 스프레드 시트를 들고 오기도 했다. 나중에는 동료에게 점심을 사면서 로비를 하는 사람도 있었다는 이야기를 들었다. 다음 같이 거래가 이루어지고 있었던 것이다. "이번 주에 내가 당신에게 투표를 하면 다음 주에는 나를 밀어주겠어요?" 우선순위를 부여하는 새로운 민주적 시스템의 밑바탕에서, 부사장 급이 이끌고 있는 사업부 사이에 협업 수준이 성장하고 있었다. 당시에는 그 사실을 깨닫지 못했지만 회사 전반의 사회적 자본 수준이 성장하고 있었던 것이다. 사업부 리더가 협업을 하기 시작하면 그 조직 내에 속해 있는 사람들도 협업을 하기 시작한다. 사람들은 리더가 이끄는 곳으로 따라간다. 가시성 및 투명성과 결합된 협력적 행동은 더욱 협력적인 행동을 낳는다. 나는 이 시기

---

1 (옮긴이) 프로젝트 또는 업무를 시작하기 위한 이유를 파악하기 위해 작성하는 문서. 프로젝트 배경, 예상되는 비즈니스 이익, 고려되는 옵션, 프로젝트의 기대 비용, 위험 요소 등을 포함한다.

를 "민주주의 시기"라고 부른다.

민주주의의 끝

민주주의는 그럴듯해 보였지만, 4개월 후에는 그 민주주의가 최선의 후보를 선택하지 못하는 듯 보였다. 당시에는 동유럽 시장을 겨냥해서 전자 상거래 기능을 구현하는 데 상당한 노력을 기울이고 있었다. 비즈니스 케이스는 매우 화려했지만 후보가 될 자격이 있는지 처음부터 의심이 들었고, 비즈니스 케이스에 포함되어 있는 데이터 품질에 의구심을 품는 사람도 있었다. 몇 번의 시도 끝에 이 기능이 선택되어 적절히 구현되었다. 신속 대응 팀 시스템을 통해 처리하는 꽤 큰 기능 중 하나였는데, 관련된 사람도 많았고 관심을 갖는 사람도 많았다. 출시한 지 2개월 후에 비즈니스 인텔리전스 부서장이 발생 수익에 대한 데이터 마이닝을 실시했다. 원래 비즈니스 케이스에서 약속했던 수익의 일부밖에 얻을 수 없었고, 투자한 노력을 추정해 본 결과 그 비용을 회수하는 데 19년이 걸린다는 사실이 드러났다. 칸반이 제공하는 투명성으로 인해 많은 이해관계자가 이 사실을 알게 되었고, 더 나은 선택을 할 수 있었는데도 잘못된 선택으로 인해 어떻게 귀중한 자원을 낭비했는지를 논의했다. 이것이 민주주의 시기의 끝이었다.

협업

그 대안은 꽤 주목할 만했다. 우선순위 위원회는 대부분 부사장급과 임원으로 구성되어 있다는 점을 잊지 말자. 그들은 우리 대부분이 알 수 없는 사업적 측면을 넓게 볼 수 있는 사람들이다. 그래서 회의를 할 때 그들은 이런 질문을 하면서 시작했다. "다이애나, 현재 출시하는 데 걸리는 리드 타임이 얼마나 되죠?" 다이애나는 이렇게 대답했다. "현재 평균 44일이 걸립니다." 그러면 다음에는 이렇게 질문했다. "지금부터 44일 이내에 끝낼 수 있는 회사에서 가장 중요한 전술적 사업 계획이 뭐죠?" 논의가 약간 이루어지긴 하지만 보통은 결론을 빠르게 내리는 편이다. "아, 그건 우리가 이번에 칸에서 개최하는 콘퍼런스에서 시작하게 될 유럽 마케팅 캠페인일 겁니다." "좋아요! 칸 이벤트를 지원하려면 백로그의 어떤 항목이 필요한가요?" 재빠르게 백로그를 살펴보고 여섯 개 항목을 선택한다. "그러면 이번 주에는 여유 있는 빈칸이 세 개군요. 여섯 개 중에서 우선 세 개를 고르고 다음 주에 나머지를 처리합시다." 토론은 거의 없다. 흥정도 없고 협상도 없다. 회의는 대략 20분 정도면 끝난다. 나는 이것을 가리켜 "협업 시기"라고 부른다. 협업 시기는 내가 코비스의 소프트웨어 개발 수석 임원으로 재직하면서 이룩한 가장 높은 수준의 사회적 자본과 사업부 사이의 신뢰를 나타낸다.

문화 변화가 칸반 최대의 장점이다

이렇게 문화가 바뀌는 것을 살펴보는 일도 흥미로웠고 직원들이 부사장의 솔선수범을 따르고 다른 사업부의 동료와 더욱 긴밀하게 협업을 하기 시작하면서 그 변화가 회사 전반에 어떤 영향을 미쳤는지 살펴보는 일도 흥미로웠다. 이 변화는 최근에 임명된 사장인 게리 셴크Gary Shenk에게 깊은 인상을 주었고, 그는 나를 자신의 사무실로 불러서 이 변화를 설명해주길 부탁했다. 게리는 내게 회사 간부들 사이에 새롭게 형성된 협업 수준 및 협동 정신을 지켜보아 왔으며, 예전에는 적대적이었던 사업부들이 업무 진행을 훨씬 더 잘하고 있는 것 같다고 말했다. 그는 신속 대응 팀 프로세스가 어느 정도 관계가 있는 것 같다는 의견을 이야기하면서 그 프로세스를 설명해 달라고 요청한 것이다. 그 일이 있은 지 2년이 지났는데, 이 글을 쓰고 있는 지금만큼은 아니지만 당시에도 어느 정도 확신이 있었다. 나는 게리에게 칸반 시스템이 협업을 강화하고 그로 인해 모든 관련자 사이의 사회적 자본 수준이 높아졌다고 설명해주었다.

우리가 현재 칸반이라고 알고 있는 시스템의 문화적 2차 효과는 매우 뜻밖이었으며 여러모로 직관에 어긋났다. 그는 이렇게 질문했다. "왜 모든 주요 프로젝트에 이 방법을 사용하지 않고 있나요?" 글쎄, 왜였을까? 그래서 주요 프로젝트 포트폴리오에 칸반을 적용하기 시작했다. 칸반을 사용하면 카이젠 문화를 만들어낼 수 있고, 그 문화 변화는 우선순위 부여, 일정 수립, 보고, 출시 같은 다양한 메커니즘을 변화시키는 비용에 비해 매우 바람직했으며, 칸반을 적용함으로써 생기는 결과가 그만한 가치가 있다고 생각했기 때문에 모든 프로젝트에 칸반을 적용하기 시작했다.

이것만은 기억하자
- 카이젠은 '지속적 개선'을 의미한다.
- 카이젠 문화는 각 개인이 권한을 부여받았다고 느끼고, 두려움 없이 행동하며, 자발적으로 참여하고, 협업하며, 혁신하는 문화다.
- 카이젠 문화에는 높은 수준의 사회적 자본이 있고 각 개인 사이에 신뢰가 있다. 그 사람들이 회사에서 어떤 지위에 있는지와는 상관이 없다.
- 칸반은 업무 흐름을 통해 업무와 프로세스 모두에 투명성을 제공한다.
- 프로세스의 투명성으로 인해 모든 이해관계자는 자신의 행동으로 인한 효과를 볼 수 있다.
- 각 개인은 자신이 미치는 영향을 볼 수 있을 때 쉽게 자기 시간을 투자하고 협업한다.
- 칸반 진행 중 업무 제한은 '라인 정지' 행위를 가능하게 한다.
- 칸반 진행 중 업무 제한은 문제를 함께 해결하는 것을 장려한다.
- 문제 해결에 함께 참여함으로써 증가한 협업과 외부 이해관계자와의 상호 작용은 팀 내부의 사회적 자본과 팀원 사이의 신뢰 수준을 끌어올린다.
- 칸반의 진행 중 업무 제한과 서비스 클래스는 개인에게 상급자의 감독이나 지시 없이도 작업을 당겨오고 우선순위를 만들며 일정을 정할 수 있는 권한을 부여한다.
- 위임 수준이 늘어나면 사회적 자본이 증가하며 작업자와 관리자 사이의 신뢰를 높인다.

- 협력적 행동은 확산될 수 있다.
- 각 개인은 고위 관리자의 솔선수범을 따를 것이다. 고위 관리자 사이의 협력적 행동은 모든 직원의 행동에 영향을 미친다.

3부

칸반의 적용

가치 흐름 그리기

칸반은 기존 프로세스를 최적화함으로써 변화를 이끈다. 칸반을 시작하는 핵심은 가능하면 최소한으로 바꾸는 것이다. 업무 흐름, 직책 이름, 역할, 책임, 구체적 업무 관행 등을 바꾸고 싶은 유혹에 맞서야 한다. 팀원과 그 외 파트너, 참여자, 이해관계자에게서 나오는 모든 것은, 바뀌지 않고 남아 있어야 하는 그들의 자존감, 직업에 대한 자부심, 자아에서 비롯되는 것이다. 변화시켜야 하는 주요 대상은 진행 중 업무의 양, 그리고 비즈니스 상류 및 하류와의 접점 및 상호 작용이다. 그렇기 때문에 가치 흐름을 있는 그대로 그리려면 팀과 함께 일해야 한다. 이상주의자의 열정으로 무언가를 바꾸거나 새로 만들려고 하지 않는다.

아무도 따르지 않는 공식 프로세스가 있는 상황도 있을 수 있다. 가치 흐름을 그리려고 할 때 팀에서는 실제 사용 중인 프로세스가 아니라 공식 프로세스를 다시 문서화하자고 주장할 것이다. 이런 상황에서는 그런 주장에 맞서서 팀이 실제로 사용하는 프로세스를 찾아내야 한다고 말해야 한다. 그렇지 않으면 카드벽을 프로세스 시각화 도구로 사용하는 것이 불가능하다. 팀원들은 자신들이 실제로 하고 있는 것을 반영하는 카드벽만을 사용할 수 있기 때문이다.

제어 시작 지점 및 종료 지점 정의

프로세스를 시각화하려면 시작 지점과 종료 지점을 결정해 상류 파트너 및 하류 파트너와의 접점을 정의할 필요가 있다. 이러한 칸반 실행의 초기 단계에서는 실패를 야기할 수 있는 어리석은 선택을 해버릴 수도 있기 때문에 세심하게 주의를 기울여야 한다. 성공적인 팀에서는 스스로 제어할 수 있는 정치적 범위 내에서 카드로 작업 흐름을 시각화하고, 진행 중 업무 제한을 적용하며, 가장 가까운 상류 파트너 및 하류 파트너와 소통하는 새로운 방법을 정의한다. 예를 들면 엔지니어링 팀이나 소프트웨어 개발 팀을 관리하고 있어서 분석, 설계, 테스트, 코딩에 영향을 미칠 수 있다면 가치 흐름을 그린 다음에는 요구 사항, 우선순위, 포트폴리오 관리를 제공하는 상류 비즈니스 파트너, 그리고 시스템 운영이나 제품을 유지 보수하는 하류 파트너와 새로운 스타일의 소통 방법을 협상하는 것이다. 이런 방식으로 선을 긋고 팀에는 오직 진행 중 업무 제한만을 요구한다. 상류나 하류 팀에 그들의 업무 방식을 바꾸라고 요구하는 것이 아니다. 또한 그들에게 진행 중 업무를 제한하거나 당김 방식을 적용하라고 요구하는 것도 아니다. 그러나 이전과는 다르게 소통할 것을 요구한다. 즉, 적용하고자 하는 당김 방식과 어울리는 방법으로 소통하는 것이다.

업무 항목 유형

업무 흐름이나 가치 흐름의 시작 지점을 선택한 다음에는, 흐름 안으로 들어오는 업무의 유형을 확인하고 제한할 필요가 있다. 예를 들면 십중팔구 업무 흐름에는 버그라는 유형의 업무가 있을 것이다. 또한 리팩터링, 시스템 유지 보수, 인프라 업그레이드 및 이와 관련한 재작업 같은 그 밖의 개발 중심 업무 유형을 찾아낼 수도 있다. 전달되는 업무에 사용자 스토리, 유스 케이스, 기능 요구 사항, 기능 같은 유형이 있을 수도 있다. 어떤 경우에는 전달되는 유형이 사용자 스토리의 집합인 에픽epic 같은 계층적 형태일 수도 있다.

칸반을 적용하는 팀에서 볼 수 있는 일반적 업무 항목 유형은 다음과 같다. 그러나 다음 항목보다 더 다양한 유형이 있을 수도 있다.

- 요구 사항
- 기능
- 사용자 스토리
- 유스 케이스
- 변경 요청
- 제품 결함
- 유지 보수
- 리팩터링
- 버그
- 개선 제안
- 차단 이슈

규제 관련 요구 사항, 현장 영업 요청, 전략 계획 요구 사항 등 업무 항목 유형의 이름은 그 출처에 따라 붙이는 것이 좋다. 업무를 요청한 출처를 명명 규칙에 그대로 사용하면, 추가로 상황도 알 수 있고 다수의 고객에게 도움을 줄 수 있는 시스템으로 발전시킬 수 있게 된다.

　업무 항목 유형은 그 업무의 출처나 업무 흐름 또는 업무 크기에 따라 정의하는 경향이 있다. 예를 들어, 4장에서 언급한 마이크로소프트의 제품 문구 변경 사례는 그 출처가 변경 요청이라는 한 가지로 동일하긴 하지만 네 가지의 다른 업무 흐름이 있다. 유형에 따라 칸반 시스템을 분리하는 것은 옳지 않다. 같은 팀이 그 업무를 하고 있기 때문이다. 가드벽에 다양한 색상의 티켓을 사용하거나 선(레인)으로 구분하면 그 유형을 충분히 시각화할 수 있다.

카드벽 그리기

카드벽을 그리는 목적은 대개 업무에 어떤 활동이 일어나는지 보여주기 위한 것이다. 특정 직무나 그 직무에서 수행하게 되는 역할을 보여주려는 것이 아니다. 하지만 직무와 활동 사이에는 강한 공통 분모가 가끔 있다. 예를 들면 직무가 분석가인 사람은 분석 활동을 수행한다. 그렇지만 소프트웨어 프로젝트에서는 칸반에 작업자, 직무, 직무 사이의 연결보다는 주로 업무를 모델링한다. 최근 몇 년간 이것이 관례가 되었다.

업무 흐름을 시각화하려고 카드벽을 만들기 전에, 그것을 스케치해 보거나 모델링해 보는 것이 좋다. 그림 4.4(56쪽)는 형식적인 모델을 사용해서 마이크로소프트의 XIT 유지 개발 팀이 진행하는 변경 요청 및 제품 문구 변경에, 대기열을 추가한 정상적 업무 흐름을 상태도 표기법으로 보여주고 있다. 특정 형식을 따르지 않아도 상관없다. 4장에서 보여준, 이와 비슷한 그림이나 흐름도 또는 거기에 준하는 방법으로도 충분하다.

일단 스케치나 모델링을 해서 업무 흐름을 이해하고 나면, 수행하는 활동을 나타내는 열을 보드 위에 순서에 따라 그리면서 카드벽을 정의하기

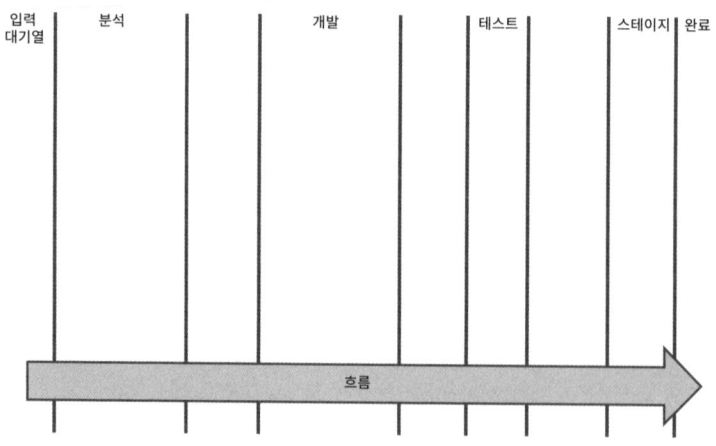

그림 6.1 카드벽에 그려진 대략적 업무 흐름(왼쪽에서 오른쪽으로)

시작한다. 처음 그릴 때에는 마커로 열을 그리는 것이 좋다. 그런데 사용하다가 선이 지워질 수도 있다. 처음 몇 주 동안에는 업무 흐름에 변화를 주고 싶은 경우가 생기는데, 그래서 쉽게 지울 수 있는 마커를 계속 사용하는 것이 좋다. 그러나 더 영구적인 형태로 고정하고 싶을 때가 올 것이다. 사무용품점에서 판매하는 아주 가느다란 비닐 테이프를 사용할 수 있는데, 특히 그림 6.2에 있는 것처럼 화이트보드에 정밀한 작업을 하기에 적당한 비닐 테이프가 있다. 코비스에서는 이 테이프를 사용해서 카드벽에 행과 열을 표시하는 것이 아주 일상적인 일이 되었다. 이제는 팀이 행과 열을 표시하는 데 다양한 품질과 너비의 테이프를 널리 사용하고 있다.

 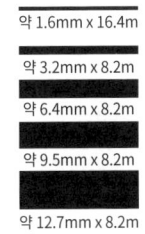 

그림 6.2 정밀 화이트보드 테이프

활동 단계에는 진행 중 업무와 완료 업무를 모두 모델링할 필요가 있다는 사실에 주목한다. 관례적으로 진행 중 열과 완료 열을 별도로 만든다.

그다음에는 그림 6.3 같이 입력 대기열과 하류 파트너에 전달하는 단계를 추가한다.

마지막으로 필요하다고 생각하는 곳에 버퍼 또는 대기열을 추가한다. 여기에는 일부 다른 관점도 있는데 이것은 정말로 고급 주제다. 어니에 버퍼를 놓을지 그리고 그 크기를 얼마로 할지에 대한 밀도 있는 논의는 이 책이 다루는 범위를 벗어나기 때문에, 지금은 인기 있는 두 가지 방식을 설명하는 것으로도 충분하다.

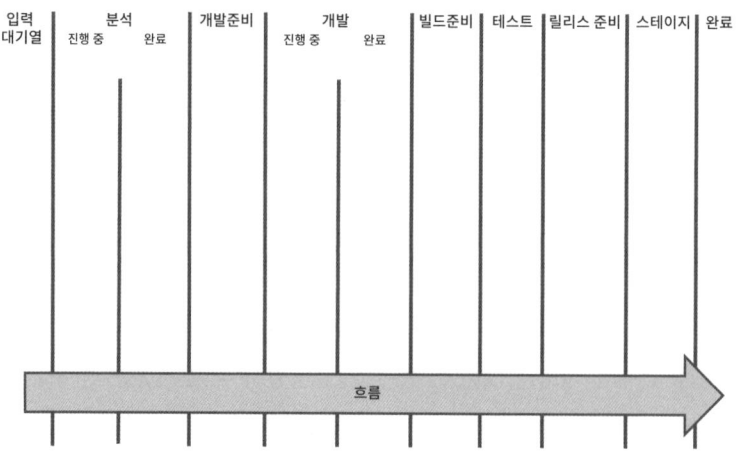

그림 6.3 버퍼와 대기열이 더해진 업무 흐름

첫 번째 방식은 버퍼가 필요하다고 생각하는 병목 지점이 어디인지 또는 변동성의 원인이 무엇인지 예측하지 않는 것이다. 그 대신에 칸반 시스템을 먼저 적용해 보고 병목 지점이 스스로 드러날 때까지 기다린 다음에 버퍼를 추가하여 변화를 준다.

이 방식을 살짝 바꿔서 칸반 시스템을 처음 적용할 때 변동성, 낭비, 병목 지점이 당김 방식에 큰 영향을 미치지 않도록 최초 진행 중 업무 제한을 상당히 느슨하게 설정하는 방법도 있다. 여기에 대해서는 10장, 17장, 19장에서 더 자세하게 다룰 것이다.

두 번째 방식은 조금 다르게 접근한다. 칸반 시스템 도입이 어려워지는 일을 피하려고 진행 중 업무를 느슨하게 제한하기보다, 각 단계에 버퍼를 두고 활동 단계의 진행 중 업무 제한을 빠듯하게 만드는 것이다. 버퍼가 가득 차면 병목 지점과 변동성이 드러나게 될 것이다. 그다음에 작고 단순한 변화를 통해 버퍼 크기를 줄일 수 있고, 그러면 결국 불필요한 버퍼를 없앨 수 있다.

이 글을 쓰고 있는 시점에서, 어떤 방법이 더 낫다고 할 만한 충분한 증

그림 6.4 열 위쪽에 마름모꼴의 티켓으로 대기열 및 버퍼를 구별하고 있는 카드벽
(리퀴드넷 홀딩스(Liquidnet Holdings, Inc.)의 허가를 받고 수록함)

거는 없다.

    카드를 45도 돌려서 버퍼와 대기열을 표시하는 팀도 있다. 이 방법을 사용하면 특정 시점에서 얼마나 많은 업무가 대기 중이 아니라 진행 중인지 확실하게 시각적으로 나타낼 수 있다. 이를 통해 팀 또는 다른 이해관계자가 시스템의 경제적 비용(또는 낭비)이 얼마나 되는지 문자 그대로 '볼 수 있게' 된다.

요구 분석

각 업무 유형을 식별하려면 전달되는 요구를 연구해야 한다. 이력 데이터가 있다면 정량 연구에 그 데이터를 사용하도록 한다. 이력 데이터를 갖고 있지 않더라도 주관적 분석에서 나온 이야기로도 충분하다. 예를 들어 4장에서 다룬 마이크로소프트 XIT 사례에서는 변경 요청과 제품 문구 변경PTC이라는 두 가지 유형의 업무가 있었다. 나중에는 분명 변경 요청을 제품 결함과 (신규 기능에 대한) 변경 요청이라는 두 가지 유형으로 분리해야 할 것이다. 지금 내가 이 팀을 코칭하는 중이였나면 변경 요청,

제품 결함, 제품 문구 변경, 버그(또는 미처 발견하지 못하고 출시된 결함)를 통틀어 네 가지 유형으로 업무를 추적하는 것이 좋다고 말했을 것이다.

이 유형 각각을 살펴보자. 제품 문구 변경 요구는 갑자기 몰려온다. 6주 동안 제품 문구 변경이 없는 경우도 있고 그러다가 한 주에 10여 개가 한꺼번에 쏟아져 들어오기도 한다. 제품 문구 변경은 쉽고 빠르게 적용할 수 있다. 이것은 제품 문구 변경이 미치는 영향이 그다지 크지 않다는 것을 의미했다. 이러한 간헐적 요구에 대처할 수 있도록 시스템을 설계하기란 어려운 일이다. 제품 문구 변경을 처리하는 데 큰 노력이 들 경우 변경 요청을 예측하는 데 큰 영향을 미치지 않고 제품 문구 변경에 적절히 대처할 수 있도록 시스템을 구성하려면 상당한 잉여 시간이 필요할 것이다.

반면에 변경 요청은 제품 문구 변경보다 꽤 꾸준히 전달되었다. 전달되는 변경 요청 수는 일정 범위 안에 있었는데, 주당 약 5~7개의 신규 요청이 비교적 꾸준히 도착했다. 제품 문구 변경 도달률을 차트에 표시하고 평균 도달률과 변동성 분포를 이해할 수 있도록 그 요구를 그래프로 나타낼 수 있다. 그래야 이러한 요구에 적절히 대처할 수 있도록 칸반 시스템을 설계하고 자원을 제공할 수 있다.

일부 업무 항목 유형은 규제 관련 요구 사항처럼 특정 시기에 집중해서 나타나기도 한다. 새로운 세금 관련 법률이 제정되면 회계 및 급여 시스템이 영향을 받을 것이다. 내가 우연히 접하게 된 사례를 한 가지 살펴보면, 어떤 자동차 경주 팀의 IT 부서는 레이싱 시즌이 시작될 때마다 매번 정부 체육 담당 기관으로부터 변경된 규제 사항을 전달받았다. 시즌 도중에 규제 관련 요구 사항을 전달받게 되는 경우도 있긴 하지만, 레이싱 관련 주요 규제는 1년에 한 번 바뀌기 때문에 시즌이 아닌 기간에 전달되는 규제의 양이 훨씬 더 많았다. 다양한 업무 유형의 요구에 대처하여 조정할 수 있도록 칸반 시스템을 설계하려면, 이러한 요구를 이해하는 것이 중요하다.

요구에 맞는 수용량 할당

요구를 이해하면 칸반 시스템 내에서 그 요구에 대처할 수 있도록 수용량을 할당할 수 있다. 그림 6.5의 예에는 레인이 세 개 있는데 각 레인은 변경 요청, 코드 리팩터링 같은 내부 유지 보수 업무, 제품 문구 변경 업무 유형을 나타낸다. 변경 요청에 60%의 수용량을, 코드 리팩터링 작업에 10%의 수용량을, 제품 문구 변경에 30%의 수용량을 할당해 놓았다. 각 요구를 분석해 보면, 제품 문구 변경은 갑작스럽게 불쑥 전달되며, 다른 업무의 완료 일정에 영향을 주지 않으면서 갑자기 전달되는 제품 문구 변경을 처리하려고 상당한 잉여 시간을 남겨두고 있음을 알 수 있다. 수용량 할당은 위험 프로파일을 통해 조정해야 한다. 예를 들어, 제품 문구 변경의 완료일 달성 실적이 떨어지는 것을 받아들일 수 있고 리드 타임이 더 길어지면서 더욱 예측하기 어려워져도 큰 문제가 되지 않는다면, 이와는 다르게 할당할 수 있다. 변경 요청에 85%, 유지 보수에 10%, 제품 문구 변경에 5%처럼 바꾸는 것이다. 제품 문구 변경 레인을 없애버리는 것은 아니지만 수용량을 할당하지 않고, 제품 문구 변경이 한꺼번에 쏟아질 때 진행 중 업무 제한을 초과할 수 있는 정책을 적용할 수도

그림 6.5 업무 유형별로 수용량을 할당한 레인이 있는 칸반 보드

있다. 이 정책을 사용하면 정상 운영 기간에는 잉여 시간이 없어지고 경제적 결과는 최적이 될 것이다. 그러나 제품 문구 변경이 한꺼번에 전달되면, 다른 업무의 리드 타임과 예측성 양쪽 모두에 심각한 영향을 미칠 수 있다. 이 방식이 4장의 실제 사례에서 선택했던 방식이다. 그 사례에서는 제품 문구 변경에 대처하려고 남겨둔 유휴 수용량이 없었다.

나중에 진행 중 업무 제한 설정을 논의하면서, 각 레인의 대기열에 구체적 제한을 설정하는 데 이 할당 정보를 사용할 것이다.

업무 항목 카드

각 카드는 하나의 고객 가치 업무를 나타내며 몇 가지 정보를 담고 있다. 카드 설계는 중요한 일이다. 카드에 담겨 있는 정보는 반드시 당김 방식을 촉진할 수 있어야 하며, 각 개개인이 스스로 무엇을 당겨올지 선택할 수 있도록 해야 한다. 티켓에 있는 정보는 업무 항목 유형이나 서비스 클래스에 따라 다양하다(11장에서 다룬다).

그림 6.6에 있는 사례를 보면, 왼쪽 위에 있는 숫자는 항목을 유일하게 식별하고 전자 추적 시스템과 연결하기 위해 사용하는 전자 추적 번호다. 항목 제목은 가운데 적혀 있다. 티켓을 시스템에 입력한 날짜는 왼쪽 아래에 있는데 두 가지 목적이 있다. 첫 번째는 표준 서비스 클래스라면 먼저 들어온 항목이 먼저 처리될 수 있도록 선입선출first-in first-out, FIFO을 촉진하고, 두 번째는 서비스 수준 합의service-level agreement, SLA(11장 참조)가 만료되려면 며칠이나 남아 있는지 팀원들이 볼 수 있기 위함이다. 고정 출시일 서비스 클래스인 경우에는 요청받은 출시일을 티켓 오른쪽 아래에서 볼 수 있다.

그림 6.6에서 보여주는 사례에서는 티켓 바깥쪽에도 추가 정보가 있다. 항목에 표시되어 있는 별 모양은 서비스 수준 합의의 목표 리드 타임과 대비하여 지연되고 있음을 나타낸다. 최근에는 티켓 오른쪽 윗부분에 스티커를 붙여서 이 표시를 하는 경우를 보기도 했다. 업무에 할당된 사람 이

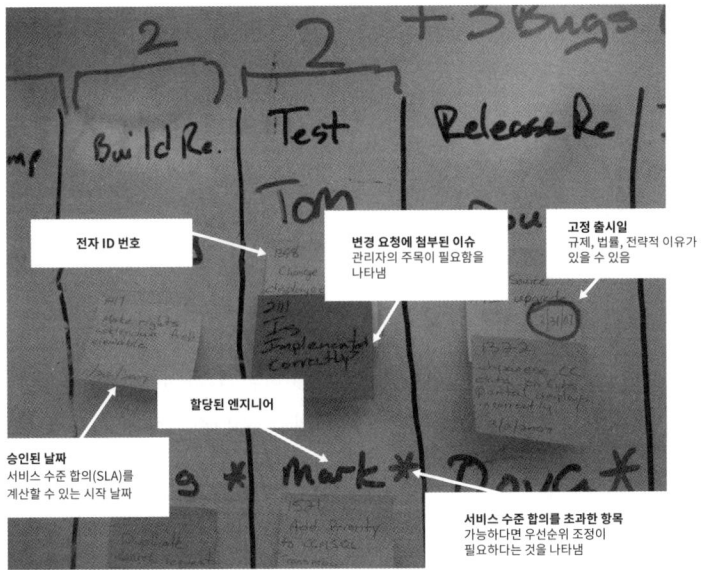

그림 6.6 업무 항목 카드 분석을 보여주기 위해 확대한 카드벽

름도 티켓 바깥쪽 위에 적혀 있다. 티켓이 보드를 따라 흘러가면서 할당된 사람이 바뀌기 때문에, 티켓 안에 이름을 적는 것은 바람직하지 않다. 그러나 최근에는 자석을 이용하거나(화이트보드에는 자석이 붙는다) 스티커 또는 팀원의 아바타를 나타내는 자석 따위로 자그마한 이름표를 항목에 붙이기도 한다. 사우스 파크South Park의 캐릭터는 아바타로 인기가 많다. 팀원 또는 직속 관리자가 슬쩍 보기만 해도 누가 무슨 일을 하고 있는지 보여줄 수 있다면 어떠한 방법이라도 무방하다.

티켓에는 관리자의 개입이나 지시 없이도 프로젝트 관리 관련 결정(예를 들어 다음에 어떤 항목을 당겨와야 하는지)을 촉진할 수 있는 정보가 있어야 하는데, 대개는 각 업무 정보를 충분히 나타낼 수 있도록 티켓을 설계해야 한다. 이러한 아이디어가 프로세스 투명성, 프로젝트 목표 및 목적, 위험 정보 등을 통해 팀원에게 권한을 위임한다. 서비스 클래스와 서비스 수준 합의에 대해 점점 더 많이 알게 되면, 칸반이 위험 관리 메커니즘의 자기 조직화를 강력히 촉진함을 발견하게 될 것이다. 마찬가지로 팀원이 스스로 일정과 우선순위를 결정하게 함으로써, 칸반은 개인에 대한 존중과 시스템(또는 프로세스 설계)에 대한 신뢰를 보여주는 것이다. 훌륭하게 설계된 업무 항목 카드는 높은 신뢰 문화 및 린 조직을 가능케 하는 핵심이다.

전자 추적

전자 추적은 2004년 처음 도입한 이후 소프트웨어 개발 분야에서 사용하는 칸반 시스템의 한 가지 특징이 되어왔다. 전자 추적을 필수로 해야 하는 것은 아니다. 그러나 팀이 지리적으로 분산되어 있거나, 일주일에 하루 이상 재택 근무를 하는 정책이 있는 팀에서는 전자 추적이 필수다. 전자 추적은 지라Jira[1], 마이크로소프트 팀 파운데이션 서버Microsoft Team Foundation Server[2], 포그 버그즈Fog Bugz[3], HP 퀄리티 센터HP Quality Center[4]처럼 기본적으로 티켓 발행 및 업무 항목 추적을 수행하는 시스템이다. 더욱 강력한 시스템은 업무 항목 추적을 마치 카드벽처럼 시각화할 수도 있다.

이 글을 쓰고 있는 시점에서 열, 진행 중 업무 제한, 기타 칸반의 핵심 요소를 담고 있는 카드벽을 재현하는 시각적 보드로 전자 추적을 할 수 있는 많은 웹 또는 응용 프로그램 도구가 시장에 출시되어 있다. 린킷LeanKit[5], 애자일 젠Agile Zen[6], 타깃 프로세스Target Process[7], 실버 카탈리스트Silver Catalyst[8], 래드트랙RadTrack[9], 칸바너리Kanbanery[10], 버전원VersionOne[11], 지라의 그린호퍼Green-

---

1 (옮긴이) https://www.atlassian.com/software/jira
2 (옮긴이) http://www.visualstudio.com/en-us/products/tfs-overview-vs.aspx
3 (옮긴이) https://www.fogcreek.com/fogbugz
4 (옮긴이) http://www8.hp.com/us/en/software-solutions/quality-center-quality-management
5 (옮긴이) http://leankit.com
6 (옮긴이) http://www.agilezen.com
7 (옮긴이) http://www.targetprocess.com
8 (옮긴이) http://toolsforagile.com
9 (옮긴이) https://www.imagingsol.com.au/product/1374/RadTrack.html
10 (옮긴이) https://kanbanery.com
11 (옮긴이) http://www.versionone.com

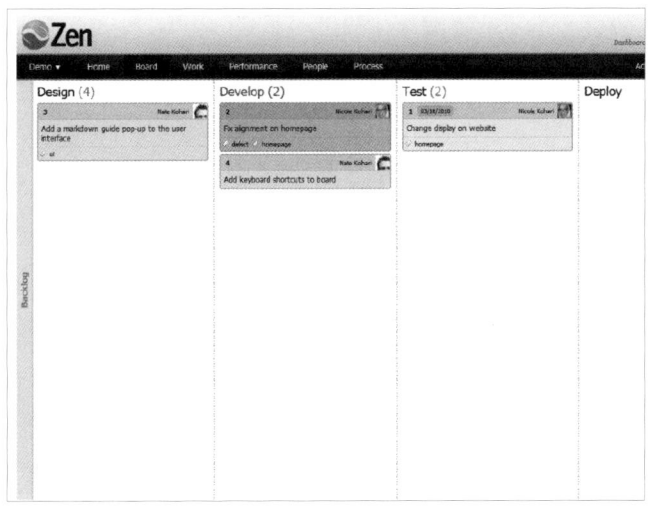

그림 6.7 전자 추적 도구인 애자일 젠의 스크린샷

hopper[12], 플로우 아이오Flow.io[13], 그 밖에도 팀 파운데이션 서버나 포그 버그즈 같은 도구에 칸반 인터페이스를 추가해주는 오픈 소스 프로젝트도 있으며, 이외에도 수많은 도구가 있다. 그림 6.7은 애자일 젠이다.

조직이 더 성숙하길 바라는 팀이라면 전자 추적이 필요하다. 정량적 관리, 조직 프로세스 성과(팀 또는 프로젝트의 칸반 시스템 전반의 성과 비교), 인과 분석 및 해결(통계적 정상 데이터를 근거로 한 근본 원인 분석)이 필요하다고 생각하고 있다면, 처음부터 전자 추적 도구를 사용하고 싶을 것이다.

입력과 출력의 경계 설정

칸반 시스템과 카드벽에서 이전에 결정했던 진행 중 업무 제어의 경계를 조정한다. 상류 및 하류 파트너는 뒤늦게 자신들의 업무를 카드벽에 시

---

12 (옮긴이) https://www.atlassian.com/software/jira/agile, 2013년 8월 지라 애자일(JIRA Agile)로 이름이 바뀌었다.
13 (옮긴이) http://flow.io

각화해 달라고 요청하는 경우가 많다. 그러나 여러분의 업무를 먼저 투명하게 드러낸 다음, 다른 사람들이 칸반 계획의 일부가 되겠다고 요청할 때까지 기다리는 편이 더 낫다.

그림 6.8을 보면 입력 대기열은 'E.R.', 즉 '개발 준비Engineering Ready'로 되어 있다. 생애 주기의 이 단계를 입력 지점으로 설정하는 것이 좋다. 상류에 있는 비즈니스 분석 부서는 조직 구조상 외부에 있기 때문이다. 두 그룹의 관리자 사이에는 신뢰나 협업이 거의 없었다. 그러므로 입력 대기열은 비즈니스 분석 부서의 요구 사항을 모은 백로그로부터 보충되었다.

이 사례에서 하류 단계는 제품 출시다. 일단 소프트웨어를 출시하여 네트워크 및 시스템 운영 부서가 진행하는 일상적 유지 보수 및 지원 단계로 넘어가면 범위를 벗어났다고 간주한다.

동시 활동

칸반 시스템에서 사용할 카드벽을 설계하다 보면, 소프트웨어 개발과 테

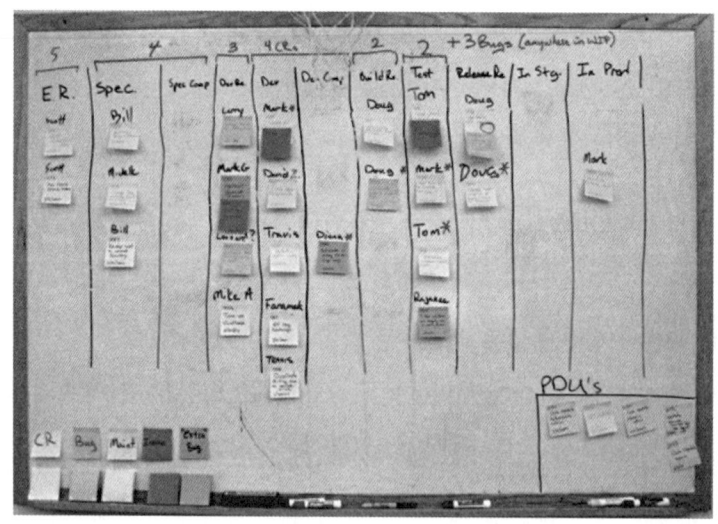

그림 6.8 입력 대기열이 개발 준비(E.R)로 표시되어 있음

스트 개발처럼 동시에 둘 이상의 활동이 진행될 수도 있는 프로세스가 흔히 나타난다. 이 상황에 대처하는 기본 패턴에는 두 가지가 있다. 하나는 카드벽에 이 상황을 전혀 반영하지 않는 것이다. 두 가지 활동이 함께 발생할 수도 있는 열을 그냥 하나의 열로 두는 것이다(그림 6.9). 단순하긴 하지만 이 방법을 선호하는 팀은 거의 없다. 어떤 팀에서는 다른 활동이라는 것을 나타내려고 색상이 다른 티켓을 사용하거나 티켓 모양을 다르게 해서 이 상황을 반영하기도 한다.

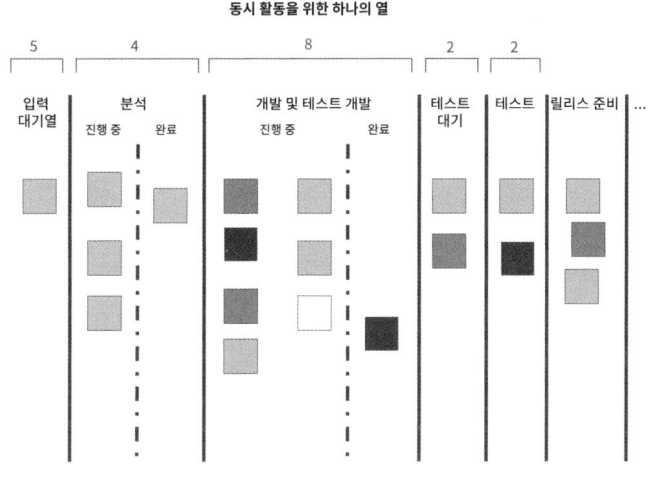

그림 6.9 동시 활동을 위한 하나의 열

또 다른 선택은 하나의 열을 두 개(또는 그 이상)의 영역으로 분할하는 것이다(그림 6.10).

이 사례에서는 항목을 서로 묶기 위해 보드의 위아래를 서로 연결할 필요가 있다. 예를 들어 관련 항목을 상호 참조하기 위해 티켓 오른쪽 위를 서로 연결하는 것이다. 좋은 전자 추적 시스템에서는 개발 활동과 테스트 활동처럼 관련이 있는 항목을 서로 연결하는 것이 가능하다.

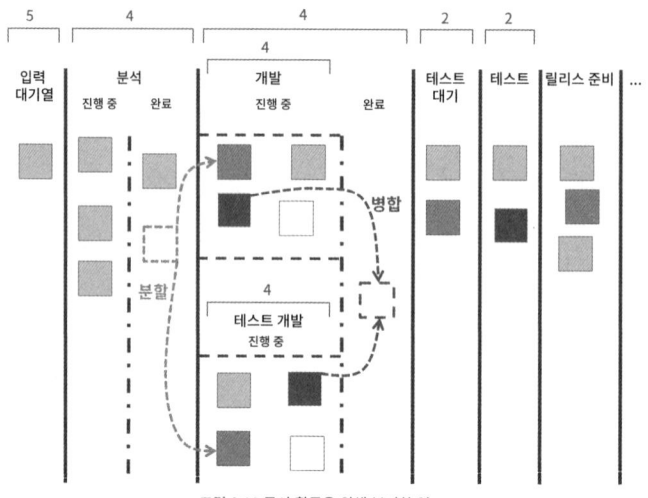

그림 6.10 동시 활동을 위해 분리한 열

순서 없는 활동

고객 가치 업무를 위해 수행해야 할 활동에는 여러 가지가 있을 수 있지만, 이 활동을 특정 순서대로 진행할 필요는 없다. 매우 혁신적이고 실험적인 업무에서는 특히 그런 상황이 많다. 이런 환경이라면 칸반을 사용한다고 해서 업무를 반드시 순서대로 끝낼 필요는 없다는 사실을 깨닫는 것이 중요하다. 칸반 시스템을 만들 때 가장 중요한 것은 반드시 실제로 일이 진행되는 방법을 반영해야 한다는 점이다.

순서 없는 여러 활동 문제를 다루는 몇 가지 전략이 있다. 첫 번째는 동시 실행 대처와 비슷하다. 그냥 활동을 담는 칸으로 한 열을 사용하고 어떤 것이 완료되었는지 보드상에서 명시적으로 추적하지 않는 것이다.

두 번째는 더 강력한 선택일 수 있는데 동시 활동과 비슷한 방식으로 만드는 것이다. 그림 6.11에 나와 있는 이 방식은 티켓이 각 특정 활동으로 당겨지면 하나의 열 안에서 수직으로 오르락내리락 움직여야 한다. 각 항목에 대해 어떤 활동이 완료되었는지는 각 활동을 나타내는 작은 체크 박

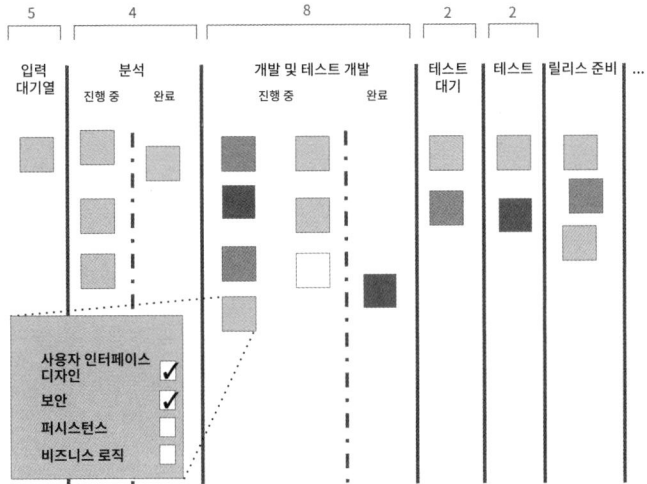

그림 6.11 순서 없는 여러 활동을 위한 하나의 열

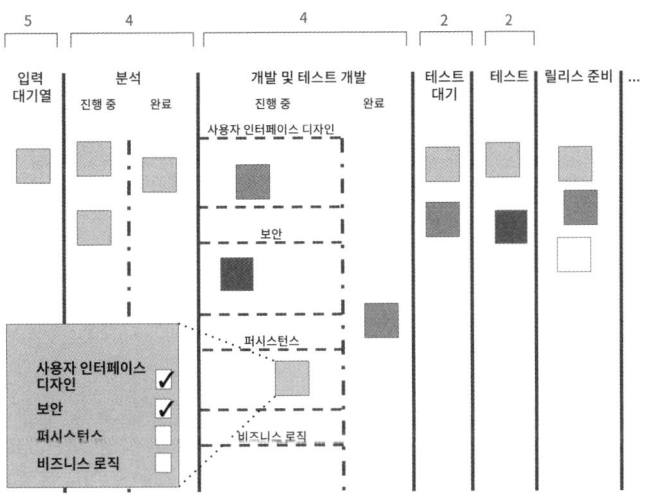

그림 6.12 순서 없는 여러 활동을 위해 분리한 열

6장 가치 흐름 그리기 101

스를 넣어서 시각화할 수 있다. 한 활동이 끝나면 같은 열 내의 다른 활동으로 당겨질 준비가 되었다는 시각적 신호로서 체크 박스에 표시를 한다. 체크 박스를 모두 채우면 항목은 보드의 다음 열로 당겨질 준비가 된 것이고 '완료' 열로 이동할 수도 있다.

이것만은 기억하자
- 칸반 시스템의 외부 경계를 결정한다. 대부분 현재 정치적으로 제어할 수 있는 범위로 제한하는 것이 최선이다. 자발적으로 협업에 참여하지 않는 부서에는 시각화, 투명성, 진행 중 업무 제한을 강요하지 않는다.
- 진행 중 업무 제한 및 업무 시각화의 경계를 조정할 수 있는 카드벽을 만든다.
- 업무 항목 유형을 정의하고 그 업무 흐름을 모델링한다. 흐름의 모든 단계가 필요하지는 않은 유형도 있을 수 있다.
- 업무 항목 카드를 만들 때에는 팀이 스스로 카드를 당길 수 있도록 촉진하고 업무 항목 유형, 서비스 수준 합의, 서비스 클래스를 기반으로 위험 요소에 대한 적절한 좋은 결정을 할 수 있을 만큼 충분한 정보를 담아야 한다.
- 팀이 분산되어 있거나 재택 근무 정책이 있거나 더 성숙한 행동을 시도하기 위해 전자 시스템이 제공하는 정량 정보가 필요하다면 전자 추적 시스템을 사용한다.
- 필요하다면 동시 활동을 다루는 방법 그리고 동시 활동을 모델링하고 시각화하는 방법을 어떻게 선택할지 논의한다.
- 필요하다면 특정한 순서대로 흐를 필요가 없는 활동을 다루는 방법 그리고 그 활동을 모델링하고 시각화하는 방법을 어떻게 선택할지 논의한다.

7

칸반 시스템의 조정

시각적 제어 및 당김

칸반이라고 하면 사람들은 머릿속에 카드벽을 가장 먼저 떠올린다. 보드의 각 열(또는 여러 열을 묶어서) 위쪽에는 보통 진행 중 업무 제한을 표시한다. 표시한 제한보다 열 안쪽에 붙어 있는 카드 개수가 작다면 그것이 당김 신호가 된다. 그림 7.1에서는 개발Dev 위쪽에 제한이 4라고 적혀 있는 것을 볼 수 있다. 그러나 그 열에는 카드가 세 장뿐이다. 4 - 3 = 1이기 때문에, 이 상태는 버퍼 역할을 하고 있는 개발 준비Dev Ready 열에서 개발 열로 한 항목을 당겨올 수 있다는 신호다. 그리고 입력 대기열E.R.의 제

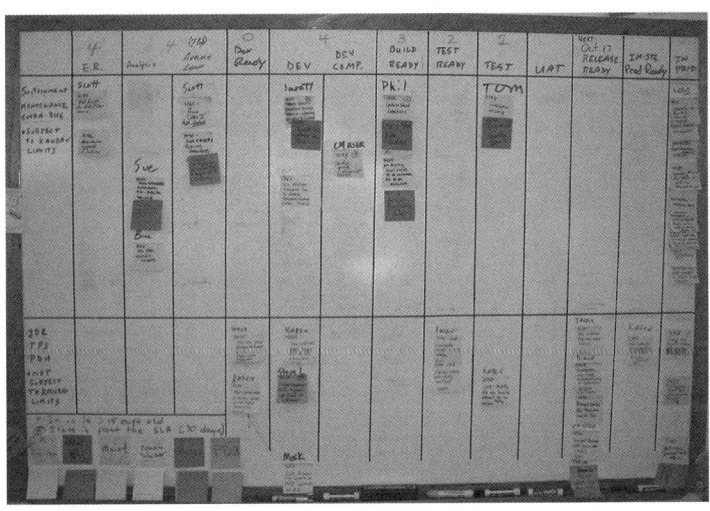

그림 7.1 열 위쪽에 칸반 제한이 있는 카드벽

한은 4다. 현재는 두 항목만이 입력 대기열에 남아있다. 한 항목을 분석_{Analysis}으로 당겨오면, 대기열에는 한 항목만 남게 된다(4 - 1 = 3). 이것은 다음 우선순위 회의에서 세 개의 새로운 항목에 우선순위를 부여한 다음 입력 대기열로 가져올 수 있다는 신호다.

팀이 한 항목을 당겨오기로 결정할 때 업무 항목 유형, 서비스 클래스, (완료 일자가 있다면) 완료 일자, 업무 항목의 생성 일자 같은 사용할 수 있는 시각적 정보를 토대로 어떤 항목을 당겨올지 선택할 수 있다. 서비스 클래스의 당김 정책은 11장에서 다룬다.

그림 7.2는 접착식 메모지를 사용해서 업무 항목을 표현한 카드벽을 확대한 것이다. 업무 항목 유형과 서비스 클래스의 조합을 색상으로 표현하고 있다. 책임자 또는 할당 인원의 이름은 카드 위쪽 바깥에 적혀 있다. 누가 해당 업무를 진행하고 있는지 나타내기 위해, 더 작은 접착식 메모지에 이름을 적어서 업무 항목 위에 붙이기도 하고 아바타를 사용하기도 한다.

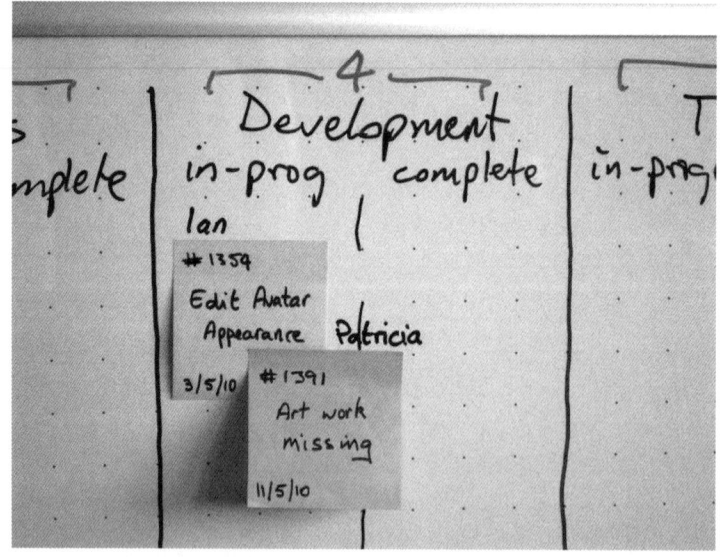

그림 7.2 차단 항목에 이슈 티켓이 붙어 있는 카드벽을 확대한 것

이를 통해 모든 팀원은 누가 무슨 일을 하고 있는지 볼 수 있다.

그림 6.6을 보면 접착식 메모지 왼쪽 위 구석에서 전자 추적 번호를 볼 수 있다. 항목이 입력 대기열에 추가된 날짜는 왼쪽 아래에서 볼 수 있으며, 항목이 생성된 지 얼마나 됐는지는 이 날짜로 계산할 수 있다. 해당 항목이 출시일을 보장해야 하는 서비스 클래스라면 오른쪽 아래에서 출시일을 볼 수 있다. 지연 중인 항목이라면 카드 오른쪽 위에 빨간색 별 모양을 표시한다. 어떤 이유로 인해 차단 상태라면 분홍색 이슈 티켓을 차단 항목에 붙인다. 그림 7.2를 보면 이슈 자체도 최우선으로 처리해야 하는 업무 항목이므로 별도의 전자 추적 번호가 있으며 시스템에 입력한 날짜와 할당 인원의 이름을 위쪽에 표시한다.

이러한 방식은 코비스에 처음으로 칸반을 적용하면서 사용한 방식이다. 여러분의 칸반은 분명히 이 방식과 다를 것이다. 그러나 티켓에 시각적으로 할당 인원, 시작 날짜, 전자 추적 번호, 업무 항목 유형, 서비스 클래스, 지연 여부 같은 내용이 담기길 원할 것이다. 시스템을 팀 차원에서 스스로 조직화하고 처리할 수 있을 만큼 충분한 정보를 시각적으로 소통하는 것이 목표다. 칸반 보드는 팀원들이 관리자의 지시 없이 업무를 당겨올 수 있도록 해주는 시각적 제어 메커니즘이다.

전자 추적

칸반 시스템에서 업무를 추적하는데, 카드벽을 대체하거나 보완하려는 목적으로 전자 시스템을 사용하기도 한다. 이런 용도로 사용할 수 있는 도구 중 몇 가지는 6장에 수록되어 있다. 최신 목록은 Limited WIP Society 웹 사이트인 http://www.limitedwipsociety.org를 참조하면 된다.

우리 팀에서는 자체적으로 디지털 화이트보드Digital Whiteboard(그림 7.3)라는 응용 프로그램을 팀 파운데이션 서버 위에 구현하였다. 4장의 사례 연구에서는 프로덕트 스튜디오라는 이름의 마이크로소프트 내부 도구로 전

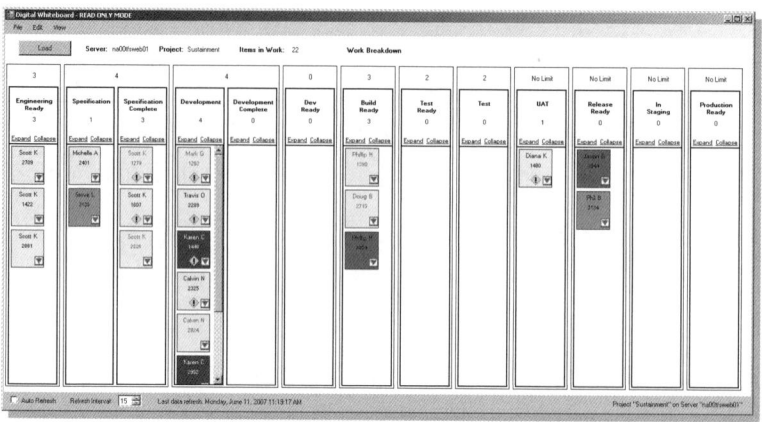

그림 7.3 코비스에서 사용했던 응용 프로그램인 디지털 화이트보드

자 추적을 했다. 프로덕트 스튜디오는 팀 파운데이션 서버의 전신이며, 2005년 이후 마이크로소프트에서는 내부 개발 프로젝트 추적에 팀 파운데이션 서버를 사용하고 있다.

그림 7.3에 있는 응용 프로그램을 보면 여러 열을 묶어서 칸반 제한을 하고 있는 것을 볼 수 있다. 칸반 제한을 초과하면 시각적으로 알 수 있는 기능도 갖추고 있다. 또한 항목의 지연 여부나 차단 이슈의 존재 여부를 보여주는 다양한 아이콘이 있으며, 각 업무 항목마다 해당 상태에 있는 항목의 수를 표시한다.

전자 추적은 단순한 카드벽에서는 불가능한 다양한 기능을 제공하기 때문에, 칸반 시스템을 사용할 때 매우 중요하다. 전자 추적을 사용하면 일일 관리나 월간 운영 리뷰 같은 회고에서 활용할 수 있는 지표 및 보고용 데이터를 모을 수 있다.

일일 스탠드업 회의

스탠드업 회의는 애자일 개발 프로세스가 지닌 공통 요소다. 스탠드업 회의는 보통 업무를 시작하기 전인 아침에 진행하며 합의를 이끌어내는 방식으로 구성한다. 스탠드업 회의는 대개 열두 명 이하(보통은 여섯 명)로 구성된 한 팀에서 진행한다. 보통 함께 일하는 사람들이 모여서 진행하며 다음 세 가지 질문을 포함한다. 어제 완료한 일은 무엇인가? 오늘 할 일은 무엇인가? 어려운 부분이나 도움이 필요한 점이 있는가? 각 팀원이 세 가지 질문에 대답한 다음에 팀은 그날 진행할 업무를 조정한다.

칸반에서는 스탠드업 회의가 좀 다른 방향으로 발전했다. 카드벽이 있기 때문에 한 명씩 돌아가면서 세 가지 질문에 답변할 필요는 없다. 벽에는 누가 무슨 일을 하고 있는지를 나타내는 모든 정보가 있다. 회의에 규칙적으로 참석하는 사람은 어제 이후에 무엇이 바뀌었는지 그리고 차단 항목이 있는지 없는지 눈으로 분명하게 볼 수 있다. 그렇기 때문에 칸반 시스템의 스탠드업 회의는 형식이 다르다. 업무 흐름에 집중하는 것이다. 흔히 프로젝트 관리자 또는 직속 관리자가 퍼실리테이터 역할을 담당하게 되는데, 퍼실리테이터는 보드를 살펴보면서 회의를 주도적으로 진행한다. 보드에 붙어 있는 티켓을 거꾸로, 즉 (당김 방향을 기준으로) 오른쪽에서 왼쪽으로 살펴본다. 티켓 상태를 업데이트해 달라고 요청할 수도 있고, 보드에 없기 때문에 팀이 알지 못하는 정보가 있는지 질문할 수도 있다.

차단된 항목(분홍색 티켓)이나 결함으로 인해 지연된 항목(파란색 티켓)은 특별히 강조한다. 또한 며칠 동안 꼼짝하지 못한 채 움직이지 않고 있는 항목에 대해 질문할 수도 있다. 일부 팀에서는 이런 항목을 시각화하는 기발한 방법이 있다. 한 가지 예를 들면, 이탈리아의 어떤 자동차 경주 팀과 스포츠 카 제조사에서는 티켓이 같은 위치에 계속 머물러 있는 경우 매일 그 옆에 점을 하나씩 표시했다. 이렇게 하면 팀은 그 항목이 실제로 흘러가지 않고 있는 경우에, 차단 항목으로 표시해야 할지 말지 질문을 던질 수 있다. 이런 방식을 사용해서 그 조직은 이슈 관리 역량을 개선하였다(20장에서 더 자세하게 설명한다). 그 팀은 누가 이슈를 처리하고 있고 언제 해결될 것인지 가볍게 논의할 수 있다. 또한 보드 위에 없는 차단 이슈를 알고 있거나 도움이 필요한 사람이라면 누구나 거리낌 없이 그 사실을 밝혀야 한다. 수준이 높고 성숙한 팀이라면 벽에 붙어 있는 카드를 전부 검토할 필요가 없다는 사실을 알게 될 것이다. 그런 팀에서는 차단되어 있거나 결함이 있는 티켓에만 집중한다. 이 메커니즘을 사용하면 스탠드업 회의에 참여할 수 있는 사람이 더 늘어난다. 대니얼 베이컨티 Daniel Vacanti 는 2007년 코비스의 한 프로젝트에서 50명이 넘는 사람들이 참여하는 스탠드업 회의를 진행했었고, 팀 인원은 무척 많았지만 회의는 매일 아침 10분 안에 끝났다.

후속 회의

후속 회의는 두세 명의 인원이 모인 작은 그룹으로 이루어진다. 스탠드업 회의를 마치고 나면 팀원들의 마음속에 논의하고 싶은 주제가 생기기 때문에 자발적으로 후속 회의가 일어난다. 차단 이슈나 기술 설계 또는 아키텍처 이슈 같은 내용을 논의할 때도 있지만, 주로 프로세스 관련 이슈가 후속 회의의 주제가 된다. 후속 회의는 칸반으로 인해 나타나는 문화 변화의 필수 요소다. 후속 회의를 통해 개선 아이디어가 생겨나고 프로세스를 조정하고 혁신하게 된다.

규모가 비교적 큰 프로젝트에서는 후속 회의의 형태가 기존 스크럼 스타일의 스탠드업 회의인 경우도 있다. 기능, 스토리, 요구 사항을 함께 다루는 여섯 명 정도의 팀이 그날 진행할 활동을 간단히 조정하기 위해 함께 모인다. 이러한 새로운 칸반 프로세스 행동과 스크럼 사이에는 흥미로운 차이점이 있다. 스크럼에서는 팀이 먼저 모인 다음에, 프로그램이나 큰 프로젝트를 조정하기 위한 스크럼의 스크럼에 대표자를 보낸다. 그러나 칸반에서는 그 순서가 반대다. 프로그램 차원의 회의가 먼저 이루어진다.

대기열 보충 회의

칸반에서 대기열 보충 회의의 목적은 우선순위 부여다. 대기열 보충 메커니즘 그리고 회의 케이던스의 특성상 우선순위 부여는 합리적인 수준에서 가능하면 나중으로 미루는 것이 좋다. 대기열 보충 회의는 비즈니스 쪽 대표들 또는 (애자일 개발에서 흔히 사용하는 용어인) 제품 책임자product owner들과 함께 진행한다. 이 회의는 규칙적으로 진행하는 것을 추천한다. 대기열 보충 케이던스가 규칙적이면 회의 조정 비용이 줄어들고 비즈니스 쪽 사람들과 소프트웨어 개발 팀 사이의 관계가 분명해지고 신뢰가 쌓인다.

하나의 가치 흐름이나 하나의 시스템 또는 하나의 프로젝트에서 사용하는 칸반 시스템 입력 대기열을 채우는 것이 이 회의의 목적이다. 팀이 출시하는 내용에 관심이 있고, 백로그에 대기 중인 항목을 보유하고 있는 이해관계자라면 이 회의에 참석해야 한다. 비즈니스 쪽은 가능하면 해당 조직에서 직책이 높은 사람이 참석한다. 직책이 높은 사람이 참석해야 결정을 더 많이 내릴 수 있고 상황 정보를 더 폭넓게 접할 수 있다. 이렇게 해야 더 훌륭한 의사 결정을 할 수 있고 대기열을 보충하는 선택 프로세스가 최적화된다.

원칙적으로 우선순위 회의에는 회사 내에서 잠재적으로 경쟁 중인 그룹에서 온 여러 제품 책임자 또는 비즈니스 담당자가 참석한다. 이로 인해 생긴 긴장감은 실제로 좋은 의사 결정을 할 수 있도록 긍정적 영향을 주며, 소프트웨어 개발 팀에는 건강하고 협력적인 환경을 촉진한다. 제품 책임자 단 한 명만 참석하는 상황이라면, 각 그룹이 서로 대립 중이라는 의미일 수 있다.

회의에 관심이 있는 그 밖의 이해관계자도 참석해야 한다. 이상적으로는, 프로젝트 관리자처럼 출시에 책임이 있는 모든 사람, 개발 관리자나 테스트 관리자 또는 더 직급이 높은 기술 관리자 같은 기술 직무 관리자 최소 한 명, 기술 아키텍트 또는 데이터 아키텍트, 사용성 전문가, 운영 및 시스템 전문가, 비즈니스 분석가 같이 기술적 위험을 평가할 수 있는 사람을 포함한다. 2007년 당시 우리 팀에서는 개발 관리자 한 명과 분석 팀 관리자가 회의에 참석했고, 가끔 엔터프라이즈 아키텍트나 데이터 아키텍트가 참석하는 경우도 있었다. 개발 관리자는 일정에 따라 차례대로 회의에 참석했다.

우선순위 회의의 케이던스는 칸반 시스템의 대기열 크기에 영향을 미칠 것이고, 따라서 시스템 리드 타임에도 전반적으로 영향을 미칠 것이다. 팀의 기민성을 극대화하려면 합리적인 선에서 가능하면 주기적으로 회의를 진행하는 것을 추천한다. 보통 일주일 간격이 좋다.

어떤 팀에서는 대기열 보충 회의를 규칙적으로 진행하기보다 요구에 따라 우선순위를 부여하는 방식으로 발전시키고 있다. 회의에 참석하는 모든 이해관계자가 요구가 생길 때마다 언제든지 회의에 응할 수 있는 좀 더 성숙한 조직에서만 이 방식을 사용하는 것이 좋다. 3장의 마이크로소프트 사례 연구를 보면, 프로젝트 관리자는 입력 대기열에 빈칸이 생기면 알려주는 데이터베이스 트리거를 만들었다. 알림을 받으면 네 명의 제품 책임자들에게 빈칸이 생겼다는 사실을 이메일로 알리고 우선순위를 논의하기 시작했다. 온라인에서 논의를 진행하고 백로그에서 새로운 항목을 선택할 것이다. 보통 이 프로세스를 진행하는 데 두 시간 정도가 걸린다. 이렇게 주간 회의가 아닌 요구 기반 방식으로 회의를 진행하면, 입력 대기열 크기가 줄어들고, 그것이 나중에 시스템 전체 리드 타임 개선으로 이어진다.

릴리스 계획 회의

릴리스 계획 회의에서는 하류 단계로 전달하는 내용을 구체적인 계획으로 수립한다. 가령 릴리스가 2주의 케이던스로 규칙적이라면, 릴리스 계획 활동도 규칙적으로 하는 것이 좋다. 이렇게 하면 회의를 조정하는 비용을 줄일 수 있고, 회의에 참석해야 하는 사람들이 시간을 낼 수 있다.

보통은 출시 조정을 담당하는 사람이 릴리스 계획 회의를 주관한다. 보통은 프로젝트 관리자인 경우가 많다. 구성 관리configuration management 전문가, 시스템 운영 및 네트워크 전문가, 개발자, 테스터, 비즈니스 분석가 같은 사람과 그들의 직속 상사 또는 관리자처럼 릴리스에 관심 있는 사람을 초대해야 한다. 전문가는 기술 지식 및 위험 평가 능력이 있기 때문에 참석하는 것이다. 관리자의 경우에는 의사 결정을 위해 참석한다.

성숙한 조직이라면 회의를 촉진하는 릴리스 체크 리스트 또는 프레임워크가 있을 것이다. 거기에는 다음과 같은 질문이 담겨 있어야 한다.

- 시스템의 어떤 항목이 릴리스 준비가 되어 있는가(또는 준비될 예정인가)?
- 각 항목을 실제로 제품으로 릴리스하려면 무엇이 필요한가?
- 생산 시스템의 완전성을 검증하려면 릴리스 이후에 어떤 테스트가 필요한가?
- 어떤 위험 요소를 수반하는가?
- 이 위험 요소는 어떻게 완화할 수 있는가?
- 어떤 사전 대책이 필요한가?
- 릴리스에는 어떤 사람이 필요하며 제품 출시(또는 다른 배포 메커니즘)를 진행하는 동안 누구에게 보여줄 필요가 있는가?
- 릴리스에 시간이 얼마나 걸릴 것인가?
- 관련된 다른 실행 계획은 무엇인가?

이 질문을 토대로 릴리스 계획을 완벽하게 표현할 수 있는 양식을 만들어야 한다. 특히 수준이 높은 팀에는 주어진 순서에 따라 릴리스 절차를 실행할 수 있도록 구성한 문서가 있다.

많은 사람이 참석하는 회의에서는 릴리스 계획을 완성하기 어려울 수 있으므로 프로젝트 관리자에게 다소의 후속 업무가 있을 수도 있다.

예비 진료

예비 진료triage는 의료계에서 사용하는 용어다. 치료 우선순위에 따라 응급 환자를 여러 범주로 평가하고 분류하는 방법을 의미한다. 예비 진료 시스템은 전쟁터의 의무 부대에서 최초로 사용했는데, 도움을 줄 방법이 없으며 곧 사망할 가능성이 높은 환자, 응급 처치를 해야만 살 수 있는 환자, 응급 처치 없이도 생존할 수 있는 환자의 세 가지 범주로 환자를 분류하였다. 지금도 응급실에서는 환자가 치료를 받으려고 도착하면 우선순위를 판단하는 데 비슷한 시스템을 사용하고 있다.

소프트웨어 개발에서 예비 진료는 전통적 소프트웨어 프로젝트의 안정화 단계에서 결함(버그)을 분류하려고 사용한다. 수정할 수 있는 버그라면 우선순위를 분류하고, 수정할 수 없는 버그라면 제품을 릴리스할 때 제품이 해당 버그를 포함하는 것을 허용할지 말지 판단하기 위해 예비 진료를 한다. 결함 예비 진료에는 대개 테스트 리더, 테스트 감독자 또는 관리자, 개발 리더, 개발 감독자 또는 관리자, 제품 책임자가 참여한다.

마찬가지로 칸반의 예비 진료도 결함을 예비 진료하기 위한 것이다. 그러나 가장 쓸모 있는 응용 방법은, 칸반 시스템 내부로 들어오려고 대기하고 있는 백로그 항목을 예비 진료하는 것이다.

백로그 예비 진료는 상대적으로 그 간격이 길어야 한다(일부 애자일 소프트웨어 개발에서는 백로그 예비 진료를 "백로그 다듬기backlog grooming"라고 부른다). 팀은 보통 매월 또는 분기나 반기에 한 번 정도 백로그 예비 진료를 진행한다. 백로그 예비 진료에는 보통 대기열 보충 회의에 참석하는 제품 책임자나 비즈니스 쪽 대표자 같은 사람이 참석하며 프로젝트 관리자도 참석한다. 기술 분야에서는 소수의 인원만 참석하는 것이 보통이다. 기술 직무를 수행하는 중간 관리자 한 명 정도만 참석하면 된다.

　백로그 예비 진료의 목적은 백로그에 있는 각 항목을 살펴보고 그 항목을 백로그에 남겨둘지 아니면 지워버릴지 결정하는 것이다. 단순히 존치 여부를 결정하는 것이지 순서를 정리하거나 우선순위를 정하는 것이 아니다.

　자동화와 정책을 통해 예비 진료를 없앨 수 있다고 생각하는 팀도 있다. 4장에서 다루었던 마이크로소프트 XIT 팀 사례 연구에서는 규칙적으로 한 달에 한 번씩 6개월이 넘은 항목을 모두 지워버렸다. 그 이유는 6개월 동안 입력 대기열로 선택되지 못한 항목이라면 그 가치가 별로 크지 않을 가능성이 높으므로 앞으로도 선택될 가능성이 낮기 때문이다. 상황이 바뀌어서 그 항목의 가치가 높아진다면 아마도 다시 요청이 들어올 테니 백로그에서 그 항목을 지워버린다고 해서 잃는 것은 없다.

　백로그를 예비 진료하는 목적은 백로그 크기를 줄이기 위함이다. 백로그 크기가 더 작아지면 우선순위 결정이 쉬워진다. 백로그에 항목이 2000개 있을 때보다 200개 있을 때, 승자를 선택해야 하는 우선순위 회의는 훨씬 금방 끝날 것이다.

　경험에 의하면 백로그에 3개월치가 넘는 업무가 쌓여 있다면, 즉 결과물을 출시하는 데 3개월이 넘게 걸린다면, 그리고 백로그에 있는 모든 항목을 3개월 내에 시스템에 진입시킬 수 없다면, 백로그를 정리하는 것이 좋다. 시장과 분야에 따라 백로그의 적절한 크기는 다르다. 변동성이 높은 분야라면 백로그 크기가 약 한 달 치 업무를 담고 있는 것이 좋다. 변동성이 낮은 분야에서는 1년 치 이상의 항목을 백로그에 넣어둘 수도 있다.

　따라서 백로그 크기, 각 칸반 시스템을 운영하고 있는 분야의 변동성, 팀의 출시 속도 또는 처리량 사이에는 상관관계가 있다. 매월 20개의 사용자 스토리를 출시하고 있고 분야 변동성이 약간 있긴 하지만 지나치지 않은 팀이라면, 백로그에는 3개월 치 정도의 업무를 담고 있는 것이 바람직하며 그 크기는 대략 60여 개가 된다.

이슈 로그 리뷰 및 확대

칸반 시스템에서 지연되는 업무 항목이 생기면, 그 항목에 표시를 하고 이슈 업무 항목을 만든다. 생성한 이슈는 장애물이 제거되어 원래의 업무 항목을 진행할 수 있을 때까지 미해결 상태로 남아 있게 된다. 그러므로 미해결 상태에 있는 이슈 검토는 시스템 흐름을 개선하는 데 필수다.

이슈 로그 리뷰는 일정한 주기로 규칙적으로 진행해야 한다. 다시 강조하면, 규칙적 케이던스는 조정 비용을 줄이고 관련 이해관계자가 회의에 참석할 수 있는 시간을 만들 수 있도록 해준다. 아주 성숙한 조직에서는 규칙적 회의를 생략하고 요구에 따라 회의를 할 수도 있다. 이렇게 하려면 이슈 수가 비교적 적고 요구가 있을 때마다 회의를 함으로써 늘어나는 조정 비용이 규칙적 회의 비용보다 실질적으로 더 적어야 한다.

이슈 로그 리뷰에는 프로젝트 관리자와 항목을 차단으로 기록한 팀원이 참여한다. 답을 찾아내기 위한 주요 질문은 다음과 같다. "그 이슈는 누구에게 할당되었으며 누가 진행하고 있는가?"와 "언제 해결될 것으로 예상하는가?"이다. 진행되지 못하고 있는 이슈와 차단 이슈 그 자체, 그리고 오래된 이슈는 더 직책이 높은 관리자에게 확대해야 한다.

이슈 로그 리뷰에 고위 관리자의 참여가 필요 없을 수도 있지만, 확대 경로와 정책은 명확하게 정의하는 것이 중요하다. 이슈가 차단되었을 때 프로젝트 관리자는 책임지고 그 문제를 적절하게 확대해야 한다.

이슈 관리 및 확대는 애자일 개발 조직에서도 원활하게 처리하지 못하는 경우가 많다. 이슈를 빠르게 해결하면 흐름을 개선하고 팀 생산성과 출시 가치 모두 크게 향상시킨다. 그 이슈가 환경 가용성이나 모호한 요구사항 또는 테스트 장비 부족인 경우에는 특히 그렇다. 이슈 관리 및 확대는 그 보상이 크기 때문에 핵심 규칙이다. 이슈 관리 및 확대 개선은 가장 성숙하지 못한 팀에서도 최우선으로 생각해야 한다. 이 내용은 20장에서 자세히 다룬다.

스티키 버디

스티키 버디sticky buddy는 조정 문제를 해결하려고 코비스에 도입했던 개념이다. 코비스에는 일주일에 최소한 하루를 재택 근무하는 정책이 있었는데, 그 정책은 도심에서 특히 멀리 떨어져 거주하고 있는 직원을 위한 것이었다. 그 정책은 몇 년 전 코비스가 워싱턴 주 벨뷰에서 시애틀로 사무실을 옮긴 때로 거슬러 올라간다. 직원들은 재택 근무를 하면서 VPN으로 전자 추적 시스템, 버전 제어, 빌드 환경, 그 밖의 시스템에 접속할 수 있었다. 그래서 자신에게 할당된 업무를 볼 수 있었고, 그 업무를 진행할 수도 있었으며, 완료할 수도 있었고, 테스트를 할 수도 있었다. 완료로 표시해서 하류 단계에서 당겨갈 수 있도록 업무의 전자 상태를 업데이트할 수 있었다. 그러나 재택 근무를 하는 직원이 실제로 사무실에 있는 것은 아니었기 때문에 카드벽에 붙어 있는 접착식 메모지는 옮길 수가 없었다.

이 문제의 해결책은 사무실에 있는 누군가를 자신의 대리인으로 활동하도록 각자가 1대1로 약속을 맺는 것이었다. 재택 근무자가 항목을 완료하고 전자 상태를 변경하면, 인스턴스 메신저나 이메일 또는 전화로 자신의 스티키 버디와 접촉하여 실제 보드를 업데이트해 달라고 요청하는 것이다.

스티키 버디는 서로 다른 지역 간의 분산 개발을 촉진하기도 했다. 코비스의 테스트 팀은 인도의 첸나이에 있었고, 회계 시스템 전문 개발자 중 일부는 남부 캘리포니아에 있었기 때문에, 스티키 버디라는 개념이 특히 중요했다.

지역 동기화

칸반 시스템을 사용하여 여러 지역에 있는 팀을 동기화하는 방법은 칸반 시스템 적용을 고려하는 사람들이 되풀이해서 묻는 기초적 질문이다. 초기에는 한 지역에서 칸반을 진행했고, 내가 (그리고 다른 초기 칸반 지지자들이) 여러 지역에 분산해 있는 팀 간 조정 문제를 고려하지 않았다고 질문하는 사람도 자주 만났다.

실제로는 정반대다. 4장에 있는 마이크로소프트의 첫 번째 팀은 사실 인도의 하이데라바드에 있었고, 관리자와 제품 책임자는 워싱턴 주 레드먼드에 있었다. 5장에서 설명한 코비스 사례 역시 재택 근무자도 있었을 뿐 아니라 인도에서 근무하는 사람들도 있었고 로스앤젤레스와 뉴욕처럼 시애틀 바깥의 다른 지역에서 근무하는 사람들도 있었다.

다양한 지역 사이를 조정하는 열쇠는 전자 시스템을 사용하는 것이다. 카드벽을 사용하는 것만으로는 충분하지 않다.

전자 추적과 더불어, 실제 카드벽을 적어도 하루에 한 번 동기화할 필요가 있다. 이 일을 책임지는 사람을 각 지역마다 할당하는 것이 중요하다. 2008년에 일했던 팀은 뉴욕과 로스앤젤레스에 분산되어 있었다. 그 팀에는 각 지역마다 (거의) 동일한 카드벽을 유지했고, 매일 그 벽을 동기화하는 담당자가 있었다.

전화 또는 화상 회의 시스템을 사용해서 스탠드업 회의를 조정하는 팀도 있다. 그렇더라도 스탠드업 회의나 화상 회의 또는 전화 통화를 하기에 앞서, 팀 담당자는 실제 보드가 전자 시스템과 동기화되어 있는지 항상 확인해야 한다.

이것만은 기억하자

- 실제 카드벽과 전자 추적 시스템을 둘 다 사용하는 것이 가장 좋은 방법이다.

- 전자 추적 시스템을 사용하면 여러 지역에서 함께 칸반을 사용할 수 있다.
- 실제 카드벽 기능을 비슷하게 만든 전자 시스템을 다양한 업체에서 제공하고 있다.
- 규칙적으로 회의를 개최하면 회의 조정 비용을 줄일 수 있고 참석자 수를 늘릴 수 있다.
- 우선순위 부여와 릴리스 계획 수립은 별도로 이루어져야 하며 각각의 케이던스가 있어야 한다.
- 일일 스탠드업 회의에서는 이슈, 장애물, 흐름을 논의해야 한다. 이 회의는 보통 다른 애자일 개발 방법에서 정한 패턴을 따르지 않는다.
- 일일 스탠드업은 지속적 개선 문화를 장려하는 핵심이다. 스탠드업을 통해 팀 전체가 매일 잠시 모이고, 모든 이해관계자가 개선 기회를 제안하고 논의할 수 있는 기회가 생긴다. 스탠드업 직후에는 격식에 얽매이지 않는 프로세스 개선 논의가 이어지는 경우가 많다.
- 규칙적 예비 진료로 백로그 크기를 줄이면 우선순위 회의를 효율적으로 진행할 수 있다.
- 이슈 관리, 확대, 해결은 팀 성과를 개선하는 핵심 규칙이며 팀 발달 단계 초기에 다루어야 한다.
- 확대 경로 및 정책은 명확하게 정의해야 한다.

8
출시 케이던스

3부(6장에서 15장까지)에서는 칸반 시스템을 적용하는 방법을 설명하고 있는데, 마지막 15장에서는 칸반 변화 계획을 시작하는 방법을 다룬다. 칸반 변화 계획을 시작하려면 소프트웨어 개발 조직과 그 파트너뿐 아니라 그 밖의 이해관계자와 지금까지와는 다른 형태로 타협을 해야 한다. 이러한 새로운 형태의 타협은 작동하는 소프트웨어를 규칙적으로 출시하겠다는 합의 및 약속에 대한 것이다.

이 장의 제목인 '출시 케이던스'라는 용어는 동작하는 소프트웨어를 규칙적 간격으로 출시하는 패턴을 만든다는 의미를 담고 있다. 격주 출시를 약속했다면 출시 케이던스는 1년에 26번이 될 것이다. 아마 출시하는 날짜도 합의하게 된다. 예를 들면 코비스에서는 격주로 수요일마다 IT 응용 프로그램의 유지 보수 릴리스를 출시했었다.

애자일 소프트웨어 개발에서는 일반적으로 규칙적 케이던스가 중요한 순환 구조를 만든다. 애자일 개발에서는 보통 1주에서 4주 길이로 시간을 제한하여 반복한다. 이런 방법을 주장하는 이유는 프로젝트의 꾸준한 '맥박'이 중요하다고 보기 때문이다. 이렇게 하려면 시간을 제한한 반복 주기를 철저하게 지키는 것이 기본 전제다. 반복 주기나 범위 또는 백로그를 시작하는 시점에 대해 합의와 약속을 해두어야 한다. 업무가 시작되면 분석, 테스트 계획 수립, 설계, 개발, 테스트, 리팩터링을 수행한다. 모든 것이 원활하게 진행되면 약속한 범위가 전부 끝난다. 작동하는 소프트웨어를 출시하고 향후 개선과 프로세스 조정을 위한 회고로 반복 수기를 마무리한다. 그런 다음 다시 사이클을 시작한다. 이 모든 것이 1주나 2주 또는 1개월이나 그 밖에 미리 합의한 규칙적 케이던스로 일어난다.

칸반에서는 시간을 제한한 반복 주기를 생략하는 대신 우선순위 부여, 개발, 출시 활동을 분리하였다. 각 활동이 지니고 있는 특성에 따라 개별적으로 케이던스를 조정할 수 있다. 그렇다고 해서 칸반이 규칙적 케이던스라는 개념을 없애버린 것은 아니다. 칸반 팀은 여전히 규칙적으로 소프트웨어를 출시하며 짧은 기간을 선호한다. 칸반은 여전히 애자일 선언 이면의 원칙*XIX에 맞게 출시한다. 그러나 칸반을 사용하면 부자연스러운 시간 제한 강요 때문에 생기는 부작용을 피할 수 있다.

지난 10년 동안 애자일 방법을 사용하는 팀들은 진행 중 업무가 적은 것이 많은 것보다 더 좋다는 사실을 알게 되었다. 그리고 작은 배치를 출시하는 것이 큰 배치를 출시하는 것보다 더 좋다는 것도 알게 되었다. 그렇기 때문에, 지난 10년 사이 애자일 개발 팀에서 사용하는 반복 주기는 점점 더 짧아지고 있다. 스크럼 팀은 대부분 반복 주기를 4주에서 2주로 줄였고, 익스트림 프로그래밍 팀의 반복 주기는 2주에서 1주로 줄어들었다. 이로 인해 발생한 문제점 중 한 가지는, 업무를 분석해 정해진 시간 내에 완료할 수 있을 정도의 작은 단위로 만들기가 어렵다는 점이다. 이 문제를 해결하기 위해 더욱 정교한 방법으로 사용자 스토리를 분석하고 작성하는 방법이 발전하였다. 더 짧은 반복 주기에 적합하도록 사용자 스토리 크기를 더 작고 균일하게 만드는 것이다. 이 방식이 이론적으로는 옳은 것처럼 보이지만 실제로 그렇게 하기는 어렵다. 이것은 예측성을 개선하려면 변동성의 원인을 공략하라는 성공 레시피의 여섯 번째 항목에 속하는 문제다. 3장에서 설명한 바와 같이, 변동성을 줄이려면 대개는 사람들이 자신의 행동을 바꾸고 새로운 기술을 배워야 한다. 그렇기 때문에 어려운 것이다.

그래서 많은 팀이 짧고 시간이 제한되어 있는 반복 주기에 맞게, 작은 사용자 스토리를 작성하려고 애써왔다. 그런데 이렇게 하면 여러 가지 부작용이 생긴다. 제일 먼저 작은 반복 주기를 포기하고 큰 반복 주기로 돌아가려는 경향이 생긴다. 이런 상황을 피하려고 아키텍처 요소 또는 요구 사항을 기술적으로 분해하는 데 집중하는 스토리를 작성한다. 예를 들어 사용자 인터페이스에 대한 스토리, 퍼시스턴스 레이어에 대한 스토리 등을 만드는 것이다. 두 번째 대안은 첫 반복 주기에 분석 및 테스트 계획 수립 등을 진행하고, 두 번째 반복 주기에서 코드를 개발하고, 세 번째에는 시스템 테스트와 버그 수정을 진행하도록 단계적으로 세 반복 주기에 걸쳐 스토리를 분할하는 것이다. 이러한 대안에도 부작용이 있다. 두 번째와 세 번째 단계는 시간 제한 반복 주기라는 개념을 흉내 낸 것에 불과하며, 업무가 완료되었다고 보고한 이후에도 실제로는 여전히 업무가 진행 중이라는 사실을 감추고 있는 것이다.

칸반은 사용자 스토리를 만드는 데 걸리는 시간과 출시율을 별개로 다룬다. 어떤 업무는 완료되어 출시를 기다리고 있는 반면에 진행 중인 업무도 있을 것이다. 개발 리드 타임을 출시 케이던스와 분리하고 난 다음에는, 우선순위 부여를 얼마나 자주 해야 하는지 (그리고 계획을 수립하고 추정해야 하는지) 생각해 보는 것이 좋다. 계획 수립, 추정, 우선순위 논의를 모두 소프트웨어 출시나 릴리스와 같은 속도로 진행할 필요는 없다. 전부 역할이 다르며 참여해야 하는 사람이 다른 경우도 많다. 출시 조정 활동은 당연히 새로운 업무에 우선순위를 부여하는 데 필요한 조정 활동과 다르다. 칸반에서는 이 모든 활동을 분리하여 다룰 수 있다.

또한 칸반은 우선순위 부여 케이던스를 시스템 전반의 리드 타임 또는 출시 케이던스와 별개로 다룬다. 이번 장에서는 출시를 규칙적으로 계획하고 있는 상황보다는, 요구가 있을 때 출시하거나 특별한 목적에 의해 출시하는 것이 적절한 상황에서, 그에 알맞은 출시 케이던스 합의에 필요한 요소를 논의한다. 이러한 사고의 연장선에서 9장에서는 규칙적 회의보다는 요구가 있을 때 또는 특별한 목적에 의해 우선순위를 부여하는 것이 적절한 경우, 그에 알맞은 우선순위 부여 케이던스를 설정하는 방법을 논의한다. 그리고 11장에서는 리드 타임을 대략 예측하는 방법과 릴리스 내용을 소통하는 방법을 다룬다.

출시 조정 비용

어떤 소프트웨어라도 출시에는 조정 비용이 필요하다. 배포(또는 릴리스), 제조, 포장, 마케팅, 마케팅 커뮤니케이션, 문서화, 사용자 교육, 판매자 교육, 상담 및 기술 지원 교육, 설치 문서화, 설치 절차, 직원 대기, 배포 시 현장 일정 수립, 그 외 여러 가지를 많은 사람이 함께 모여 논의해야 하기 때문이다. 사업 분야의 특성 및 소프트웨어 유형에 따라 작동하는 소프트웨어의 릴리스 계획을 수립하는 일은 엄청나게 복잡할 수도 있다. 세계 곳곳에 퍼져 있는 군용 장비나 궤도에 떠 있는 인공 위성, 전투기, 전화망 기지국 펌웨어 업그레이드에 비하면 웹 사이트 업그레이드는 상당히 평범한 것일 수도 있다.

2002년에 미국 스프린트 PCS 이동 통신망에 PCS 비전PCS Vision 릴리스 계획을 수립하고 있을 당시, 엄청나게 많은 사람이 교육을 받아야 했다. 전국 매장에서 근무하는 직원 1만 7000명은 새로운 네트워크 기능과 열다섯 가지 가량 되는 새로운 단말기 기능을 교육받았다. 또한 아무것도 모르는 일반인이 새 장치를 구입했을 때 뒤따르는 불가피한 전화 지원에 대응하려고, 이와 비슷한 규모의 인원이 관련 교육을 받았다. 약 3만 명의 교육 계획을 수립하는 것만으로도 엄청난 비용과 시간이 소요되었다.

그렇기 때문에 출시 조정 비용을 이해하는 것이 중요하다. 예를 들어 소프트웨어 개발자가 릴리스 조정 회의에 참석해야 한다면, 그것이 개발자의 실제 소프트웨어 릴리스 업무를 방해하는 일일까? 다음 항목은 고려해야 할 문제 중 일부에 불과하다.

- 회의가 얼마나 많은가?
- 관련된 사람은 몇 명이나 되는가?
- 회의는 시간이 얼마나 걸리는가?
- 사람들의 규칙적 활동을 방해함으로써 얻을 수 있는 기회 비용은 무엇인가?

출시 처리 비용

물리적 상품 출시에 드는 처리 비용은 쉽게 이해할 수 있다. 우선 지불에 드는 처리 비용이 있다. 고객은 상품 공급자에게 신용 카드 같은 결제 수단으로 지불할 것이다. 신용 카드로 구매하면 보통 마스터카드나 비자 같은 주요 업체는 가격의 2~4%의 처리 비용을 판매자에게 청구한다.

소비자와 판매자 사이의 회계 처리 비용이 아닌 출시 비용이 있을 수도 있다. 출시에는 비용만 드는 것이 아니라 시간과 인력이 들기도 하고 설치 비용이 있을 수도 있다. 예를 들면 시어스Sears에서 세탁기를 구입하고 배송일을 결정하면 그 뒤에서는 여러 가지 일이 일어난다. 운전사가 정확한 모델의 세탁기를 정확한 주소지로 정확한 날짜와 정확한 시간에 전달하려고 일정을 잡고 조정하는 것이 출시 조정 비용이다. 운전사가 실제로 세탁기를 창고에서 가져와서 집까지 운전하고 포장을 푸는 것이 처리 비용이다. 세탁기를 가져온 운전사가 직접 설치를 할 수도 있고, 배관공 등 다른 사람이 세탁기를 설치할 수도 있다. 배관공이 집까지 운전해서 오는 데도 시간이 걸리고, 세탁기를 설치하는 데도 또 시간이 든다. 배송 및 설치에 필요한 이런 시간과 노력 모두가 세탁기 구매의 처리 비용 중 일부다.

경제적 측면에서 보면 소매 업체는 신용 카드 처리 비용은 받아들이면서, 배송 및 설치에 드는 처리 비용은 소비자에게 부담시키는 경우가 많다. 가치 사슬에 있는 모든 사람이 처리 비용 전부를 '보거나' '느끼는' 것은 아니지만 그들은 시스템 전체 경제 활동의 영향을 받는다. 이 모든 비용으로 인해 실제로 전달되는 가치는 늘어나지 않으면서 소비자가 지불하는 최종 가격이 부풀려진다.

배송이나 설치를 해주지 않는 세탁기에는 별로 가치가 없는 것이 사실이지만, 세탁기의 가치는 옷을 세탁하는 데 있다. 배송과 설치는 처리 비용으로 간주할 수 있으며 가치를 부가하는 활동이 아니다.

소프트웨어 개발에서도 출시 처리 비용이 실제로는 물리적일 수 있다. 마이크로소프트 같은 회사에서는 여전히 '제조사 릴리스release to manufacture, RTM'를 하고, DVD 같은 물리 매체를 만들며, 상자에 담아 유통 업체, 소매점, 그 외 협력 업체에 출하한다. 임베디드 소프트웨어에서는 칩을 제조하거나, 적어도 EE-PROM 같은 기술을 사용해서 소프트웨어 코드를 펌웨어에 담을 필요가 있다. 필요하다면 그다음에 소프트웨어를 제어하는 하드웨어에 그 칩을 실제로 탑재해야 한다.

전자 배포가 가능한 경우도 있다. 예를 들어 휴대 전화는 이제 무선으로 업그레이드를 할 수 있는 무선 장치 관리라는 방법을 지원한다. 많은 인공위성과 탐사 로켓이 무선으로 펌웨어를 업그레이드할 수 있다. 이렇게 소프트한 배포 능력 덕분에 우주 비행이 과거보다 더 기민해졌다. 새로운 소프트웨어를 업로드해서 임무를 바꿀 수 있기 때문이다. 결함 또한 원상 복구할 수 있다. 허블 망원경의 초점 조절 기능 같은 악명 높은 결함을 소프트웨어 변경을 통해 (부분적으로) 바로잡았다. 이것이 배포의 경제를 바꿔버렸다.

이 책을 읽는 많은 사람이 웹 개발이나 사내 응용 프로그램 개발 업무를 하고 있을 것이다. 배포가 단순히 다른 장비의 디스크에 파일을 복사하는 행위를 의미할 수도 있다. 이런 배포가 사소하게 보일 수도 있겠지만 그렇지 않은 경우가 많다. 데이터베이스, 응용 프로그램 서버, 그 외 시스템을 적절히 중단한 다음 업그레이드를 하고 나서 다시 원 상태로 되돌리는 복잡한 절차를 계획으로 수립할 필요가 있다. 가장 큰 이슈 중 한 가지는 데이터베이스 스키마 제네레이션을 다른 곳으로 옮기는 데이터 마이그레이션이다. 데이터베이스 크기가 매우 큰 경우도 있다. 데이터를 파일로 직렬화해 파싱하고 언패킹하고 다른 데이터를 사용해서 가공한 다음, 다시 파싱하고 언패킹해서 새로운 스키마로 넣는 프로세스는 몇 시간이 걸릴 수도 있고 심지어 며칠이 걸릴 수도 있다.

어떤 환경에서는 소프트웨어 배포에 몇 시간이나 며칠이 걸릴 수도 있다. 이것은 소프트웨어 품질이 나쁘거나 아키텍처에 문제가 있기 때문이 아니라, 단지 그 소프트웨어를 사용하는 분야의 속성이 그렇기 때문이다. 패키지 소프트웨어든, 임베디드 펌웨어든, 사내 서버에서 운영하는 IT 응용 프로그램이든, 소프트웨어를 성공적으로 출시하는 데 관련이 있는 모든 활동을 파악하고 계획을 수립하고 일정을 정해서 자원을 할당하고 그런 다음에 이런 계획들을 실제로 수행해야 한다. 출시에 필요한 이 모든 활동이 처리 비용이다.

출시 효율성

출시 효율성 평가는 두 가지 방법으로 계산할 수 있다. 좀 더 쉬운 방법은 관련 인력과 비용을 살펴보는 것이고, 복잡한 방법은 출시한 가치를 고려하는 방법이다.

첫 번째는 비용만을 고려하는 모델이다. 릴리스 사이에 발생하는 총비용을 고려한다. 이 비용은 조직의 지출 경비이며, 대부분 이 금액을 이미 알고 있다. 한 달에 한 번 릴리스하는 데 드는 소모 비용이 월간 130만 달러라면, 릴리스당 비용이 최소 130만 달러인 셈이다. 여기에 추가로 물리적 제조 비용, 인쇄 비용, 광고 비용이 발생할 수도 있다. 이 모든 것은 비교적 설명하기 쉽다. 여기에 든 비용이 20만 달러라고 가정하자. 그러면 릴리스에 필요한 총비용은 150만 달러다.

출시에 필요한 추가 부대 비용이 20만 달러라는 것을 알고 있지만, 130

만 달러 중에 계획 수립, 조정, 실제 출시에 각각 얼마나 사용한 것일까? 시간 흐름에 따라 적절히 추적한 데이터가 있다면 이 비용을 계산할 수도 있을 것이다. 데이터가 없더라도 그럴듯한 추측을 해볼 수는 있다. 회의가 몇 번이나 있었는가? 얼마나 많은 사람이 참여했는가? 회의에 사용한 시간은 얼마나 되는가? 실제 배포 또는 출시 활동에 사용한 공수$_{\text{man-hour}}$를 넣어 계산한다. 이것을 시간당 급여와 곱한다. 그 결과가 총 30만 달러라면, 출시하는 데에는 모두 50만 달러의 처리 비용 및 조정 비용이 필요한 것이다.

출시 효율성(%) = 100% × (총비용 - (조정 비용 + 처리 비용)) / 소프트웨어 릴리스의 총비용

이 사례에서 효율성은 다음과 같다.

100% × (150만 달러 - 50만 달러) / 150만 달러 = 66.7%

효율성을 개선하려면 (a)출시 간격을 늘리거나 (b)조정 비용과 처리 비용을 줄여야 한다. 20세기 서구 비즈니스에서는 대개 (a)를 선택한다. 그 이유는 '규모의 경제'를 중요하게 생각하기 때문이다. 긴 기간에 대한 비용을 분할 상환하려고 큰 배치로 업무를 진행하는 것이다. 20세기 후반 일본 업계 및 린 사고를 추구하는 비즈니스에서는 (b)를 선택한다. (b)를 선택하면 배치 크기를 효율적으로 만들기 위해 조정 비용 및 처리 비용을 줄여서 낭비 감소에 집중하게 된다. 이 사례에서는 릴리스 사이의 시간을 효율적으로 만든다.

 얼마나 효율적이어야 할까? 이 질문은 앞으로 해결해야 할 문제다. 각 비즈니스는 적절한 효율성 수치에 대해 서로 관점이 다르고 많은 것이 출

시 가치에 달려 있다.

출시 케이던스 합의

릴리스에서 얼마만큼 가치가 발생했는지 이해하면, 더 좋은 출시 주기를 선택할 수 있다. 매월 소프트웨어 출시에 150만 달러의 비용이 들었고 매출이 200만 달러였다면, 출시 활동으로부터 50만 달러의 수익이 발생했다는 것을 알 수 있다. 효율성 방정식을 다음 같이 바꿔볼 수 있다.

출시 효율성(%) = 100% × (1 - ((처리 비용 + 조정 비용) / (수익 + 처리 비용 + 조정 비용)))

지금 다루고 있는 사례에서 효율성은 다음과 같다.

100% × (1 - (50만 달러 / (50만 달러 + 50만 달러))) = 50%

이제 방정식이 더 복잡해졌다. 진짜 출시 가치를 계산하기란 거의 불가능에 가까울 수 있기 때문이다. 아직 가격을 확정하고 주문을 마무리 지은 상태가 아닐 수도 있다. 시장 반응과 가격 및 달성 가능한 수익을 예측하는 중일 수도 있다. 브랜드 이미지를 통일하거나 마케팅 자료를 바꾸거나 제품 또는 웹 사이트의 사용성과 버그를 수정하는 것처럼, 가치를 알 수 없는 항목을 릴리스하는 것일 수도 있다.

효율성을 높이려고 출시를 지연시킬지 말지, 그리고 릴리스 간격을 길게 해야 할지 말아야 할지 계산하는 것도 어렵긴 마찬가지다. 시장에 제품을 출시하는 데 소요되는 시간이 늘어나면 시장 점유율, 가격, 수익에 나쁜 영향을 미칠 수도 있다. 이러한 효율성의 개념은 정밀 과학이 아니다. 여러분과 팀 그리고 조직에서 출시에 비용(시간과 자금 모두)이 든다는 사실을 인식하고, 적당한 출시 주기를 합리적으로 평가할 수 있는 형태로 만들 수 있는 것이 가장 중요하다.

코드를 성공적으로 출시하는데 3일에 열 명이 필요한데 그 팀의 인원이 50명이라면 2주에 한 번씩 릴리스하는 것이 적당한가? 그 대답은 아마도 아니오일 것이다. 약 한 달에 한 번씩 릴리스하는 것이 더 좋다. 반면에 기민하게 대응해야 하는 시장에서는, 자주 릴리스해서 많은 위험을 완화할 수 있고 그 정도 비용은 들일 만한 가치가 있다. 그 판단과 결정은 스스로 하는 것이다.

출시 케이던스 증가를 위한 효율성 개선

앞의 사례에서, 코드를 릴리스하는 데 3일 동안 열 명이 필요하다는 것을 알게 되었다. 이것으로부터 한 달에 한 번 릴리스할 수 있다는 결론을 내렸다. 그러나 코드 품질을 개선하고, 구성 관리를 개선하고, 데이터 마이그레이션 처리에 더 좋은 도구를 사용하고, 규칙적인 배포 절차를 미리 연습한다면, 3일을 8시간으로 줄일 수 있다고 믿는 사람이 많다. 불현듯 2주에 한 번 릴리스하는 것도 가능해 보인다. 매주 릴리스하는 것도 가능할까? 여러분이라면 어떻게 하겠는가?

처음에는 보수적으로 선택하는 것이 좋다고 조언하고 싶다. 한 달에 한 번 릴리스하는 방향으로 합의를 이끌어낸다. 조직에서 이 정도의 지속성을 달성할 수 있음을 먼저 증명하는 것이다. 몇 개월 후에, 코드 품질을 살펴보고 구성 관리 개선 정책을 시작한다. 사용할 수 있는 유휴 자원이 있다면, 그 자원을 활용하여 릴리스하는 동안 스키마 간 데이터 마이그레이션 도구를 만든다. 그리고 마지막으로, 스테이지 환경에서 배포 절차를 미리 연습할 수 있도록 만든다. 아마도 스테이지 환경을 구축하는 데 필요한 것을 구매해서 설치한 다음 그 임무를 누군가에게 부여해야 할 것이다. 이런 일을 전부 해내려면 시간이 필요하다.

릴리스를 제어하고 수행하는 팀 및 직속 직무 관리자가 처리 비용 및 조정 비용을 줄일 수 있도록 도전 의식을 불어넣는다. 이 비용이 낮아지면 운영 리뷰 회의를 통해 진행 상태를 검토하고 다른 이해관계자와 함께 협력한다. 예를 들어 2주에 한 번과 같이, 출시 케이던스를 더 줄일 수 있다는 확신이 들 때까지 이렇게 한다!

조정 비용 및 처리 비용을 줄이는 것이 린의 핵심이다. 그것이 가장 강력한 형태의 낭비 제거다. 그렇게 할 수 있다면 배치 크기를 더 작게 만들 수 있고 그러면 효율성을 높일 수 있다. 비즈니스가 기민해지는 것이다. 조정 비용 및 처리 비용을 줄인다는 것은 게임을 바꿔버리는 것과 같다. 그러나 단순히 비용을 줄이는 데만 집중하지는 않는다. 작동하는 소프트웨어를 더 자주 출시하고 그렇게 함으로써 고객에게 더욱 많은 가치를 더 자주 출시하겠다는 목표를 명심하면서 비용을 줄인다.

요구 또는 특별한 목적에 의한 출시

규칙적 출시에는 여러 장점이 있다. 격주 수요일처럼 특정 날짜에 출시하겠다고 약속하면, 그 약속에 맞춰서 일정을 수립할 수 있다. 모든 것이 확실해진다. 또한 언제 출시할지 그리고 누가 참여해야 하는지 결정하는 데 필요한 낭비가 없기 때문에 조정 비용을 줄일 수 있다. 모든 사항이 일단 정해지면 그때부터 확실한 일관성이 생긴다.

그리고 규칙적으로 출시하면 신뢰를 쌓는 데 도움이 된다. 예측성이 부족해지면 신뢰가 무너진다. 약속한 날짜에 출시하지 못하면 사람들은 해당 출시에 포함하기로 한 구체적 내용보다 약속을 지키지 못했다는 사실을 더욱 주목한다.

규칙적 출시 케이던스를 엄격하게 지키면 주어진 환경에 따라 요구가 있을 때 또는 특별한 목적에 의해 출시를 할 수도 있다. 어떤 환경에서 이러한 출시가 가능할까!

첫째로, 요구에 의한 출시나 특별한 목적에 의한 출시는 릴리스 활동을 조정하는 비용이 적을 때 가능하다. 조정 비용이 낮다면 조정 활동이 규칙적일 때 얻을 수 있는 이익이 없다. 둘째로, 코드 배포가 상당히 자동화되어 있고 배포 전 품질이 확실해서 처리 비용이 낮을 때 가능하다. 마지막으로, 사실상 어떤 패턴을 만들 필요가 없어서 배포가 매우 빈번한 환경에서 가능하다. 대다수 관찰자와 외부 이해관계자에게 새로운 소프트웨어를 시도 때도 없이 전달하는 경우가 그렇다. 이런 사람들의 두뇌는 출시일을 기대하도록 프로그래밍되어 있지 않다. 기대가 없다면 실망도 없는 법이다.

일부 업계에서는 거의 지속적으로 코드를 배포하는 이러한 유형이 유용한 방법이며 그렇게 해야 할 필요가 있는 경우도 있다. 초기 칸반 적용자들의 사례를 살펴보면 이 같은 유형이 나타난 곳은 대부분 미디어 업계였다. 예를 들어 매우 중독성이 높은 온라인 게임인 mousebreaker.com 같은 온라인 미디어 개발 계획을 수립하는 데 다수의 칸반 시스템을 사용한 런던의 IPC 미디어가 그런 곳이었다.

조정 비용이나 처리 비용이 낮은 첫 두 환경은 성숙한 조직에서 나타나는 경우가 많다. 이러한 사례 또한 초기 칸반 적용자들에게서 볼 수 있다. 마이크로소프트 XIT 부서가 함께 일하고 있었던 인도의 협력 업체는 CMMI 모델 레벨 5였고, 워싱턴 주 레드먼드의 마이크로소프트 IT는 대략적으로 CMMI 모델 레벨 3 수준이었다. 성숙한 조직은 가치 사슬에 있는 파트너 그리고 고위 관리자를 포함하여 외부 이해관계자와 신뢰를 쌓기가 쉽기 때문에, 신뢰 관계를 구축하는 데 규칙적 출시 케이던스가 불필요하다.

그렇기 때문에 이미 상당한 신뢰가 있으며 역량이 높고 성숙한 환경을 제외하면, 지속적으로 배포를 해야 하는 분야에서는 보통 규칙적 출시 케이던스를 선택해야 한다.

끝으로 한 가지 환경이 더 있다. 요구에 의한 출시를 받아들여야 하는 환경이다. 특별하게 다루어야 하거나 신속하게 처리해야 하는 긴급 요청이 있을 때 그런 환경이 형성된다. 이러한 긴급 서비스 클래스의 개념은 11장에서 설명한다. 다양한 이유로 긴급 처리를 결정할 수 있는데 대부분은 제품에 치명적 결함이 발생한 경우다. 결함 수정 이외에 다른 문제가 없다면 사이클을 벗어난 릴리스는 계획을 통해 다루어야 한다.

사이클을 벗어난 릴리스가 가능한 또 다른 환경이 있다. 영업 팀이 대형 고객으로부터 소프트웨어를 커스터마이즈해 주는 조건으로 주문을 받았는데, 한정된 예산과 회계 처리 문제로 인해 그달(또는 분기) 안에 소프트웨어를 출시해야 하는 경우도 있다. 소프트웨어 운영 그룹이 이 주문을 처리하면 큰 수익을 얻을 수 있기 때문에, 다른 모든 일을 중단해서라도 해당 고객을 만족시켜야 한다.

이런 환경이라면 사이클을 벗어난 특별 릴리스를 계획하는 것이 좋다. 이런 릴리스는 예외로 다루어야 하며 이 릴리스를 마친 이후 가능하면 빠른 시일 내에 규칙적 릴리스 케이던스를 다시 정해야 한다. 그렇긴 하지만 상식적인 선에서 이루어져야 한다. 예를 들어 규칙적 릴리스가 수요일로 예정되어 있고 그 주 금요일에 예외 릴리스를 해야 한다면, 수요일 릴리스를 금요일까지 연기하는 것이 좋다. 그렇게 하기로 했다면 수요일 릴리스를 기다리는 사람들의 기대 수준을 바꾸기 위해 사전에 적절히 그리고 충분히 미리 소통하는 것이 중요하다. 요구를 받아들이고 도움을 주려고 하다가 그 부작용으로 가치 사슬 파트너의 신뢰를 잃고 싶지는 않을 테니까.

이것만은 기억하자
- '출시 케이던스'란 작동하는 소프트웨어를 출시하기 위해 합의한 규칙적 주기를 의미한다.
- 간반에서는 출시 케이던스를 개발 리드 타임 및 우선순위 부여 케이

- 던스와 별개로 다룬다.
- 팀에서 애자일 개발을 시도할 때 짧은 시간으로 제한한 반복 주기가 부작용을 일으키기도 한다.
- 소프트웨어 출시나 릴리스를 하려면 다양한 직무의 많은 사람을 조정해야 한다. 조정 비용은 전부 측정할 수 있다.
- 소프트웨어 출시나 릴리스를 하려면 시간과 자금 모두에서 처리 비용이 든다. 이 비용은 알아낼 수 있고 추적할 수 있다.
- 출시에 드는 처리 비용 및 조정 비용의 합과 출시할 소프트웨어를 만드는 데 든 총비용(또는 소모 비용)을 비교하여 출시 효율성을 계산할 수 있다.
- 릴리스에 드는 비용과 릴리스에서 얻은 가치를 비교해서 출시 케이던스를 정할 수 있다.
- 처리 비용 및 조정 비용 감소에 집중하면 효율성을 높이고 케이던스를 증가시킬 수 있다.
- 규칙적으로 출시하면 신뢰가 쌓인다.
- 규칙적 출시를 약속하고 지속적으로 출시하면 사람들은 거기에 익숙해진다.
- 규칙적으로 출시하는 일정을 만들면 조정 비용이 감소한다.
- 특별한 목적에 의한 출시 또는 요구에 의한 출시는 신뢰도가 높고 출시하는 데 드는 처리 비용 및 조정 비용이 낮으며 성숙한 조직에서 가능하다.
- 타당한 긴급 출시 요구 역시 사이클을 벗어난 릴리스를 유발할 수 있다. 이렇게 특별한 예외 릴리스를 한 후에는 가능하면 빨리 규칙적 릴리스를 다시 정해야 한다.

9

입력 케이던스

이번 장에서는 적합한 우선순위 부여 케이던스 합의에 필요한 요소를 논의하며, 규칙적 우선순위 회의보다 요구에 의한 또는 특별한 목적에 의한 우선순위 부여가 타당한 때가 언제인지 이야기할 것이다.

우선순위 부여 조정 비용

2006년 코비스에 칸반을 도입하면서 우리는 디지털 자산 관리 시스템이나 전자 상거래 웹 사이트를 비즈니스에 더욱 특화한 시스템으로 발전시키는 업무뿐 아니라, 회계나 HR 같은 기능의 소규모 업그레이드 요청, IT 응용 프로그램 전체의 제품 버그 수정 등을 다루는 유지 개발 활동을 시작하기로 했다. 이 시스템은 영업, 마케팅, 판매 운영, 회계를 포함한 적어도 여섯 개 사업부에서 사용하고 있었으며 디지털 사진 판매, 메타데이터 태그, 카탈로그, 고객 주문 처리 같이 기본적 비즈니스 공급망을 지원하는 기능이 있었다.

여섯 개 부서는 이러한 소규모 변경 및 업그레이드를 할 수 있는 공유 자원을 두고 경쟁했다. 칸반 시스템을 처음 도입했을 때 주기적으로 전술적 릴리스를 제공하는 유지 개발 조직에 대한 비즈니스 케이스를 만들었다. 이러한 유지 보수 조직은 전통적 프로그램 관리 조직PMO을 이용한 관리 방법이며, 다른 신규 IT 응용 프로그램 프로젝트를 개발하는 동안 이 조직은 작고 점진적인 기능 릴리스를 담당해서 비즈니스에 어느 정도의 기민성을 주게 될 것이었다. 포트폴리오에 있는 각 프로젝트는 별개의 비즈니스 케이스를 기반으로 승인을 받았다. 집행 위원회는 유지 개발 조직을 승인했고 소프트웨어 개발 팀에 10%가 추가 투자되었으며, 그 비용으로 부서에 추가 인원 다섯 명을 고용하였다. 이 새로운 수용량에 신속 대응 팀Rapid Response Team, RRT이라는 이름을 붙였다. 그 이름은 전혀 적절하지 않았는데, 처음에는 신속하지도 않았고 대응도 부족했으며 팀도 아니었다.

이 새로운 다섯 명으로 전문 유지 보수 부서를 만드는 것은 불가능했다. 코비스에는 상당히 다양한 IT 시스템이 있었고 필요한 전문 기술도 많았다. 시스템 요구 사항을 정교하게 개발하는 분석 업무는 전문가에게 많이 의존하고 있었다. 추가 다섯 명의 전문 분야는 프로젝트 관리, 시스템 분석, 개발, 테스트, 구성 관리, 빌드 공학 업무를 포함해서 소프트웨어 공학 업무 전반에 다소 고르게 분산되어 있었다. 그래서 보통 말하는 그런 팀은 없었다. RRT에서 T는 아무런 의미도 없었다. 관리자는 이 추가 10% 자원이 유지 보수 업무에 투입되고 있으며, 단순히 주요 프로젝트 포트폴리오 업무로 흡수되지 않고 있다는 것을 보여줘야 했다.

유지 개발 활동에 프로젝트 관리자를 투입하기로 결정했다. 이 여성이 유지 개발에 모든 시간을 투입하는 것은 아니었지만, 그녀는 의사소통과 조정의 중심이 되었고 계획에 할당되어 있는 다섯 명의 인원 중 한 명의 절반 몫으로 간주되었다. 구성 관리 팀에서 온 빌드 엔지니어 역시 명확하게 그 계획에 지정되었다. 그의 업무는 테스트와 스테이지에서 필요한 개발 준비 단계의 시스템을 유지 보수하고, 코드를 빌드해서 그것을 필요할 때 테스트 환경에 밀어 넣는 것이었다.

여러 프로젝트에서 동시에 사용하고 있는 공유 테스트 환경을 온전하게 유지하기 위해 코비스에는 한 가지 정책이 있었는데, 바로 빌드 엔지니어만이 개발 환경에서 테스트 환경으로 코드를 승인할 수 있는 권한이 있다는 것이었다. 이 정책은 나중에 바뀌지만 2006년 9월에는 코드를 테스트하려면 사실상 빌드 엔지니어가 코드를 승인해야 했다.

칸반을 도입하기 전에는 어느 정도 범위까지를 유지 보수 릴리스로 처리할 수 있는지 합의하는 조정 활동이 필요했다. 프로젝트 관리자, 그리고 때때로 그의 상사, 그룹 프로젝트 관리자는 적절한 모든 당사자가 참석하는 회의를 소집했는데, 거기에는 시스템 운영과 고객 지원 담당자뿐 아니라 비즈니스 분석가, 비즈니스 대표, 시스템 분석가, 개발 관리자, 테스트 리더, 빌드 엔지니어, 가끔 구성 관리 관리자도 참석했다. 이런 회의는 오래 걸릴 수 있고 결론이 나지 않는 경우도 많았다. 팀원들이 추정을 하러 퇴장한 후에는 또 다른 회의가 열렸다. 나중에 열린 회의는 우선순위 논쟁 때문에 진창에 빠지는 경우가 많았고 역시 결론이 나지 않을 때도 수두룩했다. 2006년 9월에 단 2주 진행하기로 한 개발 및 배포의 릴리스 범위를 합의하는 데 수많은 장시간의 회의로 2주를 보냈다. 2주의 반복 주기로 인해 매우 작은 요청만 받아들일 수 있었고 잠재적으로 가치 있는 많은 요청이 무시되었다. 이러한 요청은 주요 프로젝트 형식으로 바꿔서 처리해야 했고 그래서 구현까지 여러 달이나 여러 해가 걸리는 경우가 많았다. 그 시스템은 칸반 시스템을 도입하기 전에는 신속하지도 않았고 대응도 부족했다. 그래서 RRT의 RR 역시 의미가 없었다.

칸반을 도입함으로써 이 팀은 모든 문제에서 벗어날 수 있었고, 그 계획은 당연히 신속 대응 팀이라는 이름을 얻을 수 있었다.

칸반 시스템을 도입하면서 비즈니스 책임자들은 업무 흐름, 입력 대기열, 당김 방식을 교육받았다. 그들은 대기열의 빈칸을 채워 달라는 단순한 요청을 받게 되고 요청 백로그에 우선순위를 부여하는 것이 불필요하다는 것을 배웠다. 대기열에 두 칸이 비어 있다면 이렇게 질문하면 된다. "다음에 진행하고 싶은 새로운 항목 두 가지는 무엇인가요?" 평균 리드 타임 그리고 서비스 수준 합의에서 약속한 목표 리드 타임 대비 완료일 달성 실적에 대한 데이터가 있다면, 질문은 다음과 같이 더 고급스러워질 수 있다. "지금부터 30일 이내에 출시하고 싶은 새로운 항목 두 가지는 무엇인가요?" 그런 다음에는 경쟁 관계에 있는 여섯 명의 비즈니스 책임자가 내릴 수 있는 다양한 선택 중에서 어떻게든 두 가지 항목을 합의하여 선택하는 것이다.

그렇지만 질문이 간단했기 때문에 한 시간 안에 그런 간단한 질문에 대답할 수 있다. 한 시간이 합리적이라는 합의가 있었고 그런 이유로 비즈니스 책임자들은 유지 개발 조직의 입력 대기열을 다시 채우는 주간 우선순위 회의에 참석하기 위해 일주일에 한 시간 정도를 사용할 수 있는지 요청받았다.

우선순위 부여 케이던스 합의

회의는 매주 월요일 오전 열 시로 일정이 잡혔다. 보통 릴리스 범위 회의에 참석하는 사람들보다는 고위 비즈니스 관리자가 참석했는데, 대개는 각 직무 그룹의 부사장들이었다. 거기에다가 프로젝트 관리자, 소프트웨어 개발 수석 책임자, (프로젝트 관리에 책임이 있는) IT 서비스 수석 책임자, 적어도 한 명의 개발 관리자, 테스트 관리자, 분석 팀 관리자, 때로는 일부 관계자가 참석했다.

규칙적 케이던스에 합의하면 모든 사람이 예측성을 얻을 수 있었다. 그들은 월요일 아침에 한 시간을 확보해 둘 수 있었고 대개는 회의에 잘 참석했다.

일주일 간격은 우선순위 부여 케이던스에 좋은 일정이다. 비즈니스 담당자와 주기적으로 소통할 수 있게 된다. 비즈니스 책임자와 소통을 통해 신뢰를 구축하게 된다. 소프트웨어 개발이라는 협업, 협력 게임에서 선수들이 일주일에 한 번 말을 움직일 수 있게 해준다. 답변해야 하는 질문이 단순하기 때문에, 그리고 회의가 한 시간 내에 끝난다는 보장이 있기 때문에 주간 회의가 가능하다. 비즈니스 쪽 사람들은 자신들의 비즈니스 활동 시간을 빼앗기고 있다면, 그 시간이 잘 사용되고 있는지 생각해 볼 필요가 있다.

칸반의 많은 측면이 주간 우선순위 회의를 만족스럽게 만드는 데 기여한다. 협업적 경험이고, 업무와 업무 흐름이 투명하며, 진행 상황을 매주 알 수 있고, 모든 사람이 가치 있는 무언가에 기여하고 있다고 느낀다. 코비스의 여러 부사장은 신속 대응 팀 프로세스가 그 차이를 만든 것 같다고 느꼈다. 그들은 IT 부서로부터 이전에는 없었던 존중을 받았고, 이전의 코비스에서는 흔하지 않았던 방식으로 다른 부서의 동료와 함께 협업하는 방법을 배웠다.

우선순위 부여 효율성

여러분의 조직에서는 주간 조정 회의가 정답이 아닐 수도 있다. 여러분의 조정 활동은 코비스의 조정 활동 사례보다 더 어려울 수도 있고 더 단순할 수도 있다. 어떤 팀은 모두 함께 앉아 있기 때문에 회의 없이 책상 너머로 빠르게 우선순위 조정 논의를 할 수 있다. 반면에 어떤 팀은 여러 시간대와 여러 다른 대륙에 걸쳐 많은 사람이 있어서, 주간 회의를 그렇게 쉽게 잡지 못할 수도 있다. 아마도 그 해답은 코비스 사례만큼 단순하지 않을 것이고 회의는 더 오래 걸릴 것이다. 같은 공유 자원을 두고 여섯 개 이상의 그룹이 경쟁하는 상황을 상상하는 것은 어렵지만 벌어질 수도 있는 일이다. 관계있는 그룹이 더 많다면 회의가 더 길어질 가능성이 높다. 긴 회의를 자주 하기는 어렵다.

일반적으로 우선순위 회의는 자주 하는 것이 더 좋다. 그렇게 하면 입력 대기열이 더 작아지고 결과적으로 시스템 낭비가 적어진다. 진행 중 업무는 더 줄어들므로 리드 타임이 더 짧아진다. 우선순위 부여를 자주 하면 모든 당사자가 더 자주 함께 일하게 된다. 협업 경험은 신뢰를 구축하고 문화를 개선한다. 가장 작고 가능하면 가장 효율적인 조정 제도를 찾기 위해 우선순위 회의를 합리적인 선에서 가장 자주 개최하려고 애쓰는 것이 좋다.

우선순위 부여 처리 비용

매주 월요일 회의를 효율적으로 진행하기 위해 프로젝트 관리자인 다이애나 콜로미예츠는 월요일 아침에 대기열에 빈칸이 몇 개 생길지 예상해 보고, 보통 목요일이나 금요일에 회의 참석자들에게 그 수를 알려주는 이메일을 보낸다. 그녀는 참석자들에게 요청 백로그를 살펴본 다음, 월요일에 선택할 적당한 후보를 골라 달라고 요청한다. 이 '숙제' 덕분에 참석자는 자신이 선호하는 항목이 선택될 수 있도록 토론을 준비한다. 우리는 월요일 아침에 참고 자료를 살펴보기 시작한다. 비즈니스 케이스를 준비하는 사람도 있고, 자신의 선택을 뒷받침하는 발표 자료를 준비하는 사람도 있다. 또 서로에게 로비하기 시작하는 사람도 있다. 우선순위 위원회 구성원은 월요일 회의에서 자신의 선택에 대한 확실한 지지를 얻으려고 금요일에 다른 사람과 점심 식사를 함께 할 가능성이 높다. 한 위원회 구성원이 이번 주에는 다른 팀의 항목을 지지해주는 대신 다음 주에는 자신의 항목을 지지받는 식의 교섭이 생겨난다. 다양한 조직이 공유된 신속 대응 팀 자원을 두고 경쟁하는 게임 규칙의 속성이 완전히 새로운 협업 수준을 불러온다.

비즈니스 쪽에서 해당 요청을 구현하는 데 드는 비용과 실제 가치를 비교해 보고 싶은 경우도 있기 때문에 분석 팀에 추정을 요청할 수도 있다. 나중에는 추정할 가치가 있는 항목인지 아닌지 판단하는 서비스 클래스 규칙을 도입할 것이다. 이것은 11장에서 자세히 설명한다.

추정, 비즈니스 계획 준비, 백로그로부터 후보 선택을 포함한 이러한 활동 모두 우선순위 부여를 위한 준비 작업이다. 경제적 관점에서 우선순위 부여를 처리하려면 비용이 든다. 이 비용은 낮게 유지하는 것이 바람직하다. 처리 비용이 부담스러워진다면 조정 비용이 얼마나 낮은지와 상관없이 팀은 규칙적으로 만나고 싶어 하지 않을 것이다. 가능하면 구체적인 추정을 회피함으로써 처리 비용은 최소화되고 그것이 우선순위 회의를 더 자주 하도록 촉진한다.

우선순위 부여 케이던스 증가를 위한 효율성 개선

일반적으로 관리 팀에서는 우선순위를 부여하고 개발 및 출시 대기열에 새로운 항목을 선택하는 데 관련된 모든 사람(단지 개발 팀뿐 아니라)으로부터 발생하는 처리 비용과 조정 비용을 전부 인식해야 한다.

많은 애자일 조직이 '집단 지성' 기법을 활용한 플래닝 포커Planning Poker라고 부르는 형태로 우선순위를 부여하는데, 모든 팀원은 크기가 숫자로 적혀 있는 카드를 사용해 투표를 한다. 투표는 평균을 내거나 가끔은 투표를 하지 않는 외부인과의 토론으로 합의에 이르기도 하며, 그런 다음에 팀원 모두가 추정에 동의할 때까지 다시 투표를 한다. 포커 카드는 상대적인 크기 측정이라는 아이디어를 장려하기 위해 피보나치 수열처럼 비선형으로 숫자가 매겨진 것을 사용하는 경우가 많다.

어떤 이들은 이 계획 기법 또한 공동 협력 게임 형태이고 상당히 정확한 추정을 재빠르게 하는 것이 가능하기 때문에 효율성이 높다고 주장한다. 이 주장을 뒷받침하는 증거가 불확실하긴 하지만, 동시에 집단 사고를 가능케 한다는 증거도 있다. 샌프란시스코에 있는 어느 스타트업에서는 플래닝 포커 같은 투명한 협업 게임을 사용하고 있는데도 지속적으로 너무 적게 추정하고 있다는 이야기를 들었다. 또한 유명한 여행 예약 웹 사이트의 선임 관리자로부터 플래닝 포커를 사용하고 있는데도, 팀이 지속적으로 너무 많이 추정하고 있다는 이야기도 들었다. 여러분이 이 계획 게임이 효과적이라고 믿든 그렇지 않든, 그것이 효율적이라는 주장은 더 깊이 고민해 보아야 한다.

팀 전체가 참여한 계획 게임이 사용자 스토리 같은 개별 항목에 대한 추정을 매우 빠르게 할 수 있다는 것은 사실이다. 그러나 그 활동에는 팀 전체가 참여한다. 이것이 커다란 조정 비용을 불러온다. 하나의 제품에 집중하는 작은 팀에서는 효율적으로 작동하겠지만, 55명의 인원이 27개 IT 시스템을 유지 보수하고 있고, 그들 중 상당수가 한 가지 분야, 한 가지 영역, 한 가지 시스템의 기술 전문가인 코비스 같은 조직에 사용할 기법을 찾고 있다면, 좋은 추정을 만들고 '집단 지성'을 달성하기 위해 55명의 인원 거의 전부가 회의에 참석할 필요가 있을 것이다. 계획과 추정의 처리 비용이 적을 수는 있겠지만 그 조정 비용이 높다.

일반적으로 이러한 조정 비용의 영향으로 인해 플래닝 포커는 하나의 시스템과 생산 라인에 집중하는 작은 팀에서만 효과가 있다.

대부분의 서비스 클래스에서 추정을 하지 않으면 우선순위 부여의 처리 비용과 조정 비용 모두 감소한다. 이 감소는 회의를 효율적으로 유지하기 때문에 우선순위 회의를 더 자주 하도록 촉진한다. 이렇게 하면 칸반 팀에서 특별 우선순위 부여 또는 요구에 의한 우선순위 부여를 할 수 있다.

요구 또는 특별한 목적에 의한 우선순위 부여

4장에서 설명한 바와 같이, 2004년에 드라고스 두미트리우는 마이크로소프트에서 자신이 담당하고 있던 XIT 유지 개발 팀에 칸반 시스템을 도입했다. 상류 단계의 비즈니스 파트너는 다양한 사업부를 대표하는 네 명의 제품 관리자였다. 그들은 XIT가 지원하는 80여 가지 IT 시스템의 변경 요청에 집중하고 우선순위를 부여했다.

드라고스와 내가 XIT에 도입하려고 칸반 시스템을 설계할 때, 적어도 일주일의 처리량에 대처할 수 있도록 입력 대기열을 충분히 크게 만들었다. 네 명의 비즈니스 대표자와 드라고스가 워싱턴 주 레드먼드에 있는 마이크로소프트 캠퍼스에서 근무하고 있는데도, 우선순위 회의는 전화로 진행했다. 마이크로소프트 캠퍼스는 매우 거대하다. 실제로 전체적으로 단 40여 개 건물이 있는데도 불구하고, 건물 번호는 100여 개에 달했다. 면적은 몇 평방마일이고 캠퍼스에서 각 구역 사이를 이동할 때는 미니버스나 도요타 프리우스를 이용했다. 많은 '소프티'[1]가 직접 만나는 조정 회의보다는 콘퍼런스 콜을 선호한다. 우리 직원들의 신뢰도와 사회적 자본에 나쁜 영향을 주었지만 효율성은 촉진했다.

그래서 드라고스는 새로운 변경 요청에 우선순위를 부여하여 백로그에 넣는 회의를 전화로 진행했다. 네 명의 제품 관리자는 각 사업부를 대표했고 각 사업부에서는 드라고스의 팀에 필요한 사내 예산을 이전해 주었다. 이 예산을 살펴보면 백로그 항목을 누가 몇 번이나 선택했는지 대충 알아낼 수 있었다. 60%의 예산을 제공하는 제품 관리자는 다섯 번의 기회 중에서 세 번을 선택했다. 다른 제품 관리자도 예산 수준을 보면 대충 비슷한 결과를 얻을 수 있다. 최소한의 예산만을 지원하는 제품 관리자의 경우에는 대략 열한 번 중에서 한 번 선택했다. 항목 선택에 가중 순차 순환 대기 방식을 사용하고 있다고 볼 수 있었다.

그래서 XIT가 우선순위를 부여하는 공동 협력 게임의 규칙은 단순했다. 매주 제품 관리자들이 입력 대기열의 빈칸을 채운다. 보통은 세 칸이 비게 된다. 각자 순차 순환 대기열 내 자기 순서에 따라 선택했다. 서비스 수준 합의 목표 리드 타임은 25일이었다. 그래서 개발 변경 요청을 선택할 기회가 오면 스스로에게 이렇게 질문했다. "지금부터 25일 내에 어떤 백로그 항목을 출시해야 할까?" 선택 순서는 각 부서의 예산 수준을 기반으로 한 매우 분명하고 단순한 것이었다.

규칙이 이렇게 단순했기 때문에 회의는 금방 끝났다. 그렇기 때문에 조정 전화 회의가 실제로는 불필요하다는 것이 분명해졌다. 드라고스에게는 빈칸이 생기면 이메일로 알려주는 마이크로소프트 프로덕트 스튜디오(비주얼 스튜디오 팀 시스템, 팀 파운데이션 서버의 전신) 데이터베이스가 있었다. 드라고스는 이메일을 받으면 네 명의 제품 관리자에게 그 메일

---

1 (옮긴이) 마이크로소프트 내에서 직원들이 스스로를 일컫는 말

을 전달했다. 그들은 항목을 선택하는 차례를 신속하게 합의했고 차례가 된 사람은 항목을 선택했다. 보통 대기열에 빈칸이 생기면 두 시간 이내에 다시 채워졌다.

처리 비용이 줄어들면서 조정 비용까지 극도로 낮아진 것은 비교적 높은 관련 팀의 성숙도, 규칙적 우선순위 회의를 생략한 마이크로소프트 XIT, 그리고 변경 요청의 추정을 생략하기로 한 결정 때문이었다.

레드먼드의 마이크로소프트는 CMMI 모델 레벨 3 수준의 조직이었고, 인도의 하이데라바드에서 XIT 개발과 테스트를 수행하던 업체는 CMMI 모델 레벨 5인 팀이었다는 것을 언급할 필요가 있다. 그래서 이 팀은 낮은 조정 비용, 낮은 처리 비용, 특히 높은 조직 성숙도라는 장점이 있었다. 이 세 가지가 합쳐져 요구에 의한 우선순위 회의가 그 팀을 더 효과적으로 만들었다.

여러분이 비교적 높은 조직 성숙도, 우선순위 부여에 대한 낮은 처리 비용과 낮은 조정 비용을 갖추고 있다면, 대개는 특별한 목적에 의한 또는 요구에 의한 우선순위 부여를 선택해야 한다. 그렇지 않다면, 규칙적으로 우선순위 회의를 진행하고 규칙적 케이던스로 입력 대기열 항목 선택을 조정하는 것이 더 낫다.

이것만은 기억하자
- '우선순위 부여 케이던스'란 개발 입력 대기열에 들어온 새로운 항목에 우선순위를 부여하는 회의에 대해 합의한 규칙적 주기를 의미한다.
- 칸반에서는 우선순위 부여 케이던스를 개발 리드 타임 및 출시와 분리해서 애자일의 반복 주기 계획 수립 조정이 갖는 잠재적 역기능을 제거한다.
- 사용자 스토리 같은 새로운 업무 요청에 우선순위를 부여할 때에는 다양한 직무를 수행하는 많은 사람을 조정해야 한다. 이 모든 조정에

는 비용이 필요하며 측정할 수 있다.
- 우선순위 결정을 촉진하려는 추정은 우선순위 부여에 필요한 시간과 비용 모두에 대한 처리 비용을 발생시킨다. 이 비용은 밝혀내고 추적할 수 있다.
- 우선순위 부여 방법과 의사 결정 입력에 관련된 정책은 소프트웨어 개발에 적용된 칸반에서 우선순위 부여라는 공동 협력 게임의 규칙을 나타낸다.
- 애자일에서 사용하는 계획 게임은 확대하기 어려우며, 하나의 제품을 생산하는 것이 아니라 더 넓은 범위에 집중해야 하는 큰 팀에는 막대한 조정 비용이 발생할 수 있다.
- 우선순위 부여 케이던스는 우선순위 결정에 관련된 사람들이 처리 및 조정 비용이 얼마나 드는지를 따져보고 합리적 수준에서 가능하면 규칙적으로 만나기를 장려해서 정할 수 있다.
- 우선순위 부여의 효율성과 케이던스는 그 처리 및 조정 비용의 감소에 집중함으로써 증가할 수 있다.
- 우선순위 회의를 자주 하면 신뢰가 쌓인다.
- 우선순위 회의를 규칙적으로 진행하면 조정 비용을 낮출 수 있으며 미성숙한 조직에 특히 유용하다.
- 특별한 목적 또는 요구에 의한 우선순위 부여는 신뢰도가 높고 우선순위 결정 정책의 처리 및 조정 비용이 낮은 성숙한 조직에 의미가 있다.

10

진행 중 업무 제한

2장에서 논의한 바와 같이, 칸반의 다섯 가지 핵심 특성 중 한 가지는 진행 중 업무를 제한하는 것이다. 그렇기 때문에 칸반을 도입하고자 할 때 내려야 하는 매우 중요한 결정 중 하나는 업무 흐름 전반에서 진행 중 업무를 제한하는 것이다.

15장에서는 상류 파트너 및 하류 파트너와 진행 중 업무 제한을 합의해야 한다고 조언한다. 진행 중 업무를 제한하겠다고 일방적으로 선언할 수도 있지만, 진행 중 업무 제한 정책은 외부 이해관계자와 합의하거나 약속을 얻어내야 힘을 얻을 수 있다. 팀이나 프로세스가 압박을 받는 상황이 되면 협력하기로 합의했던 약속에 의지할 수 있다. 시스템 설계와 구현을 바꾸거나 왜곡하거나 잘못된 방향으로 흘러갈 수 있는 합의를 하기보다는 프로세스 재정의로 논의의 방향을 바꿀 수 있다. 정책을 합의하면 진행 중 업무 제한 규칙을 지켜내고 무효화로 돌리거나 포기하는 것을 피할 수 있다.

업무 작업 제한

마이크로소프트 XIT 팀에서 드라고스 두미트리우는 개발자와 테스터는 한 번에 한 가지 항목을 진행해야 한다는 결정을 내렸다. 이렇게 하면 동시에 여러 작업을 진행하는 상황이 사라질 것이다. 일방적 선언이긴 했지만 다행히도 다른 이해관계자들은 이 선택을 문제 삼지 않았다. 이 결정이 현재 업무 방식 또는 팀에서 사용 중인 개인 소프트웨어 프로세스

PSP와 충돌을 일으키지는 않았다. 그 조직은 합의한 규칙을 지키고 프로세스를 따를 수 있을 정도로 성숙한 조직이었다. 2004년 가을에 그 팀에 개발자 세 명과 테스터 세 명이 있었다는 사례 연구의 첫 부분을 기억해 낼 수 있을 것이다. 그렇기 때문에 개발 및 테스트의 각 진행 중 업무 제한은 3이었다.

2006년 코비스의 유지 개발 계획에서도 비슷하게 결정했다. 분석가, 개발자, 테스터는 일반적인 업무인 경우 한 번에 단 하나의 고객 가치 업무 항목만 진행할 수 있었다. 그러나 주요 신규 프로젝트에서는 조금 다른 결정을 내렸다. 그런 프로젝트에서는 협업이 더 활발해야 했다. 두세 명이 한 항목을 진행하는 것은 흔한 일이다. 이 항목이 차단되거나 지연될 수도 있기 때문에, 그런 경우에는 다른 업무로 바꿔서 진행하거나 여러 업무를 동시에 진행할 수도 있어야 한다고 생각했다. 그래서 진행 중 업무 제한을 항목당 두세 명으로 설정하긴 했지만 어느 정도 초과하는 것도 허용했다. 예를 들어 팀이 열 명으로 구성되어 있고 한 항목을 두 명이 진행할 것이라고 예상한다면, 차단 상황에 유연하게 대처하기 위해 진행 중 업무 제한은 5 더하기 약간으로 정할 수 있다. 그런 환경이라면 적당한 제한은 아마도 8(5 더하기 3)이 될 것이다.

몇몇 연구와 경험적 관찰에 의하면 지식 노동자는 동시에 두 가지 항목을 진행하는 것이 최적이다. 동시에 여러 작업을 진행하는 상황을 정당화하기 위해 이 결과를 인용하는 경우가 많다. 그런데 나는 이러한 연구 결과가 조직에서 업무가 이루어지는 실제 상황을 관찰한 결과가 아닐까 생각한다. 업무는 수많은 장애물과 원인 때문에 지연된다. 이러한 연구에서는 대상 조직의 성숙도를 언급하지도 않고 있으며 어떤 외부 이슈(이상 원인 변동, 19장에서 다룬다) 데이터와의 연관성도 보여주지 않는다. 따라서 그 결과는 연구한 환경에 대한 결과일 수 있으며 정말로 이상적인 수치는 아니다. 그렇기는 하지만 한 명(또는 한 쌍의 짝이나 소규모 팀)이 하나의 항목을 진행하는 것이 옳다는 아이디어는 저항에 부딪힐 수도 있다. 정책이 너무 엄격하면 논쟁을 일으킬 수도 있다. 이 사례에서는 한 명(또는 한 쌍의 짝이나 팀)의 진행 중 업무를 2로 제한하는 것이 합리적이다. 한 명(또는 한 쌍의 짝이나 팀)의 제한을 3으로 하는 경우도 있을 수 있다.

어떤 선택을 하면 좋을지 계산해주는 마법 같은 공식은 없다. 그 숫자는 경험을 통해 조정할 수 있다는 사실을 명심하는 것이 중요하다. 우선 숫자를 선택하고 나서 적당한 숫자인지 살펴볼 수 있다. 만약 그렇지 않다면 숫자를 올리거나 내려서 조정한다.

대기열 제한

업무가 끝나고 그 업무를 흐름의 다음 단계에서 당겨갈 때까지 기다리는 동안을 '대기 중'이라고 말한다. 이 대기열 크기는 어느 정도가 적당할까? 가능하면 작을수록 좋다. 대기열의 진행 중 업무를 제한할 때에는 이전 업무 단계와 하나로 묶어서 제한을 표시해 두는 경우가 많다. 예를 들면 개발 단계와 개발 완료 단계를 함께 묶는다. 한 명(또는 한 쌍의 짝이나 소규모 팀)이 엄격하게 하나의 항목만 진행하는 것처럼 정말로 빠듯한 진행 중 업무 정책을 만들었다면, 변동을 완화시키고 흐름을 유지하기 위해 대기열이 필요할 것이다. 운영 중인 칸반 시스템이 작업을 완료하는 데 걸리는 시간이 들쑥날쑥해서 업무가 가다 서다 하는 상황이 나타나고, 그로 인해 유휴 작업자가 생기는 어려움을 겪고 있다면, 대기열 크기를 더 크게 할 필요가 있을 수도 있다. 그러나 이미 한 명(또는 한 쌍의 짝이나 팀)이 동시에 두 개의 항목을 진행하기로 결정했다면, 이미 변동성에 대한 버퍼를 갖추고 있는 것이어서 대기열 크기는 실질적으로 0이 될 수 있다. 그런 경우라면 그냥 업무 작업 열과 완료 대기열을 하나로 합치면 된다.

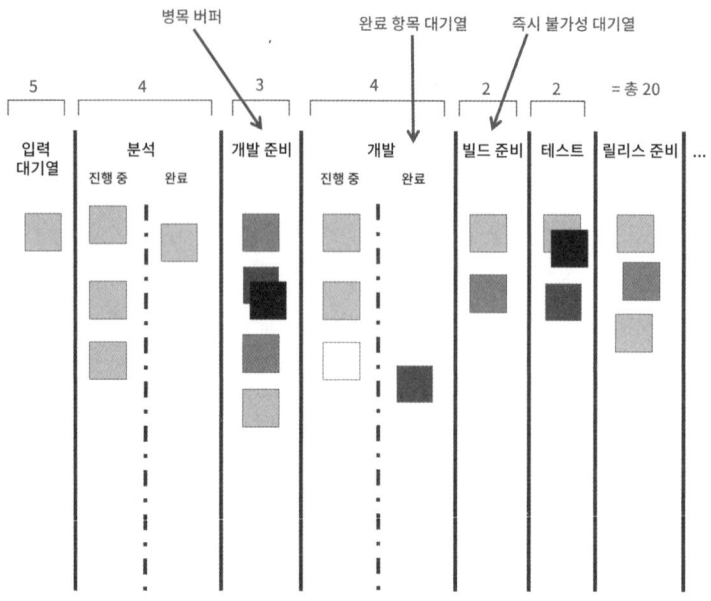

그림 10.1 다양한 유형의 대기열과 버퍼가 있는 카드벽

병목 지점 완화

업무 흐름에서 병목 지점 앞에는 버퍼가 필요할 수도 있다. 버퍼는 전형적 병목 해소 메커니즘이며 16장에서 설명할 것이다. 버퍼를 둘 때는 그 크기가 중요하다. 다시 말해 버퍼는 가능하면 작게 만드는 것이 좋다. 시스템에 버퍼와 대기열을 추가하면 진행 중 업무가 늘어나고 그 영향으로 인해 리드 타임이 더 길어지게 된다. 그러나 버퍼와 대기열을 추가하면 흐름이 원활해지고 리드 타임 예측성이 개선된다. 흐름이 원활해지면 처리량이 증가하고, 따라서 칸반 시스템은 더 많은 업무를 출시할 수 있게 된다. 또한 버퍼는 사람들이 지속적으로 업무를 진행할 수 있게 해주며 활용도를 높여준다. 균형을 맞출 필요가 있을 때, 버퍼는 그 균형을 유지할 수 있도록 도움을 준다. 리드 타임을 줄여서 비즈니스 기민성을 추구하면서도 진행 중 업무를 줄여서 높은 품질을 추구한다. 그러나 기민성

이나 품질을 달성하려고 예측성을 포기해서는 안 된다. 대기열이나 버퍼 크기가 너무 작고 변동으로 인해 시스템이 가다 서다 하는 상황이 나타나는 경우가 많아서 어려움을 겪고 있다면, 광범위한 변동성 분포로 인해 리드 타임을 예측하기가 불가능할 것이다. 시스템의 원활한 흐름을 보장하고 병목 지점에서의 유휴 시간을 피할 수 있을 만큼의 크기로 버퍼의 진행 중 업무를 제한하는 것이 핵심이다. 버퍼 크기 결정에 대한 자세한 내용, 그리고 수용량이 제한적이거나 즉시 대응이 불가능한 병목 지점에 버퍼를 만드는 방법은 16장에서 다룰 것이다.

입력 대기열 크기

입력 대기열 크기는 우선순위 부여 케이던스 및 시스템의 처리량 또는 생산율로 직접 결정할 수 있다. 예를 들어 팀이 일주일에 평균 다섯 개의 완료 업무 항목을 생산해내고 있고(일주일에 4~7이 일반적이다) 대기열 보충 케이던스가 일주일이라면, 대기열 크기는 7 정도로 정해야 할 것이다. 다시 한 번 강조하지만 이 값은 경험을 바탕으로 조정할 수 있다. 몇 개월간 시스템을 운영하고 있고 우선순위 회의를 하기 전에 대기열이 완전히 바닥을 드러내는 일이 없다면, 대기열 크기가 너무 큰 것일 수 있기 때문에 크기를 하나씩 줄이면서 그 결과를 관찰한다. 우선순위 회의에서 비즈니스 쪽 대표자들에게 대기열 전체를 다시 보충해 달라고 요청할 때까지 반복한다.

반면에 주간 우선순위 회의가 월요일인데 대기열이 목요일 오후에 텅 비어서 팀 일부가 유휴 상태가 되었다면 대기열 크기가 너무 작은 것이다. 대기열 크기를 하나씩 늘리면서 몇 주 동안 관찰한다.

대기열과 버퍼 크기는 필요한 경우 경험을 통해 조정해야 한다. 따라서 진행 중 업무 제한 결정에 너무 신경 쓰지 않는다. 진행 중 업무 제한 값이 완벽하지 않다고 해서 칸반 시스템 개시를 지연시킬 필요는 없다. 어떤 값이든지 일단 결정하자! 불완전한 정보로 진행해 나가면서 그런 다음에 관찰하고 조정한다. 칸반은 경험적 프로세스다.

요구가 있을 때마다 우선순위를 부여하고 있다면, 입력 대기열 크기는 어떻게 정해야 할까? 아마 4장에서 XIT 팀의 입력 대기열 크기가 5였다는 사실을 기억할 것이다. 이 크기는 일주일 처리량을 충분히 받아들일 수 있도록 정한 것이고, 우선순위 회의가 일주일에 한 번 열린다는 가정을 근거로 한 것이다. 그러나 제품 관리자들은 회의가 불필요하며 대기열에 빈 칸이 생길 때마다 결정하기로 신속하게 합의했다. 이런 일이 일어났을 때 나는 드라고스에게 입력 대기열 크기를 5에서 1로 줄여야 한다고 조언해야 했다. 하지만 당시 나는 경험이 많지 않았기 때문에 그렇게 조언하지 못했다. 시스템은 계속 바뀌어간다. 시스템을 설계할 때 했던 가정도 바뀐다. 입력 대기열 크기 정책은 이러한 가정을 근거로 한 것이고 계속 바뀌어야 한다. 그렇게 했더라면 리드 타임은 더욱 훌륭하게 개선되었을 것이다.

XIT가 우선순위 부여를 요구에 의한 방식으로 바꾸자, 대기열 빈칸을 보충하는 데 보통 두 시간이 걸렸다. 대기열을 완전히 새로 구성하는 데 최대 네 시간이 걸릴 것이라고 해도 받아들여졌을 것이다. 그러나 개발자를 제품 관리자와 함께 배치하지는 않았다. 우선순위 결정은 워싱턴 주 레드먼드에서 이루어졌고, 개발자는 하이데라바드에 있었다. 그들은 시차가 정반대인 상황에서 (공식적으로는) 교대로 여덟 시간을 일했다. 그래서 인도인들이 아침에 출근해서 업무를 마치고 다시 대기열을 채워야 할 때, 제품 관리자는 대부분 그 사실을 알지 못한 채 잠자리에 들어 있었다. 이러한 즉시 불가성 문제로 인해, 우리는 대기열에 단 한 항목을 다시 채우는 데 열여섯 시간이 필요할 수도 있는 극단적 환경에 처해 있었다. 이 업무 흐름에서 개발자들이 병목 지점이었다는 것을 기억하자. 처리량을 최대화하려면 개발자들이 유휴 상태에 빠지도록 해서는 안 된다. 그렇기 때문에 숫자를 적게 만들 필요가 있었다. 즉, 대기열 보충 결정이 평균 두 시간밖에 걸리지 않는 상황에서 열여섯 시간은 적당하지 않았다. 그러면 열여섯 시간 동안의 평균 처리량은 어떨까? 그 팀에서는 최고의 성과를 낼 때 한 분기 당 56개 항목을 처리해 냈다. 일주일에 다섯 개 항목도 안되는 양이다. 열여섯 시간 동안 한 항목을 완료해 내기란 어려운 일이다. 그렇기 때문에 대기열 크기는 1이 적당했다. 대기열을 아예 없애버릴 수는 없었다. 이 팀은 아직도 한 항목을 완료한 다음, 제품 관리자가 대기열을 다시 채워주지 못하는 열여섯 시간의 유휴 시간 때문에 어려움을 겪는 상황이 생길 가능성이 있다.

업무 흐름을 제한하지 않는 구간

제약 이론에서 당김 방식으로 흐름 문제를 해결하는 방법은 드럼-버퍼-로프로 알려져 있는데, 이 방법에서는 병목 지점보다 나중에 오는 모든 업무 지점의 진행 중 업무에 제한이 없다. 이렇게 설계한 이유는 병목 지점보다 나중에 오는 업무 지점은 병목 지점보다 더 많은 처리량을 감당할 수 있으며 유휴 시간을 유발하는 잉여 수용량이 있다고 가정했기 때문이다. 결과적으로 진행 중 업무를 제한할 필요가 없는 것이다. 이 방식은 그림 10.2(a)에 나타나 있는데, 이것은 골드랫이 『더 골The Goal』에서 비유한 일렬로 하이킹하는 보이스카웃의 산행을 나타내는 그림이다. 로프는 선두와 가장 속도가 느린 사람을 연결하고 있다. 가장 속도가 느린 사람이 처리량(산행 거리)의 병목 지점이다. 가장 느린 사람 뒤쪽에 있는 사람은 낙오할 수 없으므로, 즉 전체 산행 속도의 제약이 되는 네 번째 사람보다 빨리 걸을 수 있기 때문에 로프는 딱 하나만 있으면 된다.

칸반 시스템에서는 작업 흐름 내에 있는 거의 모든 지점에 진행 중 업무 제한이 있다. 이 방식에는 잠재적 장점이 있는데 예측하지 못한 변동성 때문에 발생한 장애물이 상류 단계를 일시적 병목 지점으로 만들 수 있기 때

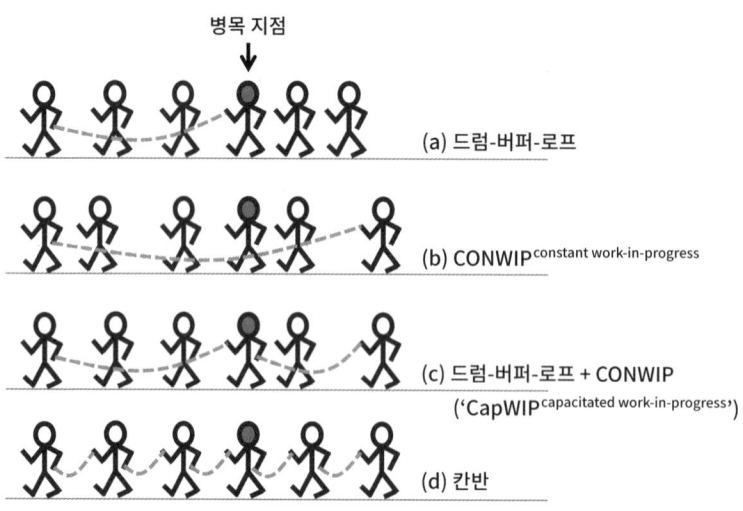

그림 10.2 네 가지의 진행 중 업무 제한 당김 방식의 설계를 보여주는 그림

문이다. 칸반 시스템의 각 지점에 진행 중 업무를 제한하면 라인을 신속하게 정지시킬 수 있고 시스템이 과부하 상태에 빠지지 않도록 해준다. 장애물이 제거되면 시스템은 적절하게 다시 시작될 것이다. 칸반 스타일의 진행 중 업무 제한은 그림 10.2(d)에 나타나 있는데, 이 그림을 보면 칸반 스타일로 보이스카웃을 서로 연결하는 방법을 알 수 있다. 이 경우에 각각의 보이스카웃은 다음 사람과 로프로 연결된다. 보이스카웃 여섯 명의 전체 산행 속도를 제어하려면 로프 다섯 개가 필요하다.

프로세스의 하류 단계에는 제한이 없는 칸반 시스템도 있다. 마이크로소프트의 XIT 사례에서는, 인수 테스트를 수행할 수 있는 사용자 기반이 실질적으로 무한대이며 그 자원이 본질적으로 즉시 사용 가능하다고 가정했고, 따라서 사용자 인수 테스트에는 진행 중 업무를 제한할 필요가 없었다. 코비스에서는 릴리스 준비 대기열에 제한이 없었다. 합의한 격주 릴리스 케이던스에서 릴리스 준비 작업 배치는 절대 초과하는 일이 없다고 가정했기 때문이다. 만약 반대로 릴리스 준비가 초과할 가능성이 있었다면, 릴리스 복잡도가 올라가서 조정 활동과 처리 비용이 비경제적인 상황이 되었을 테고, 릴리스 준비 대기열의 진행 중 업무를 제한해야 했을 것이다. 그러나 코비스에서는 그런 경우가 생기지 않았기 때문에 릴리스 준비 상태는 제한이 없는 상태로 남겨두었다.

조직을 압박하지 말자

처음부터 지나치게 진행 중 업무를 제한하면 조직은 과도한 압박을 받을 수도 있다. 수용량이 적은 미성숙 조직이라면 장애물이 더 많다. 따라서 그런 조직에 진행 중 업무를 너무 낮게 제한하면 칸반 시스템을 도입하느라 과도한 고통을 초래할 수도 있다. 장애물이 많다면 카드벽에 분홍색 티켓이 많이 나타나게 되고, 지나치게 빠듯한 진행 중 업무 제한은 모든 것을 서서히 멈추고 많은 사람이 유휴 상태가 될 것이다. 유휴 시간이 생기면 이슈 해결과 장애물 제거에 주의를 집중하고 더욱 노력하기 쉽지만, 미성숙 조직에서는 유휴 시간이 단지 고통스럽기만 할 수도 있다. 고위 관리자 입장에서는 많은 사람이 유휴 상태에서도 월급을 받아가는 모습을 보면 화가 날 것이다.

　변화를 도입할 때 J형 곡선 효과를 알 필요가 있다. 이상적으로 각 변화가 미치는 영향은 항상 처음에는 깊이가 얕았다가 그 다음에 시스템이 빠르게 회복되면서 개선을 보여주는 소문자 j의 모습을 그린다. 진행 중 업무를 지나치게 제한한다면 원치 않았던 효과를 유발할 수도 있고 너무 깊고 긴 J형 곡선의 효과로 인해 고통받을 것이다. 칸반이 조직의 문제를 전부 드러내긴 했지만 모든 상황을 더 악화시켰다는 비난을 받으면서 끝날 수도 있고, 해결책은 보지 못한 채 문제의 일부만 보게 될 수도 있다. 그렇기 때문에 신중하게 진행해야 한다. 예상치 못한 이슈(이상 원인 변동)로 어려움에 처하는 경우가 거의 없는 더 역량 있고 더 성숙한 조직이라면, 더욱 공격적인 진행 중 업무 제한 정책을 만들 수 있다. 혼란에 빠져 있는 조직이라면, 처음에는 진행 중 업무 제한을 여유 있게 설정하고 나중에 그 값을 줄이는 방식을 도입하는 것이 좋다.

진행 중 업무를 제한하지 않는 것은 실수다
최초로 진행 중 업무를 제한할 때에는 공격적으로 설정하지 않는 것이 좋다고 주의를 주긴 했지만, 그렇다고 해서 진행 중 업무를 제한하지 않는 것은 실수라고 확신한다.

야후 같이 초기에 칸반을 적용한 곳에서는 칸반 도입으로 생기는 어려움에 대처하기에 자신의 팀이 너무나 혼란스러운 상황이라고 생각했기 때문에 진행 중 업무를 제한하지 않기로 한 경우도 있었다. 이러한 조직에서는 칸반의 시각적 제어 요소를 통해 조직이 성숙해진 다음에 진행 중 업무를 제한할 수도 있다고 생각했다. 그러나 이 방법은 문제가 있는 것으로 드러났는데, 많은 팀이 별다른 성과를 얻지 못한 채 칸반을 포기했다. 사내 조직 개편으로 외부 팀이 사라지거나 프로젝트가 취소되면서, 더 이상 데이터를 제공하지 않았기 때문이다. 코비스에서는 주요 프로젝트를 수행하는 여러 팀이 레벨이 높은 큼직한 기능에 진행 중 업무를 매우 느슨하게 제한하고 계속 칸반을 진행했다. 그 결과는 다소 엇갈렸다.

나는 가치 흐름 전반에 진행 중 업무를 제한함으로써 생긴 긴장감이 긍정적 긴장감이라고 확신한다. 이러한 긍정적 긴장감으로 인해 조직의 이슈와 역기능에 대한 토론을 하게 된다. 역기능은 흐름에 장애물이 되고 차선 수준의 생산성, 리드 타임, 품질을 불러온다. 진행 중 업무 제한의 긍정적 긴장감이 불러오는 토론과 협업은 건강한 것이다. 이것이 지속적 개선 문화의 탄생을 가능하게 하는 메커니즘이다. 진행 중 업무를 제한하지 않는다면 프로세스 개선은 느리게 진행된다. 처음부터 진행 중 업무를 제한한 팀은 역량 및 조직 성숙도의 성장이 점점 빨라지고, 고품질 소프트웨어를 꾸준히 예측 가능하게 출시함으로써 우수한 비즈니스 결과를 만들어

냈다. 비교해 보면 진행 중 업무 제한 도입을 미룬 팀은 보통 힘겨운 싸움을 하며 제한된 수준의 개선만을 보여주었다.

수용량 할당

시스템 흐름에 진행 중 업무 제한을 설정하고 나면, 업무 유형 항목이나 서비스 클래스에 수용량을 할당할 수도 있다.

그림 10.3을 보면 6장에서 만들었던 카드벽을 볼 수 있는데, 전체 열의 진행 중 업무 제한은 카드 20장이다. 그 수용량은 업무 항목 유형마다 할당되어 있는데 변경 요청에 60%, 유지 보수에 10%, 제품 문구 변경에 30%가 할당되어 있다. 그래서 변경 요청은 12, 유지 보수는 2, 제품 문구 변경은 6으로 진행 중 업무를 제한하고 있다.

수용량이 할당되면 칸반 시스템에 있는 각 업무 유형을 전부 진행할 수 있도록 보장한다. 보통 각 업무 유형을 관찰한 후 상대적 요구량을 파악하여 수용량을 할당한다. 따라서 각 업무 유형 레인에 진행 중 업무 제한을 합리적으로 할당하려면 요구 분석을 완료하는 것이 중요하다.

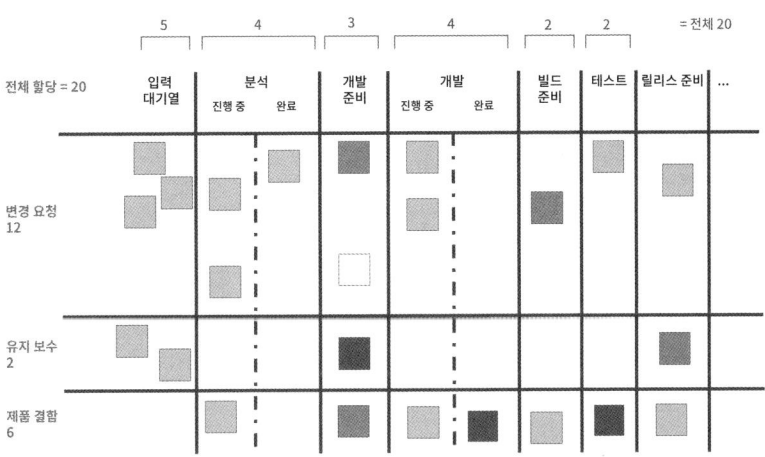

그림 10.3 각 업무 항목 유형의 레인에 명시적으로 진행 중 업무를 제한한 카드벽

이것만은 기억하자

- 진행 중 업무 제한은 상류 및 하류 이해관계자 그리고 고위 직무 관리자들과의 합의를 통해 의견을 함께해야 한다.
- 진행 중 업무 제한을 일방적으로 선언할 수도 있지만, 시스템이 압박을 받으면 뒤늦게 그 선언을 방어하기 어려울 수도 있다.
- 진행 중 업무 제한은 한 명(또는 한 쌍의 짝이나 함께 일하는 작은 규모의 팀)이 동시에 진행하는 업무 항목 수의 평균으로 정해야 한다.
- 보통 한 명(또는 한 쌍의 짝이나 함께 일하는 작은 규모의 팀)에게 1~3개의 항목으로 제한한다.
- 대기열 제한은 대개 항목 크기 및 작업 기간의 자연적 변동을 충분히 받아들일 수 있는 크기 내에서 작게 유지해야 한다.
- 병목 지점에는 버퍼를 두어야 한다.
- 버퍼 크기는 가능하면 작아야 하나, 병목 지점에서 최적의 성과를 보장하면서 시스템 흐름을 유지할 수 있을 만큼은 커야 한다.
- 모든 진행 중 업무 제한은 경험에 의해 조정할 수 있다.
- 칸반은 경험적 프로세스다.
- 완벽한 진행 중 업무 제한을 정하려고 시간을 지나치게 낭비하지 말아야 한다. 그냥 적당한 값을 하나 골라서 진행한다. 필요하다면 경험에 의해 조정한다.
- 업무 흐름을 제한하지 않는 하류 구간이 있을 수 있다.
- 업무 흐름을 제한하지 않는 단계를 만들 때는 병목 지점이 되는 것은 아닌지, 출시(하류로 배치를 이전할 때)에 과도한 처리 비용 또는 조정 비용을 유발하는 것은 아닌지 신중하게 결정해야 한다.
- 일단 진행 중 업무를 제한하면 각 업무 항목 유형에 수용량을 할당할 수 있다.
- 레인으로 각 업무 항목 유형을 나타내고 레인마다 진행 중 업무를 제

한하는 경우가 많다.
- 수용량을 할당하려면 칸반 시스템 내의 다양한 업무 유형에 대한 상대적 요구량을 분석해야 한다.

11

서비스 수준 합의

우리 모두는 갖가지 서비스 클래스classes of service의 개념에 익숙하다. 더 비싼 티켓을 구입했거나 고객 만족 프로그램의 혜택을 받는 고객이 '지름길'을 통해 먼저 탑승 수속을 밟는다는 사실을 공항에서 비행기를 타는 사람이라면 누구나 알고 있다. 공항 보안 검색에서 특별한 대우를 받는 경우도 있고, 스페셜 라운지를 이용하거나 탑승 시간에서 우대를 받기도 한다. 더 비싼 티켓을 구입한 고객이나 항공사 정기 회원은 더 좋은 서비스 클래스를 누릴 수 있다.

소프트웨어 개발이나 IT 시스템 업무에서도 이 개념이 익숙하며, 특히 제품 결함을 해결할 때 이 개념을 널리 사용하고 있다. 결함은 심각도(영향 수준)와 우선순위(긴급 수준)에 따라 평가한다. 매우 심각하고 우선순위가 높은 결함은 즉시 수정해야 한다. 이러한 결함에는 다른 업무보다 높은 서비스 클래스를 부여해야 한다. 매우 심각한 제품 결함을 수정할 때는, 일단 다른 업무를 미루고 필요한 인원을 최대한 모아서 문제를 완화시키는 긴급 수정이나 패치, 특별 릴리스 계획을 수립하는 경우가 많다.

이 개념을 더 일반적으로 적용할 수 있는데 그렇게 하면 비즈니스 기민성과 위험 관리 양쪽 모두에 이익이 될 수 있다. 다른 요청보다 더 빠르게 처리해야 하는 요청도 있고 또 다른 요청보다 더 가치 있는 요청도 있다. 다양한 업무 유형을 서로 다른 서비스 클래스로 처리하면, 경제적 결과를 최적화하면서 고객에게 더 유연하게 대처할 수 있다.

서비스 클래스는 최적의 비용으로 고객을 적절히 만족시킬 수 있는 편리한 업무 분류 방법이다. 항목의 서비스 클래스를 신속히 식별할 수 있다면 추정이나 분석을 상세히 할 필요가 없다. 서비스 클래스 관련 정책은 항목을 시스템으로 당기는 방법에 영향을 미친다. 서비스 클래스는 시스템 내에서의 우선순위를 결정하며, 서비스 클래스를 사용하면 우선순위 및 '계획 재수립'을 스스로 조직화할 수 있고 가치와 위험을 최적화할 수 있다.

일반적 서비스 클래스 정의

일반적으로 서비스 클래스는 비즈니스에 미치는 영향을 기준으로 정의한다. 그림 11.1 같이 각 클래스마다 서로 다른 색상의 접착식 메모지나 인덱스 카드 또는 티켓을 사용하면, 해당 요청이 어떤 서비스 클래스인지 명확하게 구별할 수 있다. 아니면 카드벽에 별도 레인을 사용해 서비스 클래스를 구별할 수도 있다.

각 서비스 클래스마다 칸반 시스템으로 당겨온 항목의 우선순위를 결정

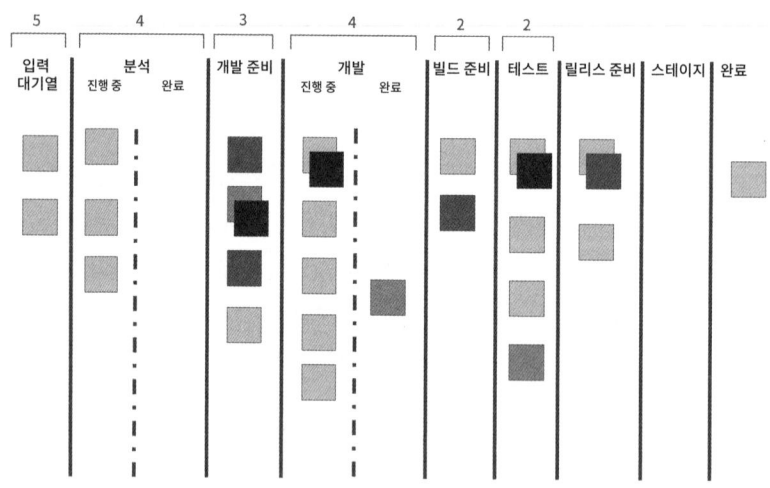

그림 11.1 색상으로 서비스 클래스를 구별한 티켓이 붙어 있는 카드벽

하는 별도의 정책이 있다. 또한 서비스 클래스는 고객에 대한 명시적 약속을 포함한다. 다음은 서비스 클래스를 정의한 간략한 사례다. 이 정의는 특정한 칸반에 적용했던 정책을 상세히 설명하는 것이 아니라, 현장에서 관찰한 서비스 클래스를 일반적으로 설명한다.

이 사례에는 모두 네 가지 서비스 클래스가 있다. 보통 최대 여섯 가지 클래스를 정의할 수 있다. 서비스 클래스가 너무 다양하면 관리나 운영이 복잡해진다. 서비스 클래스 개수는 고객 요구에 충분히 유연하게 대응하면서도, 모든 관련자(팀원 및 외부 이해관계자)가 그 종류를 전부 기억할 수 있어야 한다.

긴급 클래스

제조업계에는 긴급(또는 '은탄환Silver Bullet') 서비스 클래스가 익히 알려져 있다. 분기 영업 목표를 달성하려는 영업 팀과 회계 연도가 끝나기 전에 집행해야 할 예산이 있는 고객이 만나면 그런 상황이 발생한다. 구매 결정을 미뤄온 어떤 고객이

있었는데, 드디어 이번 회계 연도가 끝나가는 시점에서 결론을 내렸다. 그 고객은 주문을 하면서 반드시 정해진 기한 내에 출시를 해야 한다는 조건을 걸었다. 제조사는 가격과 수량에 동의하고 그 주문을 받아들였다. 반드시 주문 조건을 준수해서 출시해야 하고, 이번 분기 말일 이전에 청구할 수 있어야 한다. 이런 주문은 대개 지역 영업 부사장이 공장에 빠듯한 일정을 주면서 중요한 주문이라는 말과 함께 긴급 출시를 요청한다.

신속하게 처리할 수 있는 능력이 있다면 고객 요구를 충족시키기 어려

운 상황에서도 "예!"라고 말할 수 있다. 그러나 긴급 주문은 제조업 공급망과 유통 시스템에 나쁜 영향을 미친다. 산업 공학과 운영 연구 분야에서는 긴급 주문이 긴급하지 않은 다른 주문의 재고 수준과 리드 타임을 모두 증가시킨다고 알려져 있다. 비즈니스 쪽에서는 다른 주문의 지연 비용과 높은 재고 유지 비용을 감당하면서 특정 영업의 가치를 실현하도록 만드는 결정을 한다. 회사가 제대로 운영되고 있다면 긴급 주문에서 발생하는 가치가 리드 타임 증가에서 발생한 비용(그리고 그 결과로 인한 잠재적 사업 손실)과 높은 재고 수준을 유지하는 비용을 넘어설 것이다.

제조업에서는 공장에 전달되는 긴급 요청을 일정 수준으로 제한하는 정책을 두는 일이 많다. 흔한 정책 중 하나는 일정 기간 동안 지역 영업 부사장의 이른바 '은탄환' 수를 고정시키는 것이다. 이런 이유로 '은탄환'이라는 용어가 제조업이나 유통업에서 긴급 주문과 비슷한 뜻을 지니게 되었다.

안타깝게도 소프트웨어 공학에서 이미 '은탄환'이라는 용어를 다른 의미로 사용하고 있다. 프레드 브룩스 Fred Brooks 는 은탄환이란 단 하나의(기술 또는 프로세스의) 변화로 프로그래머의 생산성을 엄청나게 개선할 수 있는 방법이라고 정의했다. 그렇기 때문에, 이런 종류의 서비스 클래스에 긴급이라는 용어를 사용할 것을 추천한다. 그러나 제조업체이거나 고위 관리자가 제조업에 익숙한 회사에서는 '은탄환'이라는 용어를 선호하기도 한다. 기술 분야에 종사하는 사람들이 그 용도의 차이를 알고 있기만 하면 상관없다.

고정 출시일 클래스

2007년 2월 중순에 한 개발자가 내 사무실에 와서 신용 카드 처리에 사용하고 있던 서비스 플랫폼 이슈를 알고 있는지 물었다. 나는 그 이슈를 모르는 상태였기 때문에 설명을 부탁했다. 이야기를 들어보니 해당 플랫폼 판매사는 점점 많은 기능을 추가하면서, 코드를 유지 보수하는 데 큰 어려움을 겪고 있다는 사실을 알게 되었다. 소프트웨어 개발에서는 흔히 발생하는 문제였다. 그래서 플랫폼 개발 회사는 신규 기능 요구를 충족시키기 위해 2006년에 API를 완전히 새로 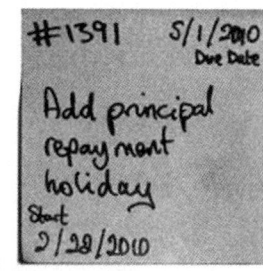 개발한 시스템으로 플랫폼을 교체했다. 이전 시스템은 2007년 3월 31일에 중단될 것이라고 15개월 전부터 모든 고객에게 통보 중인 상황이었다. 다시 말해, 우리 시스템을 이번에 개발한 새로운 플랫폼으로 업그레이드하지 않으면 2007년 4월 1일부터 인터넷 서비스가 중단된다는 뜻이었다. 그렇게 되면 당연히 회사 책임자에게도 난처한 일이었고, 웹 기반 판매로 많은 수익을 올리고 있는 상황에서 사업적으로도 매우 곤란한 문제가 발생한다. 꼭 필요한 부분을 바꾸고 새로운 코드를 배포할 수 있는 시간이 단 6주밖에 남지 않은 상황이었다. 칸반 시스템에 이 업무에 대한 티켓을 발행하고 고정 출시일을 표시했다. 티켓에 고정 출시일을 표시한 이유는 팀에서 스스로 해당 항목을 긴급 처리하여 일정에 맞게 배포할 수 있도록 하고, 출시가 늦을 경우 생기는 비용과 영향에 대한 관심을 끌기 위한 것이었다.

이런 요청을 받은 것이 그때가 처음은 아니었다. 인수한 회사에서 IT 시스템 통합 관련 요청을 받은 일이 있었다. 요청받은 '고정'일은 인수 전에 작성한 비즈니스 케이스 때문이었는데, 거기에는 같은 해 2월 1일부터 상당한 비용을 절감하겠다고 되어 있었다.

어떤 주제나 패턴이 드러나는 듯 보였다. 주요 계약상 의무 관련 요청도 있었고, 규제 관련 요구 사항(대부분 연방 정부의 규제 요구)도 있었으며, 다른 사업의 인수 같은 전략 계획과 관련된 요청도 있었다. 이런 유형의 요청이 지연되면 직간접적으로 상당한 비용이 발생했으며, 대개는 두 가

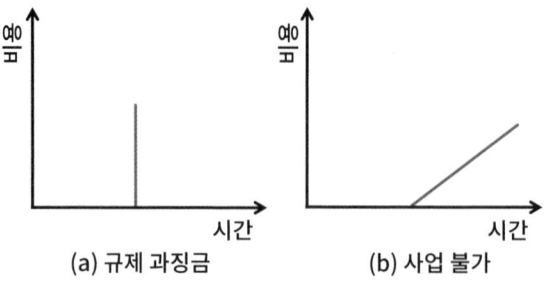

그림 11.2 고정 출시일 서비스 클래스의 두 가지 지연 비용 함수

지 범주 가운데 하나에 속했다. 규제 기관이나 계약상 조건으로 인해 직접적이고 구체적인 현금 지출성 비용이라는 불이익(또는 과징금)이 생기는 날짜가 있었다. 그렇지 않으면 요구 사항이 충족될 때까지 활동을 중단해 달라는 요청을 받았다. 그렇게 되면 특정 유형의 항목은 판매할 수 없거나 특정 지역에서 서비스를 운영할 수 없게 된다. 이러한 2차적이며 간접적 비용은 기회 상실 비용이다. 즉 지연 기간 동안 잠재적으로 수익을 잃게 된다는 뜻이다. 두 유형 모두 그림 11.2에 나타나 있다.

학교를 대상으로 하는 비즈니스는 대개 시기에 민감하고 일정이 엄격하다. 여러분이 교육 분야를 대상으로 삼고 있다면, 매년 특정 시기에 맞추어 소프트웨어를 출시하지 못하는 경우 그 제품은 아무런 의미가 없을 수도 있다. 짧은 기간 사이에 출시하지 못하면 소프트웨어를 판매하지 못하게 된다. 물리적 또는 문화적 '출시 기간'이 있을 때는 언제나 지연 비용에 (유사) 단위 계단 함수[1]가 있다고 생각해야 하며, 합리적 리드 타임 기간 안에 그 기일을 맞추지 못한다면, 출시일이 고정되어 있는 것처럼 다루어야 한다.

---

1 (옮긴이) 0보다 작은 실수는 0, 0보다 큰 실수는 1, 0은 1/2의 값을 갖는 함수. 신호 처리 분야에서 주로 사용하며 계단 같은 모양의 그래프를 만든다.

표준 클래스

약간이라도 긴급성이 있는 항목은 대부분 표준 클래스로 다루어야 한다. 표준 클래스 항목의 정책과 서비스 수준 합의는 업무 항목 유형에 따라 다를 수 있다. 보통 칸반 시스템을 설계할 때는 업무 유형을 그 크기에 따라 대, 중, 소로 구분한다. 표준 클래스 항목  은 각각의 크기에 따라 서비스 수준 합의를 다르게 할 수 있다. 예를 들어 작은 항목은 보통 나흘 안에 처리하고, 중간 크기의 항목은 한 달 이내에, 큰 항목은 석 달 이내에 처리하는 것이다. 표준 클래스 항목의 지연 비용은 계산할 수 있고 구체적인 경우가 많다(항상 금액으로 계산할 수 있는 것은 아니긴 하다). 지연 비용이 곧바로, 다시 말해 요청받은 출시 기간 내에 생기는 것이 보통이다. 지연 비용은 대부분 즉시 발생한다. 즉, 오늘 개발한 기능의 이익을 내일 얻을 수 있다!

무형 클래스

중요성이 다소 낮은 네 번째 서비스 클래스가 필요하다. 이 클래스에 적당한 이름을 고민한 끝에 나는 '무형intangible'이라는 이름을 붙였다. 아주 만족스러운 이름은 아니어서 나중에 이 책을 개정하면 다른 이름으로 바꿀 수도 있다. 무형 클래스 항목은 중요하고 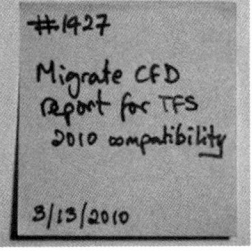 가치 있는 일이지만, 가까운 시간 내에 구체적 지연 비용이 발생하지 않는 항목을 말한다. 즉, 이 항목은 출시 기간 내에 발생하는 지연 비용이 없다. 이 패턴에 적당한 요청은 플랫폼 교체처럼 고정일이 잠재적으로 먼 미래에 있는 업무와 관계가 있다.

한 가지 사례를 들어보자. 2005년에 마이크로소프트는 RDBMS 데이터베이스 서버의 최신판인 SQL 서버 2005를 출시했다. 2005 버전은 2000 버전을 대체하는 것이었는데, 2005 버전이 출시되면서 2000 버전은 '수명의 끝'을 맞이했다. 마이크로소프트는 시장을 주도하는 위치에 있었기 때문에 제품 출시 후 10년 동안은 해당 제품을 계속 지원해야 했다. 결과적으로 SQL 서버 2000을 2010년까지 계속 지원해야 했다. 이 정책으로 인해 고객들에게는 플랫폼에서 2005 버전과 호환되지 않는 코드를 교체하는 데 5년의 기간이 주어졌다. 그렇기 때문에 2005년이나 2006년에는 저장 프로시저나 퍼시스턴스 코드 같은 데이터베이스 코드를 교체하는 일이 그다지 시급한 문제는 아니었다. 발생하게 될 지연 비용도 없었다. 그러나 시간이 흘러가도 코드를 바꾸지 않았고 비용은 늘어만 갔다. SQL 서버 2005를 기반으로 하는 다른 제품의 신규 버전을 사용하기 점점 어려워졌다. 새로운 플랫폼으로 바꿔야 하는 이유가 점점 늘어났다. 2009년이 되자 일이 급박해졌다. 마이크로소프트가 곧 예전 제품에 대한 지원을 중단할 것이고, 업그레이드를 하지 않으면 비즈니스에서는 오래되고 지원을 받지 못하는 운영 체제와 관련 인프라로 되어 있는 예전 머신을 계속 사용해야 하기 때문이었다. 이런 위험을 받아들일 수 없다면 반드시 코드를 업그레이드해야 했다. 이 같은 플랫폼 교체 문제는 하루하루 힘겨운 업무를 지속하고 있는 소프트웨어 개발 팀에 흔한 일이다. 적절한 때에 업무를 일찍 시작해서 완료하고자 하는 욕구는 있지만, 더 급하고 중요한 다른 업무 때문에 업그레이드 업무를 진행할 수용량이 밀려난다. 다시 말해 플랫폼 교체는 즉각적인 지연 비용이 낮은데도 불구하고, 지연 비용이 더 크고 시급한 다른 업무 때문에 밀려나는 것이다.

이러한 업무를 미리 착수할 수 있도록 해주는 서비스 클래스를 사용하는 것이 좋다. 업무 완료를 보장하는 수용량을 확보해 둘 수도 있지만, 그 일을 할 수 있는 시간은 보장할 수 없다. 덧붙여서 이렇게 지연 비용이 낮은 업무는 더 중요한 요청이 생기는 경우 항상 미뤄둘 수 있다. 긴급 요청을 처리할 수 있는 여유를 가지려면, 긴급 요청을 처리하는 동안 대체할 수 있는 지연 비용이 낮은 업무가 있어야 한다. 이러한 무형 클래스 항목이 그렇게 할 수 있는 잉여 시간을 준다.

서비스 클래스 정책

서비스 클래스를 쉽게 구별할 수 있는 시각화 기법을 선택해야 한다. 앞서 언급한 바와 같이, 여러 색상의 티켓을 사용하거나 카드벽을 레인 여러 개를 사용해서 구별하는 방법이 제일 흔하다. 어떤 팀에서는 업무 항목 티켓에 별 모양의 스티커를 붙여서 꾸미기도 한다. 긴급 요청에 사용하는 레인 또한 흔한 선택이다. 서비스 클래스를 어떻게 시각화할지는 여러분이 판단할 일이다. 이번 장에서는 서비스 클래스를 표현하기 위해 서로 다른 색상을 사용한다. 서비스 클래스를 시각적으로 구별하는 목적은 누구나 언제든지 관리자 개입이나 감독 없이도 현장에서 좋은 우선순위 결정을 할 수 있도록 하기 위해 서비스 클래스 우선순위 부여 정책을 쉽게 사용할 수 있게 만드는 것이다.

다음은 서비스 클래스 우선순위 부여 정책을 미리 네 가지로 정의한 사례다. 당연히 모든 서비스 클래스는 그 정의가 다 다르며 사용 정책도 다음 사례와는 다를 것이다. 다음에 나열된 정책은 경험적 증거를 기반으로 실제 팀에서 사용하는 정책을 상당히 정확하게 반영하고 있다.

긴급 클래스

- 긴급 요청은 흰색 카드를 사용한다.
- 한 번에 오직 하나의 긴급 요청만 허용한다. 다시 말해 긴급 서비스 클래스의 진행 중 업무 제한은 1이다.
- 담당자는 반드시 긴급 요청을 즉시 당겨야 한다. 다른 업무는 긴급 요

청을 처리하는 동안 잠시 중단할 것이다.
- 업무 흐름의 어떤 지점이라도 긴급 요청을 수용하기 위해 진행 중 업무 제한을 초과할 수 있다. 긴급 요청을 처리하기 위해 미리 수용량을 남겨두지는 않는다.
- 필요하다면 긴급 요청을 가능한 한 빨리 제품에 포함시키기 위한 특별(사이클에서 벗어난) 릴리스를 계획한다.

고정 출시일 클래스
- 고정 출시일 항목은 보라색 카드를 사용한다.
- 요청받은 출시일은 카드 오른쪽 아래 구석에 표시한다.
- 고정 출시일 항목은 처리 시간을 평가할 수 있도록 크기 및 공수를 분석하고 추정한다. 항목이 너무 크다면 더 작은 항목으로 분할할 수 있으며, 그러한 작은 항목이 고정 출시일 항목으로 적합한지 아닌지 알아보기 위해 별도로 평가할 수 있다.
- 고정 출시일 항목은 추정한 처리 시간에 맞춰 출시할 수 있는 이상적 시점이 가까워져서 입력 대기열로 선택될 때까지 백로그에 머문다.
- 고정 출시일 항목은 위험이 비교적 더 적은 다른 항목보다 먼저 당긴다. 이 사례에서는 표준 클래스 또는 무형 클래스보다 먼저 당긴다.
- 고정 출시일 항목은 반드시 진행 중 업무 제한을 지켜야 한다.
- 고정 출시일 항목을 완료하고 릴리스 준비가 되면 릴리스 대기열에서 차례를 기다린다. 요청받은 출시일 바로 전 규칙적 릴리스 날짜에 릴리스한다.
- 고정 출시일 항목이 늦어져서 원하는 날짜에 릴리스하는 것이 위험하다면, 항목의 서비스 클래스를 긴급 요청으로 바꿀 수 있다.

표준 클래스

- 표준 클래스 항목은 노란색 카드를 사용한다.
- 표준 클래스 항목에는 투표 같이 합의한 방식으로 입력 대기열에 우선순위를 부여하며, 보통 지연 비용이나 비즈니스 가치를 고려하여 선택한다.
- 표준 클래스 항목이 시스템으로 당겨지면 선입선출FIFO 대기 방식을 사용한다. 일반적으로 팀원에게 선택권이 주어지는 경우, 우선 선택해야 하는 긴급 항목이나 고정일 항목이 없는 경우 가장 오래된 표준 클래스 항목을 당긴다.
- 표준 클래스 항목을 완료하고 릴리스 준비가 되면 릴리스 대기열에서 대기한다. 다음 일정의 릴리스 날짜에 릴리스한다.
- 공수나 처리 시간을 결정하기 위한 추정을 수행하지 않는다.
- 표준 클래스 항목은 그 크기를 분석할 수도 있다. 큰 항목은 더 작은 항목으로 분할할 수 있다. 각 항목은 개별적으로 대기열에 들어가고 흘러간다.
- 표준 클래스 항목은 보통 선택된지 x일 안에 m%의 완료일 달성 실적으로 출시된다.

일반적인 표준 클래스의 서비스 수준 합의는 30일의 리드 타임으로 80%의 완료일 달성 실적을 갖는다. 다시 말해 다섯 개 요청 중에서 네 개 요청이 30일 안에 출시되어야 한다.

무형 클래스

- 무형 클래스 항목은 녹색 카드를 사용한다.
- 무형 클래스 항목은 투표 같이 합의한 방식으로 입력 대기열에 들어가며, 보통 장기적 영향이나 지연 비용을 고려하여 선택한다.

- 무형 클래스 항목은 특별한 상황으로 인해 시스템으로 당겨진다. 더 높은 클래스 항목을 선택할 수 없는 경우에 팀원들은 언제든지 무형 클래스 항목을 당겨올 수 있다.
- 무형 클래스 항목을 완료하고 릴리스 준비가 되면 릴리스 대기열에 들어간다. 이 항목들을 다음 릴리스 날짜에 릴리스하거나 다른 항목과 통합할 수 있을 때까지 대기한다.
- 공수나 처리 시간을 결정하기 위한 추정을 수행하지 않는다.
- 무형 클래스 항목은 그 크기를 분석할 수도 있다. 큰 항목은 더 작은 항목으로 분할할 수 있다. 각 항목은 개별적으로 대기열에 들어가고 흘러간다.
- 일반적으로 무형 클래스 항목은 긴급 요청을 처리하는 동안 잠시 중단한다.
- 무형 클래스 항목에는 서비스 수준 합의가 필요 없을 수도 있다. 필요하다면 60일 안에 50%의 완료일 달성 실적 같이, 표준 클래스 항목보다 더 느슨하게 정해야 한다.

서비스 출시 목표 결정

앞서 예로 들었던 서비스 클래스에서 표준 서비스 클래스의 목표 리드 타임은 18일(2주)이다. 목표 리드 타임을 완료일 달성 실적과 함께 제공한다는 개념을 통해 각 항목을 개별적으로 처리하는 것 같은 효과를 낼 수 있으며 각 출시일을 추정하고 약속하는 것이나 마찬가지가 된다. 서비스 수준 합의를 사용하면 추정처럼 비용이 드는 활동 또는 약속처럼 신뢰도가 낮은 활동을 피할 수 있으며, 수많은 요청을 한데 묶어 완료일 달성 실적이라는 단 하나의 성과 지표만을 약속함으로써 위험을 분산할 수 있다. 약속을 하지 않으면 그 약속을 지킬 필요가 없어지고 고객의 신뢰를 잃을 수도 있는 위험을 피할 수 있다. 그러므로 표준 서비스 클래스의 목표 리드 타임이 바로 목표 그 자체임을 소통하는 것이 중요하다!

목표 리드 타임을 결정하려면 이력 데이터를 갖고 있는 것이 도움이 된다. 합리적으로 추측할 수 있는 아무런 데이터도 갖고 있지 않은 경우도 있다. 그렇다면 목표 리드 타임을 결정할 수 있는 가장 과학적 수단은, (실버 카탈리스트처럼) 통계 처리 제어 기능이 있는 통계 프로세스 관리 패키지나 칸반 추적 도구를 사용하여 리드 타임(첫 선택에서 출시까지)을 처리하고, 리드 타임에 관리 상한upper limit control[2]을 적용하는 것이다. 이렇게 하면 거의 대부분은 목표를 달성할 수 있게 되며, 정말로 원인을 알 수 없는 문제가 있는 경우에만 목표를 빗나가게 된다(더 자세한 설명은 19장을 참고한다).

반면에 앞 단락의 내용이 여러분에게 별로 와닿지 않는 상황에서, 전문가가 아닌 사람들은 팀이 달성할 수 있으면서도 계속 집중할 수 있을 정도로 적극적인 리드 타임을 원하는 경우라고 설명할 때가 많다. 업무 항목은 크기, 복잡도, 위험, 필요한 전문성에서 매우 다양할 것이다. 그렇다면 리드 타임도 상당히 다양하다. 괜찮다. 이력 데이터의 스펙트럼을 분석해 보면 약 70%의 항목이 28일 이내에 출시되었다는 사실을 알게 되었고 나머지 30%는 100일을 넘어서 퍼져 있는 상태라면, 목표 출시일을 28일로 제안하는 것이 아마도 당연한 일일 것이다.

나는 서비스 클래스를 사용하는 것이 매우 강력한 기법임을 알게 되었다. 2007년에 우리 팀에서는 대략 30%의 요청이 목표 리드 타임을 벗어났다. 우리는 이 내용을 완료일 달성 실적 수치로 공개했다. 완료일 달성 실적이 70%를 넘는 경우가 없었다. 그러나 이렇게 우울한 목표 대비 성과에도 불구하고 불평의 대상이 되는 일은 거의 없었다. 그 이유는 분명하다. 위험이 크거나 가치가 높은 중요한 항목은 전부 일정에 맞추었고, 매우 규

---

2   (옮긴이) 제품이나 서비스의 적정 품질의 최고 수준을 나타내는 값이다. 프로세스에 생기는 변동의 이상 요인을 판정하는 데 사용하는 선으로 일반적으로 관리도에서 품질 특성의 평균값 μ로부터 3σ 위에 있는 선이다.

칙적으로 출시함으로써 항목이 지연되더라도 2주에서 4주 사이에는 출시될 것이라는 신뢰가 있었기 때문이다.

긴급 서비스 클래스 또는 고정 출시일 서비스 클래스 같은 중요한 항목은 항상 일정을 맞추었다. 그동안에 지연된 다른 표준 클래스 항목은 보통 단 한두 번의 릴리스(14일이나 28일)만 지연되었다. 고객은 릴리스 케이던스를 신뢰했다. 그 신뢰는 실천을 통해 얻은 것이다. 우리는 꾸준히 격주 수요일마다 출시했다. 다수의 표준(그리고 무형. 당시에는 무형 클래스 항목을 별도로 다루지 않았다) 클래스 항목의 사소한 지연 비용으로, 비즈니스 쪽에서는 진행 중 업무가 정확히 언제 출시되는지 고심하기보다, 출시된 항목에 집중하고 향후에 진행할 항목에 대한 계획을 수립했다.

칸반의 서비스 클래스가 분명히 고객 심리를 바꾸었고 관계와 기대 유형을 바꾸었기 때문에 이 결과는 중요한 것이었다. 이제 고객은 특정 항목의 출시를 지향하는 것이 아니라 장기적 관계와 시스템의 성과를 지향하고 있었다. 따라서 개발 팀은 고객과 서로 신뢰가 낮아서 생기는 이슈를 처리하려고 시간을 낭비하지 않고 옳은 일에 집중할 수 있는 자유를 얻었다.

서비스 클래스 할당

항목의 서비스 클래스는 해당 항목이 입력 대기열로 선택되어 들어올 때 할당해야 한다. 긴급 요청 항목이라면, 두말할 필요도 없이 가능하면 빨리 처리해야 한다는 의미를 포함한다. 즉각적인 기회가 보이거나 요청이 충족되지 않으면 상당한 비용이 발생하는 비즈니스 케이스인 경우 긴급 서비스 클래스로 할당한다. 그 비용이 이미 발생하고 있을 수도 있다. 매우 심각한 제품 결함이 그 대표적인 예다.

고정 출시일 항목 역시 그 특성상 따로 설명할 필요가 없을 것이다. 이런 요청은 독립 규제 기관이 규정한 새로운 규제 요구 사항이나 시기에 민감한 비즈니스 특성과 관련이 있을 것이다. 항목에 고정 출시일이 있다면, 대개는 그 날짜가 정해져 있고 적당한 기간이 있으며(표준 서비스 클래스의 목표 리드 타임의 약 두 배), 그 항목은 시기 적절한 출시를 보장할 수 있는 최적의 시점에 시작하는 것으로 추정한 상태일 수도 있다.

항목이 표준 클래스인지 무형 클래스인지 선택하기 어려운 경우가 있다. 내가 살펴본 바로는 표준 클래스 항목이라면 보통 즉시 효과를 발휘하는 기회 비용 함수를 갖고 있다. 신규 기능을 오늘 출시하면 내일부터 수익을 낼 수 있는 경우가 바로 그런 예다. 그렇기 때문에 가능하면 빨리 출시하는 것이 바람직하지만, 지연된다고 해서 고정일 유형이나 긴급 요청 같은 불이익을 불러오지는 않는다.

무형 항목은 지연 (기회) 비용이 가까운 미래에 영향을 주지는 않지만 중요하고 가치 있는 항목인 경우가 많다. 일반적으로 비용 함수가 상승 변곡점을 만드는 지점은 앞으로 다가올 분기 또는 연도다. 즉시 계획을 수립해야 하는 대상 시간이 대개의 리드 타임의 두세 배 정도로 상당히 멀리 떨어져 있다. 현재 리드 타임이 보통 28일이라면 계획 대상 시간은 아마도 3개월 정도가 될 것이다. 3개월 이내에 기회를 잃거나 구체적인 비용이 발생하는 항목은 표준 클래스로 다루어야 하고, 반면에 비용이나 이익이 미래의 분기 또는 연도까지 현실화되지 않는 항목이라면 무형 클래스 항목으로 다루어야 한다.

서비스 클래스 활용

칸반 시스템마다 별도로 서비스 클래스를 정의해야 한다. 모든 팀원에게 각 서비스 클래스 정책을 설명해 주어야 한다. 아침에 스탠드업 회의에 참석하는 사람이라면 사용 중인 서비스 클래스를 제대로 식별하고 이해하고 있어야 한다. 이렇게 하기 위한 효과적인 방법은 서비스 클래스 수를 매우 적게 유지하는 것이나(네 개에서 여섯 개 사이가 적당하나). 그리고 다시 강조하지만, 모든 팀원이 서비스 클래스와 그 의미, 그리고 사용 방법을 기억해야 하기 때문에 각 서비스 클래스 정책의 수 또한 작고 단순하게 유지해야 한다. 정책이 의미하는 바도 모호하지 않아야 한다. 다시 한 번 더 강조한다. 각 서비스 클래스마다 정책이 여섯 가지를 넘지 않는 것이 좋다.

서비스 클래스를 이해하고 있고 각 서비스 클래스 관련 정책을 잘 알고 있는 팀이라면, 업무 흐름을 스스로 조직할 수 있는 권한을 부여받은 팀일 것이다. 업무 항목은 비즈니스 가치와 고객 서비스를 최적화하는 방식으로 시스템을 통해 흘러가야 하며, 그렇게 하면 고객 만족을 최대화하는 소프트웨어 릴리스가 탄생한다.

서비스 클래스의 수용량 할당

그림 11.3은 진행 중 업무 제한이 모두 20인 칸반 시스템을 보여준다. 네 가지 색상으로 각 서비스 클래스를 나타내는 티켓을 사용한다. 흰색 긴급 티켓은 진행 중 업무 제한에 영향을 주지 않지만, 한 번에 하나의 항목으로 제한한다. 따라서 긴급 티켓이 출현하면 전체 수용량에 5%의 영향을 주게 되며, 실질적으로 진행 중 업무는 21개로 증가한다. 이 사례에서 보라색 고정 출시일 티켓은 전체의 20%로 나타나고 있다. 언제나 보드 위에는 보라색 티켓이 네 개까지만 있을 수 있으며, 어떤 열에도 있을 수 있다는 것을 의미한다. 노란색 표준 클래스 항목은 모두 열 개까지 가능하며 전체 할당의 50%를 차지한다. 나머지 30%는 녹색의 무형 클래스 항목에 할당되어 있다.

다양한 서비스 클래스에 수용량이 할당되어 있기 때문에, 입력 대기열 보충 활동이 각 클래스의 가용 수용량으로 인해 복잡해진다. 현재 상태를 보면 고정 출시일 항목은 한 개 그리고 무형 클래스 항목은 세 개 수용이 가능하다. 이 상황에서 많은 질문이 가능하다. 현재 고정일 항목에 대

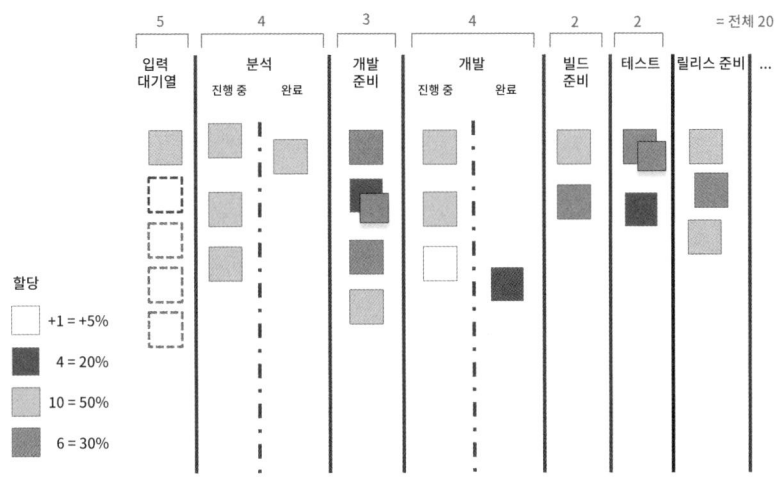

그림 11.3 서비스 클래스에 할당한 수용량을 보여주는 카드벽

한 요구가 없다면? 그렇다면 어떻게 해야 할까? 그 칸을 표준 클래스 항목으로 채워야 할까? 만약 표준 클래스 항목으로 채운다면 그 항목에 고정일 상태를 부여해야 할까, 아니면 그냥 표준 클래스 항목으로 다루어야 할까? 그냥 수용량 할당 정책을 조정하면 안 될까?

이 모든 질문이 타당하며 칸반 시스템을 사용하면 가장 흔히 발생하는 이슈다. 이 질문에는 정답이나 오답이 없다. 그 답은 맥락에 따라 다르며 각 상황마다 유일하다.

주어진 할당 비율에서 추론해볼 수 있는 것은 해당 분야에는 중요한 고정일 유형의 항목이 많고 무형 항목으로 확보한 수용량 또한 상당히 많다는 사실이다. 이러한 추론으로 미루어 플랫폼 교체처럼 출시일이 비교적 많이 남아 있는 주요 계획이 진행 중이라는 것을 알 수 있다. 또한 해당 분야에는 커다란 위험 요소가 있을 수도 있다는 것을 나타내고 있다. 아마도 긴급 요청이나 고정일 항목의 수가 특정 시기에 증가하는 요구 특성이 있을 것이다. 불만 고객이 늘어나지 않도록 하면서 이러한 시기적 요구에 원활히 반응하려고, 우리는 표준 클래스 항목에 할당된 수용량보다 무형 항목에 더 많은 수용량을 할당하고 있다. 시스템에 잉여 시간을 더 많이 만들고 있는 것이다.

입력 대기열에 고정일 빈칸이 있고 그 칸에 채울 만한 적당한 고정일 클래스 항목이 없을 때 어떤 선택을 해야 하는지는 해당 분야에 어떤 위험이 있는가에 달려 있다. 해당 분야에 중요한 고정일 항목 요구가 있고 이 항목에 관련 비용이 높다면(따라서 위험이 높다면), 그냥 빈칸으로 남겨둘 수도 있다. 향후에 생길 수 있는 고정 출시일 항목을 위해 그 수용량을 남겨두는 것이 좋을 수도 있다. 그러나 위험이 낮다면 그 칸을 표준 클래스 항목으로 채울 수도 있다. 나중에 고정일 항목이 생겨나면 표준 클래스 항목을 미뤄두거나 임시로 진행 중 업무 제한을 초과할 수 있다. 어떻게 선택하든지 리드 타임, 완료일 달성 실적, 리드 타임의 변동성 분포, 고객 만족, 위험 관리에 미치는 영향이 달라질 것이다. 여러분은 스스로 이러한 결정을 내릴 필요가 있다. 적절히 경험을 발전시키고 팀이나 프로젝트 또는 조직에 최선의 선택을 내리려면 시간이 필요할 것이다.

수용량 할당은 칸반 시스템의 전략 중 한 가지일 뿐이다. 할당이 요구와 맞지 않다는 사실이 드러나면, 그 요구에 맞게 정책을 바꾸고 진행 중 업무 제한을 조정하면 된다.

이것만은 기억하자

- 서비스 클래스는 고객 만족을 최적화하는 단순한 방법을 제공한다.
- 업무 항목은 해당 항목이 비즈니스에 미치는 영향에 따라 서비스 클래스를 할당해야 한다.
- 서비스 클래스는 시각적으로 명확하게 표시해야 한다. 예를 들어 서비스 클래스를 나타내기 위해 카드벽에 다양한 색상의 카드를 사용하거나 별도의 레인을 사용한다.

- 각 서비스 클래스마다 관리 정책을 정의해야 한다. 위험이 높은 항목의 서비스 클래스에서만 추정 같은 낭비 활동을 포함한다.
- 팀원은 서비스 클래스 및 그 정책을 이해하기 위한 교육을 받아야 한다.
- 목표 리드 타임을 정해야 하는 서비스 클래스도 있다.
- 완료일 달성 실적(%)은 목표 리드 타임으로 살펴보아야 한다.
- 서비스 클래스를 사용하면 스스로 조직화를 할 수 있게 되고, 팀원에게 권한을 부여하며, 관리 시간에 업무가 아니라 프로세스에 집중할 수 있게 된다.
- 서비스 클래스는 고객의 심리를 바꾼다.
- 서비스 클래스를 규칙적 출시 케이던스와 함께 적절히 사용하고 있다면, 상당 비율의 항목이 목표 리드 타임에 도달하지 못하더라도 불평을 듣는 일이 거의 없을 것이다.
- 각 서비스 클래스에 칸반 시스템의 수용량을 할당해야 한다.
- 각 서비스 클래스에 할당된 수용량 비율은 요구에 따라 조정해야 한다.

12

지표 및 관리 보고

칸반이 비록 개입을 최소화하고 가치 흐름, 직책, 책임의 변화를 가능하면 적게 하기 위한 아이디어지만 칸반을 사용하면 팀은 파트너, 즉 외부 이해관계자와 소통하는 방법을 바꾸게 된다. 이로 인해 칸반에서는 전통적 또는 애자일 프로젝트 관리 방식에서 사용하는 것과는 다소 다른 지표를 사용해야 한다.

칸반의 지속적 흐름 시스템에서는 프로젝트를 '제시간'에 완료할 수 있는지 또는 구체적 계획을 따르고 있는지는 별로 관심을 두지 않는다. 중요한 것은 칸반 시스템이 예측 가능하고 설계한 대로 운영되고 있다는 것, 조직이 비즈니스 기민성을 드러내고 있다는 것, 흐름에 집중하고 있다는 것, 지속적 개선이 분명히 발전하고 있다는 것을 보여주는 것이다.

예측성을 살펴보려면 서비스 클래스의 약속을 얼마나 잘 수행하고 있는지 살펴보면 된다. 업무 항목을 적당히 다루고 있는가? 그리고 서비스 클래스에 목표 리드 타임이 있는 경우 그것을 얼마나 잘 수행하고 있는가? 완료일 달성 실적은 어떠한가?

각 지표가 시간에 따라 점점 변화하는 추세를 추적하면 그 지표의 변동 분산을 볼 수 있다. 지속적으로 개선되는 모습을 보고 싶다면 평균 추세가 점점 개선되는지 살펴보면 된다. 예측성이 개선되는 모습을 보고 싶다면 변동 분산이 감소하고 완료일 달성 실적이 증가하는지 살펴보면 된다.

진행 중 업무 추적

그러나 성과를 측정하기에 앞서 가장 기초적인 측정은 칸반 시스템이 적절히 운영되고 있다는 것을 보여주는 것이다. 그렇게 하려면 시스템 각 단계에서 진행 중 업무의 양을 보여주는 누적 흐름도cumulative flow diagram가 필요하다. 칸반 시스템이 올바르게 흘러가고 있다면, 차트에 있는 띠의 모양이 모두 매끄러워야 하고 그 높이가 안정적이어야 한다.

그림 12.1의 사례는 그 팀이 진행 중 업무 제한을 얼마나 잘 유지하고 있는지 보여준다. 이 그래프의 중간쯤을 보면 진행 중 업무(중간의 밝은 색깔 띠)가 증가하고 있다는 것을 알 수 있다. 맨 처음 진행 중 업무 제한은 정확히 27이었다. 마지막에는 인원 조정으로 인해 진행 중 업무 제한이 21이 되었다. 이 진행 중 업무의 가로 폭을 보면 평균 리드 타임도 알 수 있다.

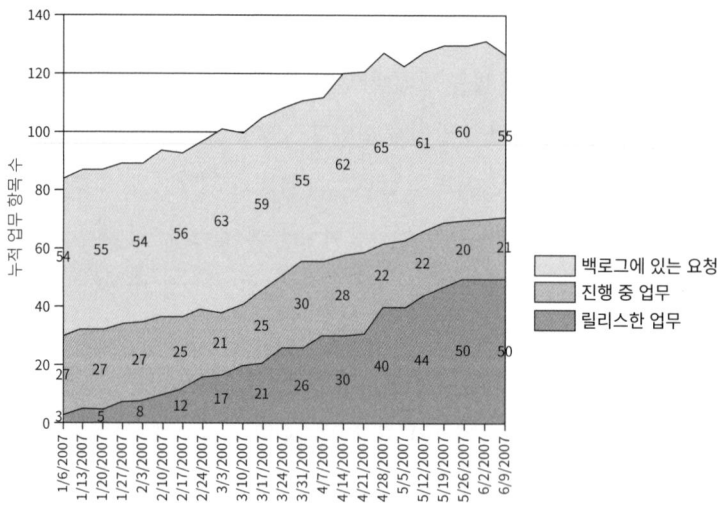

그림 12.1 칸반 시스템의 누적 흐름도

리드 타임

그다음으로 재미있는 측정은 조직이 서비스 클래스에서 정한 약속을 얼마나 정확히 지켜서 출시하고 있는가다. 이것을 살펴보려면 리드 타임 lead time을 측정하면 된다. 긴급 항목이었다면 주문을 받아서 제품에 포함할 때까지 얼마나 빠르게 처리했는가? 표준 클래스라면 목표 리드 타임 내에 출시했는가? 나는 이 데이터를 보여주는 가장 좋은 방법이 서비스 클래스의 서비스 수준 합의에 있는 목표 리드 타임을 그래프로 그려서, 리드 타임의 스펙트럼을 분석하는 것이라는 사실을 알게 되었다(그림 12.2).

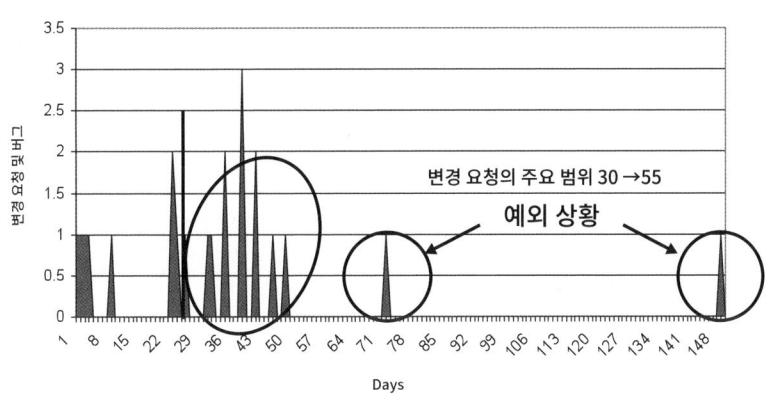

그림 12.2 리드 타임 스펙트럼 분석 사례

평균 리드 타임을 보고하려고 전반적 성과를 성적표 형태로 만들어 사용하기도 하지만(그림 12.3), 예측성을 나타내거나 개선 기회를 알려주는 수단으로는 그다지 도움이 되지 않는다.

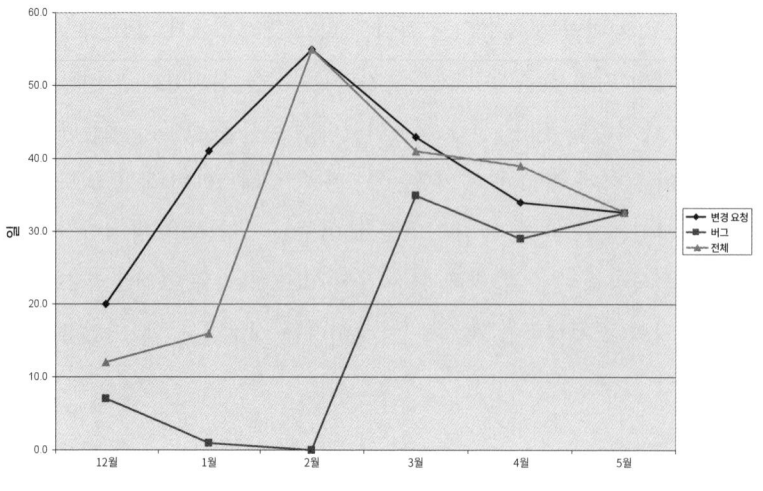

그림 12.3 평균 리드 타임의 변화

스펙트럼 분석이 더 유용한데 항목이 아슬아슬하게 목표 시간을 지키지 못했는지 아니면 다른 통계적 예외 상황인지 알 수 있기 때문이다. 그림 12.4처럼 목표 충족에 실패한 항목을 묶어서 근본 원인을 조사하는 것이 좋다. 이러한 근본 원인을 처리할 수 있다면, 완료일 달성 실적(기대한 대로 출시한 항목의 비율)을 개선할 수 있을 것이다.

리드 타임과 완료일 비율	리드 타임(평균 날짜)			완료일 달성 실적(%)	
구간	목표	2007년 5월	2006년 12월 ~2007년 5월	2007년 5월	2006년 12월 ~2007년 5월
리드 타임, 릴리스 준비 (변경 요청 및 버그 수정)	30	32.5	31.1	52	50
리드 타임, 릴리스 준비 (변경 요청만)	30	32.6	40.4	50	30
리드 타임, 릴리스 준비 (버그만)	30	32.5	19.6	55	75

그림 12.4 평균 리드 타임과 완료일 달성 실적을 보여주는 보고서

완료일 달성 실적

나는 가장 마지막 달의 완료일 달성 실적과 올해 초부터 현재까지의 완료일 달성 실적Due Date Performance을 보고하는 것이 쓸모 있다는 사실을 알게 되었다. 비교를 위해 전년 동기 대비(또는 12개월 전 대비) 성과를 보고하고 싶을 수도 있다. 따라서 13개월 치 데이터를 사용하는 것이 좋다.

고정 출시일 서비스 클래스 항목에서는 이 값을 완료일 달성 실적 수치에 포함할 수 있다. 이 경우는 다음 질문에 대답하는 것이다. "그 항목을 제시간에 출시했는가?" 그러나 리드 타임 기록이 있더라도 그 자체로는 추정 리드 타임과 실제 리드 타임을 비교하는 것만큼 흥미롭지는 않다. 추정 리드 타임과 실제 리드 타임을 비교해 보면 팀이 얼마나 예측 가능한지, 그리고 고정 출시일 서비스 항목을 얼마나 잘 수행하고 있는지 알 수 있다. 고정일 항목에는 분석과 추정이 따른다는 사실을 기억하자. 고정일 항목의 완료일 달성 실적은 초기에 추정한 값의 품질을 결정짓는 요소다. 당연히 해당 항목이 지정한 날짜보다 앞서 제시간에 출시되었는지가 가장 중요한 측정이다. 정확한 추정은 시스템이 얼마나 효율적으로 작동하고 있는지 보여주는 수치다. 추정치가 정확하지 못하면 팀은 출시일을 보장하기 위해 고정일 항목을 미리 시작하려는 경향이 생긴다. 이런 상황은 최선이 아니다. 가치 및 처리량 관점에서의 전반적 성과는 추정을 개선하여 향상시킬 수 있다.

처리량

처리량throughput은 일정 기간(예를 들어 1개월) 내에 출시한 항목 수(또는 그 항목의 가치를 나타내는 지표)로 보고해야 한다. 그림 12.5에서 보여주고 있는 것처럼 처리량은 시간 흐름에 따른 추세 형태로 보고해야 한다. 목표는 그 값이 지속적으로 증가하는 것이다. 처리량 측정은 애자일에서 '속도velocity' 측정과 매우 비슷하다. 얼마나 많은 사용자 스토리 또는

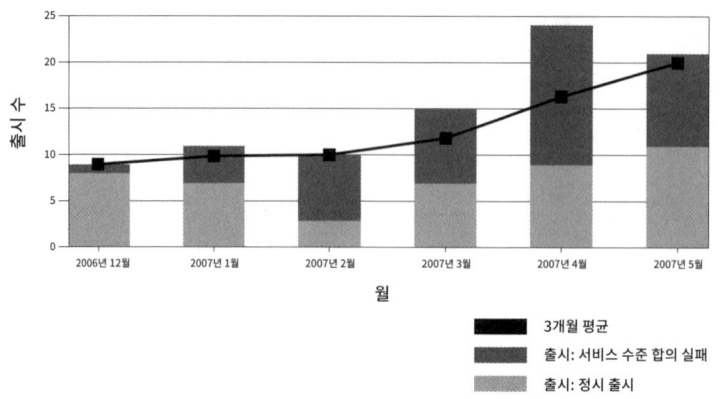

그림 12.5 처리량을 보여주는 막대 그래프

스토리 점수를 일정 기간 내에 완료했는지 나타낸다. 애자일 요구 사항 기법을 사용하지 않고 있지만 기능 명세 항목, 변경 요청, 유스 케이스, 그 외 다른 것들을 처리하고 있다면 그 수를 측정해 보고하면 된다.

첫 단계에서는 가공하지 않은 수치를 보고하는 것이 중요하다. 팀이 성숙해지고 더 정교해지면 스토리 점수, 기능 점수 또는 기타 다른 정량적 수치 같은 상대적 크기를 보고할 수도 있다. 이미 조직이 매우 정교한 상태라면 출시한 업무 가치를 금액으로 환산하여 보고할 수도 있다. 이 글을 쓰고 있는 지금은 런던의 BBC에 있는 단 한 팀만이 출시한 업무 가치를 금액으로 보고할 수 있다고 알고 있다.

칸반에서 처리량 데이터는 보통의 애자일 개발 환경에서 사용하는 속도와는 전혀 다른 목적으로 사용한다. 일정한 기간이나 특정 출시 약속 내에 출시할 수 있는 양을 예측하기 위해 처리량을 사용하는 것이 아니다. 시스템(팀과 조직)이 얼마나 잘 수행하고 있으며 지속적 개선을 보여주는지 살펴보기 위해 처리량을 사용한다. 칸반에서는 리드 타임과 목표 출시일로 약속한다. 비교적 규모가 큰 프로젝트에서는 변동성을 적절히 완화시킨 대략적인 완료 시간을 나타내기 위해 처리량을 사용할 수 있다.

이슈 및 차단 업무 항목

이슈 및 차단 업무 항목 그래프는 그림 12.6처럼, 누적 흐름도 위에 보고된 장애물에 의해 차단된 업무 항목 수를 표시한 그래프다. 이 그래프를 사용하면 조직이 차단 이슈 및 그 영향을 얼마나 잘 밝혀내서 보고하고 관리하는지 알 수 있다. 완료일 달성 실적이 좋지 않다면 이 그래프를 통해 많은 장애물이 발견되지 못하고 충분히 빨리 해결하지 못하고 있다는 사실을 알 수 있을 것이다. 고위 관리자에게 장애물과 그 영향을 알려주는 일일 보고에 이 그래프를 사용할 수 있다. 또한 조직이 장애물을 해결하고 흐름을 유지할 수 있는 능력이 얼마나 있는지, 즉 이슈 관리 및 해결 능력을 측정하기 위한 장기 성적표로 사용할 수도 있다.

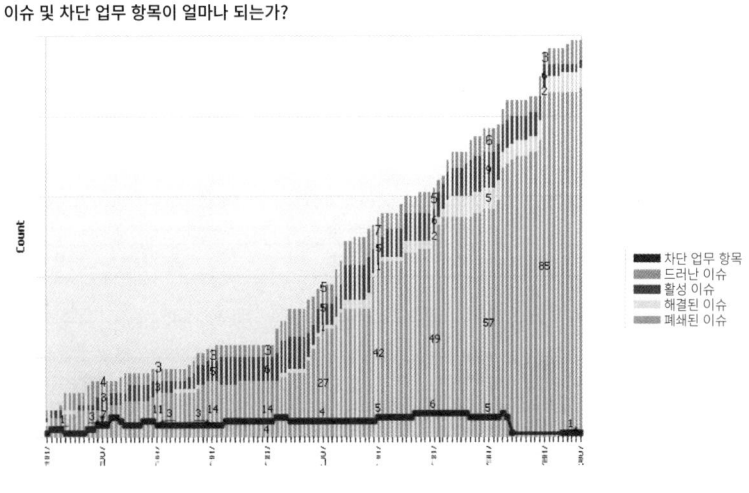

그림 12.6 이슈 및 차단 업무 항목 그래프

흐름 효율성

시스템 낭비를 알 수 있는 좋은 린 수치는 터치 타임 대비 리드 타임을 측정하는 것이다. 제조업에서 터치 타임touch time이란 작업자가 실제로 업무를 수행하는 데 소요된 시간을 의미한다. 소프트웨어 개발에서는 터치 타임을 측정하기 매우 어렵다. 그러나 거의 모든 추적 시스템에서는 차단 시간 및 대기 시간 대비 (개인의) 할당 시간을 추적할 수 있다. 따라서 할당 시간 대비 리드 타임을 보고하는 것이 시스템 낭비를 정확하게 나타낸다고 볼 수는 없지만, 그림 12.7 같이 얼마나 많은 잠재적 개선 지점이 있는지 나타내는 비율을 보수적으로 알 수 있다.

처음에 이 비율이 10:1 정도라고 해서 불안해할 필요는 없다. 나는 수많은 콘퍼런스에 참가하면서 신형 항공기 설계 또는 의료 장비 설계 같은 다양한 업계에서 온 발표자를 보아왔는데, 그 사람들이 보고한 비율은 거의 비슷했다. 지식 산업에 종사하는 우리는 대단히 비효율적 상태에 놓여 있는 것처럼 보이며, 아이디어나 요청을 효율적으로 작동하는 제품으로 바꾸는 데 필요한 기민성이 부족한 듯 싶다.

흐름 효율성을 매일 측정하는 것은 별로 유용한 일이 아니다. 그러나 다시 강조하지만 지속적 개선의 또 다른 수치가 될 수도 있다.

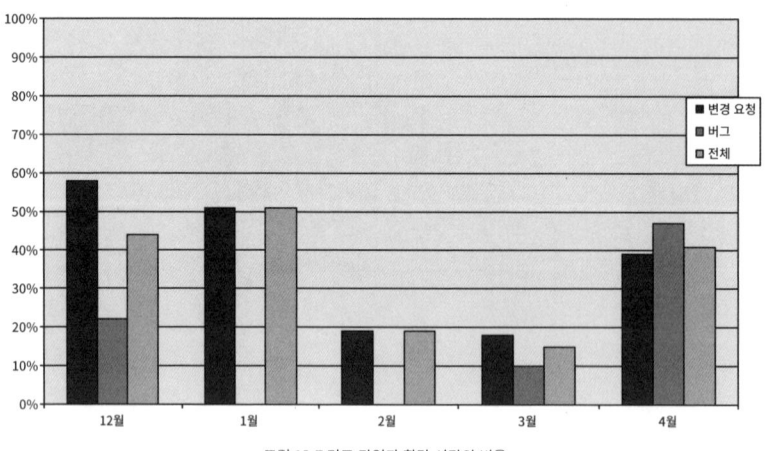

그림 12.7 리드 타임과 할당 시간의 비율

초기 품질

결함은 기회 비용을 나타내며 칸반 시스템의 리드 타임과 처리량에 영향을 미친다. 미처 발견하지 못한 결함의 수를 전체 진행 중 업무와 처리량 대비 비율로 보고하는 것이 좋다. 그림 12.8 같이 시간이 흐르면서 결함 비율이 0에 가깝게 떨어지는 모습을 보여야 한다.

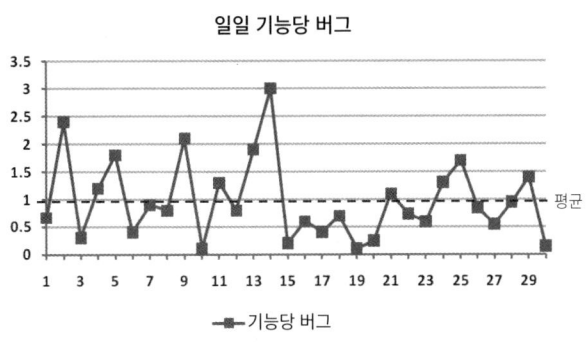

그림 12.8 기능당 결함 그래프

실패 부하

실패 부하는 낮은 초기 품질로 말미암아 얼마나 많은 업무 항목을 처리하게 되는지 추적하는 것이다. 즉, 실패 부하는 얼마나 많은 업무 항목이 제품 결함으로 인한 것인지 또는 낮은 사용성이나 사용자 요구를 제대로 예측하지 못해서 고객 서비스 조직이 요청한 신규 기능으로 인한 것인지를 나타낸다. 이상적으로 실패 부하는 시간이 흐르면서 낮아질 것이다. 이것은 조직 전체가 개선되고 있고 시스템 수준에서 사고하고 있다는 좋은 수치다.

이것만은 기억하자

- 일일 진행 중 업무 제한을 살펴보려면 누적 흐름도를 사용하여 진행

중 업무를 추적한다.
- 각 항목을 진행한 리드 타임을 추적하고 각 서비스 클래스의 평균 및 스펙트럼 분석을 보고한다.
- 리드 타임은 비즈니스 기민성을 나타내는 수치다.
- 고정 출시일 서비스 클래스 항목은 추정 리드 타임 대 실제 리드 타임을 추적한다.
- 예측성을 나타내는 지표로 완료일 달성 실적을 보고한다.
- 장애물은 흐름을 차단하고 리드 타임과 완료일 달성 실적에 영향을 미친다. 누적 흐름도 위에 차단 항목을 표시하는 그래프로 차단 이슈와 차단 업무 항목 수를 보고한다. 문제를 보고하고 빠르게 그 문제를 해결할 수 있는 능력을 나타내는 데 사용한다.
- 흐름 효율성은 리드 타임 대비 할당된 개발 시간의 비율이다. 그것은 조직이 새로운 작업을 진행할 때 얼마나 효율적인지를 가리키며, 비즈니스 기민성을 나타내는 두 번째 지표다. 또한 공학적 방법을 바꾸지 않고도 개선 여지가 얼마나 있는지도 나타낸다.
- 초기 품질은 테스터가 시스템에서 발견한 버그 수를 보고하며, 초기 품질이 나쁘면 얼마나 많은 수용량이 낭비되고 있는지를 알 수 있다.
- 실패 부하는 시스템 실패로 인해 생성된 업무 비율을 보고하며, 새롭게 가치를 부가하는 기능에 사용할 수 있도록 남아 있는 수용량을 보여준다.

13

칸반 확대

지금까지 이 책에서 언급한 칸반 적용 사례와 이야기는 소프트웨어 유지 보수, 즉 제품 릴리스가 빠르고 주기적인 소규모 시스템 변경에 집중하고 있다. 유지 보수도 그 종류가 매우 다양하며 소프트웨어 개발 관련 업무를 하는 독자 중 상당수는 여기에서 유용한 조언과 지침을 얻을 수 있을 것이다. 또한, 실시간으로 대응을 해야 하는 IT 지원 업무나 운영 업무에도 티켓 시스템을 사용하는 경우가 많은데 칸반은 이런 상황에도 유용하다. 그러나 규모가 상당히 큰 프로젝트 개발을 주로 하는 사람도 있다. 이 책을 읽으면서 대형 프로젝트나 프로젝트 포트폴리오 전반에 칸반을 사용하는 이유와 방법에 대해 의구심이 든다면, 칸반이 중요하고 긍정적인 문화의 변화를 가능하게 한다고 말했던 5장의 내용이 그 답이 될 수 있길 바란다. 지금까지 살펴본 칸반의 장점을 보면 충분히 다음 같은 질문을 할 수 있다. "어떻게 하면 대형 프로젝트에 칸반을 사용할 수 있을까?"

대형 프로젝트는 상당히 도전적이다. 많은 요구 사항을 동시에 릴리스해야 하며, 첫 출시까지 매우 오랜 기간이 필요하다. 팀 크기도 더 크다. 동시에 진행해야 하는 업무도 많을 것이다. 매우 많은 부분을 통합해야 할 수도 있다. 이 업무가 전부 소프트웨어 개발인 것도 아니다. 예를 들어 문서화나 패키지 디자인은 릴리스를 하기 전에 마지막으로 빌드한 소프트웨어와 통합해야 한다.

그렇다면 이러한 문제를 이떻게 극복할 수 있을까?

첫 번째 원칙을 고려해 보는 것이 그 해답이다. 진행 중 업무를 제한하고 시각적 신호 시스템을 사용해서 업무를 당기는 것이 칸반의 첫 번째 원칙이다. 그 외에도 고민의 출발 지점으로서 린 원칙, 애자일 원칙, 그리고 현재 사용하고 있는 업무 흐름 및 프로세스를 살펴본다. 우리는 진행 중 업무를 제한하고, 시각적 제어 및 신호를 사용하며, 그 일을 할 수 있는 수용량이 있을 때에만 업무를 당기고 싶다. 그리고 작은 크기의 배치를 이동시키고, 가치에 의해 우선순위를 부여하며, 위험을 관리하고, 정보가 완벽하지 않더라도 일을 진행하며, 높은 신뢰 문화를 구축하고, 프로젝트 도중에 생기는 변화에 빠르고 적절하게 대응하기를 원한다.

입력 대기열 보충을 하려면 대형 프로젝트에서도 유지 보수 계획과 마찬가지로 우선순위 부여 케이던스를 합의할 필요가 있다. 보통 짧은 케이던스로 회의를 자주 하는 편이 더 낫다. 칸반의 원칙을 다시 살펴보자. 마케팅 팀이나 비즈니스 책임자와 함께 앉아서 개발 대기열의 다음 항목에 합의하는 데 드는 처리 비용 및 조정 비용은 무엇인가? 가치 흐름의 끝 부분은 하나의 릴리스가 아니라 여러 부분의 통합이나 동기화가 될 것이다. 그래서 첫 번째 원칙을 다시 말하자면, 통합이나 동기화의 처리 비용 및 조정 비용을 살펴보고 케이던스를 합의한다. 다시 한 번 더 강조하지만 자주 하는 것이 좋다. 이렇게 질문해 보자. "비즈니스 쪽 사람들에게 현재 업무를 보여주기 위해 필요한 것은 무엇이며, 그 업무를 '릴리스 준비'하려면 무엇을 통합해야 하는가?"

그런 다음에는 진행 중 업무 제한을 합의하고 싶을 것이다. 이것에 대해 사고하는 원칙은 변하지 않는다. 여전히 서비스 클래스는 중요하며 프로젝트 중간에 생기는 변화에 적절히 대처하는 데 도움이 될 것이다.

계층적 요구 사항

프로젝트의 업무 항목 유형도 정의할 필요가 있다. 수많은 주요 프로젝트의 요구 사항은 계층적이라는 특징이 있다. 이 요구 사항의 레벨이 세 단계 정도 되는 것은 드물지 않은 일이다. 비즈니스 책임자가 전달하는 고객 요구 사항이나, 기술 팀이나 품질 팀 또는 아키텍처 팀이 전달하는 제품 요구 사항처럼, 요구 사항에 다양한 유형이 있을 수도 있다. 요구 사항은 나중에 기능 요구 사항과 비기능 요구 사항 또는 서비스 품질 요구 사항으로 나눌 수 있다. 애자일 소프트웨어 개발에서도 고객은 에픽 크기의 스토리를 사용자 스토리로 분할하고 더 나아가 "모래알grains of sand"이라고 부르는 더 낮은 레벨의 업무나 작은 단위로 분할해 달라는 요구 사항을 구체적으로 명시할 수도 있다. 나 역시 에픽을 아키텍처 스토리로 분할하고 이어서 사용자 스토리로 분할하는 모습을 보아왔다. 기능 주도 개발FDD에서도 요구 사항은 기능, 기능 집합(또는 활동), 주제 영역의 세 단계로 되어 있다.

팀에서 칸반을 적용할 때 다양한 계층 레벨의 다양한 업무 항목 유형을 정해 놓는 것이 좋다. 예를 들어 에픽 스토리가 한 가지 업무 항목 유형이고 더 작은 사용자 스토리도 한 가지 업무 항목 유형이다. 비교적 전통적인 프로젝트에서는 고객 요구 사항이 한 가지 유형이며, 제품 요구 사항도 한 가지 유형이고, 기능 명세 항목은 더 작은 세 번째 유형이 된다.

일반적으로 팀은 두 가지 상위 레벨의 항목을 칸반 보드에서 추적한다. 나는 칸반을 사용하면서 세 번째 레벨의 항목을 추적하는 팀이나 프로젝트를 보지는 못했다. 이제는 사용자가 다양한 레벨을 넘나들 수 있도록 계층적 요구 사항을 지원하는 전자 도구도 많은데 현재까지는 대부분 두 레벨까지만 가능하다.

보통, 애자일 프로젝트에서 말하는 작업task 같이 더 낮은 세 번째 레벨이 존재한다면, 그 작업을 프로젝트 카드벽이나 팀 레벨의 칸반 시스템에서는 추적하지 않는다. 그러한 작업은 개발자가 개인적으로 추적할 수도 있고 소규모의 교차 기능 팀이 별도로 자신들의 작업을 추적할 수도 있지만,

대형 프로젝트 보드에서 관리하지는 않을 것이고 관리자 및 가치 흐름 파트너의 시야에서는 벗어나 있을 것이다. 정보를 감추려고 이렇게 하는 것은 아니다. 단순히 레벨이 가장 낮은 활동은 가치 흐름과 성과 수준 관점에서 흥미롭지 않은 것이다. 가장 낮은 레벨은 고객 가치와 목적보다는 노력과 활동에 중점을 두는 경우가 더 많다.

이 책을 쓰는 동안 짐 벤슨Jim Benson과 그 외 몇몇 사람이 개인 용도로 사용하는 칸반을 만들었다. 퍼스널 칸반Personal Kanban[1]은 가정이나 회사에서 개인이 사용하거나, 두세 명이 같은 업무 항목을 활발히 협업하는 소규모 그룹에서 사용한다. 이 글을 쓰는 시점에서 퍼스널 칸반이 더 광범위한 칸반의 지식 체계 안으로 다시 흡수될 것인지 또는 별개의 지식 분야로 발전하게 될지는 알 수 없다.

가치 출시와 업무 항목 변동성의 분리

두 가지 상위 레벨의 요구 사항을 추적하는 거의 모든 칸반 팀에서는, 일반적으로 상위 레벨의 요구 사항(대부분 큼직한 요구 사항)이 시장이나 고객에게 더 이상 나눌 수 없는 원자적 가치를 지닌 단위를 표현하고 있다고 생각했다. 이러한 에픽 사용자 스토리 또는 고객 요구 사항을 시장에 릴리스하기에 적당한 수준으로 작성하는 경우가 많았다. 제품이 이미 유지 보수 단계라면 이러한 요청을 개별적으로 처리하고 릴리스해 왔을 수도 있다. 칸반 커뮤니티에서는 이런 레벨의 요구 사항을 "최소 시장성 기능minimal marketable feature, MMF"이라고 부른다. 덴Denne과 클리랜드-황Cleland-Huang이 『Software by Numbers』라는 자신들의 책에서 최소 시장성 기능을 정의하고 있는데, 그 정의가 엄격하지 않기 때문에 약간 혼란스러운 부분이 있다. 나는 최소 시장성 릴리스minimal marketable release, MMR라는 정의를 선호하는데, 최소 시장성 릴리스는 고객 입장에서 응집력 있으며 출시

---

1 (옮긴이) http://www.personalkanban.com

비용을 이해할 수 있을 정도로 유용한 기능 집합을 의미한다.

최소 시장성 릴리스를 칸반 시스템을 흘러가는 하나의 항목으로 처리하는 것은 옳지 않다. 최소 시장성 릴리스는 많은 업무 항목이 모인 것이다. 최소 시장성 릴리스는 흐름의 관점이 아니라 릴리스 처리 비용의 관점에서 보는 것이 좋다. 작지만 가치가 매우 높은 경우에는 차별화된 새로운 기능을 릴리스하는 것이 경제성을 만들 것이다. 반면에 새로운 시스템의 첫 릴리스는 시장에 진입하기 위한 모든 핵심 역량 및 인프라를 포함하고 있기 때문에, 많은 사람들이 "첫 번째 최소 시장성 기능은 항상 크다"라는 사실을 알게 되었다. 최소 시장성 기능(또는 최소 시장성 릴리스)의 크기는 수십 배에서 수백 배 정도 차이가 날 수도 있다. 업무 항목 유형 크기가 서로 1000배 정도까지 차이가 나는 경우라면 문제가 있는 것이다.

그 정도로 크기가 다양하다면 칸반 시스템은 적합하지 않다. 그런 경우에는 흐름을 원활하게 만들려면 큰 버퍼가 필요하며 진행 중 업무를 초과해야 한다. 그렇지 않으면 극심한 리드 타임 변동에 시달릴 것이다. 큰 버퍼와 더 많은 진행 중 업무는 긴 리드 타임과 비즈니스 기민성의 손실을 의미한다. 이렇게 하지 않으면 상황은 더 나빠지게 된다! 크기 변동성에 버퍼를 두지 않으면, 리드 타임에는 광범위한 변동이 발생할 것이다. 결과적으로 서비스 수준 합의에서 만족할 만큼 일관성 있는 목표 리드 타임을 제시하는 것이 불가능하다. 그 결과 예측성은 형편 없는 수준으로 떨어지고 시스템에 대한 신뢰를 잃게 될 것이다. 최소 시장성 기능 개념에 맞춰 칸반 시스템을 설계하면 비즈니스 기민성과 예측성을 잃고, IT 쪽 사람들과 비즈니스 쪽 사람들 사이의 신뢰가 손상되며, 칸반에 대해 전반적 불만족을 불러오기 쉽다.

그러나 작은 크기로 잘게 나눈 업무 항목 유형과 최소 시장성 릴리스$_{MMR}$를 출시하는 데 함께 사용하면, 릴리스 대비 비용을 최소화하고 최대한의 만족을 얻기 쉽다.

팀은 사용자 스토리 또는 기능 명세처럼 요구 사항을 더 낮은 레벨로 만들어내는 분석 기법에 집중해서 이 문제를 해결할 수 있다. 이렇게 만든 항목들은 보통 더 잘게 나뉘어 있고 크기도 더 작으며 상대적으로 크기 변동성이 작을 것이다. 반나절에서 나흘 이내에 개발할 수 있거나 그 정도 공수가 드는 크기가 이상적이다.

어떤 주요 프로젝트를 진행할 때 비교적 크기가 큰 업무 항목은 "요구 사항"이라고 부르면서 녹색 티켓을 사용했는데, 그 항목은 노란색 티켓을 사용하는 평균 21개의 '기능'으로 분할된다는 것을 알게 되었다. 사용자 중심으로 작성된 기능도 있었고 가치 중심으로 작성된 기능도 있긴 했지만, 분석을 통해 더 작고 비슷한 크기로 만들었다. 이러한 방식은 애자일 프로젝트에서 사용해오던 것이며, 녹색 항목은 에픽으로 볼 수 있고 노란색 항목은 사용자 스토리로 볼 수 있다.

크기가 작고 잘게 나눈 항목을 사용하면 처리량과 리드 타임 흐름이 원활해지고 예측성이 높아지며, 보드에서 단계가 높은 큼직한 항목을 사용하면 프로젝트 진행 중 언제라도 릴리스할 수 있는 요구 사항 수를 제어할 수 있다.

이러한 2단계 방식을 적용하여 가치 출시를 크기 변동성 및 그 가치를 출시하는 데 필요한 활동으로부터 분리할 수 있게 되었다.

진행 중 업무 제한은 두 레벨에 모두 설정하는 것이 좋다. 다양한 프로젝트를 진행하면서 상위 레벨 요구 사항은 작은 교차 기능 팀에 별도로 할당하는 것이 좋다는 사실을 알게 되었다. 이러한 팀에서는 할당된 높은 레벨의 요구 사항을 작고 잘게 나누어 당길 것이고, 그 항목들은 요구 사항이 완료되어 통합이나 출시 준비가 될 때까지 다른 팀에 넘어가는 일 없이 보드 위를 흘러갈 것이다. 그리고 나서 그 팀은 또 다른 큼직한 요구 사항을 당길 것이다. 또한 당겨야 할 다음 항목 크기에 따라 팀에 인원을 추가하거나 제외하여 팀원을 재할당할 기회를 얻게 된다.

2단계 카드벽

대형 프로젝트에 칸반을 적용한 첫 번째 팀에서는 그림 13.1처럼 2단계 스타일의 카드벽을 사용했다.

이 그림을 보면 큼직한 요구 사항은 녹색 티켓을 사용하고 있다. 이 요구 사항은 백로그backlog, 제안proposed, 분석, 활성active, 설계 및 개발, 해결resolved, 테스트, 완료done 상태를 거치면서 왼쪽에서 오른쪽으로 흘러간다.

활성 상태에 있는 요구 사항은 그림의 가운데 윗부분에서 볼 수 있다. 그다음 이 요구 사항은 노란색 티켓을 사용하는 작은 기능 여러 개로 분할된다. 기능은 요구 사항과 별도로 제안proposed, 분석, 활성active, 설계 및 코딩, 해결resolved, 테스트, 종료closed 상태를 거치며 흘러간다. 기능의 상태가 상위 레벨 요구 사항의 상태와 비슷하게 흘러가지만 같을 필요는 없다. 이 방식을 그대로 사용할 수도 있겠지만 적절한지 살펴봐야 한다. 나는 여러분의 현재 상태를 그대로 반영하는 것이 좋다고 조언하고 싶다. 할 수만 있다면 현재 프로세스를 바꾸지 않는다.

그림 13.1 2단계 보드를 촬영한 사진

노란색 티켓에는 부모의 ID가 적혀 있는 꼬리표를 붙여서 부모와 연결한다.

이런 사례에서 모든 계층 레벨에 진행 중 업무를 제한할 수도 있지만 노란색 티켓은 모두 하나로 묶여 있다. 나는 이런 전략이 좋은 전략인지 아닌지 현장에서 충분한 증거를 얻지는 못했다. 내가 알고 있는 것은 이 팀에서 그 전략을 고수하지는 않았다는 점이다.

레인 도입

잘게 나눈 노란색 티켓을 부모 단계의 큼직한 항목과 연결하는 것이 중요하다는 사실이 드러났다. 또한 각 교차 기능 팀 내부에서는 하위 레벨의 진행 중 업무를 제한하는 것이 좋다. 팀에서는 이 방식을 촉진하려고 카드벽을 획기적으로 개선했다. 가로로 레인을 만들어 적용한 것이다.

그림 13.2에서 녹색 티켓으로 표현되어 있는 상위 레벨의 요구 사항도 마찬가지로 백로그, 제안, 활성, 해결, 완료 상태를 거쳐 흘러간다. 그러나

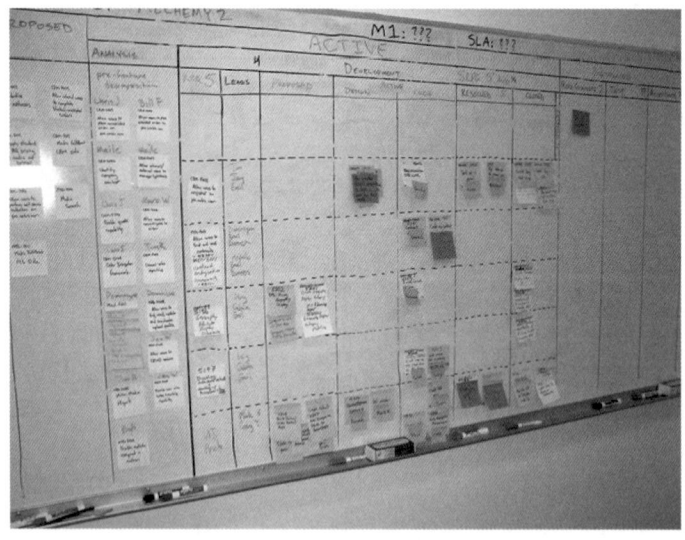

그림 13.2 레인이 있는 2단계 보드

그림 13.1과 비교해 보면 가운데 부분이 다르다. 큼직한 활성 요구 사항인 녹색 티켓은 왼쪽 가운데에 세로로 쌓여 있다. 이 각각의 녹색 티켓을 잘게 분할한 노란색 기능이, 동일한 상태를 사용하는 레인으로 나뉘어 있다. 레인 수는 큼직한 고객 시장성 요구 사항에 대한 진행 중 업무 제한이며, 잘게 나눈 기능의 진행 중 업무 제한을 각 레인에 설정할 수 있지만 그것은 팀에서 선택할 문제다. 세로로 쌓여 있는 녹색 요구 사항의 오른쪽에 있는 열에는 할당된 팀원 이름이 적혀 있다. 노란색 티켓에 붙어 있는 작은 주황색 티켓에는 사용자 경험 디자이너나 데이터베이스 아키텍트 같은 전문 공유 자원의 실제 이름이 적혀 있다.

이렇게 카드벽에 레인을 적용한다는 것은 이제 변동성이 낮은 기능 진행 중 업무는 수평적으로, 고객 시장성 진행 중 업무는 수직적으로 관리한다는 것을 의미한다. 이 형식은 큰 인기를 얻었으며 일반적 형태로 자리 잡았다.

크기 변동성을 다루는 또 다른 접근법

크기 변동성을 다루는 또 다른 접근법은 항목 크기를 기준으로 업무 항목 유형을 분류하는 것이다. 그렇게 하면 각 크기 및 유형으로 레인을 만들 수 있다. 각 레인에 있는 열마다, 즉 카드벽의 칸마다 진행 중 업무 제한을 설정한다. 각 레인의 변동성이 더 낮아지기 때문에(항목 크기가 서로 비슷하기 때문에) 상대적으로 흐름이 원활해진다. 이것이 2단계 시스템 없이도 변동성에 대처하는 한 가지 방법이다.

서비스 클래스 포함

벽에 붙어 있는 카드를 시각적으로 구별하는 가장 확실한 방법은 색상과 레인을 모두 사용하는 것이다. 그러나 대형 프로젝트라면 보통 각 티켓에 업무 항목 유형, 계층 레벨, 서비스 클래스의 세 가지 속성을 나타낼 필요가 있다. 앞에서 본 사례(그림 13.2)에서 다른 계층 레벨에 속한 다른 업무 항목 유형을 선택했는데 그 계층 레벨을 표시하는 데 색상과 레인을 모두 사용해야 한다면, 두 가지 방법으로 시각화하기에는 계층이 지나치게 많은 뜻이라는 사실에 주목할 필요가 있다.

유형과 요구 사항의 계층 레벨뿐 아니라 서비스 클래스까지도 나타낼 필요가 있다면, 색상을 서비스 클래스에 사용하는 것이 좋을 수도 있다. 유형이 계층 레벨을 보여주기 위한 것이 아니라 버그나 결함 또는 가치 부가 대 실패 부하 같은 것들을 보여주기 위한 것이라면, 특정 유형임을 나타내려고 카드에 아이콘이나 스티커를 붙일 수도 있고, 아니면 유형을 나타내는 데는 색상을 사용하고, 아이콘이나 스티커는 서비스 클래스를 나타내는 데 사용할 수도 있다. 예를 들어 은색 별 표시는 긴급 요청을 의미하는 것이다.

코비스에서의 발전 과정을 살펴보면 그냥 색상을 계층 레벨, 유형, 서비스 클래스처럼 여러 가지 목적으로 사용하는 것이 더 쉬울 수도 있다. 색상을 단 한 가지 속성에 지정하고 있지 않은 이 방식은 칸반 시스템 사용자들이 받아들이기 쉽고, 선택 가능한 시각화 관점에서 봤을 때 매우 효율적이다.

시스템 통합

일부 대형 프로젝트에서는 나중에 통합이 필요한 시스템 구성 요소를 각자 개발하는 여러 팀이 있을 수도 있다. 이 구성 요소 중 일부는 하드웨어나 펌웨어와 관련이 있을 수도 있고, 현대의 지속적 통합 기법을 잘 받아들이지 못하고 있을 수도 있다. 이렇게 통합이 필요한 구성 요소가 있다면 큼직한 상위 레벨의 계획 활동을 기반으로 통합 지점을 결정할 필요가 있다. 그런 다음에 이 지점을 종속 구성 요소의 고정 출시일로 다루어야 한다. 이를 통해 각 팀은 자체 칸반 시스템을 사용해서 독립적으로 진행할 수 있지만, 필요할 때에 종속 항목 출시를 조정할 수도 있게 된다. 종속 항목 출시 지연은 프로젝트 전체의 과도한 지연을 유발한다. 이러한 항목들은 지연 비용이 높기 때문에 고정일 서비스 클래스 항목으로 다루어야 하는 것이다.

공유 자원 관리

대형 프로젝트에서는 프로젝트 포트폴리오 사이에 전문가 자원을 공유하는 일이 흔하다. 예를 들어 소프트웨어 아키텍처, 데이터베이스 아키텍처 및 관리, 사용자 경험ux 테스트, 사용자 경험 디자인, 소프트웨어 보안 감사 등이 그렇다. 칸반에서는 이러한 공유 자원을 다루는 세 가지 검증된 방법이 있다.

첫 번째 방법은 일부 업무 항목에 추가로 작은 주황색 티켓을 덧붙이는 것이다. 이 티켓에는 '엔터프라이즈 데이터 아키텍트 샌디'처럼 필요한 공유 자원의 이름을 적는다. 공유 자원을 가장 적게 침해하면서 업무를 시각화하는 이 단순한 활동만으로도 개인 업무 부하를 조정하기에 충분한 경우가 많다. 여러 티켓에 같은 이름이 나타나기 시작하면, 그 사람이 동시에 여러 가지 업무를 진행해야 하는 상황을 어떻게 관리할지 묻는 질문을 이끌어낼 수 있다. 이것으로도 정책 변경(그 사람에게 주어진 업무가 전부 필요한 것인가?) 논의를 촉진하기에 충분할 수도 있다. 그렇지 않다면 이보다 조금 더 수준이 높은 방법으로 확대한다.

그 방법은 공유 자원이 즉시 가용하지 않다는 사실을 인식하고, 공유 자원(주황색 티켓)이 실제로 그 일을 할 때까지 차단 표시를 해서 그 사람이 집중할 필요가 있는 항목에 표시를 하는 방법으로 시각화한다. 이렇게 함으로써 공유 자원의 가용성을 해결하기 위해 이슈 관리 및 해결 기능을 불러일으키는 효과를 얻게 된다. 또한 관리자에게 이 자원의 가용성에 문제는 없는지, 잠재적 병목 지점인지 아닌지 강조하는 효과도 있다.

공유 자원을 관리하는 가장 수준 높은 방법은 공유 자원이 별도의 칸반 시스템을 사용하는 것이다. 예를 들어 엔터프라이즈 데이터 아키텍처에 자체 칸반 시스템을 사용할 수 있다면 사용자 경험, 소프트웨어 보안, 그 밖의 다른 공유 자원도 그럴 수 있다. 각 팀이나 자원은 독립적으로 요구를 분석해 요청 출처를 기반으로 업무 항목 유형을 정하고 우선순위 및 필요한 대응에 따라 서비스 클래스를 정하는 것이다. 요구를 분석하고 수용량 할당 정책을 결정한다.

이 수준에서 나타나는 것은 소프트웨어 그 자체를 실제로 개발하기 위한 서비스 지향 아키텍처다. 기업 내 각 그룹은 다양한 서비스 클래스 및 업무 항목 유형에 대해 자신들의 서비스 수준 합의를 보여주는 서비스를 제공한다. 그러면 이 공유 자원의 의뢰인은 업무 요청을 자신의 백로그에 등록하고, 이 요청은 이 책 전반에서 설명하고 있는 것처럼 처리를 위해 대기하고 선택된다. 해당 의뢰인에게서 온 요청이 충분히 빨리 진행되지 않고 있다면 시스템을 올바르게 설계했는지, 그리고 수용량 할당 정책과 서비스 클래스 정책 변경이 필요한지 논의할 수 있다. 이것은 인원 조정이나 충원이 필요하다는 확실한 증거일 수도 있다.

이것만은 기억하자
- 주요 프로젝트는 칸반의 핵심 원칙을 따라야 한다.
- 진행 중 업무 제한, 우선순위 부여 케이던스, 출시 케이던스, 서비스 클래스는 주요 프로젝트에 유효한 기법이다.
- 주요 프로젝트의 요구 사항은 계층적인 경향이 있다. 이 계층 레벨을 업무 항목 유형으로 만들어야 한다.
- 일반적으로 팀에서는 계층 상위 두 레벨의 요구 사항을 카드벽에서 추적하며, 한 레벨 또는 두 레벨 모두 진행 중 업무를 제한한다.
- 가장 상위 레벨의 요구 사항은 보통 잠재적으로 개별 릴리스가 가능

- 한 원자적 단위의 고객 시장성 요구 사항 형태로 만든다.
- 두 번째 레벨의 요구 사항은 보통 고객 또는 사용자 중심 언어로 작성하며, 요구 사항을 작고 비슷한 크기로 분할하는 방법으로 분석한다.
- 이렇게 잘게 나눈 두 번째 레벨의 요구 사항은 칸반 당김 방식의 변동성을 줄여서 흐름을 촉진한다.
- 2단계 카드벽에서는 요구 사항의 두 가지 레벨을 모두 시각화할 필요가 있다.
- 레인은 계층을 보여주고 진행 중 업무 제한을 촉진하는 인기 있는 기법이 되었다.
- 큼직한 요구 사항의 진행 중 업무는 레인 수로 제한한다.
- 필요한 경우 진행 중 업무를 나누어 각 레인에 제한할 수 있다.
- 일반적으로 작은 규모의 교차 기능 팀을 각 레인에 할당한다.
- 공유 자원에 대한 요구는 일반적인 업무 항목에 작은 스티커를 붙여서 시각화할 수 있다.
- 공유 자원의 가용성은 원래의 업무 항목 티켓에 차단 이슈 티켓(사례에서는 분홍색)을 붙여서 강조할 수 있다.
- 공유 자원은 별도의 칸반 시스템을 사용해야 한다.
- 프로젝트 포트폴리오 사이의 공유 자원에 대한 칸반 시스템 사이의 네트워크는 소프트웨어 개발의 서비스 지향 아키텍처로 생각할 수 있다.

14

운영 리뷰

회의 전

2007년 3월 둘째 주 금요일 오전 7시 30분, 나는 그날 아침에 우리 부서의 네 번째 월간 운영 리뷰가 있었기 때문에 일찍 출근했다. 나는 소프트웨어 프로세스 개발 그룹의 관리자인 릭 가버Rick Garber와 만났다. 릭은 운영 리뷰 회의 및 그 안건을 조정하는 업무를 담당하고 있었다. 그는 그날 회의에 사용할 70장 정도의 파워포인트 슬라이드를 인쇄하느라 바빴다. 인쇄가 끝나고 우리는 100부의 인쇄물이 든 박스를 들고 시애틀 중심가에 있는 하버 클럽으로 향했다. 운영 리뷰는 오전 8시 30분에 시작하기로 되어 있었지만 따뜻한 식사를 제공하는 아침 뷔페는 8시부터 시작이었다. 그 회의에는 80명 정도가 참석하기로 되어 있었다. 우리 조직 전체와 내 동료인 에릭 아놀드Erik Arnold가 맡고 있는 조직 전체가 초대를 받았다. 하지만 일부 직원은 인도 또는 시애틀이 아닌 미국의 다른 곳에서 근무를 하고 있었고 개인 사유로 참석하지 못하는 사람들이 항상 몇 명 있었기 때문에 보통 80명 정도가 참석한다.

내 상사였던 코비스의 CIO 및 우리 가치 흐름 파트너인 여러 고위 관리자 역시 초대를 받았다. 회의에 참석하는 가장 큰 외부 그룹은 내 동료인 피터 튜택Peter Tutak이 관리하는 네트워크 및 시스템 운영 팀이었다. 운영 중 문제가 생긴 시스템을 복구해야 하는 것은 결국 그들이었기 때문에, 우리가 실수하는 경우 가장 큰 고통을 겪는 이들은 바로 그 팀이었다. 또한 우리가 새로운 릴리스를 할 때 가장 큰 영향을 받는 것도 그 팀이었다. 그래서 회의에 적극적으로 참여하면 가장 많은 것을 얻을 수 있는 이들은 분명 그 팀이었다.

  네트워크 및 시스템 운영 그룹은 아침 식사를 하기에 적당한 시간에 도착했다. 회의 공간은 시애틀 타워 제일 위층에 있었고 도시, 항구, 부두, 엘리엇 만의 아름다운 경치를 볼 수 있었다. 그 방에는 여섯 명에서 여덟 명이 앉을 수 있는 원탁들이 놓여 있었고 프로젝터 스크린과 단상이 한쪽에 있었다. 릭은 간신히 시간에 맞춰서 도착했다. 발표자마다 네다섯 장의 슬라이드를 약 8분간 발표했다. 질문이나 토론으로 인해 생기는 변동성에 대응할 수 있도록 약간의 시간 버퍼가 있었다. 나는 짤막한 개회사와 함께 정확한 시간에 회의를 시작했다. 사람들에게 1월 말을 돌이켜보면서 그때 우리가 무엇을 하고 있었는지 생각해 달라고 요청했다. 나는 2월 조직 성과를 리뷰하려고 이 자리에 모여 있는 것이라고 사람들에게 다시 한 번 알려주었다. 릭은 그달의 주제를 상징하면서도 사람들이 그달에 있었던 핵심 활동을 머릿속에 떠올리는 데 도움을 줄 수 있는 좋은 그림을 회사 저장소에서 선택했다.

첫 분위기는 비즈니스 중심으로

나는 지난달의 관리자 조치 항목을 요약하고 최신 상황을 공유해줄 릭에게 다음 차례를 넘겼다. 그다음에는 월간 회사 성과를 요약해서 발표할 회계 분석가를 소개했다. 운영 리뷰를 두 번째 금요일까지 미뤄서 진행하는 이유는 회계 업무를 마무리 지어야 데이터를 얻을 수 있기 때문이다. 그녀는 우리 부서와 에릭이 담당하고 있는 부서의 비용을 상세하게 정리해주었다. 목표 인원 수뿐 아니라 주요 비용 분야의 계획 대비 실제 상황을 전부 검토했다. 우리는 아직 해결하지 못한 요청을 논의하고 팀원들에게 비어 있는 자리에 적당한 후보를 추천해 달라고 요청했다. 이렇게 1부를 마치고 나서 모든 참석자는 회사가 얼마나 잘 하고 있는지,

그리고 소프트웨어 개발 그룹이 예산 관리를 얼마나 잘 하고 있는지 알게 되었고, 따라서 평면 모니터나 새로운 컴퓨터 같은 품목을 구매할 수 있는 여유가 얼마나 있는지 알게 되었다. 회계 정보로 회의를 시작한 목적은 모든 팀원에게 우리가 비즈니스를 하고 있다는 것을 상기시켜 주기 위한 것이다. 다른 그룹에게 우리가 그냥 0과 1을 가지고 즐겁게 지내고 있는 모습을 보여주려는 것이 아니다.

손님을 초대하면 지지자를 넓히고 가치를 더한다

그다음 발표자는 손님이었는데 회사 내 다른 부문에서 온 부사장이었다. 나는 우리의 가치 흐름 파트너가 우리에게 흥미를 느끼길 원한다면 우리가 먼저 흥미로운 내용을 보여주어야 하며, 흥미로운 내용을 보여주려면 초대해야 한다는 멋진 아이디어가 떠올랐다. 손님에게 15분의 시간을 제안했는데 그는 기꺼이 받아들였다. 그래서 고객 주문 만족과 제품 출시 보장을 담당하는 비즈니스 부문인 판매 운영 팀의 발표를 듣게 되었다. 코비스의 비즈니스는 거의 모두 웹에서 이루어지고 있지만, 모든 주문이 다운로드를 통해 이루어지는 것은 아니었다. 회사 내 모든 부문이 전문 광고 회사와 미디어 업체의 복잡한 주문을 수행하고 있었다. 동료인 에릭 아놀드는 아침 식사 비용을 제공하는 손님에게 그 비용을 직접 관리해 달라고 부탁한다는 멋진 아이디어를 떠올렸다. 그 아이디어 역시 먹혀들었다. 그다음 몇 달 동안 우리 팀은 비즈니스의 많은 부분을 배울 수 있었고, 회사 곳곳에 있는 고위 리더들은 우리가 무엇을 하고 있는지, 어떻게 하고 있는지, 이슈를 처리하기 위해 얼마나 어려운 시도를 하고 있는지 알게 되었다. 9개월 후에 경영진은 IT 팀이 얼마나 잘 관리되고 있는지 그리고 자신들의 사업부는 어떻게 IT 팀을 따라 할 수 있을지 솔직하게 이야기하고 있었다.

주요 안건

손님의 발표가 끝나자 우리는 회의의 주요 안건을 다루기 시작했다. 각 관리자는 자기 부서의 성과를 8분씩 발표했다. 그다음에는 프로그램 관리 조직에서 업데이트한 프로젝트 세부 사항에 귀를 기울였다. 각 팀 실무 관리자들은 일어나서 자신들의 지표를 5분 동안 간단히 발표했다. 대개는 12장에 있는 형식에 따라 발표를 진행한다. 그들은 결함률, 리드 타임, 처리량, 가치 부가 효율에 대한 정보를 보여주었고 때로는 프로세스 측면을 파고드는 구체적인 보고를 하기도 했는데 거기에는 더 많은 정보가 필요했다. 그런 다음에는 몇 분 동안 질문과 답변을 하고 참석자의 제안을 받았다.

2007년 3월에 있었던 네 번째 운영 리뷰는 특히 흥미로웠다. 첫 번째 운영 리뷰는 12월에 있었다. 거의 모든 사람들이 100% 참여했다. 회의에 대해 많이 궁금해 했었고 나중에 다음 같은 반응이 많았다. "내가 회사 생활을 하면서 이렇게 투명한 회의는 처음 봅니다.", "엄청나게 재미있었어요." 가장 유용한 피드백은 이런 것이었다. "다음에는 찬 음식이 아니라 따뜻한 아침을 먹을 수 있을까요?" 그래서 그다음에는 따뜻한 아침 식사를 준비했다. 두 번째 리뷰에 참석했던 사람들은 이렇게 말했다. "예. 이번에도 좋았어요. 상당히 흥미로웠습니다! 따뜻한 아침 식사 고맙습니다!" 셋째 달에는 이런 질문을 한 개발자들이 있었다. "내가 왜 이렇게 일찍 일어나야 하나요?", "내 시간을 이렇게 사용하는 것이 좋은 일일까요?"

네 번째 회의에서는 중요한 문제를 검토해야 했다. 회사가 호주의 한 업체를 인수했는데, IT 부서는 호주 회사의 IT 시스템을 전부 중단하고 50명의 사용자를 전부 코비스 시스템으로 옮겨오자는 요청을 하고 있었다. 그 요청은 일방적인 것이었고 날짜도 시급했다. 시스템을 통합하지 않고 방치하면 시간이 흐를수록 지연 비용이 점점 더 상승할 것이기 때문에 인수 비용을 맞추려면 그 날짜를 지켜야 했다. 그 요청은 우리 유지 보수 대기열에 단일 항목으로 전달되어 있는 상태였다. 티켓을 열 개나 써야 할 정도로 큰 크기였지만 우리는 그 문제를 하나로 다루고 있었다. 산업 공학에서는 이러한 초대형 항목이 칸반 시스템으로 들어올 때 생기는 영향을 잘 알고 있다. 시스템을 가로막고 그 뒤에 전달되는 모든 업무의 리드 타임을 엄청나게 늘려버리는 것이다. 이런 일이 우리에게 일어났던 것이다. 리드 타임은 평균 30일에서 55일로 확 늘어났다. 대기열 이론에서도 오랜 시간이 걸리는 큰 일이 생기면 백로그를 줄이라고 이야기한다. 우리는 목표 리드 타임을 회복하는 데 5개월이 걸릴 것임을 알게 되었다.

게다가 긴급 수정이 필요한 릴리스도 있었다.

장내는 갑자기 질문과 답변과 토론으로 들끓어 올랐다. 3개월 동안 수많은 따분한 데이터를 살펴보다 갑자기 이야기거리가 생긴 것이다. 직원들은 우리(관리자)가 기꺼이 개방적으로 문제를 이야기하고 그 문제를 어떻게 처리할지 이야기하는 것에 놀랐고, 운영 리뷰가 단지 좋은 데이터를 보여주면서 우리가 잘하고 있다는 것만을 보여주는 자리가 아니라는 것에 놀랐다. 직원들 중 그 누구도 왜 우리가 매달 이런 회의에 참석해야 하는지 다시는 질문하지 않았다.

릭이 아침 논의에서 나온 관리자 행동 항목을 요약한 다음 모든 참석자에게 감사를 전하면서 회의가 끝났다. 그 시간은 10시 30분이었고 길 건너편에 있는 회사로 다시 돌아갈 시간이었다.

린 변화의 핵심

운영 리뷰를 이해하려면 중요한 많은 것이 필요하다. 우선 나는 운영 리뷰가 린 변화 및 칸반 적용의 핵심이자 기반이라고 생각한다. 운영 리뷰는 조직 성과에 대한 객관적이며 데이터 중심의 회고다. 운영 리뷰는 하나의 프로젝트를 다루는 것이 아니며 주관적이고 입증되지 않은 정성적 관리에 의한 것이 아니라 객관적 기대 수준, 데이터 중심, 정량적 관리에 의한 애자일 프로젝트 실천법이자 반복 주기 회고다. 운영 리뷰를 하면 조직 성숙도를 성장시키고 조직 수준을 지속적으로 개선할 수 있는 피드백 루프를 얻게 된다. 나는 진심으로 그것이 기업 규모의 린(또는 애자일) 변화를 성공적으로 실천하는 핵심이라고 믿는다.

적절한 케이던스

또한 나는 운영 리뷰를 한 달에 한 번 해야 한다고 생각한다. 운영 리뷰를 더 자주 하면 데이터를 수집하기에 부담스러울 수도 있는데, 회의 시간이 필요한 이유는 그 일을 너무 자주 하지 않길 바라기 때문이다. 그런 회의를 두 시간 안에 끝내는 것은 어려운 일이다. 그래프나 보고서 위주로 되어 있는 데이터 중심 회의가 아니었다면 불가능했을 것이다. 그 정도 규모에서 주관적이고 입증되지 않은 스타일의 회의를 두 시간 안에 끝낼 수 없다. 일반적 프로젝트 회고는 두 시간 이상이 필요하기 때문에, 조직 전체의 회고를 진행하면서 장점 및 변화 위주의 분석으로 회고를 두 시간 이내에 완료하려고 한다고 생각해 보자. 회의를 짧게 끝낼 수 있는 비결은 객관적 데이터를 근거로 하는 것이다. 즉, 안건을 치밀하게 유지하고 회의를 진행하는 내내 그렇게 관리하는 것이다.

운영 리뷰의 개최 간격을 길게 하려는 경향성이 생길 수도 있다. 대개는 매월이 아니라 분기마다 운영 리뷰를 하자는 의견이 나온다. 내가 모토로라 PCS 부문에서 근무할 때에는 운영 리뷰를 분기마다 진행했다. 그렇게 해 보니 운영 리뷰가 조직의 지속적 개선과 조직 성숙도를 논의하는 시간이 아니라 고위 경영진에게 보고하고 검토하는 시간이 되어버렸다. 진정으로 개선 프로그램을 운용하고자 한다면 분기 간격은 너무 길다. 분기 리뷰에서 다루게 되는 데이터는 이미 네 달이나 늦은 경우가 많다. 한 번의 회의에서 분기 데이터를 전부 검토하기에는 너무 오랜 시간이 필요하기 때문에 피상적 리뷰가 되기 십상이다. 보고 및 지표는 이미 과거의 지표가 되어버리고, 고위 리더들에게 성과를 보고하는 데 집중하기 쉽다.

분기 회의가 더 효율적이라는 느낌이 들기 때문에 매력적으로 보인다. 매달이 아니라 분기마다 한두 시간 정도만 회의를 하면 되기 때문이다. 1년에 열두 번이 아니라 네 번이기 때문에 회의에 드는 비용도 더 적다. 2008년 초에 내가 코비스를 떠난 후, 내 옛 상사는 운영 리뷰의 케이던스를 분기로 줄여서 비용을 절약했다. 3분기가 지나고 나서 그 상사도 코비스를 떠났고, 새로 온 리더는 운영 리뷰의 가치를 이해하지 못하고 아예 없애버리기로 결정했다. 전해 들은 바로는 몇 달 후 조직 성과가 심각하게 떨어졌고, 조직 성숙도 수준도 대략 CMMI 모델 레벨 4에서 CMMI 모델 레벨 2로 다시 돌아갔다는 이야기를 들었다. 즉, 정량적 관리에서 그냥 관리가 된 것이다.

우리는 이 이야기로부터 여러 가지를 끌어낼 수 있다. 피드백 루프가 손상되면 개선을 이끌어낼 수 있는 반성과 적용 기회가 줄어든다. 조직의 객관적 성과 리뷰에 집중하는 회의를 없애버린 것은, 리더가 더 이상 성과에 신경 쓰지 않겠다는 메시지를 보낸 것이나 다름없다. 그로 인해 예측성, 품질, 리드 타임, 처리량 측면에서 조직 성숙도 및 성과에 심각한 퇴보를 불러오게 되었다.

관리자의 가치를 보여주다

운영 리뷰는 직원들에게 관리자가 하는 일을 보여주기도 하고, 관리자가 직원들의 삶에 어떻게 가치를 더할 수 있는지 보여주기도 한다. 또한 직원들에게 관리자처럼 생각하는 법을 연습하는 데 도움을 주며, 팀이 스스로 조직화하고 자신의 문제를 해결하려면 언제 개입하고 언제 물러서며 언제 떠나야 하는지 이해하는 데 도움을 준다. 운영 리뷰는 각각의 지식 노동자와 그들의 관리자, 그리고 다른 계층에 있는 관리자들이 서로 존중할 수 있도록 도움을 준다. 존중이 늘어나면 신뢰가 쌓이고 협업을 촉진하며 조직의 사회적 자본을 발전시킨다.

조직적 집중이 카이젠을 촉진한다

개별 프로젝트 회고는 언제나 유용하며 조직 전체의 운영 리뷰는 변화, 개선, 프로세스 제도화를 촉진한다. 조직 전체에 확산되어 개선을 장려하고 누구나 자신의 성과를 개선할 수 있도록 프로젝트 간 그리고 팀 간 약간의 내부 경쟁을 형성한다. 팀은 자신들이 조직의 예측성, 처리량, 리드 타임, 품질에 얼마나 도움을 줄 수 있는지 보여주고 싶어 한다.

초기 사례

운영 리뷰는 내가 만들어낸 것은 아니다. 많은 대기업에서 운영 리뷰는 꽤 흔한 것이다. 그러나 나는 2001년에 스프린트 PCS에서 근무하면서 운영 리뷰를 객관적이고 사업 부분 전반을 아우르는 형태로 진행하는 방법을 배웠다. 부사장이자 sprintpcs.com 총괄 관리자였던 내 상사는 나와 상당히 비슷한 이유 때문에 운영 리뷰를 도입했다. 그는 조직 성숙도를 높이고자 했다. 그 조직은 스프린트의 휴대 전화 사업 웹 사이트, 모든 전자 상거래, 온라인 고객 지원을 담당하는 350명 규모의 사업부였다. sprintpcs.com에서는 매월 세 번째 금요일 오후 두 시마다 운영 리뷰를 진행했다. 사업부의 직급이 높은 직원과 관리자가 참여했으며, 초대를 받아 온 상류 파트너 및 하류 파트너의 총괄 관리자와 수석 관리자급까지 모두 70여 명이 참석해서 두 시간 정도 운영 리뷰를 진행했다. 최고 마케팅 책임자와 전략 계획 부사장을 포함한 고위 리더도 정기적으로 참석했다. 운영 리뷰 형식은 코비스와 거의 비슷했다. 완전히 객관적 데이터를 기반으로 했다. 각 관리자는 자신의 데이터를 발표했고 회의는 회계 데이터를 먼저 다루면서 시작했다. 일정을 빠듯하게 계획하고 관리했다. 금요일이었기 때문에 회의가 끝난 후에는 모든 사람이 일찍 퇴근했다. 회의는 회사 바깥인 지역 대학 캠퍼스에서 열렸다. sprintpcs.com은 애자일 소프트웨어 기법을 고심하고 있었는데 운영 리뷰는 조직 성숙도 발전 및 조직 관리 개선의 핵심 요소였다. 관리자에게 운영 리뷰란 관리자가 차이를 만들고 있으며 관리 방법을 알고 있다는 것을 직원들에게 보여줄 수 있는 기회였고, 직원 및 직속 관리자에게 운영 리뷰란 고위 리더들에게 자신들을 도울 수 있는 방법을 알려주고 진짜 차이를 만들 수 있는 개입이 필요한 곳을 보여줄 수 있는 기회였다.

지난 10년 동안 4년간의 이 두 실험을 통해, 나는 운영 리뷰가 린 또는 애자일 변화의 핵심이며 조직 성숙도 발전의 중요한 구성 요소라고 확신하게 되었다.

이것만은 기억하자
- 운영 리뷰는 조직 전체에 필요하다.
- 운영 리뷰는 객관적 데이터에 집중해야 한다.
- 각 부서는 자신들의 데이터를 보고해야 한다.
- 발표는 짧아야 하고 일반적으로 12장에서 논의했던 것과 비슷한 지표와 수치를 보고해야 한다.
- 회계 정보로 운영 리뷰를 시작하는 것은 소프트웨어 개발 조직이 더 넓은 비즈니스의 일부이며 좋은 관리가 중요함을 강조하는 것이다.
- 운영 리뷰는 1개월의 케이던스가 딱 맞아 보인다. 더 자주 하면 시간 약속과 데이터 수집 및 준비에 부담이 된다. 간격이 더 길어지면 그 가치가 감소하고 회의의 성격을 약화시키기 쉽다.
- 회의는 짧아야 하며 보통 두 시간이다.
- 운영 리뷰는 기업이나 사업부 수준에서 피드백 루프를 제공해야 하며 지속적 개선을 다루는 데 사용해야 한다.
- 운영 리뷰는 각 개인에게 관리자가 자신들의 삶에 어떻게 가치를 더

하는지 그리고 효과적인 관리자가 무엇을 하는지 보여준다.
- 효과적 운영 리뷰는 관리자와 작업자 사이의 상호 신뢰를 구축한다.
- 운영 리뷰에 참석하는 외부 이해관계자는 소프트웨어 개발과 IT 그룹 조직의 상황이 어떤지 볼 수 있고 그들의 이슈와 도전을 이해할 수 있는 기회를 얻는다. 이것이 신뢰와 협업을 구축한다.
- 운영 리뷰에서는 좋은 결과에 대한 팀의 성공과 장점을 칭찬하는 만큼 나쁜 데이터와 문제도 살펴보아야 한다.
- 회의를 외부에서 열면 참석자의 마음을 집중시키는 데 도움이 된다.
- 먹을거리를 제공하면 참여율이 높아진다.
- 고위 리더가 참석하면 조직이 성과를 얻고 있으며 지속적으로 개선하고 있다는 정보를 전달할 수 있다.
- 성과, 지속적 개선, 정량적 관리에 열렬한 관심을 보내는 것이 일반 직원 사이에 카이젠 문화를 만드는 핵심이다.

15

칸반 변화 계획의 시작

칸반을 시작하는 일은 여러분이 과거에 진행했을 수도 있는 프로세스 계획과 다르다. 장기적 성공을 위한 기초를 세우는 일이 중요하다. 그렇게 하려면 변화를 위해 칸반 방식을 사용하는 것 이상의 목표를 이해할 필요가 있다. 이 책의 부제를 '지속적 개선을 추구하는 소프트웨어 개발[1]'이라고 붙였다. 칸반을 적용하는 주요 이유가 변화 관리라는 점을 강조하기 위해 이 부제를 붙인 것이다. 다른 나머지는 모두 부수적인 것이다.

변화 계획 관리가 아닌 문화의 변화

5장에서는 칸반이 점진적이고 발전적인 변화를 통해 어떻게 기존 프로세스를 최적화하는지 설명했다. 이렇게 기존 프로세스를 최적화하면 조직이 성숙해지고 결국 더 큰 규모의 변화 및 더 전략적인 변화를 시작할 수 있게 된다. 이로 인해 미리 짜놓은 변화 계획이나 교육 프로그램으로 칸반을 적용하기 쉽지 않을 것이다. 이것은 일반적인 애자일 변화를 계획하고 관리하는 방법에 대한 중대한 변화다. 사실 애자일 도입을 위한 변화 관리 방식은 CMMI를 기반으로 한 방식이나 래셔널 통합 프로세스 Rational Unified Process, RUP 같은 방법을 도입할 때처럼, 이전부터 있었던 상당히 전형적인 변화 관리 계획이다. 미리 커다란 규모로 변화 계획을 수립하는 경우가 많다. 현재 프로세스를 우선 정의하고 평가하는 형태로 변화

---

1 (옮긴이) 원 부제는 'Successful Evolutionary Change for Your Technology Business'

를 관리한 후 책에서 본 애자일을 선택한다. 그다음에 팀이나 조직이 지금 하고 있는 것을 새롭게 정의한 애자일 프로세스로 바꾸기 위해 교육과 코칭을 계획한다. 이것이 끝나면 새로운 프로세스가 자리를 잡고 새로운 방법을 얼마나 잘 적용했는지 보여주기 위한 또 다른 평가를 수행한다. 칸반은 이런 접근 방식을 사용하지 않는다. 칸반에는 사전 계획도 없고 평가도 없으며 "이제 우리는 애자일이야!"라는 최종 선언도 없다. 이상적으로 말하자면 끝이 없는 것이다. 대신에 리더는 지속적으로 프로세스를 다루고 점진적 변화를 장려한다. 결과적으로 카이젠 문화를 지향하는 점진적 변화가 있다.

교육이 어느 정도 필요한 것은 사실이다. 팀원과 그 외 이해관계자는 진행 중 업무와 리드 타임의 관계나 진행 중 업무의 양을 엄격하게 제한하면 리드 타임 예측성이 개선된다는 것 같은 기본적인 내용을 이해하고 있어야 한다. 또한 병목 지점, 낭비, 변동성 같이 개선 기회가 될 수 있는 것에 대해 간략한 내용을 알려줄 필요가 있을 수도 있다. 이러한 개선 기회가 드러나면 새로운 기술이나 기법에 대해 교육을 더 많이 해야 할 수도 있다. 예를 들어 결함이 낭비의 주요 원인이라면 개발 팀에 지속적 통합, 단위 테스트, 짝 프로그래밍 같이 결함을 획기적으로 줄이고 코드 품질을 개선할 수 있는 기법을 교육해야 할 수도 있다.

그러나 교육에 너무 많은 시간을 낭비하는 것보다 우선 칸반 도입에 대한 동의를 얻고 칸반을 사용하기 시작하는 것이 더 중요하다. 이번 장에서는 칸반 변화의 기초를 세울 수 있는 방법을 모색하고, 칸반을 시작하기 위한 간단한 12단계 지침을 제공한다.

칸반을 적용하는 주요 목표가 최소한의 저항으로 변화를 도입하는 것이긴 하지만 다른 목표도 있어야 한다. 변화를 위한 변화는 무의미하다. 이러한 목표에는 고품질, 예측 가능한 출시 같이 비즈니스에서 진정으로 필요로 하는 것을 반영해야 한다. 여기에서 나열하고 있는 목표는 사례에 불과하다. 여러분이 속한 조직의 구체적 목표는 다를 수도 있다. 그 과정의 첫 번째 단계는 조직에 칸반을 도입하고자 하는 목표에 동의를 얻는 일이 되어야 한다.

칸반 시스템의 1차 목표

우리가 칸반을 사용하는 이유는 변화를 이룩하는 더 좋은 방법을 제공한다고 믿기 때문이다. 칸반은 처음에 최소한으로 할 수 있는 변화를 찾는다. 그래서 저항을 최소화하는 변화가 우리의 첫 번째 목표가 되어야 한다.

목표 1. 기존 프로세스 최적화

변화를 촉진하기 위해 시각화를 도입하고 진행 중 업무를 제한하면 기존 프로세스를 최적화할 수 있을 것이다. 기존 역할과 책임은 바꾸지 않기 때문에 직원들의 저항을 최소화할 수 있다.

칸반 시스템의 2차 목표

우리는 칸반을 적용하면 성공 레시피에 있는 여섯 가지 요소가 모두 가능해진다는 것을 알고 있다(3장 참조). 그러나 목표를 살짝 바꾸고 싶을 수도 있고 레시피의 어떤 요소가 하나 이상의 목표를 달성하는 데 도움이 된다는 사실을 나타내기 위해 일부 요소를 더 상세히 다루고 싶을 수도 있다.

목표 2. 고품질 출시

칸반을 사용하면 진행 중 업무를 제안해서 품질에 집중하는 데 도움이 되고, 업무 항목을 다음 프로세스 단계로 당기기 전의 승인 정책을 정의할 수 있다. 이러한 정책은는 품질 기준을 포함할 수 있다. 예를 들어 사용자 스토리는 다른 모든 테스트를 통과해야 하며 버그를 해결할 때까지 인수 테스트 단계로 당길 수 없다는 엄격한 정책을 정했다면, 스토리를 계속 진행하기에 충분한 상태가 될 때까지 실질적으로 '라인 정지' 상태가 된다. 칸반을 새로 시작하는 팀에서는 그렇게 엄격한 규칙을 적용하지 못할 수도 있지만, 작동하는 결함이 낮은 코드를 개발하는 데 팀이 집중하기 위한 품질 정책이 있어야 한다.

목표 3. 리드 타임 예측성 개선

우리는 진행 중 업무의 양이 리드 타임과 직접적으로 관련이 있으며, 리드 타임과 결함률의 비선형 증가 사이에 상관관계가 있다는 사실을 알고 있다.[2] 그렇다면 가능한 한 진행 중 업무를 작게 유지하고 싶을 것이다. 진행 중 업무를 고정값으로 제한하는 데 동의하기만 하면 우리 삶이 더 편안해진다. 이렇게 하면 어느 정도 믿을 만한 리드 타임을 만들 수 있고 결함률을 낮게 유지하는 데 도움이 될 것이다.

목표 4. 직원 만족 개선

거의 모든 회사에서 직원 만족이 말뿐인 경우가 많고 우선순위가 높은 경우는 거의 없다. 투자자나 고위 관리자는 자원이 대체 가능하며 쉽게 교체할 수 있다는 관점을 갖고 있는 경우가 많다. 이것은 그들의 관리나 투자 방식이 비용 중심으로 치우쳐 있다는 뜻이다. 동기 부여가 잘되어 있고 숙련된 노동력이 성과에 얼마나 큰 영향을 미치는지는 고려하지 않는다. 직원을 유지하는 것이 중요하다. 소프트웨어를 개발하는 연령대의 사람들도 마찬가지지만 직원들은 자신의 삶에서 다른 부분에 관심이 많다. 많은 이들이 시장의 기대에 못 미치는 코드를 만들어 내면서, 그리고 코 앞에 닥친 릴리스와 씨름하느라 사무실에 붙잡혀서 낭비되고 있는 자신들의 20대를 안타까워하고 있다.

업무와 인생의 균형이란 단지 직장에서 보내는 시간과 가족, 친구, 취미 활동에 내는 시간의 절대적 균형을 이야기하는 것이 아니다. 그것은 신뢰 제공에 대한 것이기

---

[2] (지은이) 이 글을 쓰고 있는 시점에서 학자들이 리드 타임과 결함률의 관계를 연구하기 시작했다. 2010년에 발표될 학술 논문에서 리드 타임이 결함률에 비선형 형태로 영향을 미친다는 내 믿음을 검증해 줄 것을 바라고 있다.

도 하다. 예를 들어 말하자면 예술에 열정이 있는 어떤 팀원이 지역 중학교에서 미술 교육을 받고 싶어 한다. 미술 교육은 오후 6시 30분에 시작하고 10주간 매주 수요일 마다 열린다. 여러분의 팀에서는 그 팀원이 교육에 참여할 수 있도록 매주 늦지 않게 퇴근할 수 있는 자유를 보장할 수 있는가?

업무와 인생의 균형을 보장하면 시장에서 여러분의 회사를 더 매력적인 회사로 만들어 줄 것이다. 그렇게 하면 직원들에게 동기를 부여하는 데 도움이 되고 팀원이 몇 달간 또는 몇 년간 높은 성과 수준을 유지할 수 있는 에너지를 줄 것이다. 직원을 업무 과부하 상태로 만들어야 지식 노동자에게 최고의 성과를 얻을 수 있다는 것은 착각이다. 전술적으로 며칠 동안은 그 말이 맞을 수도 있지만 1주 또는 2주 이상은 그 상태를 유지할 수 없다. 절대로 팀을 과부하 상태로 만들지 않고 업무와 인생의 균형을 보장하는 것이 좋은 비즈니스다.

목표 5. 개선할 수 있는 잉여 시간 제공

성공 레시피의 세 번째 요소(요구량을 처리량에 맞춘다)를 통해 팀원의 과부하를 예방하고 업무와 인생의 균형을 보장할 수 있지만 거기에는 2차 효과가 있다. 가치 사슬에 잉여 시간이 생기는 것이다. 조직에는 반드시 병목 지점이 있다. 모든 가치 사슬에는 병목 지점이 있다. 상류의 처리량과 상관없이, 하류로 전달된 처리량은 병목 지점의 처리량으로 제한된다. 따라서 입력된 요구량과 처리량의 균형을 맞추면, 가치 사슬의 병목 지점을 제외한 모든 지점에 잉여 시간이 생기게 된다.

관리자 대부분은 유휴 시간이라는 아이디어를 꺼린다. 그들은 대개 활용 관리(또는 효율성이라고 부르기도 한다)에 대한 교육을 받아왔으며, 본질적으로 유휴 시간이 있다면 비용을 절감할 수 있다고 생각한다. 이 말이 사실일 수도 있지만 잉여 시간의 가치를 인식하는 것은 중요한 일이다.

잉여 시간은 긴급 요청에 대한 반응성과 프로세스를 개선하는 시간으로 사용할 수 있다. 잉여 시간이 없다면 팀원은 자신이 일하는 방법과 더 나아질 수 있는 방법을 되돌아볼 수 없을 것이다. 잉여 시간이 없다면 새로운 기술을 학습하거나 도구 사용 방법을 개선하거나 기술 또는 역량을 발전시킬 수 없을 것이다. 잉여 시간이 없다면 긴급 요청이나 막바지 변경을 처리할 만한 시스템 유동성이 부족할 것이다. 잉여 시간이 없다면 비즈니스에 전술적 기민성은 없을 것이다.

목표 6. 우선순위 부여 단순화

팀이 일단 품질, 진행 중 업무 제한, 짧은 주기의 출시, 요구량을 처리량에 맞추기에 익숙해지면, 믿을 만한 소프트웨어 개발 능력, 즉 소프트웨어를 만드는 엔진을 얻게 될 것이다! 말하자면 '소프트웨어 공장'이라고 할 수 있다. 이 능력이 한 번 자리를 잡으면 당연히 비즈니스 쪽에서는 그 능력을 최대한으로 활용하고자 할 것이다. 이렇게 하려면 비즈니스 가치를 최대화하고 위험 및 비용을 최소화하는 우선순위 부여 방법이 필요하다. 이상적으로 비즈니스 부서(또는 기술 부서)의 성과를 최적화하는 우선순위 부여 방식이 가장 바람직하다.

    소프트웨어 공학이나 프로젝트 관리 현장에서는 소프트웨어 프로젝트가 시작된 50여 년 전부터 우선순위 부여 방식을 발전시켜 왔다. 방식은 대부분 단순하다. 예를 들면 간단하게 높음, 중간, 낮음 세 가지로 분류하는 것이다. 이런 방식은 전부 비즈니스 쪽에는 직접적으로 아무런 의미도 없다. MoSCow('Must have', 'Should have', 'Could have', 'Won't have')[3]처럼 좀 더 세련된 방식은 애자일 소프트웨어 개발 방법이 출현하면서부터 사용하기 시작했다. 기능 주도 개발 같은 그 외 방법에서는 일본 회사 사이에서 인기가 있는 카노 분석 기법[4]을 단순하게 바꿔서 사용했다. 아직도 어떤 이들은 비즈니스 가치 또는 기술 위험도를 엄격하게 나열한 순서 방식(1, 2, 3, 4...)을 더 좋아한다. 이런 방식을 사용했을 때 어려운 점은, 위험이 높기 때문에 높은 우선순위를 부여해야 하는 항목과 가치가 높기 때문에 높은 우선순위를 부여해야 하

---

3   (옮긴이) 각 요구 사항의 출시 중요도를 이해관계자와 합의하기 위해 비즈니스 분석이나 소프트웨어 개발에서 사용하는 기법. M, S, C, W는 각각 반드시 포함해야 하는 요구 사항, 가능하면 포함해야 하는 요구 사항, 필요성을 고민해봐야 하는 요구 사항, 당장은 불필요한 요구 사항을 의미한다.

4   (옮긴이) 1980년대 카노 노리아키가 만든 제품 개발과 고객 만족에 대한 이론. 제품을 기획할 때 각 요구 사항을 소비자의 기대 수준과 만족 간의 관계로 구분한다.

는 항목 사이에 충돌이 생기는 경우가 많다는 점이다.

이러한 방식을 사용하면 모두 한 가지 기초적 문제로 인한 어려움을 겪게 된다. 시장 변화와 점점 바뀌는 사건에 대응하려면 우선순위를 다시 부여해야 한다. 예를 들어 400개 요구 사항이 담긴 백로그에 1부터 400까지 숫자를 사용해서 우선순위를 부여했는데, 애자일 개발로 1개월의 반복 주기마다 점진적 출시를 하고 있다고 상상해 보자. 매월 400개 항목 중에서 백로그에 남아 있는 항목에 우선순위를 다시 부여해야 할 것이다.

내 경험에 의하면 비즈니스 책임자에게 우선순위를 물어보는 것이 쉬운 일은 아니다. 그 이유는 단순하다. 시장과 비즈니스 환경이 너무나 불확실하기 때문이다. 어떤 항목이 필요한 상황이 되었을 때 다른 항목을 더 빨리 진행할 가치가 있는지, 서로 비교하여 향후 가치를 예측하기란 어려운 일이다. 비즈니스 책임자에게 기술 시스템의 요구 사항 백로그에 우선순위를 부여해 달라고 요청하는 것은, 그들에게 답변이 불확실한 매우 어려운 질문을 하는 것이다. 사람들은 불확실할 때 나쁜 반응을 보이기 쉽다. 답변을 망설일 수도 있다. 협력을 거부할 수도 있다. 불편함을 느끼며 역기능을 일으킬 수도 있다. 사람들이 당황해서 생각을 계속 바꾸고 프로젝트 계획을 뒤죽박죽으로 만들면, 팀은 그 변화에 대응하느라 많은 시간을 낭비할 수도 있다.

가능하면 약속을 늦추고 답변하기 쉬운 단순한 질문을 하는 우선순위 부여 방식이 필요하다. 칸반에서는 비즈니스 책임자에게 믿을 수 있는 리드 타임과 완료일 달성 실적을 제시하면서, 대기열의 빈칸을 다시 채워 달라고 요청하는 방식으로 그렇게 할 수 있다.

우리는 이미 높고 가치 있는 칸반 시스템의 여섯 가지 목표를 알고 있으며, 거의 모든 비즈니스에서는 그것만으로 충분할 수도 있다. 그러나 나를 비롯한 초기 칸반 적용자들은 가능하며 바람직한 더욱 높은 목표를 두 가지 더 찾아냈다.

목표 7. 투명한 시스템 설계 및 운영

내가 처음으로 칸반 시스템을 사용하기 시작했을 때, 칸반이 고객이나 고위 관리자와의 신뢰를 구축한다고 여겼기 때문에 진행 중 업무, 출시율(처리량), 품질이 투명해야 한다고 생각했다.

나는 시스템 내에서 요청이 도착하는 위치, 그 요청이 끝난 시점, 품질과 관련이 있는 내용을 투명하게 제공했다. 또한 팀 성과도 투명하게 제공했다. 그 방법은 고객에게 우리가 그들의 요청을 작업하고 있고 그 작업이 언제 끝날지에 대한 신뢰를 준 것이었다. 그뿐 아니라 고위 관리자에게 우리 기법과 성과를 알려주고 싶었고, 관리자인 나와 우리 팀이 잘 구성되어 있는 전문 소프트웨어 엔지니어라는 신뢰를 쌓고 싶었다.

이러한 투명성으로부터 내가 예측하지 못했던 2차 효과가 생겨났다. 업무 요청과 성과가 매우 투명해지면서 프로세스와 일하는 방법도 마치 마법처럼 투명해진 것이었다. 그로 인해 관련된 모든 사람이 자신의 행동이 어떤 효과를 불러오는지 알게 되었다. 그 결과 사람들이 더 합리적으로 행동하기 시작했다. 시스템 전체 성과를 개선하기 위해 자기 행동을 바꾸게 된 것이다. 그들은 정책, 직원, 인적 자원 수준, 그 외 필요한 변화에 협력하게 되었다.

목표 8. '성숙한' 조직의 탄생을 가능하게 만드는 프로세스의 설계

내가 이야기를 나누어 본 거의 모든 고위 비즈니스 리더는, 이 마지막 목표가 진정으로 자신의 비즈니스 그리고 기술 개발 조직에 대한 바람과 기대를 나타내고 있다고 말했다. 그들은 다른 무엇보다도 비즈니스 기민성 및 훌륭한 관리와 결합된 예측성을 바라고 있었다.

비즈니스 리더들은 경영 위원회의 동료들, 이사진, 이해관계자, 고객, 일반 시장에 약속할 수 있기를 원하고 있으며 그 약속을 지킬 수 있기를 원한다. 최고 경영진의 성공에는 많은 것이 신뢰에 달려 있으며 신뢰에는 확실성이 필요하다. 무엇보다도 고위 리더들은 예측 가능한 결과를 출시하기 위해 위험 요소를 적절히 관리하고 싶어 한다.

게다가 그들은 오늘날의 세계가 빠른 속도로 급변하고 있다는 사실을 인식하고 있다. 신기술이 출현하고 세계화는 노동 시장과 소비자 시장을 바꾸고 있으며, 그로 인해 수요와 공급은 크게 요동치고, 경제 상황이 변하고 있으며, 경쟁자들은 그들의 전략과 시장에 출시한 제품을 바꾸고 있고, 시장의 취향은 인구 연령에 따라 바뀌고 있으며, 부는 증가하고 있고, 중산층은 늘어나고 있다. 그래서 비즈니스 리더들은 사업이 기민하기를 바란다. 그들은 변화에 빠르게 대응하고 기회를 이용하고 싶어 한다.

이 모든 것의 기반에 있는 것은 그들이 좋은 관리를 원한다는 것이다. 그들은 투자자의 자금을 현명하게 사용하고 있다는 것을 보여주고 싶어 한다. 비용을 통제하고 싶어 하며 투자 포트폴리오의 위험 분산을 최적화하고 싶어 한다.

이 모든 것을 이루기 위해 기술 개발 조직이 더욱 투명하기를 원한다. 그들은 프로젝트의 진짜 상태를 알고 싶어 하며 적절한 때에 도움을 주고 싶어 한다. 개인적 의견이나 주관적 평가가 아니라 데이터, 지표, 수치를 통해 사실을 보고하는 더욱 객관적으로 관리되는 조직을 원한다.

이 모든 바람은 SEI가 CMMI의 5점 척도로 정의한 역량 및 성숙도에서 레벨 4로 운영되는 조직에 해당한다. 이 척도에서 레벨 4와 레벨 5는 성숙한 조직이다. '프로세스 개선에 대한 표준 CMMI 평가 방법Standard CMMI Appraisal Method for Process Improvement, SCAMPI'을 공식적으로 진행했는지 아닌지와 상관없이, 이러한 성숙도를 달성한 조직은 극소수에 불과하다. 별로 놀라운 일은 아니며 대형 기술 회사에서 근무하는 고위 리더 대부분은 실제 조직 성숙도가 그들이 바라는 수준이 아니기 때문에 자신의 소프트웨어 개발 팀의 성과를 불만족스러워한다.

목표를 이해하고 장점을 분명히 설명한다

이제 우리는 칸반 시스템에 대한 목표가 생겼다. 우리는 이 목표를 이해하고 있어야 하며 분명하게 설명할 수 있어야 한다. 칸반을 시작하기 전에 가치 사슬에 있는 이해관계자의 동의를 얻을 필요가 있기 때문이다. 칸반을 사용하면 다른 비즈니스 그룹과 소통하는 방법을 바꾸게 될 것이다. 이러한 이해관계자들이 변화를 받아들일 수 있게끔 하려면 반드시 그 장점을 설명할 수 있어야 한다.

지금부터 이야기하는 내용은 조직에 있는 하나의 가치 사슬에 칸반 시스템의 시동을 걸기 위한 관례적 단계별 가이드다. 이 가이드는 실제 경험을 통해 만들어져 왔고 다수의 초기 칸반 적용자들(이 단계별 가이드를 따라 해서 성공한 사람들, 그리고 당시에 이 가이드를 사용할 수 있었더라면 자신이 겪은 부분적 실패를 막을 수 있었다고 깨달은 사람들)이 검증해온 것이다.

이 가이드는 칸반과 초기 애자일 개발 사이의 차이점을 강조하려고 만든 목적도 있다. 칸반은 처음부터 더 넓은 가치 사슬, 그리고 중간 관리자(또한 고위 관리자)와의 협력 관계가 필요하다. 현재 담당하고 있는 팀 외부의 관리자와 우선 합의를 이루어 놓지 않고 칸반을 일방적인 상향식으로 적용하면, 그 성공이 그리 대단하지 않을 것이고 얻을 수 있는 비즈니스 이익도 많지 않을 것이다.

나는 이 단계가 너무 거창하게 보일 수도 있다는 지적을 받아왔고, 이 가이드를 읽고 나서 칸반 시도를 완전히 포기한 사람도 있었다는 말을 들은 적도 있다. 넓은 범위를 다루고 있는 이 책을 통해 다음의 각 단계가 서로 어떻게 맞물려 있는지 충분한 설명이 될 수 있었으면 좋겠다. 그리고 이 가이드가 현장 경험을 통해 배운 쓸모 있는 조언이 되었으면 좋겠다.

칸반 시작 가이드

1. 칸반을 도입하고자 하는 목표를 합의한다.
2. 가치 흐름(개발 조직이 고객 그리고 이해관계자의 요청을 만족시키기 위해 수행하는 일련의 모든 행동)을 그린다(6장 참조).

3. 입력을 제어하고자 하는 지점을 정의한다. 그 지점의 상류는 무엇이며 상류 단계에 있는 이해관계자는 누구인지 정의한다(6장에서 설명하고 있다). 예를 들어 개발하기 전에 설계 팀이 전달하는 요구 사항을 제어하고 싶은가? 이 경우에 상류 단계의 이해관계자는 제품 관리자가 될 수 있다.
4. 종료 지점, 즉 여러분이 제어할 수 없는 지점을 정의한다. 그 지점의 하류는 무엇이며 누가 하류 단계에 있는 이해관계자인지 정의한다(6장에서 설명하고 있다). 예를 들어 제품 출시 과정은 제어할 필요가 없을 수도 있다.
5. 상류 단계의 이해관계자가 전달한 업무 요청의 유형을 기반으로 업무 항목 유형을 정의한다(6장에서 설명하고 있다). 분초를 다루는 업무 유형이 있는가? 그렇지 않은 업무 유형도 있는가? 만약 그렇다면 서비스 클래스가 필요할 수도 있다(11장에서 설명하고 있다).
6. 각 업무 항목 유형의 요구를 분석한다. 그 도달률을 살펴보고 몇 가지 변형이 있는지 관찰한다. 그 변형에 시기적 특성이 있거나 사건을 기반으로 하는가? 이러한 유형의 요구에는 어떤 위험이 있는가? 요구의 평균에 대처하도록 시스템을 설계해야 하는가, 아니면 최고치에 대처하도록 설계해야 하는가? 이 업무 유형은 출시 지연을 받아들일 수 있는가, 아니면 낮은 출시 신뢰성을 받아들일 수 있는가? 요구의 위험 프로파일을 만들어 본다(6장에서 설명하고 있다).
7. 상류와 하류에 있는 이해관계자와 만난다. 한 번에 큰 회의를 할 수도 있고 작은 회의를 여러 번 할 수도 있다(이 장의 뒷부분에서 더 자세히 설명한다).
    a. 제어하고자 하는 가치 흐름의 수용량 정책을 논의하고 진행 중 업무 제한에 대한 동의를 얻는다(10장에서 설명하고 있다).
    b. 상류 파트너와 함께 규칙적 우선순위 회의 같은 입력 조정 메커니

즘을 논의하고 동의를 얻는다(9장에서 설명하고 있다).

    c. 하류 파트너와 함께 규칙적 소프트웨어 릴리스 같은 릴리스·출시 조정 메커니즘을 논의하고 동의를 얻는다(8장에서 설명하고 있다).

    d. 업무 요청에 다양한 서비스 클래스 개념 도입이 필요할 수도 있다(11장에서 설명하고 있다).

    e. 업무 항목의 각 서비스 클래스의 목표 리드 타임에 대한 동의를 얻는다. 이것을 서비스 수준 합의$_{SLA}$라고 부르며 11장에서 설명하고 있다.

8. 제어하고 있는 가치 흐름을 추적하기 위한 보드나 카드벽을 만든다(6장과 7장에서 설명한다).

9. 선택적으로, 동일한 내용을 추적하고 보고하는 전자 시스템을 만든다(6장과 7장에서 설명한다).

10. 매일 보드 앞에서 모이는 스탠드업 회의에 대해 팀의 동의를 얻는다. 회의에 상류 및 하류에 있는 이해관계자를 초대하긴 하지만 그들에게 개입할 수 있는 권한을 주지는 않는다(7장에서 설명한다).

11. 프로세스를 돌이켜 분석하는 규칙적 운영 리뷰 회의의 동의를 얻는다. 회의에 상류 및 하류에 있는 이해관계자를 초대하긴 하지만 그들에게 개입할 수 있는 권한을 주지는 않는다(14장에서 설명한다).

12. 팀에 새로운 보드, 진행 중 업무 제한, 당김 방식을 교육한다. 그 외 다른 것은 바꾸지 않는다. 업무 내용도 동일하다. 활동도 동일하다. 업무를 전달하는 것도 동일하다. 산출물도 동일하다. 밀기 방식으로 업무를 받는 것이 아니라 진행 중 업무 제한을 인정하고 서비스 클래스 정책에 기반을 두고 업무를 당기는 것 이외에 프로세스를 바꾸지 않는다.

칸반의 협상은 다르다

칸반에는 자신의 비즈니스 파트너와 다른 형태로 협상하는 소프트웨어 개발 팀이 필요하다. 이것을 이해하려면 먼저 흔히 사용하는 협상 방법을 이해하고 있어야 한다.

전통적으로 프로젝트 관리는 범위, 일정, 예산이라는 세 가지 약속을 근간으로 한다. 추정하고 계획을 수립한 다음, 자원을 제공하는 예산을 확보하고 요구 사항 범위와 일정을 합의한다.

반면에 애자일 프로젝트 관리에서는 그렇게 분명하고 엄격한 약속을 하지 않는다. 앞으로 몇 달 이내에 출시하겠다고 합의할 수는 있지만 절대 정확한 범위를 명시하지 않는다. 다소 상위 레벨의 범위를 정의할 수도 있지만 세부적인 내용은 확정하지 않는 것이다. 예산(또는 소모 비용)은 정해 놓은 만큼의 자원을 제공하기 위해 합의한 것일 수도 있다. 애자일 개발 팀에서는 반복적으로 짧게 시간을 제한해 놓은 반복 주기(또는 스프린트) 내에 기능 증분의 출시를 진행한다. 보통 이러한 반복 주기의 길이는 1주에서 4주 사이다. 각 반복 주기를 시작하면서 일부 계획과 추정을 진행하고 약속을 하게 된다. 범위에는 대개 우선순위를 부여하며 팀이 약속을 지킬 수 없다고 생각되면 범위는 줄이지만 출시일은 바꾸지 않는다. 반복 주기(또는 시간 제한)로 한정해 보면 애자일 개발은 전통적 프로젝트 관리와 매우 흡사해 보인다. 단 한 가지 핵심적 차이는 무언가를 전달하면 범위가 줄어든다는 명시적 합의다. 이와 달리 전통적 프로젝트 관리자는 일정을 늦추고, 자원을 추가하고, 범위를 줄이거나 또는 이 세 가지 행동을 동시에 할 수도 있다.

칸반의 협상은 다르다. 칸반에서는 불확실한 무언가를 근거로 약속하지 않는다. 보통 칸반을 적용한다는 것은 작동하는 고품질 소프트웨어를 규칙적(대개 2주마다)으로 출시하겠다고 합의하는 것이다. 외부 이해관계자는 프로세스 운영을 완전히 투명하게 볼 수 있으며 원한다면 진행 상태를 매일 살펴볼 수도 있다. 그리고 새로 개발해야 하는 가장 중요한 항목을 선택할 수 있는 기회를 주기적으로 얻게 된다. 이러한 선택 프로세스의 주기는 보통 일주일에 한 번으로 출시 주기보다 더 짧다. 어떤 팀에서는 요구가 있을 때 선택을 하거나, 매일 또는 일주일에 두 번처럼 매우 짧은 주기로 선택을 하기도 한다.

팀에서는 최선을 다해서 가장 많은 양의 작동하는 소프트웨어를 출시하고 출시를 위해 처리량, 주기, 리드 타임을 개선하려는 노력을 지속해야 한다. 거기에 비즈니스 쪽에서 매우 적은 양의 처리 항목을 대단히 유연하게 선택할 수 있도록 하기 위해, 팀에서는 다양한 서비스 클래스를 사용해서 비즈니스 쪽에 우선순위와 중요도에 대해 더 많은 유연함을 줄 수도 있다. 이 개념은 11장에서 설명한 바 있다.

칸반에서는 특정 날짜에 출시할 확실한 업무량을 약속하지 않는다. 대신에 각 서비스 클래스에 대한 서비스 수준 합의를 약속하며, 믿을 수 있는 규칙적 출시, 투명성, 우선순위 부여 및 처리의 유연성, 품질, 처리량, 출시 주기, 리드 타임을 지속적으로 개선하겠다고 약속한다. 칸반에서는 여러 항목을 한데 묶어 서비스 수준을 약속하는 방법으로 위험을 상쇄한다. 적절히 설계된 칸반 시스템은 고객이 진정으로 가치 있게 생각하는 것들을 약속한다. 그 대신에 팀은 고객과 가치 사슬 파트너에게 장기적 약속을 부탁한다. 그 약속은 소프트웨어 개발 팀이 출시에 필요한 품질, 처리량, 출시 간격, 리드 타임을 개선함으로써 서비스 수준의 지속적 개선 노력에 필요한 지속적인 비즈니스 관계를 맺는 것이다. 고객이 팀에 어떤 한 항목의 정확성을 고집하기보다 흔쾌히 서비스 수준을 판단하고자 한다면, 고객은 계속되는 장기적 관계를 인식하고 있는 것이기 때문에 시스템은 원활하게 작동할 것이다.

범위, 일정, 예산을 약속하는 전통적 접근 방식은 일회성 거래로 나타난다. 거기에 지속되는 관계는 없으며 신뢰 수준이 낮다는 의미를 담고 있다.

칸반 방식은 팀이 단합해서 공급자와 장기적 관계를 맺는다는 개념을 기반으로 한다. 칸반 방식은 수많은 반복 비즈니스를 의미한다. 그것은 단순한 업무가 아닌 관계에 대한 약속을 의미한다. 칸반에는 소프트웨어 팀과 그 팀의 가치 흐름 파트너 사이에 높은 수준의 신뢰가 필요하다는 의미가 담겨 있다. 칸반에서는 모든 사람이 장기적 관계를 형성하고 있다고 믿고 있으며, 그들은 매우 효율적인 파트너십을 원한다고 믿고 있다는 의미다.

칸반의 약속은 가치 사슬에 있는 모든 사람에게 시스템의 성과, 즉 출시한 소프트웨어의 품질과 양, 출시 간격, 그 소프트웨어를 출시한 리드 타임에 관심을 두라고 요구하는 것이다. 칸반은 가치 사슬 파트너에게 진정한 비즈니스 기민성의 개념을 약속하고 그것을 실현할 수 있도록 협력적으로 일하는 데 동의하라고 요구한다. 이것이 소프트웨어 개발에 대한 칸반과 초기 애자일 방식의 중요한 차이다.

상류 및 하류 이해관계자와 칸반 방식을 협상하는 시간을 가짐으로써, 시스템 수준의 성과에 대한 근본적 약속을 수립하게 될 것이다. 여러분은 지속적 개선 문화의 기초를 수립하고 있는 것이다.

칸반 협상

성공적으로 칸반을 적용하려면 이러한 다른 협상에 대한 초기 협의가 핵심적인 부분이다. 이러한 초기 협의에서 앞으로 진행해 나갈 소프트웨어 개발 협업 게임의 규칙을 세우는 동안 어떤 일이 일어나게 될까? 규칙을 정하려면 반드시 가치 흐름 파트너와 관계를 맺어야 하는데 게임을 공정하게 진행하려면, 그리고 결과가 목표와 의도를 반영하려면 파트너와 밀접할 필요가 있기 때문이다.

칸반 도입의 12단계 프로세스 중에서 7단계에서는 마케팅 또는 비즈니스 쪽 사람들 같이 요구 사항을 전하는 상류 이해관계자 그리고 시스템 운영이나 배포 팀 또는 영업 및 출시 조직 같은 하류 파트너와 회의를 해야 한다고 제안하고 있다. 그 사람들과 함께 진행 중 업무, 우선순위 부여, 출시, 서비스 클래스, 리드 타임 정책을 합의할 필요가 있다. 파트너들과 합의한 정책이 소프트웨어를 개발하는 협업 게임의 규칙을 정의하게 될 것이다. 본질적으로 깊은 관계를 맺고 있는 다섯 가지 요소를 개별적으로 다루기란 어려운 일이다. 그렇기 때문에 앞의 다섯 가지 요소 각각 규칙을 만들어야 하지만, 참여자들이 선택을 번복함에 따라 현실적으로 협의가 제자리 걸음을 하기 매우 쉽다. 예를 들어 제안된 리드 타임 목표를 받아들일 수 없다면 특정 유형의 업무 요청에는 리드 타임이 더 짧은 서비스 클래스를 도입할 수도 있다. 다섯 가지 요소, 즉 진행 중 업무, 우선순위 부여, 출시, 서비스 클래스, 리드 타임은 시스템 성과에 영향을 주는 지렛대가 될 수 있다. 이 지렛대를 당기는 방법을 아는 것과 효과적으로 작동할 수 있는 합의를 이끌어낼 수 있도록 선택을 거래하는 방법을 아는 것이 기술이다.

진행 중 업무 제한

덴마크에서 한 개발 관리자를 만난 일이 있었는데, 그는 내게 자신의 개발자들이 한 명당 평균 7.5개의 업무를 동시에 진행하고 있다고 말했다. 이런 상황은 분명 바람직하지 않다. 이 정도 수준의 멀티태스킹이 괜찮다고 진심으로 믿는 사람이 있을까 궁금하다. 내가 그 관리자였다면 이 사실을 협의의 시작 지점으로 사용했을 것이다. 팀원들이 한 명당 평균 7.5개의 업무를 동시에 진행하고 있다는 사실을 언급함으로써 대화를 시작하는 것이다. 이 상황이 리드 타임과 예측성에 어떤 영향을 미치고 있는지 지적할 것이고 더 나은 수치를 제시하기 위해 동료(다른 이해관계자)들과 만날 것이다. 그 중 몇 명은 한 사람이 딱 한 항목만 진행하는 것이 제일 좋은 아이디어라는 의견을 낼 수도 있다. 그럴 수도 있지만 그런 선택은 지나치게 공격적이다. 만약 차단 항목이 발생한다면? 다른 항목으로 교체할 수 있는 것이 좋지 않을까? 그렇기 때문에 어떤 사람은 두 가지 업무를 동시에 진행하는 것이 옳다고 답변할 수도 있다. 또 어떤 이는 세 가지라고 주장할 수도 있으며 사람들이 제안하는 범위는 아마도 한 가지에서 세 가지 사이일 가능성이 높다. 팀에 개발자 열 명이 있고 프로세스 내에서 한 명당 최대 두 가지 항목을 동시에 진행하겠다고 합의할 수 있다면, 그 개발 팀은 20이라는 진행 중 업무 제한의 동의를 얻은 것이다.

다른 방식도 가능하다. 팀에 있는 프로그래머들이 짝을 이루어 개발하기를 원한다면, 개발자가 열 명 있는 상황에서 한 쌍의 짝이 동시에 두 가지 항목을 진행한다는 것은 진행 중 업무 제한이 10이라는 의미다. 또는 대여섯 명 정도로 구성된 작은 팀이 기능 주도 개발FDD이나 피처 크루Feature Crews[5] 같은 고도의 협업 방식을 사용해서 하나의 최소 시장성 기능, 사용자 스토리 또는 수석 프로그래머 업무 패키지Chief Programmer Work Package, CPWP라고 부르는 기능 배치(FDD의 경우)를 개발하는 경우도 있다. FDD 팀에서 CPWP를 개발자 열 명으로 구성된 팀에 세 개로 제한하는 것에 동의할 수도 있다(CPWP는 해당 분야의 아키텍처 분석을 기반으로 개발 효율성을 최적화하기 위한 것이며, 다섯 가지에서 열다섯 가지 정도의 잘게 나눈 기능을 포함하고 있다).

그래서 우리는 이해관계자와 진행 중 업무 제한을 주제로 대화를 나누었다. 우리는 출시 확실성과 기대하는 리드 타임이 멀티태스킹과 관련이 있어 보인다는 이야기를 주고 받았다. 파트너에게 진행 중 업무 제한에 대한 동의를 얻는 것은 필수 요소다. 진행 중 업무 제한을 일방적으로 선언

---

5 (옮긴이) 원래 마이크로소프트의 오피스 개발 관리에 사용하기 시작해서 다른 부서로 전파된 프로세스 방법론이다. 애자일 방식과 비슷한 반복 주기 프로세스이며, 오피스처럼 기능이 다양한 거대 프로젝트에서 중구난방인 요구 사항을 충족하려는 목적으로 마이크로소프트와 독립적으로 발전했다.

할 수도 있지만 협업 게임의 규칙은 이해관계자와의 합의를 통해 만든다. 미래의 어떤 시점에서 이 약속이 매우 가치 있다는 사실이 드러날 것이다. 파트너가 추가 업무를 요청하는 경우가 생긴다. 그들에게는 그 일이 중요하고 가치 있기 때문에 그런 요청을 하는 것이다. 그 이유와 동기를 의심할 필요는 없다. 그들이 추가 업무를 요청하면 우리는 합의한 진행 중 업무 제한을 인정하라고 부탁할 수 있다. 시스템은 가득 차게 되고 다른 항목을 받아들이게 될 수도 있지만 그렇게 하면 중요한 것은 제한이 무너질 것이라는 점이다. 그렇기 때문에 답변은 다음과 같아야 한다.

"예, 우리는 이 일이 아주 중요하다는 사실을 알게 되었기 때문에 새로운 이 업무를 받아들이고 싶습니다. 하지만 우리는 합의한 진행 중 업무 제한이 있다는 것 또한 알고 있습니다. 당신도 그 결정을 함께 내렸고, 우리가 왜 진행 중 업무를 제한했는지 이해하고 있습니다. 우리는 전달받은 요청을 확실히 처리하고 싶고 시간에 맞추고 싶습니다. 그 요청을 받아들이려면 다른 무언가를 잠시 미뤄두어야만 합니다. 그 새 항목을 시작하려면 현재 진행 중인 항목 중에서 어떤 것을 취소하고 싶은가요?"

진행 중 업무 제한을 결정할 때 파트너와 함께 하지 않았다면 이런 대화를 할 수 없을 것이다. 파트너는 그냥 압박을 계속할 것이다. 진행 중 업무 제한 당김 방식은 손상을 입을 것이고 조직은 밀기 방식_push system_을 향해 계속 가파르게 미끄러져 갈 것이다.

칸반 소프트웨어 개발에서 진정으로 성공적인 협업 게임을 하려면, 반드시 모든 이해관계자 사이의 의견 일치를 통해 게임의 규칙을 만들어야 한다.

우선순위 부여

대기열 보충 메커니즘도 합의가 필요하다. 그렇게 하려면 보통 규칙적 보충 회의 및 새로운 업무를 선택하는 방법에 대한 메커니즘을 합의해야 한다. 이러한 대화는 다음 질문을 통해 할 수 있다. "당신에게 '지금부터 42일 이내에 출시가 필요한 두 가지가 무엇인가요?' 같이 아주 간단하게 질문한다면, 그런 논의를 하기 위해 얼마나 자주 만날 수 있을까요? 회의는 30분을 넘지 않을 겁니다." 여러분은 극도로 집중하는 회의를 제안하는 것이기 때문에, 아주 직접적으로 질문할 수밖에 없으며 최소한의 시간 약속을 제안하게 되므로, 보통 상류 파트너는 기꺼이 협력할 것이다. 주간 회의를 합의하는 것이 드문 일은 아니다. 미디어 분야 같이 릴리스 사이클의 속도가 빠른 분야에서는 회의 주기가 더 짧은 경우도 많다.

출시/릴리스

이제 하류 파트너와 함께 비슷한 합의를 해야 할 차례다. 출시 케이던스는 해당 분야 또는 상황에 따라 정하는 것이 좋다. 웹 기반 소프트웨어라면 서버 팜에 배포해야 할 것이다. 배포에는 파일을 복사하고 데이터베이스 스키마를 업그레이드한 다음에 데이터를 이전 스키마에서 다른 쪽으로 마이그레이션하는 작업을 포함한다. 아마도 이러한 데이터 마이그레이션을 수행할 코드가 있어야 하고 그 코드가 실행되는 시간이 필요하다. 전체 배포 시간을 계산하려면 서버가 몇 대나 있는지, 몇 개의 파일을 복사해야 하는지, 시스템을 중지시킨 다음 재부팅하는 데 얼마나 시간이 걸릴지, 데이터를 마이그레이션하는 데 얼마나 걸릴지 같은 요소를 고려해야 한다. 몇 분이나 몇 시간 안에 끝나는 배포도 있고 심지어 며칠이 걸리는 배포도 있다. 어떤 분야에서는 DVD 같은 물리 매체를 제조하고 상자를 포장해서 유통망을 통해 유통 회사, 중계 회사, 판매 회사, 또는 기존 업체 고객들에게 배포할 필요가 있을 수도 있다. 이외에도 다른 배포 관련 요소들이 있는데 매뉴얼 인쇄나 영업 및 지원 인력에 대한 교육 같은 것이다. 이 사람들에 대한 교육 프로그램을 만들어야 할 필요가 있을 수도 있다.

2002년에 나는 스프린트 PCS 이동 전화 네트워크의 첫 번째 스테이지 업그레이드 릴리스를 담당하고 있었다. 3G 기술이 탑재된 첫 번째 업그레이드를 1xRTT라고 불렀다. 그 업그레이드를 시장에는 PCS 비전이라는 이름으로 출시했다. PCS 비전은 신규 네트워크의 고속 데이터 능력을 활용하는 열여섯 가지 새로운 기능을 지원했고, 신규 기능을 탑재한 약 15종의 신규 단말이 공개되었다. 미국 전역의 스프린트 소매 유통망에는 직원 1만 7000명이 근무하고 있었다. 고객 상담 전화를 받는 콜 센터에도 비슷한 수의 인원이 있었다. 소매 유통망과 고객 상담 부서에서 근무하는 모든 직원이 신규 서비스 출시를 지원할 수 있도록 교육을 받아야 했다. 나는 농담 삼아 이 인원을 전부 교육시키는 제일 좋은 방법은, 이틀 동안 모든 업무를 중단하고 캔자스 시티로 가서 두 시간짜리 파워포인트 프레젠테이션을 큰 화면으로 구석까지 보여줄 수 있는 캔자스 시티 치프스의 경기장을 빌리는 것이라고 말했다. 이 방법이 가장 효율적일 수도 있지만 여러 가지 이유로 전혀 받아들일 수 없는 제안이었다. 고객은 운영자들이 차세대 기술 교육을 받는 24시간 동안 지원이 중단되는 상황을 용납하지 않을 것이다. 그리고 소매망에서 이틀 동안 판매 이익을 얻을 수 없다는 사실도 연간 매출 목표 달성에 문제가 될 것이다.

교육 프로그램을 만들고 강사 교육을 진행했다. 지역 소매 직원에 대한 교육 프로그램도 만들었고 콜 센터 교육 프로그램도 비슷하게 만들었다. 소규모 그룹 교육을 위해 강사를 6주간 현장으로 파견했다. 교육 진행 비용이 어마어마했다. 6주라는 시간 약속이 중요했고 직원들의 기억 속에서 교육 내용이 잊혀지게 될 반감기 또한 6주였다. 우리가 신규 서비스 출시 기간을 놓치게 된다면 재교육을 해야 할 것이며, 출시에는 최소한 6주가 더 지연될 것이다.

통신 네트워크와 비슷한 분야에서 근무하고 있다면 릴리스 케이던스의 길이가 짧지 않다는 사실을 알고 있을 것이다. 교육을 포함한 6주간의 릴리스 처리 비용을 보면 1년에 한 번 이상 릴리스할 수 없을 정도로 비용이 어마어마하게 든다.

가능하면 릴리스 케이던스가 가장 크기를 바랄 것이다. 그러면 이런 질문으로 시작해 보자. "결함이 가장 적으면서도 고품질 코드를 제공할 수 있다면, 그리고 충분한 주목을 받으면서 그 복잡성이 투명하고 믿을 만한 출시를 하려면, 합리적인 제품 배포를 얼마나 자주 할 수 있을까?" 이 질문은 여러분이 했던 정의에 대한 논의를 유발할 것이고 어느 정도 확신을 주는 행동이 필요할 것이다. 그러나 시스템의 어느 한 부분이 과도한 압박을 받는 일 없이 비즈니스 기민성을 최대화하는 결과를 계속 요구할 필요가 있다.

리드 타임과 서비스 클래스

리드 타임에 대해 대화를 할 때 과거 성과에 대한 이력 데이터가 있다면 도움이 된다. 이상적으로 리드 타임 및 개발 작업 시간에 대한 데이터를 갖길 원한다. 4장에 있었던 마이크로소프트 사례를 통해 심각도 1의 결함은 리드 타임이 약 125일이고, 기타 심각도 결함의 리드 타임은 155일이라는 것을 알게 되었다. 이 사실에서 공략해야 하는 첫 번째는 두 가지 서비스 클래스가 있다는 것이다. 심각도 1의 결함은 지금까지 우선 취급의 형태를 받아왔다. 이것에 대해 어떤 형식상의 절차도 없지만 전체적 결과는 심각도 1의 결함이 더 빠르게 진행되고 있었다는 것이다.

이 사실을 알면 처음부터 두 가지 다른 서비스 클래스를 제안할 수 있다. 외부 이해관계자들에게 우리가 두 가지 서비스 클래스를 적용할 것이고 각 리드 타임 목표를 분리하겠다고 제안할 수도 있다.

마찬가지로 이력 데이터를 통해 평균 개발 공수가 11일이고, 가장 최고일 때 15일이었다는 것을 알게 되었다. 그래서 입력 대기열로부터 선택된 이후 25일이라는 리드 타임을 제안할 수 있다. 더 이상 과학적일 수는 없다. 이제 이 제안에 대한 심리적 효과를 상상해 보자. 비즈니스 쪽에서는 4~5개월이라는 성과를 얻고 있었는데 우리는 25일을 제안했다. 이러한 차이가 생기는 이유는, 25일에는 초기 대기 시간을 포함하고 있지 않은데 155일은 대기 시간이 포함된 리드 타임이기 때문이다. 그렇기는 하지만 환상적인 개선인 것처럼 보인다. 비즈니스 쪽에서 이 제안에 동의하는 것이 당연하다.

다른 대안도 있다. 개발 이력 데이터가 있다면 그것을 통계적 프로세스 제어 그래프에 그릴 수 있다. 그렇다면 관리 상한(또는 3 시그마)을 알 수 있다. 관리 상한 값은 외부 변동을 안전하게 흡수할 수 있으면서도 작은 값이 좋다. 그렇지만 이렇게 하려면 파트너에게 투명해야 하며 숫자를 계산하는 방법을 보여주어야 한다.

또 다른 대안은 비즈니스 쪽에 실제로 필요한 반응성 정도를 물어보는 것이다. 이 방법은 서비스 클래스가 여러 개인 상황에서 제일 좋다. 예를 들어 비즈니스 쪽에서 다음 같이 대답했다고 하자. "사흘 안에 출시해야 합니다." 그러면 이렇게 답변할 수 있을 것이다. "모든 것을 사흘 안에 출시해야 하나요?" 아마도 대부분 "아니오"라고 할 것이다. 이 답변으로 사흘 안에 출시할 필요가 있는 요청 유형을 정의할 수 있는 질문 기회를 얻을 것이다. 그러면 이 업무 유형의 서비스 클래스를 만들 수 있다. 그리고 나서 나머지 업무도 같은 절차를 반복한다. 최종적으로 다양한 업무 요청을 서비스 클래스로 만들 수 있는 몇 개의 덩어리로 나눌 수 있게 된다. 이 각각의 덩어리는 같은 모양의 지연 비용 함수를 보여주는 업무를 포함할 가능성이 높다. 서비스 클래스를 만드는 자세한 내용과 지연 비용 함수의 개념은 11장에서 자세히 설명하고 있다.

각 서비스 클래스에서 합의한 리드 타임 목표는 약속이라기보다 목표로 보아야 한다. 여러분은 최선을 다해 목표 시간을 달성하겠다고, 그리고 각 서비스 클래스의 서비스 수준 합의에 있는 목표 리드 타임 대비 완료일 달성 실적을 알려주겠다고 약속할 것이다. 어떤 상황에서는 서비스 수준 합의의 리드 타임이 약속이 아니라 목표라는 것에 동의를 얻기 위한 충분한 신뢰가 부족할 수도 있다. 서비스 수준 합의의 리드 타임을 약속으로 합의해야 하는 경우라면 안전을 위해 여유 있는 목표로 완화해야 한다. 이것을 통해 낮은 신뢰 수준이 직접적 경제 비용을 불러온다는 것을 알 수 있게 된다.

파트너와 논의를 종료하는 기준은 다음과 같다. 진행 중 업무 제한을 가치 흐름에 따라 합의해야 하고, 우선순위 조정 및 조정 방법을 합의해야 하며, 출시 조정 및 조정 방법도 비슷한 합의를 해야 하고, 각 서비스 클래스의 목표 리드 타임을 포함한 서비스 수준 합의를 정의해야 한다.

이것만은 기억하자
- 조직에 칸반을 도입하는 달성 가능한 목표에는 적어도 여덟 가지가 있다.
- 저항을 최소화하는 프로세스 개선으로 성과를 개선한다.
- 고품질 제품을 출시한다.
- 진행 중 업무의 양을 제어함으로써 예측 가능한 리드 타임으로 출시한다.
- 업무와 인생의 균형을 개선하면 팀원들에게 더 나은 삶을 준다.
- 요구량을 처리량에 맞추어 시스템에 잉여 시간을 만든다.
- 약속을 늦추고 선택을 열어두는 단순한 우선순위 부여 메커니즘을 제공한다.
- 개선 기회를 알 수 있도록 투명한 방법을 제공한다. 그렇게 함으로써 지속적 개선을 권장하는 더욱 협력적인 문화로 변화할 수 있다.
- 예측 가능한 결과, 비즈니스 기민성, 좋은 관리, 소프트웨어 공학 연구소에서 성숙한 조직이라고 부르는 형태로 발전할 수 있는 프로세스를

얻기 위해 노력한다.
- 다른 이해관계자와 합의를 하기 위해 목표를 정의해야 하고 칸반 도입을 통한 장점을 분명히 설명할 수 있어야 한다.
- 칸반 프로세스를 시작하려면 12단계 가이드를 따른다.
- 칸반에서는 외부 이해관계자 및 비즈니스 책임자와 협상하는 방법이 다르다. 그 협상은 장기간 관계를 가정하고 시스템 차원의 성과에 대한 약속을 기반으로 한 협상이다.
- 칸반 시스템의 기본 요소를 합의하기 위해 외부 이해관계자를 포함시키면 그들을 더 협력적으로 만든다.
- 진행 중 업무 제한, 리드 타임 목표, 서비스 클래스, 우선순위 부여, 출시 기본 정책은 소프트웨어를 개발하는 협업 게임의 규칙이다.
- 외부 이해관계자를 게임 규칙에 합의하는 협력자로 만들면, 시스템이 압박을 받게 될 때 나중에 협력적 행동이 가능할 것이다.

4부

개선

16 세 가지 유형의 개선 기회

6장부터 15장까지는 칸반 시스템을 구축하고 운영하는 방법과 변화를 관리하고 개선하는 데 칸반을 적용하는 방법을 설명했다. 지금부터는 개선 기회를 어떻게 인식하고, 그 기회를 어떻게 다루어야 하는지, 그리고 그중 어떤 기회를 선택해야 하는지 설명하려고 한다.

  2장에서는 칸반을 사용하는 조직에 나타나는 다섯 가지 핵심 특성을 살펴보았다. 그중 다섯 번째 특성에서 개선 기회를 인식하고 평가하고 다루는 데 사용하는 모델을 만드는 방법을 설명했다. 여기에 사용할 수 있는 모델은 다양하다. 이번 장에서는 그중 일반적인 모델 세 가지와 몇 가지 파생 모델을 집중적으로 살펴보려고 한다. 그 세 가지는 제약 이론과 집중의 5단계, 경제적 비용으로 낭비 활동을 인식하는 린 사고에서 따온 몇 가지 아이디어, 변동성 이해와 감소에 특화된 몇 가지 파생 모델이다. 다른 모델들도 가능하다. 이미 커뮤니티 사이에서는 리얼 옵션 이론Real Option Theory[1]과 위험 관리Risk Management 같은 모델을 시도하고 있다. 그리고 몇 가지 사례도 함께 다룰 것이다. 그 사례들이 바로 시작 지점이다. 이 모델들을 적용해 볼 것을 추천하며 그런 다음에는 사고를 확장하고 팀이 개선을 이뤄낼 수 있는 권한을 주는 모델을 더 찾아볼 것을 추천한다.

---

1 (옮긴이) 실물 옵션 이론이라고도 한다. 위험을 회피하는 기업의 전략적 의사 결정 기법 중 한 가지다. 경영이 불확실한 상황에서 위험을 최소화하면서 투자 의사 결정을 하기 위해 옵션이라는 위험 회피 수단을 활용해야 한다는 것이 핵심이다. 즉 불확실성이 높은 상황에서 하나의 대안을 선택해 투자하는 것이 아니라 복수의 대안에 소규모 투자를 하는 것이다.

병목 지점, 낭비 제거, 변동성 감소

각 개선 모델은 서로 전혀 다른 지식 체계 안에서 탐색되고 발전해 왔다. 지속적 개선에 대한 각자 나름의 학설이 있다. 칸반에서는 이 세 가지 모델을 모두 합쳐서 개선 기회를 인식하는 방법을 대략적으로 제시하며 각 모델을 사용한 개선 적용 방법을 구체적으로 제시한다. 이제 설명하려고 하는 세 가지 지속적 개선 학설마다 각각 선구자적 이론가가 있으며, 자체적으로 콘퍼런스도 개최하고 있고, 별도 지식 및 경험 규범이 있으며, 그 모델을 열성적으로 따르는 지지자가 있다. 여러분 회사가 그중 한군데 이상에 속해 있을 수도 있다. 여러분 조직에서 선호하는 방식으로 개선 기회를 제공할 수 있는 방법을 보여줄 수 있다는 것이 칸반의 장점이다. 선택할 수 있는 다양한 개선 패러다임과 도구를 알고 있다면 더욱 유연하게 변화를 이뤄낼 수 있다.

이번 장에서는 여러분이 사용할 수 있는 대중적인 지속적 개선 방법을 설명하고 있는데 이 부분을 생략하고 곧바로 17장으로 넘어가도 상관없다. 그러나 이 방법들을 간략히 살펴보고 싶거나 그 배경 및 역사가 궁금하다면 가치 있는 내용을 찾을 수 있을 것이다.

제약 이론

제약 이론은 엘리 골드랫이 처음으로 만들었으며 1984년에 출간한 그의 비즈니스 소설 『더 골』에서 처음으로 등장했다. 지난 25년 동안 『더 골』 개정판이 여러 차례 출간되었고, '집중의 5단계 Five Focusing Steps'로 알려져 있는 그 이론적 토대는 최신 개정판에서 더욱 명확해졌다.

집중의 5단계는 제약 이론에서 지속적 개선의 기반이다. 그것은 POO-GI Process Of OnGoing Improvement로 알려져 있다. 제약 이론(또는 TOC)은 약자로 가득 차 있다. 이상하게도 집중의 5단계는 거기서 예외다. 집중의 5단계는 "FFS"로 줄여서 부르지 않는다.

1990년대에 제약 이론은 사고 프로세스Thinking Processes, TP로 알려져 있는 근본 원인 분석 및 변화 관리 방법으로 발전했다. 이렇게 발전한 이유는 제약 이론 컨설팅 커뮤니티에서 고객이 개선을 이루는 데 제약이 관리자 및 변화에 대한 저항을 변화시킨다는 사실을 발견했기 때문이다.

집중의 5단계는 흐름 문제에만 효과가 있는 것으로 나타났고, 회사에서 일어나는 수많은 문제가 흐름 패러다임에 깔끔하게 맞지 않았다. 그렇기 때문에 사고 프로세스가 발전했다. 제약 이론 컨설턴트에 대한 전문 자격 및 교육 프로그램은 집중의 5단계와 드럼-버퍼-로프 같은 제약 이론의 응용에 대한 강의에서 사고 프로세스에 대한 강의로 바뀌어갔다. 따라서 제약 이론을 주목하던 많은 커뮤니티는 사실상 집중의 5단계가 아니라 사고 프로세스에 주목하고 있었다. 제약 이론 콘퍼런스에 참석하면서 살펴보니, 커뮤니티에서 집중의 5단계는 다소 잊혀진 기술이 되어가고 있었다.

내가 보아온 바로는, 제약 이론 커뮤니티는 도전적인 것보다는 잘 자리 잡은 패러다임을 받아들이려는 경향이 있다. 따라서 크리티컬 체인Critical Chain[2] 같은 프로젝트 관리 제약 이론 솔루션은 세 가지 제약(범위, 예산, 일정)에 대한 현재의 프로젝트 관리 패러다임이나 프로젝트에서 작업 일정의 종속 그래프 모델 같은 모습으로 발전했다. 내 첫 번째 책인 『Agile Management for Software Engineering』을 출간할 때까지 아무도 프로젝트 관리 패러다임에 도전하지 않았고, 프로젝트를 가치 흐름과 흐름 문제로 보는 더 나은 모델을 제안하지도 않았으며, 집중의 5단계를 적용하지도 않았다. 나는 그렇게 함으로써 흐름에 바탕을 두고 병목 지점에 집중하는 집중의 5단계와 결합한 린 지식 체계 전체를 사용할 수 있었다. 린과 제약 이론을 결합함으로써 프로젝트와 조직 성과를 개선할 수 있었고 칸

---

[2] (옮긴이) 전체 프로세스를 하나의 체인으로 보고 각 부서 또는 단계를 체인을 구성하는 고리로 봤을 때, 전통적 관점에서는 더욱 튼튼한 체인을 만들려면 체인 무게를 늘려야 하며 그렇게 하려면 고리 하나하나의 무게를 늘려야 한다고 본다. 그러나 제약 이론에서는 무거운 체인이 아니라 잘 끊어지지 않는 체인이 좋은 체인이라고 평가한다. 체인 강도를 결정하는 것은 가장 약한 고리, 즉 크리티컬 체인이라고 보는 것이다.

반 탄생의 기초가 되었다.

나는 분업을 통해 이루어지는 어떤 프로세스나 업무 흐름도 가치 흐름으로 정의할 수 있으며 어떤 가치 흐름도 흐름으로 관찰할 수 있다고 주장해 왔다. 특히 린과 도요타 생산 시스템은 이러한 가정을 중심으로 만든 것이다. 어떤 가치 흐름이 흘러간다면 거기에 집중의 5단계를 적용할 수 있다. 따라서 집중의 5단계는 완벽하게 POOGI를 만족하며 사고 프로세스는 변화 관리 도구를 사용하고 있지 않다면 불필요하다. 개인적으로는 사고 프로세스를 친숙하게 생각하지 않는다. 내가 선호하는 변화 관리 도구는 이 책에서 설명하고 있는 칸반이다.

집중의 5단계

집중의 5단계는 지속적 개선 프로세스를 설명하는 간단한 공식이다. 집중의 5단계는 다음과 같다.

1. 제약을 찾아낸다.
2. 제약을 활용하는 방법을 결정한다.
3. 2단계에서 내린 결정에 시스템의 다른 모든 것을 종속시킨다.
4. 제약의 능력을 확장한다.
5. 타성에 빠지지 않도록 주의하면서, 다음 제약을 찾아내어 2단계로 돌아간다.

1단계에서는 가치 흐름에서 병목 지점을 찾아내라고 이야기하고 있다.

2단계에서는 그 병목 지점의 잠재적 처리량을 알아내고 실제 처리량과 비교하라고 이야기하고 있다. 보면 알겠지만 수용량이 가득 찬 상태에서는 병목 지점은 거의 또는 전혀 작동하지 않는다. 그러면 다음 질문을 해 보자. "병목 지점의 완전한 잠재적 처리량을 알아내려면 어떻게 해야 할까? 그런 일이 일어나려면 무엇을 바꿀 필요가 있을까?" 이것이 2단계의 '결정' 부분이다.

3단계에서는 2단계에서 얻은 아이디어를 적용하는 데 필요한 변화는 무엇이든 추진하라고 이야기하고 있다. 병목 지점이 최대 수용량을 발휘하기 위해 가치 흐름의 다른 부분을 추가로 변화시켜야 할 수도 있다. 병목 지점의 수용량을 최대화하는 행동을 '병목 지점 탐색'이라고 한다.

4단계는 병목 지점을 수용량이 가득 찬 상태로 운영하고 있는데도 아직 충분한 처리량을 만들어 내지 못하는 경우, 처리량을 증가시키기 위해 수용량을 확대할 필요가 있음을 의미한다. 4단계에서는 병목 지점을 없애고 시스템 제약을 가치 흐름의 다른 곳으로 옮기기 위해, 수용량을 확대하고 처리량을 충분히 증가시키는 개선을 적용하라고 이야기하고 있다.

5단계에서는 변화를 안정화할 수 있는 시간을 주고 가치 흐름에서 새로운 병목 지점을 찾아내는 프로세스를 반복하라고 이야기하고 있다. 그렇게 하면 처리량이 항상 증가하는 지속적 개선 시스템을 만들 수 있다.

집중의 5단계가 적절히 일상화되면, 조직 전반에 지속적 개선 문화를 이룩하게 된다.

17장에서는 집중의 5단계를 사용하여 병목 지점을 찾아내고 관리하는 방법을 설명한다.

린, 도요타 생산 시스템, 낭비 제거

린은 1990년 초반 도요타 생산 시스템TPS이 동작하는 방식을 워맥Womack, 존스Jones, 대니얼스Daniels가 경험적 관찰을 통해 도요타 외부인의 시선으로 바라본 『The Machine That Changed the World』라는 중요한 글을 쓴 이후에 등장했다. 린을 다루는 초기 문헌에는 다소 결점이 있었다. 도요타 생산 시스템에 내재되어 있으며 데밍의 '심오한 지식 시스템System of Profound Knowledge'에서 가져와서 적용한 변동성 관리를 밝혀내지 못한 것이다.

또한 오해와 과도한 단순화로 인해 린의 많은 부분이 희생되었다. 수많은 린 컨설턴트가 낭비 감소(또는 제거) 개념에 편승하여 마치 낭비 제거 활동이 린의 전부인 것처럼 가르쳤다. 이러한 린의 안티 패턴에서는 모든 업무 활동을 가치를 부가하는 활동과 가치를 부가하지 않는 활동으로 분류했다. 가치를 부가하지 않는 활동, 즉 낭비 활동은 필요한 낭비와 불필요한 낭비로 더욱 세분화했다. 불필요한 낭비 활동은 제거하고 필요한 낭비 활동은 감소시켰다. 이런 방식이 린 도구를 사용해서 개선하는 유효한 방법이긴 하지만, 그렇게 하면 비용 감소 결과는 차선 수준밖에 이룰 수 없고 가치, 가치 흐름, 흐름에 대한 린의 아이디어를 포용하지 않음으로써 가치를 그대로 방치해두기 쉽다.

칸반을 사용하면 린 사고의 모든 측면이 가능해지고 낭비 감소뿐 아니라 흐름 관리에 집중해서 가치 결과를 최적화하는 도구를 제공한다.

18장에서는 낭비 활동을 어떻게 찾아내고 무엇을 해야 하는지를 설명한다.

데밍과 식스 시그마

일반적으로 W. 에드워즈 데밍 W. Edwards Deming을 20세기 품질 보증 운동의 세 아버지 중 한 명으로 일컫는다. 하지만 나머지 두 명보다 데밍이 기여한 바가 훨씬 크다. 데밍은 통계적 프로세스 관리 Statistical Process Control, SPC 사용을 발전시키고 그것을 심오한 지식 시스템이라는 이름의 관리 기법으로 만들었다. 데밍의 시스템은 관리자가 품질이 낮은 의사 결정을 내리는 것을 예방하고, 통계적으로 믿을 만하며, 객관적이고, 때로는 직관에 어긋나지만 더 나은 결정으로 바꾸기 위한 것이다. 데밍을 20세기에 가장 중요한 관리학자로 보기도 하는데, 내 생각에 아주 당연한 일이다. 품질 보증을 통해 통계적 프로세스 관리를 관리학으로 확대한 것이 데밍의 업적이다.

데밍은 20세기 중반 일본의 관리 철학에 중요한 영향을 끼쳤으며, 통계적 프로세스 관리와 심오한 지식 시스템이라는 그의 업적은 도요타 생산 시스템의 핵심 토대가 되었다.

런던에 있는 BNP 파리바 투자 은행에서 매우 성숙한 어느 칸반 팀이 통계적 프로세스 관리를 적용한 일이 있었는데, 통계적 프로세스 관리는 이 책의 범위를 벗어나는 주제이기 때문에 나중에 출간할 칸반의 고급 기법을 다루는 책에서 언급할 예정이다.[3]

하지만 시스템 변동성을 이해하는 원칙과 통계적 프로세스 관리를 입증하는 업무 작업은 매우 유용하다. 데밍의 선배인 월터 슈하트Walter Shewhart는 작업 성과의 변동성을 우연 원인chance cause과 이상 원인assignable cause 두 가지로 분류하였다. 후에 데밍은 이것을 일상 원인common cause과 특별 원인special cause이라는 용어로 바꾸었으며, 데밍은 이름을 바꾼 이유를 "교육적 이유" 때문이라고 뉴 이코노믹스 2판에서 밝혔다. 용어를 바꾸었을 뿐 그 내용을 바꾼 것은 아니다. 변동성을 이해하고 그 변동성이 성과에 어떤 영향을 미치는지 파악하기 위해 변동성을 두 가지 범주로 분류할 수 있는 역량을 발전시켜야 한다. 이것은 중요한 관리 기술이다. 변동성 유형에 기반을 두고 적절하게 관리 행동을 할 수 있도록 학습하는 것이 지속적 개선 프로그램의 핵심이다. 린과 제약 이론 모두 개선을 이루려면 변동성을 매우 깊이 이해해야 한다. 이러한 개선을 통해 병목 관리나 낭비 감소를 이루고자 할 때도 마찬가지다.

19장에서는 일상 원인과 특별 원인을 인식하는 방법을 설명하며 적절한 관리 행동 아이디어를 제안한다. 20장에서는 이 내용을 더 깊이 있게 다루는데 흐름을 유지하고 최대한의 가치를 전달하기 위해 가능하면 빠르게 이슈를 제거하는 것을 목표로 이상 원인 변동에 대응할 수 있는 이슈

---

3 (옮긴이) 데이비드 앤더슨에 의하면 현재도 칸반에 통계적 프로세스 관리를 적용하는 경우가 그렇게 많지는 않다고 한다.

관리 역량을 만들어 내는 방법을 설명한다(변동성 관리 지식에 주목하지 않고 흐름에 집중하는 것은 효과적이지 않다. 데밍의 아이디어가 없는 린은 변동성에 대한 이해가 없는 린이며 암묵적으로 흐름 유지에 집중하지 않는 린이다. 초창기 린에 대한 문헌들이 변동성에 대한 이해가 없거나 데밍의 심오한 지식 시스템을 참조하고 있지 않다는 점을 고려해 보면, 린을 단지 낭비 감소로 가르치는 안티 패턴의 근본 원인을 쉽게 이해할 수 있다).

일본의 업무 현장에서 부분적 개선 기회를 찾아내는 데 도요타 생산 시스템에 데밍의 아이디어인 통계적 프로세스 관리와 심오한 지식 시스템이 포함된 사이에, 미국에서는 데밍의 아이디어를 바탕으로 또 다른 지식 체계가 발전했다. 식스 시그마Six Sigma는 모토로라에서 시작되었지만, 식스 시그마가 정말로 꽃을 피운 것은 잭 웰치Jack Welch의 리더십으로 제너럴 일렉트릭에 적용되었을 때였다.

식스 시그마는 일상 원인 변동과 특별 원인 변동을 찾아내는 데 통계적 프로세스 관리를 채택하고 있으며, 근본 원인에서 특별 원인 변동을 제거하고 되풀이해서 발생하는 것을 예방하는 데(거기에다가 일상 원인 변동을 감소시키고 프로세스나 업무 흐름 또는 시스템의 예측성을 높이기 위해) 데밍이 설명한 것과 비슷한 프로세스를 사용한다.

권한을 부여받은 작업자들이 수많은 작은 카이젠 이벤트를 적용해서 모든 것을 현장에서 운영하는 계획인 도요타 생산 시스템과는 달리, 식스 시그마는 신뢰 수준이 더 낮고 개선 기회가 훨씬 더 적은 명령 및 통제 방식으로 만들어졌으며 일반적으로 더욱 전략적 수준에서 적용되고 구체적인 프로젝트 방식으로 운영된다. 프로젝트 리더는 검은 띠Black Belt 역할을 수행하고 그 수준에 이르기 위해 보통 수년간 방법론을 교육받는다. 칸반에서는 데밍의 아이디어를 받아들여서 변동성 및 그 영향을 볼 수 있는 장치와 투명성을 주기 때문에, 카이젠 스타일의 개선 프로그램이나 식스 시그마 스타일의 개선 프로그램에서도 칸반을 사용할 수 있다.

칸반을 회사 문화에 맞추다

식스 시그마를 적용하고 있는 회사라면 소프트웨어, 시스템, 제품 개발, IT 조직에 식스 시그마 계획을 운영하는 데 칸반이 도움이 될 수 있다. 린을 적용하고 있는 회사라면 자연스럽게 칸반이 어울릴 것이다. 소프트웨어, 시스템, 제품 개발, IT 조직에 전부 린 계획을 적용할 수 있다. 회사에서 제약 이론을 따르며 사용하고 있다면 칸반을 적용하는 경우 소프트웨어, 시스템, 제품 개발, IT 조직 모두에 제약 관리(병목 지점 제거) 프로그램을 적용할 수 있을 것이다. 그러나 칸반 시스템보다 드럼-버퍼-로프를 적용해서 당김 방식을 재구성할 필요가 있을 수도 있다. 칸반이 처음에는 드럼-버퍼-로프에서 발전한 것이기 때문인데, 나는 효과가 있으리라는 사실을 알고 있다. 그러나 가치 흐름을 모델링하는 방법과 버퍼 및 로프에 진행 중 업무 제한을 설정하는 방법에 대한 구체적 논의는 이 책의 범위를 벗어나는 주제다.

이것만은 기억하자

- 칸반에는 개선 기회를 찾아내는 데 사용할 모델이 필요하다.
- 칸반은 적어도 세 가지 유형의 지속적 개선 방법을 지원한다. 그 세 가지는 제약 관리(병목 지점 제거), 낭비 감소, 변동성 관리(통계적 프로세스 관리와 심오한 지식 시스템 포함)다.
- 칸반을 사용하면 병목 지점을 확인할 수 있고 제약 이론에서 말하는 집중의 5단계를 완전히 적용할 수 있다.
- 칸반을 사용하면 낭비 활동을 시각화할 수 있고 소프트웨어, 시스템, 제품 개발, IT 조직에 전부 린 계획을 적용할 수 있다.
- 칸반은 W. 에드워즈 데밍의 심오한 지식 이론과 통계적 프로세스 관

리를 사용할 수 있는 장치를 제공한다. 그것은 카이젠 계획이나 식스 시그마 계획을 운영하는 데 사용할 수 있다.

17

병목 지점과 즉시 불가성

워싱턴 SR-520은 시애틀 동북부 교외에 있는 커클랜드나 레드먼드와 시애틀 사이를 연결하는 고속도로다. SR-520은 시내에서 근무하는 교외 거주자들이 이용하기도 하고, 반대로 교외에 위치해 있는 마이크로소프트나 AT&T, 하니웰, 닌텐도 같은 첨단 기술 회사에서 근무하는 도시 거주자들이 이용하기도 하는 간선 도로다. 그 도로는 매일 여덟 시간 동안 양방향 모두 끔찍한 교통 지옥으로 변신한다. 오후 늦게 메디나 외곽의 NE 76번가에 있는 고속도로 위 육교에 서서(워싱턴 호반에 있는 빌 게이츠 저택의 바로 위쪽이다) 동쪽을 바라보면, 시애틀을 향해 서쪽으로 이동하는 차량들이 부교를 건너가려고, 두 도로가 하나로 합쳐지기 전인 벨뷰부터 언덕 쪽으로 느릿느릿 밀려 올라가는 모습을 볼 수 있을 것이다. 그 언덕을 올라가는 속도는 대략 시속 10마일(약 16km)이고 차량 흐름은 계속 가다 서다를 반복한다. 길을 건너 서쪽으로 시애틀 중심가의 마천루, 스페이스 니들, 그리고 저 멀리에 있는 올림픽 산 쪽을 바라보면, 시속 50마일(약 80km)에 달하는 속도로 부드럽게 멀어져 가는 차량들을 볼 수 있을 것이다. 여러분의 발밑에서 무슨 마법이 일어났기에 차량 속도가 그렇게 극적으로 변하는 것일까? 그리고 어떻게 해서 그 흐름이 들쑥날쑥하다가 원활하게 변한 것일까?

부교로 호수를 건너기 전 육교 바로 앞에서 도로는 세 개 차선이 두 개 차선으로 줄어든다. 고속도로의 가장 오른쪽 차선은 두 명 이상이 탑승한 다인승 차량 전용 차선이다. 그 차선은 도시 안팎으로 통근자를 실어나르는 수많은 대중 버스와 자가용으로 붐빈다. 이 차량들이 다른 차량과 합쳐지면서 교통 혼잡과 속도 저하가 생기는 것이다. 육교 몇 마일 앞에서 다른 여러 도로가 고속도로로 합쳐지면서 이미 혼잡한 피크 타임의 도로에 차량이 더욱 늘어난다. 그 결과가 바로 불규칙한 흐름과 매우 느린 속도다.

교통 안전 계획을 수립하는 사람들에게는 차량 간격이 중요하다. 이상적으로는 변화에 반응할 수 있으며 필요한 경우 차량을 안전하게 멈출 수 있도록 차량 간격이 충분해야 한다. 이 간격은 속도와 반응 시간에 따라 달라진다. 법적으로 권고하는 차량 '거리'는 2초다. 린 언어에서는 이것을 차량 간 이상적 택트 타임takt time이라고 말한다. 따라서 두 개 차선에서 차량 간격이 2초라면, 그 도로의 최대 처리량은 한 개 차선에서 분당 30대 또는 두 개 차선에서 분당 60대. 처리량은 차량 속도와 전혀 관계가 없다. 극단적으로 느린 속도나 엄청나게 빠른 속도에는 이 규칙을 적용할 수 없는데, SR-520에서는 시속 50마일이라는 속도 제한을 넘어설 때 그 규칙이 깨지게 된다. 원래 처리량(혼란스럽게도 교통 관리 분야에서는 이것을 수용량이라고 부른다)은 시간당 3600대다.

하지만 평일 오후 다섯 시 쯤 육교 위에 서서 그 아래를 지나가는 차량을 세어 보면, 다리를 건너 시애틀로 가는 차량이 분당 열 대도 안 된다는 것을 알 수 있다. 막대한 수요에도 불구하고 그 도로는 잠재적 처리량의 5분의 1도 처리하지 못하고 있다! 왜 그럴까?

워싱턴 호를 건너는 부교는 병목 지점이다. 우리는 모두 이 개념을 직관적으로 알고 있다. 병을 드나드는 액체의 흐름은 병목 너비가 제어한다. 목이 넓으면 액체를 빠르게 부어 넣을 수 있겠지만, 액체가 넘쳐흐를 수 있는 위험이 크다. 목이 좁으면 액체 흐름은 더 느리겠지만 넘쳐흐를 수 있는 위험은 더 적을 것이다. 병목 지점이 잠재적 처리량을 제한하는데 이 사례를 보면 분당 60대 차량 또는 시간당 3600대 차량을 분당 10대의 차량 또는 시간당 600대의 차량 이하로 제한해버리는 것이다.

일반적으로 프로세스 흐름의 병목 지점은, 처리되기를 기다리는 업무 백로그가 있는 어디에나 존재한다. SR-520 사례에서는 차량 행렬이 동쪽으로 7마일(약 11km)이나 떨어져 있는 오버레이크까지 막히는 경우도 있는데, 이 차량들을 백로그로 간주할 수 있다. 소프트웨어 개발에서는 시작하지 않는 모든 업무 백로그 또는 진행 중 업무, 즉 분석을 기다리는 요구사항, 분석을 완료한 설계나 개발 또는 테스트 업무, 테스트를 완료한 배포 대기 업무, 그 외 어디나 병목 지점이 될 수 있다.

앞에서 논의한 바와 같이 SR-520은 그 도로가 가장 필요한 피크 타임 때 잠재력의 20%밖에 처리하지 못하고 있다. 이 현상을 충분히 설명하려면 병목 지점의 잠재력을 전부 활용하는 방법과 변동성이 그 잠재력에 미치는 영향을 이해할 필요가 있다. 이 개념은 이번 장 그리고 19장 후반부에서 설명할 것이다.

수용량 제약 자원

SR-520에서 NE76번가 육교 아래 지점이 수용량 제약 병목 지점이다. 두 개 차선에 분당 60대 차량이 그 지점의 수용량이다. 여기에 오기 전까지 도로는 세 개 차선이었다가 50년 전 설계한 낡은 부교를 지나 호수를 건너기 위해 두 개 차선으로 합쳐진다. 50년 전에는 충분한 수용량이었고 부교는 병목 지점이 아니었다. 당시에는 시애틀 동부 교외에 작은 마을밖에 없었고 호수를 건너서 통근하는 사람도 별로 없었지만, 오늘날에는 도시로 통근하는 것만이 아니라 반대 방향으로 통근하는 것도 일상적인 일이다.

확장 행동

이러한 측면에서 보면 수용량 제약 병목 지점인 SR-520은 소프트웨어 팀에서 사용자와 상호 작용하는 모든 화면과 대화 상자의 디자인을 담당하고 있는 사용자 경험ux 디자이너와 비슷하다. 사용자 경험 디자이너는 죽어라 일하고 있지만 그 처리량은 프로젝트 요구를 충족하기에 불충분하다. 이 상황에서 관리자 대부분이 보여주는 반응은 도움을 줄 수 있는 추가 인원을 고용하는 것이다. 엘리 골드랫의 제약 이론에서는 이것을 "제약 확장"이라고 부른다. 병목 지점을 제거하려고 수용량을 늘리는 것이다.

SR-520 사례에서는 워싱턴 호를 가로지르는 부교를 편도 3차선의 새 다리로 교체하는 것을 제약 확장으로 볼 수 있다. 모든 조건을 동일하게 유지하려면 두 개 차선은 모든 교통 수단에 개방하고 한 개 차선은 다인승 차량 및 자전거 전용 차선이어야 한다. 사실 이것이 워싱턴 주 교통국에서 추진하는 방향이다. 이런 다리를 건설하는 데 수백만 달러의 비용이 들 것이고, 완공하는 데 10년 정도가 걸릴 것이다. 이 글을 쓰고 있는 지금도 새 다리 건설은 아직 시작되지 않았다.

수용량 제약 자원의 확장은 최후의 수단이 되어야 한다. 병목 지점의 수용량을 증가시키려면 시간도 들고 비용도 필요하다. 예를 들어 다른 사용자 경험 디자이너를 고용하려면 인력 스카우트 에이전시에 지불해야 하는 수수료를 포함해서 채용 과정에서 소요되는 예산이 필요할 뿐 아니라 새로 채용한 디자이너에게 지불할 임금도 확보할 필요가 있다. 이력서를 검토하고 후보자들을 인터뷰하는 동안 진행 중인 프로젝트 속도는 더 느려질 것이다. 가장 귀중한 자원인 수용량 제약 상태의 사용자 경험 디자이너는 프로젝트 업무를 진행하는 대신 이력서를 읽고 후보자를 선택하고 인터뷰할 시간을 내 달라는 요청을 받게 된다. 결과적으로 디자인을 완료해야 하는 디자이너의 수용량이 줄어들고 프로젝트 전체의 잠재적 처리량도 마찬가지로 줄어들게 된다. 이것이 지연 상태의 프로젝트에 인원을 추가하면 프로젝트는 더욱 지연될 뿐이라고 하는 프레드 브룩스의 '법칙'

의 이유 중 한 가지다. 브룩스의 관찰은 일화에 불과했지만 이제는 이 현상을 더욱 과학적으로 설명할 수 있으며 적어도 소프트웨어 업계에서는 지난 35년 동안 인원을 추가하면 프로젝트가 더 느려진다는 개념을 잘 알게 되었다.

이용/보호 행동

곧바로 제약 능력 확장을 시도해서 모든 것이 느려지지게 만들면서 시간과 돈을 소모하는 것보다는, 우선 병목 자원의 수용량을 완전히 이용할 수 있는 방법을 찾는 것이 더 좋다. 예를 들어 SR-520은 피크 타임 때 잠재력의 단 20%만을 처리하고 있다는 사실을 알게 되었다면 그 처리량을 개선하기 위해 어떤 행동을 할 수 있을까? 잠시 생각해 보자. 러시 아워 때 도로 처리량이 잠재적 처리량인 시간당 3600대에 도달하기 위해 기존 다리를 새 다리로 바꿀 필요가 있을까? 여행 시간이 충분히 짧아지면 (나 같은) 워싱턴 주 납세자들은 더 중요하고 긴급한 문제를 겪고 있는 다른 곳에 자신이 낸 세금을 사용하고 싶어 하지 않을까? 지역 학교에 책을 더 많이 보급하는 것처럼? 아마도 그럴 것이다!

그러면 도로의 진정한 잠재력을 이용하려면 어떻게 해야 할까? 사실 문제의 원인은 차량 운전자에게 있다. 운전자의 반응 시간과 행동은 변동성이 매우 높다. 다인승 차량 차선에서 합류하는 자동차 때문에, 가운데 차선에 있는 차량들은 속도를 줄이고 차량 합류 공간을 만들어야 한다. 다른 운전자에 비해 반응이 더 느린 운전자도 있고 다른 운전자보다 더 빨리 브레이크를 밟는 운전자도 있어서 결과적으로는 차량 정체를 예측하기 어렵다. 어떤 운전자는 앞차들이 느려지면 왼쪽 차선으로 바꾸기도 한다. 예측 불가능한 상황이 계속 반복된다. 모든 차량이 느려지지만 사실 속도가 처리량에 영향을 미치는 것은 아니다. 차량 간격이 가장 중요하다. 차량이 2초 간격으로 원활하게 흘러가야 한다.[1] 그러나 인간이라는 요소 때문에 차량 속도를 서서히 늦추거나 높이지 못하고 그 간격이 들쑥날쑥하게 된다. 각 개인이 액셀이나 브레이크를 밟는 반응 시간과 차량 엔진, 변속기, 기어 박스의 반응 시간 때문에 교통량이 증가하면 그 간격은 계속 넓어진다. 시스템 변동성은 처리량에 매우 큰 영향을 미친다.

SR-520에서 생기는 이 문제를 해결하려면 공상 과학 수준의 차량 제어가 필요하다. 독일의 일부 차량 제조사에서 그런 시스템을 실험한 적이 있다. 시스템에 레이더나 레이저를 적용해서 차량 간격을 판단하고 교통 흐름을 원활하게 만들면 SR-520에서 생기는 변동성을 제거할 수 있다. 그 시스템을 사용하면 차량 간격을 유지하면서 차량 행렬을 전체적으로 원활하면서도 느리게 만들 수 있다. 그렇게 하면 교통 처리량을 높게 유지할 수 있다. 그러나 탑승자가 직접 운전하는 자가용의 변동성을 제거하는 데는 한계가 있다. 변동성이 낮은 교통 수단을 원한다면 승용차들을 함께 묶어서 레일 위에 올리면 된다. 그것이 대량 고속 철도 운송이 자동차보다 효율적으로 더 많은 사람들을 빠르게 수송할 수 있는 근본 이유다.

좋은 소식은 회사의 수용량 제약 자원은 우리가 제어할 수 있는 변동성으로부터 영향을 받는다는 점이다. 이 책을 통해 가치 부가 업무를 수행하는 조정 활동과 처리 비용에 대해 많은 이야기를 해 왔다. 수용량 제약 상태의 사용자 경험 디자이너가 있다면 가치를 부가하지 않는 활동 중에서 불가피한 부분을 최소화함으로써 가치를 부가하는 업무에 집중하도록 할 수 있다.

예를 들어 2003년 나는 수용량 제약 상태의 테스트 팀과 일하고 있었다. 수용량 이용을 최대화하려고 다른 잉여 자원을 찾아보다가 비즈니스 분석가와 프로젝트 관리자를 찾아낼 수 있었다. 그 테스트 팀에는 근무 시간

---

[1] (지은이) 캘리포니아의 일부 지역에서는 안전 측면에서 이상적이지는 않지만 차량 간격이 1.4초다.

기록표 작성 같은 행정 처리 활동을 면제해 주었다. 또한 향후 프로젝트 계획 수립 같은 활동에서도 제외해 주었다. 테스터들이 현재 진행 중 업무에 대한 테스트를 수행하느라 바쁜 동안, 분석가가 향후 반복 주기와 프로젝트의 테스트 계획을 수립하도록 한 것이다.

더 나은 다른 한 가지 방법은 당시에는 생각하지 못했던 것인데, 테스트를 해야 하는 요구 사항이 있다면 반드시 전문 테스트 팀에서 위험 프로파일을 만드는 것이었다. 위험이 낮은 요구 사항은 다른 직무를 담당하는 사람들, 예를 들어 비즈니스 분석가가 테스터 역할을 맡았다. 위험 프로파일을 사용한 이러한 '분리' 기법은 프로젝트 위험 관리를 지속하면서도 병목 지점의 활용을 최적화하는 매우 좋은 방법이다.

장기 관점에서는 테스트 자동화에 많은 투자를 하는 것이 방법이 될 수 있다. 이 문장에서 핵심 단어는 '투자'다. '투자'라고 말할 때 그것은 보통 확장 행동을 이야기한다. 그러나 자원을 추가하는 것이 수용량을 증가시키는 유일한 방법은 아니다. 자동화는 좋은 확장 전략이며 당연한 전략이다. 애자일 소프트웨어 개발 커뮤니티에서는 지난 10여 년간 테스트 자동화 확산을 위해 많은 노력을 해 왔다. 일반적 상황이라면 확장 전략으로 자동화를 고민해 보자. 그런데 자동화가 만들어 내는 놀라운 2차 효과는 변동성 또한 줄어든다는 것이다. 반복 작업 및 활동이 디지털의 정확함을 통해 반복된다. 그렇기 때문에 자동화는 프로세스 변동성을 줄이고 다른 병목 지점의 수용량 이용을 개선하는 데 도움이 될 수 있다.

수용량 제약 상태에 있는 사용자 경험 디자이너의 이용을 최대한으로 보장하는 또 다른 방법은 항상 업무를 진행하도록 만드는 것이다. 사용자 경험 디자이너가 어떤 외부 이슈 때문에 차단 상태라면, 필요한 경우 프로젝트 관리자와 팀 전체가 함께 그 이슈를 해결해야 한다. 이슈를 확인하고 확대하고 해결하는 강력한 조직 역량이 수용량 제약 병목 지점을 효율적으로 이용하기 위한 핵심이다.

현재 업무를 가로막는 다양한 이슈가 있고 수용량 제약 자원, 즉 이 사례의 사용자 경험 디자이너를 방해하고 있는 이슈가 있다면 그 이슈를 가장 높은 우선순위로 처리해야 한다. 성과가 높은 효율적 이슈 관리를 하려면 어느 곳이 수용량 제약 자원인지 알아야 하며 필요할 때 우선권을 주어야 한다.

칸반 시스템의 투명성은 수용량 제약 자원(병목 지점)의 위치 및 시스템 내에서 그 지점의 흐름을 방해하는 이슈의 영향을 인식하는 데 도움이 된다. 프로젝트에 참여하고 있는 모든 사람이 병목 지점에서 장애물이 미치는 영향을 시스템 차원에서 인식하면 팀은 기꺼이 함께 문제를 해결하려고 할 것이다. 제때 릴리스하는 데 관심이 있는 고위 관리자나 외부 이해관계자 역시 그 시간의 가치가 어떠한지, 그리고 신속한 이슈 해결이 어떤 영향을 미칠지 이해한다면 더욱 너그럽게 자신의 시간을 내어줄 것이다.

따라서 칸반 시스템을 사용하는 프로젝트에서 성과 개선의 핵심은 투명하게 추적하고 보고할 수 있는 조직 역량 개발이다. 투명성이 있으면 병목 지점과 장애물을 볼 수 있고, 그렇게 되면 팀이 흐름 유지에 집중해서 가용 수용량을 가치 있는 업무에 이용하도록 개선할 수 있다.

수용량 제약 자원을 최대한으로 이용하기 위해 흔히 사용하는 또 한 가지 기법은 자원이 절대로 유휴 상태에 빠지지 않도록 하는 것이다. 예기치 못한 상류 단계의 문제로 인해 수용량 제약 자원이 할 일이 없는 상태가 된다면 그것은 끔찍한 낭비다. 요구 사항 분석가가 가족이 아파서 업무를 몇 주 쉬게 되는 상황을 예로 들 수 있다. 갑작스럽게 제약이 이동해 버렸다. 또는 비즈니스 쪽 전략이 바뀌어서 크기가 큰 요구 사항을 취소하는 경우도 있을 수 있다. 새로운 요구 사항을 만드는 동안 팀은 대기 상태가 되고 사용자 경험 디자이너는 유휴 상태가 된다. 상류 단계 활동이 원래 변동성이 매우 큰 경우라면 어떨까? 요구 사항 요청 또는 개발 업무는 대개 변동성이 크다. 그렇기 때문에 완료해야 할 업무 도달률이 매우 불규칙할 수도 있다. 수용량 제약 자원이 일시적으로 업무가 부족해서 유휴 상태에 빠지는 데는 여러 가지 이유가 있다. 그러한 유휴 시간을 회피하는 가장 흔한 방법은 업무 버퍼로 병목 자원을 보호하는 것이다. 버퍼는 새로운 업무를 대기열에 두어서 도달률의 변동성을 완화하기 위한 것이다. 이 사례에서는 사용자 경험 디자이너에게 버퍼를 두면 된다. 버퍼를 두면 시스템의 전체 진행 중 업무가 늘어난다. 린 관점에서 보면 업무 버퍼는 낭비를 추가하고 리드 타임을 증가시킨다. 그러나 수용량 제약 자원의 업무 흐름을 꾸준하게 만들어서 처리량이 늘어나는 편이 더 낫다. 리드 타임이 조금 늘어나고 진행 중 업무가 전체적으로 약간 증가하는 대신 완료되는 업무는 더 많아질 것이다.

병목 자원이 유휴 시간에 빠지는 것을 보호하려고 버퍼를 사용하는 것을 흔히 병목 자원 보호 또는 보호 행동이라고 부른다. 병목 지점의 확장을 고려하기 전에 가용 수용량을 가능한 한 최대로 활용하려면 이용 및 보호 극대화를 지향해야 한다.

실제 처리량이 잠재력의 20% 미만이었던 SR-520의 교통 관리 사례는, 요구 사항 분석이나 소프트웨어 개발 같은 지식 업무 문제에서 상당히 흔히 발생한다. 병목 지점 이용을 통해 출시율이 네 배나 개선되는 모습을 보게 되는 경우도 많다.

4장에 있는 마이크로소프트 사례에서는 더 많은 비용을 사용하거나 병목 지점의 능력을 확장하지 않고 시스템 변동성을 제거하는 더 나은 이용과 보호를 통해 2.5배의 개선을 달성하였다.

종속 행동

일단 수용량 제약 자원을 이용하고 보호하기로 결정하고 나면, 시스템의 다른 종속 요소를 효과적으로 이용하는 방법을 생각해 볼 필요가 있을 수도 있다.

공상 과학의 세계로 다시 돌아가서 미래의 교통 시스템을 상상해 보자. 여기에서는 워싱턴 호를 가로지르는 새로운 부교를 건설하지 않기로 결정했다. 대신 피크 타임 때 고속 도로 위에 7마일이나 길게 이어지는 차량 속도를 조정하기 위해, SR-520을 운행하는 모든 차량에 레이더와 무선 통신을 사용하는 새로운 속도 관리 시스템을 설치하기로 결정했다. 이 새로운 시스템은 마치 크루즈 컨트롤처럼 작동할 것이며 운전자는 수동으로 액셀과 브레이크 페달을 조작할 수 없다. 시민들은 자기 차량에 시스템을 장착할 때 세제 혜택을 받는다. 충분한 차량에 시스템이 갖춰지면 그 시스템이 가동되고 시스템이 없는 차량은 다른 길을 찾거나 피크 타임을 피해서 호수를 건너야 할 것이다. 그렇게 되면 교통 흐름이 더 원활해지고 병목 지점의 수용량을 더 많이 이용할 수 있게 된다. 그런 시스템을 효과적으로 적용할 수 있다면 잃어버린 수용량의 약 50%를 활용할 수 있게 될 것이다. 다시 말해 피크 타임 때 SR-520을 건너는 처리량은 약 2.5배 증가할 것이다.

그러면 이 사례에서는 어떻게 해야 할까? 다리 처리량을 증가시켜서 여행 시간을 줄인다는 더 중요한 공동 목표를 추구하기 위해 속도에 영향을 미치고 제어하는 운전자의 권리를 무시했다. 이것이 종속 행동의 본질이다. 병목 지점 이용을 개선하기 위해 다른 요소에 변화를 줄 필요가 있다.

제약 이론에 대한 지식이 풍부한 사람들은, 병목 지점의 성과를 개선하는 데 필요한 변화가 보통 병목 지점에서 일어나지 않는다는 사실을 깨닫고 나서 직관에 어긋난다는 사실에 당황하는 경우가 많다. 내 첫 번째 책 ***의 원고를 검토하는 동안, 지금은 애자일 소프트웨어 개발 커뮤니티에서 유명한 한 회원이 팀원 모두가 병목 자원이 되고 싶어 하도록 만드는 개선 방식으로 제약 이론을 사용해 보라고 제안한 적이 있다. 그렇게 하면 관리자의 주목을 얻을 수 있기 때문이다. 이런 실수를 하기 쉽다. 직관에는 어긋나지만 병목 지점 관리는 대부분 병목 지점 외부에서 일어난다. 병목 지점의 처리량을 극대화하기 위해 병목 지점의 실패 부하를 줄이는 데 집중하도록 변화시키는 일이 많다. 그러나 대개는 병목 지점뿐 아니라 가치 흐름 전반에 영향을 미쳐서 병목 지점의 수용량 이용을 최대화하고, 그 결과 처리량이 극대화되어 궁극적으로 프로젝트 출시 시간이 최소화된다고 생각하는 것이 옳다.

즉시 불가성 자원

즉시 불가성non-instant availability 자원은 엄밀히 말해 병목 지점은 아니다. 그러나 대체로 병목 지점과 비슷한 느낌이고 기본적으로 즉시 불가성 자원을 보충하기 위해 할 수 있는 행동은 병목 지점에 할 수 있는 행동과 비슷하다. 차를 운전해 본 적이 있고 신호등 앞에서 정지해 본 적이 있는 사람이라면 누구나 즉시 불가성이라는 개념을 이해하고 있는 것이다. 빨간불에 멈춰서 있는 동안 차량은 도로를 따라 흘러갈 수 없다. 흘러가지 못하는 것은 도로 수용량이 부족하기 때문이 아니라 차량이 운행하는 도로를 가로지르는 다른 도로의 차량 운행 정책 때문이다.

이번 장에서 이야기하고 있는 워싱턴 주의 교통이라는 주제를 계속 사용해 보면, 퓨젯 사운드를 가로질러 운항하면서 키트샵 또는 올림픽 반도를 시애틀 시내 곳곳과 연결해주는 페리 시스템이 좋은 사례가 될 것이다. 페리 시스템에는 세 개 노선이 있는데, 그중 두 노선은 시애틀을 출발해서 브레머턴이나 베인브리지로 운항하는 경로이고, 나머지 하나는 내가 가장 좋아하는 경로인 SR-104인데 동쪽에 있는 에드먼즈와 서쪽에 있는 킹스턴 사이를 오고 간다. 실제로 그 노선을 지도에서 보면 SR-104 도로의 일부인 것처럼 보인다. "여기에서 페리를 탑승해야 합니다 ;-)"라고 명시적으로 표현하고 있지 않고 "통행료"로 표현하는 경우가 많다. 운송 업계에서는 페리를 즉시 사용할 수 없는 도로로 간주한다.

페리에 탑승하려면 요금을 내고 대기 지역에서 기다려야 한다. 보통 대기 시간은 30분 정도이고, 페리를 타고 퓨젯 사운드를 건너가는 데 30분쯤 걸리며, 페리에서 내리는 데 10분에서 15분 정도가 걸리고, 다시 출항하기 전에 새로운 차량을 태우는 데 또 비슷한 시간이 걸린다. 페리 회사는 보통 배를 두 척 운항하기 때문에 항해할 때마다 50분 정도 걸린다. 피크 타임 때는 노선에 배를 세 척 투입해서 운항 대기 시간이 35분 정도로 줄어든다.

페리는 거의 항상 차량을 가득 채워서 운항하지만 그 시스템이 수용량 제약은 아니다. 대기 지역, 즉 버퍼에 차량이 축적되고 항해(배치 이동)를 하려고 페리에 선적한다고 해서 수용량 제약 자원이라는 의미는 아니다. 페리는 즉시 불가성 자원이다. 페리는 한 시간에 한 번 또는 두 번 운항하는데 운항당 수용량은 차량 220대 정도다.

금요일 오후 같은 피크 타임 때는 페리 시스템이 수용량 제약 자원이 되기도 한다. 이런 일이 일어나면 퓨젯 사운드를 건너려는 차량 도달률이 수송할 수 있는 수용량을 초과한다. 수용량은 대략 시간당 300대 정도다. 차량이 막히기 시작하고 요금소도 통과하지 못한 채 대기 지역 바깥으로 차량이 길게 늘어선다. 이러한 피크 타임에는 에드먼즈나 킹스턴을 관통해서 2마일(약 3.2km)이나 꼬리를 물고 있는 차량을 흔히 볼 수 있다. 할 수 있는 일은 별로 없다. 그냥 기다려야 할 뿐이다. 다른 페리를 투입해서 제약 능력을 확장하는 것은 쉽지 않다. 페리 운항 시간표와 일정은 합리적 수준의 서비스를 합리적 시간에 제공할 수 있도록 설계되어 있다. 언제나 수용량을 초과하도록 만들면 페리 서비스에 보조금을 납부하고 있는 주 납세자들에게 지나치게 비싼 비용이 들 것이다.

소프트웨어 개발이나 지식 업무로 돌아가보면 즉시 불가성 공유 자원 또는 멀티태스킹 수행이 많은 사람에게 문제가 되기 쉽다. 우리 모두가 알고 있다시피 회사에는 사실 멀티태스킹 따위는 없으며 단지 빈번하게 업무를 전환할 뿐이다. 세 가지를 동시에 하라는 요청을 받는다면 잠시 첫 번째 작업을 한 다음 두 번째 작업으로 전환하고 그 다음에 세 번째 작업을 하는 것이다. 두 번째 작업이나 세 번째 작업을 진행하는 동안 누군가 첫 번째 작업이 끝나기를 기다리고 있다면, 그 사람(그리고 첫 번째 작업)의 관점에서 봤을 때 우리가 바로 즉시 불가성 자원이다.

내가 보았던 즉시 불가성의 한 가지 사례는 빌드 엔지니어에게 일어난 일이었다. 그 회사에는 구성 관리 팀 소속 인원만 코드를 빌드하고 테스트 환경으로 넣을 수 있다는 정책이 있었다. 이 정책은 과거 경험으로 인한 구체적 위험 관리 전략이었는데, 부주의한 개발자들이 테스트 환경을 깨뜨리는 코드를 빌드하는 경우가 많았기 때문이었다. 여러 프로젝트에서 테스트 환경을 공유하는 경우가 많았으며, 따라서 품질이 좋지 못한 빌드가 미치는 영향이 매우 컸다. 기술 부서는 프로그램 차원의 조정 역량을 충분히 갖추고 있지 못했고, 팀이나 프로젝트는 다른 프로젝트에 영향을 미칠 수 있는 통합 IT 시스템 영역에서 업무를 진행 중인 경우가 많았다. 구성 관리 팀의 임무는 기술적 코드 수준에서 프로젝트 간에 일어나는 일을 조정하는 것이었다. 이 전문가가 바로 빌드 엔지니어다. 빌드 엔지니어는 주어진 소프트웨어 빌드에서 변화가 미치는 영향을 알아야 하고, 모든 프로젝트의 흐름이 테스트 환경 중지로 인해 영향을 받지 않도록 테스트 환경이 깨지는 것을 방지할 책임이 있었다.

보통 프로젝트에는 구성 관리 팀의 자원 공유 풀에서 할당받은 빌드 엔지니어가 있었다. 그러나 하나의 프로젝트에서 요구하는 코드 빌드와 테스트 수행만으로는 빌드 엔지니어를 온종일 바쁘게 만들 수 없었다. 사실 빌드 엔지니어를 하루에 한두 시간 정도 바쁘게 만드는 것도 쉽지 않았다. 따라서 빌드 엔지니어는 멀티태스킹을 해야 했다. 여러 프로젝트에 할낭되기도 했고 그 외 다른 작업을 할당받기도 했다.

코비스의 덕 버로스 Doug Burros 사례를 들어보자. 그는 유지 개발 활동에서 빌드 엔지니어 업무를 담당하고 있었다. 그에게는 그 밖의 두 가지 다른 업무도 있었다. 새로운 환경 구성을 책임지고 있었고 기존 환경을 유지 보수하는 업무도 담당하고 있었다. 그는 현재 구성을 유지하는 업무를 전담하는 구성 관리 엔지니어였다. 이 업무에는 운영 체제와 데이터베이스 서버에 패치 및 업그레이드 적용, 미들웨어에 패치 및 업그레이드 적용, 시스템 구성과 네트워크 토폴로지, 기타 등등을 관리하는 업무가 포함되어 있었다. 그는 하루에 한 시간을 빌드 엔지니어 업무에 사용했다. 보통 이 업무는 오전 열 시부터 열한 시까지 진행했다. 개발자가 오후 세 시에 테스트 빌드가 필요하다면 보통은 다음 날까지 기다려야 했다. 빌드 엔지니어는 즉시 불가성 자원이다. 칸반 시스템을 사용해서 유지 개발을 운영하면서 업무는 차단되기 일쑤였고 전체 가치 흐름이 막혀버리는 경우가 많았으며 상당수의 다른 팀원들에게 유휴 시간이 발생했다.

즉시 불가성 문제에 할 수 있는 행동은 수용량 제약 자원에 할 수 있는 행동과 매우 비슷하다.

이용/보호 행동

첫 번째는 덕이 스스로 자신이 즉시 불가성 자원임을 인식하고 그 영향을 관찰하는 것이었다. 칸반 제한을 빠듯하게 정의해 놓았기 때문에 덕이 가용 상태가 아닐 때는 업무가 밀리고 있었다. 덕은 흐름에서 변동성의 원인이었기 때문에, 자신의 앞쪽에 버퍼를 두는 방식으로 행동 방침을 바꾸었다. 덕이 수용량 제약 자원이 될 만큼 버퍼를 크게 만들지는 않으면서도 흐름이 지속될 수 있을 만큼의 크기로 버퍼를 두는 것이 방법이었다. 나는 덕과 함께 빌드 활동의 특성을 논의했다. 합리적으로 봤을 때 덕은 하루 한 시간 동안 일곱 개 항목을 처리하는 것이 가능하다는 사실을 알게 되었다. 그래서 칸반 제한이 7인 버퍼를 만들었다. 가치 흐름과 카드벽에 이 버퍼를 빌드 대기라는 이름의 새로운 열로 추가했다. 실제로 시스템의 전체 진행 중 업무가 잠재적으로 20% 정도 늘어났지만 효과가 있었다. 빌드 업무가 즉시 가용 상태가 되지는 않았지만 상류 단계 활동은 그 날의 흐름을 유지할 수 있었다. 그 결과 진행 중 업무가 증가했는데도 불구하고 처리량이 늘어났고 리드 타임이 짧아졌다. 우리가 당시에 생각하지 못했던 또 다른 선택은, 덕에게 한 시간을 일하는 것이 아니라 30분으로 나누어 업무를 해 달라고 요청하는 것이었다. 이 두 번의 30분 중 하나는 오전에, 하나는 오후에 진행하는 것이다. 이렇게 하면 흐름이 쉬워졌을 것이고 그 영향으로 즉시 불가성 버퍼의 압력이 줄어들었을 것이다. 아마 버퍼 크기는 2 또는 3으로 작아졌을 것이다. 이렇게 하면 전체 진행 중 업무는 단 10%만 증가했을 것이며 시스템 전체의 리드 타임은 더욱 짧아졌을 것이다.

일반적 상황이라면 즉시 불가성 문제를 마주쳤을 때 가용성을 개선하는 방법을 생각해본다. 궁극적 목표는 즉시 불가성 문제를 즉시 가용 자원으로 바꾸는 것이다.

종속 행동

앞서 논의한 바와 같이 종속 행동은 일반적으로 가치 흐름 전반의 병목 지점 이용을 최대화하는 정책을 만드는 것이다. 즉시 불가성 자원인 빌드 엔지니어에게 가능한 종속 행동에는 무엇이 있을까?

첫 번째는 덕이 세 가지 다른 종류의 업무를 수행하는 정책을 다시 검토하는 것이다. 그것이 최선의 선택일까? 나는 이 문제에 대해 덕의 관리자와 논의했다. 그 관리자는 팀에 있는 엔지니어들이 업무 흥미를 유지하기 위해 다양한 업무를 수행하는 것을 선호했으며 그렇게 할 필요가 있다고 말했다. 또한 팀원들이 시스템 확장, 시스템 유지 보수, 빌드 업무를 수행하도록 함으로써 모든 팀원이 다방면에 걸친 기술을 유지하고 유연한 자원 풀을 유지할 수 있도록 했다. 이렇게 하면 관리자의 선택권이 매우 많아지며 지나치게 전문화되어 팀원이 잠재적으로 수용량 제약 자원이 되어 병목이 발생하는 것을 피할 수 있게 된다. 또한 일반화는 팀원에게도 경력과 이력서 측면에서 매력적이었다. 팀원들은 기술 분야가 너무 좁아지는 것을 바라지 않았다. 그래서 팀원에게 빌드 같은 한 가지 분야의 업무만 수행하도록 하는 것은 바람직하지 않았다.

다른 선택은 멀티태스킹이라는 아이디어를 버리고 덕이 유지 개발 팀 활동에 전념하는 것이다. 이렇게 하면 덕은 유휴 시간이 많이 늘어날 것이다. 덕은 마치 불이 났다는 전화가 오기를 기다리는 소방관처럼 앉아서 업무를 기다리게 될 것이다. 덕이 계속 기다리게 만들면 분명히 흐름 문제에 도움이 되겠지만 그것이 과연 합리적 선택일까?

예산이 빠듯해서 구성 관리 팀에 덕이 수행하고 있는 시스템 확장 및 유지 보수 담당 인원을 추가하기에는 비용이 많이 들고 불가능할 것이다. 상사에게 추가 인원 채용 예산을 요청해야 한다. 나는 누군가가 시간 대부분을 유휴 상태로 유지하기를 바라기 때문이다. 이것이 과연 위험 관리를 위해 좋은 거래일까?

이 문제를 결론지으려면 유지 개발 활동에 드는 지연 비용을 살펴보고 추가 인원에 드는 비용과 흐름 유지를 위한 대안에 드는 비용을 비교해 볼 필요가 있다. 유지 개발 대기열에 있는 항목 중에서 전략적으로 지연 비용이 중요한 영향을 미치는 항목은 거의 없는 것이 현실이었다. 그래서 흐름을 유지하려면 누군가를 유휴 상태로 업무를 대기하도록 만든다는 아이디어는 가능한 대안이 아니었다. 흐름을 유지하는 데는 분명히 업무 버퍼를 두는 이용 행동이 더 값싸고 좋은 대안이었다.

그러나 덕의 즉시 불가성 문제를 어떻게 해야 할지 논의하다 보니, 해당 업무는 빌드 엔지니어만이 수행해야 한다는 정책에 대한 논의로 이어졌다. 그 정책을 없애고 개발자가 코드를 빌드해서 테스트 환경에 넣는 방법을 논의하기 시작했다. 그 조직 전체의 기술적 위험을 조정할 만한 마땅한 대안이 없었기 때문에 그 방법은 받아들여지지 않았다. 프로젝트에 전용 테스트 환경을 두는 선택은 비용이 너무 많이 들었고 단기 또는 중기 관점에서 실질적으로 가능한 대안이 아니었다. 모든 사람이 빌드 업무와 구성 관리 팀의 가치를 계속 고민했다.

확장 행동

하지만 문제를 해결하기 위해 버퍼를 두고 진행 중 업무를 추가하는 행동은 상처를 응급 처치하는 것 같은 느낌이었다. 그 방법은 차선책이라는 생각이 들었다. 여러분도 그런 생각이 들 것이다. 그 방법은 비용이 드는 전술적 해결책이다(효과적인 전술적 해결책이긴 하지만 어찌 됐든 전술적 해결책이다). 칸반 시스템이 즉시 불가성 병목 지점을 노출시키고 팀에서는 그 원인과 가능한 해결책을 충분히 토론했기 때문에, 예상한 대로 코드를 빌드하는 인원을 두는 것이 정답인지 아닌지에 토론을 집중했다. 빌드 프로세스를 자동화하는 것이 가능할까? 투자 비용이 많이 들기는 하겠지만 그 대답은 "예"였다. 구성 관리 및 프로젝트 간의 조정에 필요한 수용량을 상당히 발전시킬 필요가 있을 것이다. 게다가 빌드 시스템을 작동하게끔 만드는 기간 동안 자동화 전문가도 고용해야 할 것이다.

전체적으로 6개월 정도가 걸렸고 계약직 직원 두 명이 8주 동안 투입되었다. 소요된 총비용은 6만 달러 정도였다. 그러나 마침내 덕은 더 이상 빌드 업무를 수행할 필요가 없게 되었고, 개발자들은 필요할 때 즉시 직접 빌드 작업을 할 수 있었다. 이 시점에서 버퍼를 없애고 시스템의 진행 중 업무를 줄일 수 있었다. 결과적으로 리드 타임도 약간 줄어들었다.

궁극적으로 자동화는 즉시 불가성 병목 지점을 확장하는 좋은 방법이었다. 수용량 추가, 즉 다른 엔지니어를 고용하는 것은 좋은 선택이 아니었다.

자동화와 관련한 또 다른 방법을 추진했다. 그것은 바로 환경 가상화였다. 가상화는 이미 업계에서 아주 흔한 것이었지만 당시 우리의 테스트 환경은 여전히 물리적인 상태였다. 조직은 가상화 역량을 갖추지 못하고 있었다. 가상화 덕분에 테스트 환경을 쉽게 구성하고 복원할 수 있었다. 가상화를 통해 빌드가 환경을 손상시키는 영향이 줄어들 것이고 위험 관리에서 이 방법은 완화 전략이었다. 또한 빌드가 다른 프로젝트의 구성을 손상시키는 위험을 줄이거나 제거하는 프로젝트 전용 테스트 환경도 가능하게 되었다.

그래서 버퍼는 단기적이며 전술적 이용 전략으로 활용하였고, 자동화는 장기 확장 전략으로 추진하였다.

그러면 에드먼즈-킹스턴 페리 사례에서는 어떻게 해야 할까? 얼마나 확장할 수 있을까? 음, 워싱턴 주에서는 현재 두 가지 선택을 고려하고 있다. 하나는 현재의 낡은 페리 선단을 더 크고 효율적인 선박으로 교체하는 것이다. 그러나 워싱턴 주는 부교에 대한 풍부한 경험이 있다. 세계에서 가장 긴 부교인 SR-520에 있는 다리를 포함해서 워싱턴 호에는 두 개의 부교가 있고, 후드 만을 가로지르는 SR-104에도 또 다른 부교가 있다. 지금 고려 중인 것은 SR-104의 일부로서 퓨젯 사운드를 가로지르면서 페리 서비스를 완전히 대체하는 새롭고 가장 긴 부교의 건설이다. 그 부교가 완공되면 피크 타임의 수용량 제약 문제를 해결할 수 있을 뿐 아니라, 교통 흐름의 대안인 모든 페리 서비스를 방해하는 즉시 불가성 이슈도 해결할 수 있을 것이다. 그 다리는 키트샵과 올림픽 반도의 경제 성장 가속화에 도움이 될 것이다. 지금으로부터 50년쯤 후에는 누군가가 퓨젯 사운드를 가로지르는 SR-104 부교가 통근 피크 타임 때 병목 지점이며 수용량 제약 자원이라고 이야기하는 책을 쓰게 될까?

이것만은 기억하자
- 병목 지점은 업무 흐름을 제약하고 제한한다.

- 병목 지점에는 두 가지 종류가 있다. 하나는 더 이상의 업무 진행이 불가능한 수용량 제약이고, 다른 하나는 가용성이 제한되어 수용량이 제한되어 있는(하지만 대개는 예측할 수 있는) 즉시 불가성이다.
- 제약 이론에 있는 집중의 5단계를 사용해서 병목 지점을 관리한다.
- 병목 지점의 수용량을 증가시키는 것을 확장이라고 한다.
- 일반적으로 수용량 제약 자원을 확장하기 위해 하는 행동은 보통 즉시 불가성 자원을 확장하기 위해 하는 행동과 다르다.
- 확장에는 자원 추가, 자동화, 정책 변경이 있으며 원래 즉시 불가성 자원이었던 자원을 즉시 가용하게 만든다.
- 확장 행동에는 보통 비용이 들고 적용하는 데 시간이 필요하다. 프로세스 개선에서는 확장 행동을 전략적 투자로 간주하는 경우가 많다.
- 프로세스의 병목 지점은 그 지점의 잠재 수용량 이하에서, 즉 이론적 수용량 제약 이하에서만 효과가 있다.
- 병목 지점의 처리량은 이용 및 보호 행동을 사용해서 이론적 수용량 제약이라는 제한 이상으로 개선할 수 있다.
- 일반적으로 보호는 병목 지점 앞에 진행 중 업무 버퍼를 두는 것이다. 이 방법은 수용량 제약 자원이나 즉시 불가성 자원에 유효하다.
- 일반적으로 이용 행동은 병목 자원의 업무 제어 정책을 바꾸는 것이다.
- 서비스 클래스를 이용 행동으로 사용할 수 있다.
- 종속 행동은 가치 흐름의 어디에나 바람직한 이용이나 보호 행동을 하는 것이다. 종속 행동은 대개 정책 변경이다.
- 이용, 보호, 종속 행동은 주로 정책 변경이기 때문에 적용이 쉽고 비용이 적게 드는 경우가 많다. 따라서 완전한 이용을 통해 병목 지점의 처리량을 최대화하는 것은 전술적 프로세스 개선이라고 할 수 있다.
- 병목 지점 이용은 전술적이라는 특성에도 불구하고 그 이익이 극적인 경우가 많다. 처리량이 2.5배에서 5배 개선되고 리드 타임은 지속적

으로 짧아지며 비용을 들이지 않고 몇 개월 안에 달성할 수 있는 경우도 있다.
- 확장을 시도하기 전에 먼저 이용을 추진해야 한다.
- 제약 능력을 확장하는 전략적 변화 계획을 장기간 적용할 때, 전술적 이용과 종속 행동을 적용하는 것이 드문 일은 아니다.

18
린 경제 모델

낭비(또는 일본어로 무다無駄)는 린(그리고 도요타 생산 시스템)에서 최종 제품에 가치를 부가하지 않는 활동을 일컫는 은유다. 그러나 낭비에 대한 이러한 은유가 지식 노동자에게는 그다지 적당하지는 않다. 비용이 들거나 부하가 과도하긴 하지만 가치 부가 업무를 완료하려면 필요하며 낭비로 보기 어려운 업무나 핵심 작업 또는 활동도 있다. 예를 들어 일일 스탠드업 회의는 대부분의 팀 조정 활동에서 필수다. 스탠드업 회의가 최종 제품에 직접 가치를 부가하지는 않기 때문에, 기술적으로 보면 '낭비'지만 많은 애자일 개발 실천가는 일일 스탠드업 회의를 낭비라고 생각하지 않는다. 나는 사람들이 무엇이 낭비인지 아닌지 논쟁하도록 만드는 대신, 혼란을 줄이고 좋은 느낌을 떠올리도록 다른 패러다임이나 용어를 찾는 편이 더 낫겠다는 결론을 내렸다.

'낭비'의 재정의

도널드 G. 라이너슨 같은 저자가 그래온 것처럼, 나는 비용 같은 '낭비' 활동을 표현하는 용어를 경제 분야에서 가져와서 사용하였다. 나는 이론적으로 비용을 세 가지 주요 범주로 분류한다. 처리 비용, 조정 비용, 실패 부하가 바로 그것이다. 그림 18.1은 이 세 가지를 표현하고 있다.

그림 18.1은 반복 주기나 프로젝트에는 시간 흐름에 따라 수많은 가치 부가 활동이 있음을 나타내고 있다. 이러한 활동을 처리 비용과 조정 비용이 둘러싸고 있다. 그리고 실패 부하, 즉 이전의 잘못된 구현으로 인한

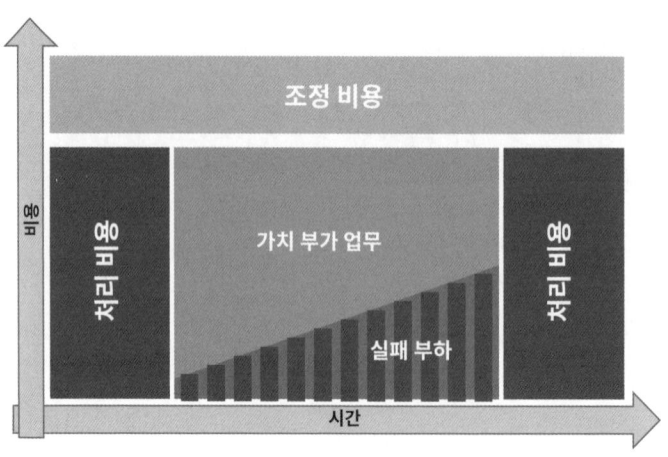

그림 18.1 린 소프트웨어 개발의 경제 비용 모델

재작업 또는 시스템 요구 사항이 가치 부가 활동의 수용량을 잠식할 수도 있다.

이제 이 비용을 각각 자세히 살펴볼 것이다. 시애틀 우리 집 울타리에 페인트를 칠하는 단순하고 현실적인 사례를 활용해서 이 비용을 설명해 보려고 한다.

처리 비용

우리 집 울타리는 21개 구역으로 이루어져 있다. 울타리 한 구역을 페인트로 칠하면 고객에게 가치를 전달할 수 있다. 21개 구역 양쪽 모두 페인트를 칠하면 전체 가치가 전달된다.

일을 시작하기 전에 미리 필요한 재료를 전부 준비해야 한다. 재료를 준비하려면 홈 디포Home Depot에 다녀와야 한다. 준비 작업도 필요하다. 페인트를 칠하기 전에 울타리에 망가진 부

분이 있다면 고쳐두어야 하고, 사포질도 해 놓아야 하며, 울타리 가까이에서 칠을 하려면 주변 덤불도 미리 다듬어 두어야 한다. 전부 가치를 부가한다고 볼 수 없는 활동이다. 고객은 내가 홈 디포를 다녀와야 한다는 사실에는 관심이 없다. 또한 준비 작업에 시간이 걸린다는 것도 신경 쓰지 않는다. 프로젝트 시작과 끝이 지연되는 것은 실제로도 성가신 일이다. 이 활동은 전부 고객에게 가치를 전달하는 것을 지연시킨다.

그렇기 때문에 가치 부가 업무를 시작하려면 프로젝트에는 어느 정도 준비 활동이 필요하다.

거기에는 관련된 다른 사람이 있을 수도 있고, 계획을 수립해야 할 수도 있다. 또한 추정 활동이나 기대 수준 설정이 있을 수도 있다. 고객이 그 일의 가격과 출시 날짜를 제시할 수도 있다(이 경우 프로젝트의 고객은 내 아내다).

실제로 페인트를 칠해 보니 울타리를 한꺼번에 칠하기에 42개 구역은 너무 많았다. 한 시간 동안 대략 네 개 구역을 칠할 수 있었다. 그래서 일을 여섯 부분으로 나누었다. 이것이 소프트웨어 개발이라면 각각을 반복 주기나 스프린트라고 불렀을 것이고, 제조업이었다면 배치라고 불렀을 것이다. 각 부분을 시작할 때마다 필요한 준비 활동도 있었다. 우선 옷을 갈아입어야 한다. 그다음에는 재료를 준비해야 한다. 페인트, 붓, 그 밖의 도구들을 전부 창고에서 꺼내어 그날 칠해야 하는 위치로 가져다 놓았다. 그런 다음에야 페인트 칠을 시작할 수 있었다.

요약하자면 프로젝트에도 준비 활동이 필요하고 반복 주기에도 준비 활동이 필요하다.

몇 시간 정도 칠을 하고 나니 잠시 쉬고 싶었다. 아마 점심시간쯤이었을 것이다. 하지만 무작정 모든 일을 멈추고 점심을 먹을 수는 없었다. 먼저 페인트가 마르지 않도록 캔 뚜껑을 바꿔야 했고, 그런 다음에는 쉬는 동안 붓이 빡빡해지지 않도록 씻어두거나 물통에 담가두어야 했다. 그 후에는 몸을 씻어야 했다. 나는 손을 씻고 작업복을 갈아입었다. 이 일을 전부 마친 다음에야 드디어 점심을 먹을 수 있었다.

프로젝트가 전부 끝났을 때 아직 남아 있는 페인트가 있다면 사용하지 않은 캔을 홈 디포에 반납하고 환불을 받아야 한다. 또 다시 홈 디포에 다녀와야 한다.

반복 주기에도 마무리 활동이 있고 프로젝트에도 마무리 활동이 있다.

경제적 관점에서 이러한 준비 및 마무리 활동을 처리 비용transaction cost이라고 부른다. 모든 가치 부가 활동에는 처리 비용이 있다. 이러한 처리 비용 활동은 고객이 모를 수도 있고 대부분은 가치가 없을 가능성이 높은 애매한 활동이다. 고객에게 이 활동에 대한 비용을 지불해 달라고 할 수도 있지만 고객은 그 사실을 별로 좋아하지 않을 것이다. 여러분은 세탁기나 식기 세척기를 수리하는데 출장비가 90달러나 드는 배관공을 얼마나 자주 부르겠는가? 이것이 처리 비용이다. 비용이 더 적게 들기를 바라는가? 출장비를 받지 않는 배관공을 선택하겠는가? 처리 비용이 가치를 더해 주지는 않는다. 처리 비용이 필요할 수도 있지만 린의 관점에서 보면 그 비용은 낭비다.

그래서 낭비의 첫 두 가지 유형은 처리 비용, 즉 구체적으로 말해서 준비나 착수 처리 비용과 마무리 또는 종료 처리 비용이다.

소프트웨어 개발 활동의 관점에서 이 문제를 생각해 보면, 모든 프로젝트에는 프로젝트 계획 수립, 채용, 예산 수립, 추정, 위험 관리 계획 수립, 소통 계획 수립, 장비 구입, 기타 등등 많은 준비 활동이 있다는 것을 깨닫게 된다. 또한 거의 모든 프로젝트에는 출시, 환경 해체, 회고, 리뷰, 감사, 사용자 교육, 기타 등등의 마무리 비용이나 그 밖의 종료 관련 처리 비용이 필요하다.

반복 주기에도 마찬가지로 반복 주기 계획 수립과 백로그 선택(또는 요구 사항 범위 설정)이 필요하고 추정, 예산 수립, 자원 확보, 환경 설정을 포함한 처리 비용이 필요할 수도 있다. 반복 주기를 종료할 때에도 통합, 출시, 회고, 환경 해체를 포함한 처리 비용이 필요할 것이다.

조정 비용

두 명 이상이 공동 목표를 함께 달성하려면 조정이 필요하다. 언어와 의사소통 시스템은 사람 사이를 조정하려고 생겨난 것이다. 금요일 저녁에 친구들과 만나서 한잔 마시고, 저녁 식사를 함께하고, 영화를 보기로 했다면 조정 비용이 발생한다. 이메일, 문자 메시지, 전화 통화 등 사교의 저녁을 조율하려면 조정 비용이 필요하다.

그래서 의사소통 및 일정 조정과 관련이 있는 모든 활동이 프로젝트 조정 비용coordination cost이다. 프로젝트 팀에 있는 사람들이 이메일을 보내느라 분석, 개발, 테스트 같은 가치 부가 업무를 할 수 없다고 불평하고 있다면 그들은 조정 활동을 하고 있는 것이다. 이메일을 읽고 회신하는 것은 조정 활동이다. 참석해야 하는 회의가 너무 많아서 분석, 프로그래밍, 테스트 같은 가치 부가 업무를 할 수 없다고 불평하고 있다면 이러한 회의 또한 조정 활동이다.

일반적으로 고객 가치 제품을 만들어 내는 목적의 회의가 아니라면, 일일 스탠드업 회의처럼 애자일 커뮤니티에서 선호하는 활동을 포함한 모든 형태의 회의는 조정 활동이다. 개발자 세 명이 화이트보드 앞에 모여서 구현할 코드의 설계를 모델링하고 있다면, 이것은 조정 활동이 아니며 가치 부가 활동이다. 왜 그럴까? 고객 가치 기능을 추구하는 정보를 만들어 내고 있기 때문에 전적으로 가치 부가 활동이다.

소프트웨어 및 시스템 개발을 정보가 들어오는 프로세스로 본다면 시작 지점에는 정보가 존재하지 않으며 완전한 정보란 고객 요구와 의도를 충족하도록 작동하는 기능을 의미하고, 시작 지점과 종료 지점 사이로 들어오는 모든 정보, 즉 고객 요구를 충족시키기 위해 작동하는 기능으로 옮겨

가는 데 필요한 정보는 가치 부가 정보라고 할 수 있다.

팀원들이 설계, 테스트, 분석, 코딩 같이 가치 부가 정보를 만들어 내려고 모였다면 그 회의는 조정 비용이 아니라 가치 부가 활동이다.

그러나 팀원들이 자신의 행동이나 제품 흐름에 도움을 얻기 위해 상태를 논의하거나 작업을 할당하거나 일정을 조율하려고 모인다면 그 회의는 조정 비용이고 낭비로 간주해야 한다. 그러므로 조정 회의를 줄이거나 없애는 방향을 지향해야 한다.

따라서 같은 양의 조정을 달성하는 경우라면 5분 동안의 스탠드업 회의가 15분 동안의 스탠드업 회의보다 더 좋다. 같은 양의 조정을 달성하는 경우라면 15분의 스탠드업 회의가 30분의 스탠드업보다 더 낫다.

사람들 사이를 조정할 수 있는 더 좋은 방법을 찾아서 조정 활동을 줄이는 방향을 고민해야 한다.

한 가지 방법은 스스로 조직화할 수 있도록 팀원들에게 권한을 위임하는 것이다. 개인에게 작업을 할당하려고 모이는 지시와 통제 방식의 관리는 낭비다. 팀원이 스스로 작업을 할당하는 것이 더 좋다. 보통 스스로 조직화를 하면 프로젝트 조정 비용이 감소한다. 그러나 업무를 진행하려면 정보가 필요하다. 가치 흐름을 시각적으로 추적하고 카드벽 또는 전자 도구를 사용하여 업무를 시각화하는 칸반은 프로젝트의 자기 조직화를 가능하게 하고 조정 비용을 줄여주는 조정 정보를 제공한다. 서비스 클래스를 사용해서 카드벽에 색상 카드나 레인으로 서비스 클래스 관련 정책을 함께 시각화하면, 일정을 스스로 조정하도록 할 수 있고 자동으로 우선순위를 부여할 수 있다. 이러한 방식을 "자기 진행 관리 self-expediting (엘리 골드랫이 버퍼 관리와 관련해서 만든 용어)"라고 부르기도 한다.

팀의 지식 노동자에게 더 많은 정보를 투명하게 제공하면, 대부분 더욱 자기 조직적으로 바뀌고 필요한 조정 활동이 줄어든다. 조정 활동을 대신할 수 있도록 업무, 프로세스 흐름, 위험 관리 정책을 투명하게 하자. 투명성을 더욱 높혀서 낭비를 줄이자.

활동이 비용인지 어떻게 알 수 있을까?

나는 어떤 활동이 낭비인지 아닌지 구별하는 데 어려움을 겪는 사람이 많다는 사실을 알게 됐다. 어떤 애자일 지지자가 일일 스탠드업 회의를 가치 부가 활동이라고 주장하는 것을 본 적이 있다. 나는 이 의견에 동의하지 않는다. 고객은 팀에서 스탠드업 회의를 하는지 안 하는지 관심 없다. 고객이 원하는 것은 자신의 목표를 이룰 수 있도록 해주는 기능이며 제시간에 높은 품질의 제품을 출시하는 것이다. 그렇게 하기 위해 팀이 일일 스탠드업 회의를 할 필요가 있는지 없는지는 고객 관점에서 중요하지 않다.

그렇다면 낭비가 되는 처리 비용이나 조정 활동을 어떻게 구별해낼 수 있을까?

스스로에게 이렇게 질문하면 된다. "이 활동이 정말로 가치를 부가하는 활동이라면 이 활동을 더 많이 해야 할까?"

일일 스탠드업 회의가 가치 부가 활동이라고 강력하게 주장하는 스크럼 지지자에게 스탠드업 회의를 하루에 두 번 하거나 15분의 시간을 30분으로 늘리고 싶은지 물어보면 당연히 이렇게 대답할 것이다. "아니오!"

나는 이렇게 대답한다. "음, 스탠드업 회의가 정말로 가치 부가 활동이라면 당연히 더 많이 하는 것이 좋겠지요!"

이 질문은 진정한 가치 부가 활동과 처리 비용 또는 조정 비용의 차이점을 밝혀내는 판단 기준이라고 할 수 있다. 고객의 요구 사항을 더욱 발전시키는 일은 분명히 가치 부가 활동이다. 할 수만 있다면 그 일을 더 많이 할 것이고 고객은 비용을 기꺼이 지불할 것이다. 계획 수립은 분명히 가치 부가 활동이 아니다. 고객은 피할 수만 있다면 계획 수립에 비용을 지불하지 않으려고 할 것이다.

그렇기 때문에 스스로에게 이렇게 질문해 보자. "이 일을 더 많이 해야 할까?" 다른 사람에게도 그들이 수행하고 있는 활동에 대해 같은 질문을 던져보자. 그 대답이 "아니오"라면, 그 활동에 드는 시간과 에너지를 최소화하거나 그 활동을 더욱 효과적으로 만들 수 있는 방법, 즉 그 활동에 드는 시간, 주기 등을 개선할 수 있는 방법을 고민해 본다.

어떤 활동이 처리 비용 또는 조정 비용인지 아닌지 구별해내는 것은 어려운 일이다. 양쪽 모두인 것처럼 보이는 활동도 많다. 나는 칸반을 강의하면서 항상 이러한 혼란을 보아왔다. 강의에 참여한 사람들에게 내가 조언하는 것처럼, 여러분에게도 그 차이를 구별하려고 너무 많은 에너지를 낭비하지 말라고 말하고 싶다. 가치를 부가하지 않는 활동, 즉 낭비를 찾아서 지속적 개선을 통해 그 활동을 줄이거나 제거하기를 원한다는 사실을 인식하고 있는 것이 중요하다.

실패 부하

실패 부하failure load란 출시한 초기 품질이 높았다면 피할 수도 있었던 고객 요구다. 예를 들어 업무 지원 전화가 많이 오면 비즈니스에 비용이 발생한다. 소프트웨어 또는 기술 제품이나 서비스 품질이 높고 쓸모가 있으며 직관적이고 더욱 목적에 부합했더라면 전화가 더 적게 걸려왔을 것이다. 초기 품질이 높으면 비즈니스에서 콜 센터 인원을 줄이고 비용을 줄일 수 있다.

업무 지원 전화가 많아지면 제품 결함 티켓이 늘어난다. 프로젝트 또는 반복 주기에서 구현할 기능 범위를 선택할 때 비즈니스 쪽에서는 새로운 아이디어를 구현해야 할지, 제품 결함을 해결해야 할지 선택해야만 한다. 제품 결함은 단지 소프트웨어의 버그뿐 아니라 사용성 문제, 낮은 성능, 부하나 특정 네트워크 상황에서 반응성 부족 같은 기능이 아닌 이슈를 포함한다. 비기능 요구 사항에 대한 제품 결함 수정에도 새로운 화면 디자인

이 필요할 수 있기 때문에 새로운 기능을 구현하는 것처럼 보일 수도 있지만, 실제로는 새로운 기능을 구현하는 것이 아니다. 그것은 실패 부하다. 이 같은 새로운 화면 디자인은 이전 릴리스의 사용성 결함으로 인해 생긴 것이다.

실패 부하는 새로운 가치를 만들지 않으며 이전 출시 때 '달성하지 못한' 가치를 가능하도록 만든다. 대개는 이전 버전 제품 또는 릴리스에서 기대한 결정적 기능을 출시하지 못했기 때문이다. 이 중 일부는 시장 변동성이나 예측 실패로 인한 것도 있지만 어떤 것은 이전 릴리스가 지닌 문제 때문인 것도 있다. 제품 버그가 일부 기능의 사용을 방해하기도 한다. 이로 인해 잠재적 고객은 제품 사용을 중단하고 구매를 연기하거나 경쟁 제품을 선택하게 된다.

이 경우 상황은 엉망진창이 된다. 실패 부하 역시 가치 부가 활동이다. 그러나 중요한 것은 실패 부하에서는 이미 존재했어야 하는 가치를 부가한다. 실패 부하를 줄이면 지연 비용 발생을 줄일 수 있다. 비용이 줄어든다는 것은 더 많은 이익을 더 빨리 얻을 수 있다는 뜻이다. 실패 부하를 줄이면 더 많은 가용 수용량을 새로운 기능 구현에 사용할 수 있다. 실패 부하를 줄이면 비즈니스에서는 더 많은 제품을 제공해서 더 다양한 틈새 시장을 공략할 수 있다. 실패 부하를 줄이면 선택이 더 다양해진다. 실패 부하를 줄이면 팀 크기를 줄일 수 있으며 그로 인해 직접 비용이 감소한다.

이것만은 기억하자
- 낭비는 이론적으로 처리 비용, 조정 비용, 실패 부하의 세 가지 주요 범주로 분류할 수 있다.
- 낭비라는 개념은 은유다.
- 낭비는 분명히 가치를 부가하지는 않지만 필요한 경우도 있기 때문에 낭비의 은유를 모든 사람에게 적용할 수 있는 것은 아니다. 그래서 나

는 낭비를 경제적 비용 모델로 바꾸어왔다.
- 어떤 활동이 정말로 낭비인지 알아내려면 이렇게 질문해본다. "가능하다면 그 활동을 더 많이 해야 할까?" 그 대답이 "아니오"라면 그 활동은 일종의 낭비다.
- 처리 비용에는 준비 활동과 마무리 활동(또는 출시 활동)이라는 두 가지 유형이 있다.
- 조정 비용은 사람들에게 작업을 할당하거나 일정을 수립하는 것처럼 공동의 결과를 지향하는 두 명 이상이 업무를 조정하기 위해 수행하는 활동이다.
- 실패 부하는 새로운 가치를 부가하는 업무이긴 하지만 소프트웨어 결함 또는 잘못된 설계나 구현 같이 이전 실패로 인해 발생한 것이며, 고객이 그 제품을 받아들이지 않는 상황, 목표한 결정적 기능 구현의 실패, 또는 업무 지원 전화나 서비스 요청의 심각한 증가를 유발한다.
- 실패 부하는 새로운 기능, 혁신적 기능, 추가적인 고객 가치, 이익을 창출할 수 있는 기능에 사용할 수 있는 수용량을 잠식한다.
- 아이디어를 고객에게 전달할 수 있는 작동하는 코드로 바꾸면, 더욱 빠르게 잠재 가치를 최대화하고 낭비를 최소화할 수 있다.

19

변동성의 원인

산업 프로세스의 변동성은 1920년대 초부터 연구 대상이었다. 이 분야를 개척한 사람이 월터 슈하트다. 슈하트의 기법은 품질 보증 운동의 기초가 되었고, 품질 및 지속적 개선을 지향하는 도요타 생산 시스템과 식스 시그마의 기본 요소가 되었다. W. 에드워즈 데밍, 조셉 주란Joseph Juran, 데이비드 챔버스David Chambers는 슈하트의 기법을 채택하고 개발하고 발전시켰다. 그들의 업적은 변동성 연구에 큰 영향을 미쳤고, 시스템 차원의 변동성 감소가 소프트웨어 공학 종사자에게 큰 이익을 가져다 주리라고 믿었던 와츠 험프리와 카네기 멜론 대학교의 소프트웨어 공학 연구소 창립 멤버들에게 영감을 주었다.

슈하트, 데밍, 주란은 변동성을 연구하면서 그리고 관리 기법이나 개선 프로그램의 기초가 되는 변동성 활용을 연구하면서 매우 많은 자료를 발표했다. 그 외에도 변동성 및 변동성을 다루는 행동 연구의 주요 도구로서 등장한 통계적 프로세스 관리SPC라는 정량적 평가 방법에 관해서도 많은 책이 있다. 이 글을 쓰고 있는 시점에서, 칸반을 적용하고 있는 많은 팀이 통계적 프로세스 관리 활용에 관심을 보이고 있다. 그러나 통계적 프로세스 관리 활용은 난이도가 있는 고급 주제이기 때문에 다음 책에서 다루려고 한다. 여기에서는 가장 보편적 용어를 사용해서 가장 단순한 형태로 변동성을 이야기할 것이다.

슈하트는 프로세스 성과의 변동성 및 변동을 내부와 외부의 두 가지 범주로 분류하였다.

변동의 내부 원인은 운영 중인 시스템의 제어 안쪽에 있는 변동이다. 소프트웨어 공학이나 IT 운영 분야의 칸반에서는 시스템 운영 관리 정책에 의해 정의된 프로세스를 시스템으로 여긴다. 개인이나 팀 또는 관리자가 만든 변화가 변동의 내부 원인에 직접적 영향을 미친다. 정책을 바꾸면 그에 따라 시스템 운영이나 그 성과가 바뀌는 것이다. 그러므로 프로세스 정의를 바꾼다는 것은 그 변화가 변동의 내부 원인에 영향을 미친다는 의미다. 다소 역설적이지만, 슈하트는 이렇게 내부에서 생기는 변동을 "우연 원인 변동chance-cause variations"이라고 불렀다. '우연chance'이라는 말은 변동이 임의로 발생하며 그 임의성이 시스템 설계의 직접적 결과라는 의미를 담고 있다. 그 임의성의 분산이 고르거나 정규 분포를 따른다는 의미는 아니다. 내부 정책 변화를 통해 프로세스 설계를 바꾸면 변동의 평균, 분산, 분포의 형태가 전부 영향을 받는다.

일반적인 예를 들어보면, 야구에는 타자가 1루타 이상을 얼마나 자주 쳤는지 보여주는 적중률(타율이라고 부른다)이 있다. 타자마다 대개 0.100에서 0.350의 범위 안에서 서로 다른 적중률을 보여준다. 어떤 날에는 타자가 자신의 평균 적중률을 달성하지 못하기도 한다. 이 적중률은 어떤 투수가 등판했는지, 다른 선수가 얼마나 공을 잘 쳤는지, 투수가 어떤 구위로 공을 던졌는지 같은 요소가 결정한다.

스트라이크 네 번이 아웃이라고 규칙을 바꾸면 그 변화는 투수보다 타자에게 유리한 변화다. 결과적으로 타자의 평균 적중률이 올라갈 것이다. 이렇게 규칙을 바꾸면 경우에 따라 적중률이 0.500이 넘는 타자가 나올 수도 있다. 이것이 바로 시스템의 우연 원인 변동을 바꾸는 시스템 변경 사례다.

이것을 소프트웨어 개발로 바꾸어 이야기해 보면, 코드 라인당, 요구 사항당, 작업당, 시간당 버그의 수를 우연 원인 변동으로 볼 수 있다. 단위 테스트, 지속적 통합, 상호 코드 리뷰를 도입하자고 주장해서 도구나 프로세스를 바꾸면 버그의 평균, 분산, 분포가 영향을 받는다.

프로세스 정의란 팀에서 사용하는 정책이며 소프트웨어 개발이라는 협업 게임의 규칙이다. 게임 규칙은 내부 변동의 원인과 양을 결정한다. 실질적으로 '우연 원인' 변동이 정책을 바꿀 수 있고, 프로세스를 변경할 수 있으며, 내부 변동 원인에 영향을 미칠 수 있는 팀과 관리자가 직접적으로 제어할 수 있다는 개념은 역설적이다.

변동의 외부 원인은 해당 팀이나 관리자의 제어 바깥에서 일어나는 사건이다. 변동의 외부 원인은 다른 팀, 공급자, 고객, 그리고 어찌할 수 없는 '신의 손'으로 인한 것이다. 신의 손은 보험 업계에 잘 알려져 있는데, 비정상적으로 비가 많이 오고 폭풍이 치는 날씨 때문에 엄청난 홍수가 일어나서 서버 팜이 2주간 중지되는 상황을 예로 들 수 있다. 변동의 외부 원인을 관리하려면 다른 접근 방식이 필요하다. 정책이 직접적으로 외부 변동에 영향을 줄 수는 없지만 효과적으로 처리할 수 있도록 적절한 프로세스를 구성할 수는 있다. 이 분야와 직접 연관이 있는 지식 체계가 이슈 및 위험 관리다.

슈하트는 외부 변동에 "이상 원인 변동_{assignable-cause variations}"이라는 이름을 붙였다. '이상_{assignable}'이라는 단어에는 누군가 쉽게 문제의 원인을 지적하고 항상 그 문제를 설명할 수 있다는 의미가 담겨 있다. "폭풍이 몰아치고 비가 정말 엄청나게 많이 와서 서버 팜이 물에 잠겨 버렸어." 이상 원인 변동은 일개 팀이나 관리자가 제어할 수는 없지만, 예측할 수 있으며 적절한 대응 계획과 프로세스를 만들 수 있다.

변동성의 내부 원인

현재 소프트웨어 개발 및 프로젝트 관리 프로세스와 조직 성숙도 및 팀원 개인의 역량이 합쳐져 변동성의 내부 원인의 숫자 및 그 변동성의 정도를 결정한다.

혼란을 피하려면 칸반을 소프트웨어 개발 생애 주기 프로세스 또는 프로젝트 관리 프로세스로 생각해서는 안 된다. 칸반은 진행 중 업무 제한 같은 변화를 추가하여 기존 프로세스의 대안을 만들어 내는 변화 관리 기법이다.

업무 항목 크기

요구 사항을 분할해서 개발에 적합한 항목으로 만드는 분석 방법은 그 자체적으로 변동성을 지닌다. 그 첫 번째 측면이 업무 항목의 크기다. 익스트림 프로그래밍을 설명하는 초기 문헌에서는 사용자 스토리란 인덱스 카드에 서술형으로 작성한 최종 사용자가 적용하고 사용하는 기능이라고 설명한다. 여기에서 유일한 제약은 인덱스 카드의 크기다. 사용자 스토리는 반나절에서 5주 정도에 완료할 수 있는 크기로 만들어야 한다. 그런데 최근 몇 년 사이에 런던의 커뮤니티에서는 사용자 스토리를 작성하는 양식이 등장했다.

<사용자>는 <목표>를 위해 <기능>을 원한다.

이 양식은 사용자 스토리 작성에 널리 표준화되었다. 이 방법을 창안한 사람 중 한 명인 팀 맥키넌Tim McKinnon은 2008년에 내게 어떤 데이터를 보여주었는데, 그 데이터를 보면 요즘에는 하나의 사용자 스토리를 개발하는 데 평균 1.2일이 걸리며 그 변동성의 분산은 반나절에서 4일 정도였다.

이 이야기는 익스트림 프로그래밍을 사용할 때 해당 양식으로 사용자 스토리 작성을 표준화해 달라고 팀에 요청함으로써 이상 원인 변동을 줄이는 구체적 사례다. 그렇게 함으로써 팀은 게임 규칙을 바꾸었다. 원래 규칙은 팀원에게 인덱스 카드에 서술형으로 스토리를 작성해 달라고 요청하는 것이었고, 새로운 규칙은 여전히 인덱스 카드를 사용하기는 하지만 구체적인 문장 형태를 따라 달라고 요청하는 것이다. 이 변화가 팀 관리자의 영향 및 제어 아래 있다는 것은 매우 분명하다. 관리자는 시스템 내부에 있다. 이상 원인 변동이 사용자 스토리 크기를 제어한다.

업무 항목 유형의 혼재

모든 업무를 동일하게, 즉 한 가지 유형으로 다루면 크기, 공수, 위험, 기타 요소의 변동성이 더 커진다. 업무를 구체적으로 분류하면 유형이 다른 경우 그 유형을 각각 다르게 처리할 수 있고 예측성이 더 높아진다.

예를 들어 익스트림 프로그래밍 커뮤니티에서는 크기가 다른 스토리를 별도의 유형으로 정의하였다. 그리고 여기에다 '에픽epic'이나 '모래알grain of sand' 같은 이름을 붙였다. 에픽은 여러 명이 몇 주를 개발해야 하는 크기가 큰 스토리를 말하고, 모래알은 한 명의 개발자 또는 한 쌍의 개발자가 몇 시간 내에 완료할 수 있는 작은 스토리를 말한다. 에픽, 스토리, 모래알 같은 이름을 붙여서 세 가지 유형을 만든 것이다. 각 개별 유형의 변동성 분산은 모든 업무를 한 가지 유형의 스토리로 다루었을 때보다 더 적다.

일반적인 소프트웨어 개발 부서 내에는 여러 업무 유형이 있을 수 있다. '기능', '스토리', '유스 케이스' 같은 이름의 새로운 고객 가치 업무가 있을 수 있는데, 설명한 것처럼 이 업무를 크기나 분야 또는 위험 프로파일을 기준으로 세분화할 수 있다. '버그 처리' 또는 '(내부) 버그' 같은 결함 제거 업무도 있을 수 있다. '리팩터링', '아키텍처 재구성', 아니면 단순히 '업그레이드'라고 부르는 유지 보수 업무도 있을 수 있다. 소프트웨어 운영 체제, 데이터베이스, 플랫폼, 언어, API, 서비스 아키텍처 변경은 시간이 오래 걸리며 이런 업무를 처리하려면 코드를 업데이트해야 할 수도 있다.

다양한 업무 항목 유형을 식별하는 기법을 사용해서 변동성의 평균과 분산을 바꿀 수 있고 특정 업무 유형에 대한 시스템의 예측성을 개선할 수 있다.

예측성을 개선하는 또 한 가지 전략은 몇몇 특정 유형에 진행 중 업무 수용량을 전부 할당하는 것이다. 예를 들어, 코비스의 유지 보수 팀은 단 두 가지 IT 유지 보수 항목만을 허용했다. 그래서 API와 데이터베이스 업그레이드에 사용하는 수용량을 제한하였다. 이 전략은 에픽, 스토리, 모래알 같이 크기나 필요한 공수를 기준으로 각 유형이 나뉘어 있을 때 특히 쓸모가 있었다. 각 유형에 별도 수용량을 할당하여 시스템 반응성을 유지하고 예측성을 높였다.

칸반 보드를 에픽 두 개, 보통 스토리 여덟 개, 모래알 네 개로 제한한 팀이 있다고 가정해 보자. 에픽 두 개가 진행 중이다. 보통 스토리의 대기열에는 빈칸이 있지만 백로그에 바로 시작할 수 있는 보통 스토리 항목은 없는 상태다. 팀은 에픽 또는 모래알에 해당하는 업무를 시작하거나 각 유형의 할당량을 바꾸지 않은 채 유휴 시간을 얻을 수도 있다.

에픽 업무를 시작한 며칠 후에 보통 스토리가 백로그에 생겨도 그 팀은 한동안 보통 스토리 업무를 시작할 수 없다. 이렇게 되면 보통 스토리의 리드 타임 분산이 증가한다.

이런 경우라면 에픽 스토리보다 크기가 작은 모래알 업무를 시작하는 것이 좋은 선택이다. 업무 크기가 작으면 다른 보통 스토리 업무를 시작할 준비가 되기 전에 끝낼 수도 있기 때문이다. 그렇게 하면 별다른 영향을 주지 않으면서도 처리량이 늘어나는 장점을 얻을 수 있다. 그러나 운이 없어서 스토리를 시작할 준비가 되기 전에 모래알 유형의 업무를 끝내지 못했다면, 보통 스토리의 리드 타임 분산은 불리한 영향을 받는다. 그러나 에픽 스토리를 선택한 시나리오만큼 나쁘지는 않을 것이다.

비즈니스 책임자나 고위 관리자는 처리량보다는 예측성을 더 가치 있게 생각하기 때문에, 일반적으로 처리량을 증가시킬 수 있는 기회보다는 예측성 및 위험 관리를 더 중요시해야 한다. 예측성은 신뢰를 쌓고 유지하는 데 도움을 주며 애자일의 핵심 가치이기 때문에, 믿을 수 없는 제품을 자주 출시하는 것보다 예측성이 더 중요하다.

서비스 클래스의 혼재

11장에서 설명했던 서비스 클래스를 생각해 보면 항목이 섞여 있을 때 변동성에 얼마나 많은 영향을 미칠 수 있는지 예상할 수 있다. 수많은 긴급 요청으로 조직이 고통받고 있다면 이로 인해 다른 모든 것이 엉망이 될 것이고 변동성 분산 증가로 인해 평균 리드 타임이 늘어나고 시스템 전체 예측성이 감소할 것이다.

긴급 요청은 기본적으로 외부 변동이며 다음 절에서 설명한다.

긴급 요청이 아닌 서비스 클래스 요구가 매우 꾸준한 상황이라면, 각 클래스의 리드 타임 성과는 신뢰도가 매우 높아야 한다. 변동성의 평균과 분산은 측정 가능해야 하며 어느 정도 일정하게 유지되어야 한다. 이것이 예측성을 제공한다. 백로그 크기가 충분하고 각 클래스가 다양하게 섞여 있다면 충분한 예측성을 얻을 수 있다. 각 서비스 클래스에 진행 중 업무 제한을 할당한다. 이렇게 하면 각 클래스 변동성의 평균과 분산을 안정적으로 만들 수 있고 예측 가능한 시스템이 될 것이다.

요구 변동이 심하다면, 예를 들어 몇 가지 고정 출시일 항목만 있고 그 항목의 양이 시기에 따라 달라지는 경향이 있다면, 요구를 다듬거나 제어할 수 있는 행동을 해야 한다. 즉, 유형 전체의 진행 중 업무 제한 할당을 시기에 따라 달라지는 요구를 예상해서 변경하거나, 아니면 시기에 따라 달라지는 요구 변동에 대처할 수 있도록 서비스 클래스의 당김 정책을 바꾸어야 한다.

진행 중 업무 제한이 20이고, 고정일 항목에 4가 할당되어 있으며, 표준 클래스 항목의 제한은 10이고, 무형 클래스 항목의 제한이 6인 팀을 가정해 보자. 이 제한을 엄격하게 지키도록 정책을 정할 수도 있고, 규칙을 느슨하게 해서 시기적으로 고정일 항목 요구가 많지 않을 때 고정일 항목의 빈칸을 표준 항목이나 무형 항목으로 대신 채우도록 할 수도 있다. 이러한 정책은 시기에 따라 전체적인 경제적 결과를 개선하기 위해, 그리고 시템 예측성을 높은 상태로 유지하기 위해 바꿀 수 있다.

불규칙한 흐름

불규칙한 업무 흐름은 변동성의 외부 원인이나 내부 원인 양쪽 모두에 의해 발생할 수 있다. 칸반 시스템에서 당겨지는 항목들은 전부 다르다. 그 특성도 다르고 크기, 복잡도, 위험 프로파일, 공수가 다르다. 이러한 자연스러운 임의성 덕분에 흐름에 썰물과 밀물이 생긴다. 칸반 시스템에서는 진행 중 업무 제한 정책으로 이러한 상황에 자연스럽게 대처한다. 그러나 업무 항목 크기, 요구 패턴, 유형 혼재, 서비스 클래스 혼재, 외부 원인 같은 그 밖의 원인에서 오는 변동성이 더 크며 그 썰물과 밀물을 흡수하려면 칸반 시스템에는 안정적 버퍼가 필요하다. 시스템 변동성이 커지면 버퍼가 더 많이 필요할 수도 있다. 즉 진행 중 업무 제한이 더 커야 한다. 진행 중 업무 제한이 늘어나면 리드 타임은 더 길어지겠지만, 흐름을 원활히 유지하면서 변동성이 줄어들 것이다. 즉 흐름을 원활하게 하려고 진행 중 업무 제한을 증가시키면 평균 리드 타임이 증가하고 리드 타임의 변동성 폭이 감소할 것이다. 관리자, 책임자, 고객은 리드 타임을 더 짧게 만들거나 더 많은 업무를 처리하는 것보다 예측성을 중요한 가치로 생각하기 때문에 보통 이것이 더 바람직한 결과다.

재작업

릴리스 전 내부 버그 수정으로 인한 재작업인지, 아니면 제품 결함으로 인해 새로운 고객 가치 업무 대신에 진행하는 재작업인지와 상관없이 재작업은 변동성에 영향을 미친다. 결함률이 알려져 있고 규칙적으로 측정하고 있으며 매우 일정하다면 적절히 대처할 수 있도록 시스템을 설계할 수 있다. 그러한 시스템은 경제적으로는 비효율적이겠지만 신뢰성은 더 높다. 결함률을 제대로 예상하지 못한다면 그 예측성 부족은 무엇으로 인한 것일까? 버그로 인한 예상치 못한 재작업은 리드 타임을 길게 만들며 변동성 분산을 증가시키고 처리량을 크게 줄이는 경향이 있다. 구체적으로 결함률에 대한 계획을 수립하는 일(예를 들어 사용자 스토리당 버그 여덟 개)은 결함 크기나 복잡도를 예측하는 것보다 훨씬 어려운 일이다. 결함으로 인한 변동성을 감소시키는 최선의 전략은 결함이 적은 고품질 제품을 꾸준히 지향하는 것이다.

소프트웨어 개발 생애 주기 프로세스의 변경은 결함률에 매우 큰 영향을 미칠 수 있다. 상호 리뷰, 짝 프로그래밍, 단위 테스트, 테스트 프레임워크 자동화, 지속적 통합, 작은 배치 크기, 명확하게 정의한 아키텍처를 사용해서 분리가 잘 되어 있고 결합이 느슨하며 응집도가 높은 코드를 설계하면 결함을 크게 줄일 수 있다. 직접적으로 결함률에 영향을 미치고 간접적으로 시스템 예측성을 개선하는 변화는 팀 관리자와 팀이 직접 제어할 수 있다.

변동성의 외부 원인

변동성의 외부 원인은 소프트웨어 개발 프로세스나 프로젝트 관리로는 직접 제어할 수 없는 부분에서 발생한다. 이 중 일부는 공급자나 고객처럼 비즈니스 또는 가치 흐름의 다른 부분에서 발생한다. 또한 쉽게 예측하기 어렵고 통제할 수도 없는 실제 세계의 현상에 의한 외부 원인도 있다. 예를 들면 장비 고장이나 나쁜 기상 조건 등이 그런 것이다.

모호한 요구 사항

불완전하게 작성한 요구 사항, 불분명한 사업 계획, 전략 계획이나 비전 또는 상황을 판단할 수 있는 그 밖의 다른 정보가 부족하면 팀원은 의사 결정을 내릴 수 없으며 따라서 업무를 완료할 수 없게 된다. 이러한 의사 결정 불가 상황에 의해 업무 항목이 차단된다. 이런 상황에서는 팀원이 결정을 제대로 내릴 수 없기 때문에 진행 중 업무가 완료를 향해 흐르려면 해당 상황을 명확하게 해주는 새로운 정보가 필요하다.

그러한 차단 상황의 영향을 줄이려면, 팀과 관리자에게는 20장에서 설명하는 것처럼 효과적으로 이슈를 관리하고 해결할 수 있는 프로세스가 필요하다.

팀과 조직 성숙도에 따라 근본 원인 분석 및 제거를 논의할 수도 있다. 요구 사항이 모호해서 생기는 차단 이슈는, 요구 사항을 개발하는 데 사용하는 분석 프로세스에 직접 영향을 미치거나, 요구 사항 정의 역량 및 숙련도를 개선하여 처리할 수 있다. 이런 부분을 측정하려면 대개는 다른 부서나 관리자와의 협업이 필요하며 비즈니스 쪽의 개선 의지가 있어야 한다.

2007년에 코비스에서는 점진적 프로세스를 통해 이 상황을 해결할 수 있었다. 먼저 투명성을 위해 시각적 보드, 전자 추적 시스템을 사용하는 칸반 시스템을 적용하였다. 비즈니스 쪽에서는 소프트웨어 개발 활동이나 프로세스 성과를 살펴보고 관심을 갖는 일이 점점 늘어났다. 현재 이슈 수, 차단 업무 항목 수, 평균 해결 시간을 보여주는 보고서를 만들었다 (185쪽 그림 12.6 이슈 및 차단 업무 항목 그래프 참조).

인수 테스트까지 마치고 개발을 완료했는데 비즈니스 쪽에서 원했던 내용과 달라 취소된 요구 사항이 생기면, 팀은 그림 19.1처럼 보드 위에 휴지통을 만들어 안에 그 티켓을 붙였다. 그러자 관리자는 착수해서 시스템에 진입하긴 했지만 끝까지 진행하지 못한 업무를 모아 보여주는 간단한 전자 보고서를 요청했다(그림 19.2).

그림 19.1 휴지통이 있는 보드

투명성, 보고, 불완전한 요구 사항으로 인한 영향 및 비용에 대한 인식이 뒤섞이면서 비즈니스 쪽에서는 자발적으로 스스로 행동을 바꾸었다.

Rejected and Canceled Work Items

Report generated 4/27/2007 4:14:05 PM by CONTINUUM|DavidA; Last Warehouse update: 4/27/2007 3:31 PM

List Bugs, CRs and PDUs either Rejected or Canceled

ID	Work Item Type	Title	Dept	GTM Related	Business Priority	Submitted Date	Approved Date	Closed Date	Reason
2458	Bug	A lacinia leo justo vitae massa			1-Expedit	4/5/2007		4/5/2007	Overtaken by Events
2470	CR	Quisque vitae lacus sodales urna	Creative Services	Not Related to GTM		4/5/2007		4/5/2007	Overtaken by Events
1463	CR	Donec posuere malesuada sodales	Media Services	Not Related to GTM	2-High	11/26/2006		4/12/2007	Released
1443	CR	Pellentesque a. Duis et felis	Customer Experience	Not Related to GTM	2-High	11/26/2006		4/12/2007	Released
2703	CR	Semper turpis facilisis duis	HR	Not Related to GTM		4/26/2007		4/26/2007	Canceled

그림 19.2 이전 달에 승인받지 못했거나 취소된 업무를 정리한 보고서

낭비 보고서는 불완전한 요구 사항이 불러온 영향을 보여주었는데 처음에는 한 달에 다섯 개에서 열 개 정도 항목이 보고서에 있었다. 5개월이 지나자 그런 요구 사항은 하나도 없었다. 비즈니스 쪽에서는 자신들의 업무에 더욱 세심한 주의를 기울이는 방식으로 그 고마움을 표현했고 낭비되는 수용량을 줄일 수 있었다. 그들은 더 나은 결과를 만들어 내는 시스템에 자발적으로 협력했다. 그 결과 불완전한 요구 사항이나 불분명한 상황 정보로 인한 이상 원인 변동의 근원을 제거할 수 있었다.

소프트웨어 개발 팀의 행동은 더 나은 투명성과 인식을 주기 위한 것이었지만, 이 행동이 요구 사항 개발 프로세스에 직접 영향을 미친 것은 아니다. 이슈 관리 및 해결 프로세스는 단지 인식을 끌어올리고 해결 시간을 줄임으로써 차단 이슈의 영향을 완화시켰을 뿐이다. 평균 리드 타임과 리드 타임의 변동성 분산에 미친 직접적 영향은 더 적었다. 투명성 및 보고는 프로세스에서 문제의 근본 원인을 제거함으로써 결국 외부 변화를 이끌어내는 효과를 보여주었다.

이것은 부분적 행동을 통해 이상 원인 변동에 간접적 영향을 미칠 수 있다는 일화적 증거[1]다.

1 (옮긴이) 실험심리학 용어로서 개인 자신의 경험에 대한 직접적인 보고 또는 타인의 경험에 대한 보고를 의미한다.

긴급 요청

긴급 요청은 예상치 못한 고객 주문 같은 외부 사건 또는 회사 내부 프로세스의 실패, 예를 들면 의사소통 부족으로 인한 중요 요구 사항의 뒤늦은 발견 따위로 인해 발생한다. 긴급 요청은 그 요청의 원인을 항상 알 수 있기 때문에 언제나 이상 원인 변동이다.

산업 공학에서는 긴급 요청을 바람직하지 않은 것으로 생각한다. 긴급 요청은 다른 요청의 예측성에 영향을 미친다. 그리고 평균 리드 타임과 변동성 분산을 증가시키고 처리량을 감소시킨다. 2007년에 코비스에서 수집한 증거는 이러한 산업 공학의 연구 결과가 소프트웨어 개발 프로세스에도 똑같이 적용된다는 것을 보여주었다. 긴급 요청은 가치를 만들어 내기 위한 일이라도 바람직하지 않다.

긴급 요청 요구는 줄일 수 있다. 처리량 개선, 자동화, 추가 자원 등을 통해 잉여 수용량을 증가시키면 긴급 요청에 훨씬 잘 대응할 수 있다. 리드 타임을 짧게 만들고, 투명성을 증가시키며, 조직 성숙도를 개선하면 긴급 요청의 필요성이 줄어든다. 칸반을 훌륭하게 적용하는 팀에서는 긴급 요청 요구가 거의 나타나지 않는다. 실제로 2007년에 코비스에는 긴급 요청이 단 다섯 번뿐이었다.

요구 사항이 불완전하면 프로세스 투명성, 처리량, 리드 타임, 완료일 달성 실적에 대한 좋은 정보가 상류 단계의 행동에 영향을 미치기를 바랄 수밖에 없다. 상류 단계에서 전달해주는 요구를 효과적으로 충분히 일찍 이해할 수 있어서 그 요구를 긴급 요청이 아니라 보통 서비스 클래스로 처리할 수 있도록 상류 단계에서 요구를 잘 만들기를 바라는 것이다.

이러한 변화를 이룰 수 있는 한 가지 방법은 처리 가능한 긴급 요청 수를 제한하기로 합의하는 것이다. 코비스에서는 이 제한이 1이었다. 비즈니스 쪽에서 긴급하다고 생각하는 업무를 개발 팀이 거부하면 상류 단계에 있는 사람들, 예를 들어 영업이나 마케팅 사람들이 더 일찍 기회를 탐색하고 그 기회를 효과적으로 평가하도록 만들 수 있다. 영업 부서가 발생한 수익에 따라 커미션을 얻고 평가를 받는다면, 무언가를 긴급하게 처리하지 못하는 경우 손해를 입는다. 긴급 요청의 진행 중 업무가 제한에 도달했기 때문에 처리하지 못하는 일이 생기면, 나중에는 그 요청을 표준 서비스 클래스로 진행할 수 있도록 적절한 때에 요청을 보내려고 충분한 정보를 더 열심히 수집할 것이다. 다시 말해, 이것은 이상 원인 변동에 간접적으로 영향을 미치기 위해 선택할 수 있는 내부 행동의 한 가지 예다. 일반적 상황이라면 시스템 설계 변경이 내부의 우연 원인 변동에 영향을 미치고, 그것이 외부의 이상 원인 변동에 2차 효과를 불러온다.

불규칙한 흐름

불규칙한 업무 흐름은 앞서 언급한 바와 같이, 우연 원인 변동과 이상 원인 변동 모두에 의해 발생할 수 있다. 흐름에 영향을 미치는 이상 원인 변동은 전부 차단 업무를 야기한다. 모호한 요구 사항 같은 문제와 환경 자원 또는 공유 전문가 자원의 가용성은 이상 원인 차단 업무가 생기는 흔한 이유다.

차단 업무 항목을 처리하려면 20장에서 설명하는 것처럼 강력한 규율과 이슈 관리 및 해결 역량이 필요하다. 차단 업무 항목 이슈를 다루는 접근 방식에는 두 가지가 있다.

첫 번째 방식은 흐름을 쉽게 만드는 대신에 리드 타임과 품질을 희생하는 방식이다. 전체 진행 중 업무 제한을 더 크게 하면 흐름을 개선할 수 있다. 명시적으로 버퍼를 두거나 진행 중 업무 제한을 더 느슨하게 적용하는 것이다. 예를 들면 한 명당 평균 한두 가지 업무가 아니라 세 가지 업무를 진행하도록 만들면 된다. 진행 중 업무 제한이 크다는 것은 무언가 차단 상태에 있는 동안에도 팀원이 다른 항목을 진행할 수 있다는 의미다. 나는 비교적 미성숙한 조직에 이 방식을 추천한다. 그러나 얻을 수 있는 효과는 단순하며 대단치는 못할 것이다. 리드 타임은 더 길어지겠지만 그것이 별 문제가 아닌 분야도 많다. 변동성의 분산도 더 커지고 따라서 리드 타임 예측성은 더 낮아진다. 그러나 칸반 시스템을 사용하기 전보다는 예측성이 더 높을 것이다. 진행 중 업무 제한을 크게 하면 발생하는 가장 커다란 문제는 개선 논의나 적용을 유발시키는 긴장감이 적다(또는 없다)는 것이다. 따라서 개선에 대한 압박이 사라진다. 즉 칸반의 촉매 효과가 사라진다.

두 번째 방식은 이슈 관리 및 해결을 집요하게 추구하고 향후에 발생할 수 있는 이상 원인 변동을 예방하기 위해 설계한 구체적 개선책을 통해 팀 성숙도에 맞게 근본 원인 분석과 제거를 지향하는 것이다. 이 방식에서는 진행 중 업무 제한, 버퍼 크기, 업무 정책을 상당히 엄격하게 만들고 무언가가 차단되면 업무를 정지 상태로 만든다. 차단 업무에 할당되어 있는 인원의 유휴 시간이 차단 이슈에 대한 인식을 높인다. 그로 인해 이슈를 함께 해결하려고 노력하는 행동을 불러올 수 있고, 그렇게 되면 팀원이 다시 유휴 상태가 될 수 있는 가능성을 줄이거나 없앨 수 있도록 근본 원인을 고민하고 가능한 프로세스 변경을 생각해 볼 수 있게 된다. 진행 중 업무 제한을 빠듯하게 유지하고 역량에 따라 이슈 관리 및 해결을 추진하면 지속적 개선 문화를 이룩할 수 있다. 나는 이런 모습을 2007년 코비스에서 처음 봤는데, 그 후 2009년에는 인디애나폴리스의 소프트웨어 엔지니어링 프로페셔널즈, 런던의 IPC 미디어, 그리고 BBC 월드와이드 등 업체에서도 같은 모습을 보았다는 이야기를 여러 차례 들었다. 이제는 칸반이 지속적 개선에 집중하는 문화를 유발시킨다고 이야기할 수 있을 만큼 충분한 증거가 있다. 조직 규율을 통해 진행 중 업무 정책을 빠듯하게 실행하고, 차단 업무를 표시하고, 라인 중지를 허용하며, 유휴 시간이 생기고, 이슈 관리 및 해결을 자발적으로 추진하는 것이 여러 사례에서 한결같이 드러난 프로세스 요소다. 이러한 요소를 통해 근본 원인 분석 및 제거에 집중하고 점진적으로 개선을 도입함으로써, 이상 원인 변동이 감소하고 광범위한 지속적 개선 문화를 촉발시킬 수 있었다.

환경 가용성

환경 가용성은 흐름, 처리량, 예측성에 큰 영향을 미칠 수 있는 상당히 전형적인 이상 원인 변동 이슈다. 때로는 환경 중단이 전체 업무 흐름을 중지시키기도 한다. 칸반 시스템을 사용하면 환경 가용성 문제와 그 영향에 대한 가시성을 얻을 수 있다. 진행 중 업무 제한을 강행하여 발생한 유휴 시간은 중지 상태를 해결하는 협업을 촉진한다. 개발자나 테스터 같은 상류 단계의 인원들이 시스템 유지 보수 인원의 환경 복구 업무를 도와주면 이 행동이 바로 함께 참여하는 행동이다. 참여$_{swarming}$란 어떤 문제가 해결될 때까지 팀이 그 한 가지 업무를 함께 진행한다는 개념이다. 팀이 가치 흐름 전반의 리드 타임, 처리량, 흐름에 집중하는 것을 장려하는 것이 칸반의 특징이다. 하나의 가치 흐름에 속해 있는 상류 및 하류 그룹 모두가 같은 목표를 지향하면, 함께 참여하는 행동으로 인한 이익을 얻을 수 있다. 직접 맡고 있는 업무 영역이나 책임 영역이 아닐지라도 자신이 유휴 상태에 있다면, 영향을 미치는 이슈를 해결하려고 나설 때 모든 사람이 승리하게 된다.

기타 시장 요소

2008년 10월 리먼 브러더스의 붕괴 및 금융권에서 발생한 일련의 충격적 사건으로 인해, 런던이나 뉴욕 같은 주요 금융가의 은행과 투자 회사들은 개발 중인 IT 프로젝트를 취소하거나 크게 변경하기 시작했다. 그들의 세상이 완전히 뒤바뀌었기 때문이다. 금융권은 생존을 위해 싸우고 있었다. 갑자기 스스로의 유동성에 대해 그리고 시장의 유동성에 대해 더 깊이 이해해야 하는 상황이 되었다. 실험적인 최신 제품을 내놓는 일은 더 이상 중요하지 않았다. 시장은 투자에 전혀 신경을 쓸 수가 없었다. 2008년 가을 금융 회사들은 오로지 자신들의 지불 능력에만 관심이 있었고, 그것은 운에 달린 문제였다.

이것은 프로젝트 포트폴리오 또는 진행 중인 프로젝트의 요구 사항이 얼마나 극적으로 바뀔 수 있는지를 보여주는 잔혹하지만 현실적인 사례다. 이런 변화에 대응하다 보면 시장이 유발하는 변동성이 내부에서 진행하는 프로젝트에 미치는 혼란스러움을 팀이 극복하는 동안, 팀은 산만해지고, 처리량이 심각하게 떨어지는 결과를 불러오며, 리드 타임이 엄청나게 증가하고, (때로는) 품질이 낮아지며, 예측성을 잃기 쉽다.

이런 사건은 분명히 이상 원인 변동이다. 위험 관리 전략 및 전술 사용을 받아들일 필요가 있다. 많은 지식 체계에서 이상 원인 변동 또는 사건으로 인한 위험을 다루고 있다. 조직 성숙도를 개선하려는 목표의 일부로서 강력한 위험 관리 역량을 쌓으면 칸반을 사용하든 아니든 소프트웨어 개발 조직의 예측성을 개선할 수 있다. 그러나 칸반 시스템은 위험을 잘 관리할 때 예측성이 더 좋아진다. 이것이 시스템에 더 큰 신뢰를 쌓는다.

칸반 시스템에는 위험 관리에 도움이 되는 다른 요소도 많다. 진행 중 업무를 제한하면 진행하는 업무가 항상 적기 때문에 위험이 감소한다. 업무 항목 유형과 서비스 클래스에 진행 중 업무 제한을 할당하면 위험을 관리할 수 있고 이상 원인 변동을 완화하는 데 도움이 된다. 다른 전략도 속속 등장하고 있으며, 다음 책에서는 칸반의 개선과 더 좋은 위험 관리 전술을 담고 있는 그러한 고급 방법도 자세히 다룰 것이다.

나는 2009년 콘퍼런스에서 칸반을 사용하면서 등장한 칸반 시스템의 위험 관리에 대해 발표했고, 그 자료는 온라인에서 찾을 수 있다.

조정 활동 일정 수립의 어려움
업무를 차단하고 흐름을 불규칙하게 만드는 이상 원인 변동의 또 다른 흔한 원인은 외부 팀, 이해관계자, 자원을 조정하는 문제로 인한 것이다. 조정 문제를 다루는 일반적인 한 가지 대응법은 회의를 규칙적 케이던스로 조율하는 방법이다. 어떤 상황에서는 매우 효율적이다. 그러나 항상 사용할 수 있는 방법은 아니다.

감사나 승인이 필요한 정부 또는 규제 기관의 제약으로 인해 흐름이 방해받을 수도 있다. 이러한 직무를 수행해야 하는 사람이 즉시 업무를 진행하지 못하는 상태일 수도 있고 일정을 조율하기 어려운 상황일 수도 있다.

먼저 이러한 특징이 있는 이상 원인 변동은 가시성과 투명성을 통해 인식을 끌어올리고 관심을 유발하는 방식으로 다루어야 한다. 해당 항목을 차단으로 표시하고 차단 원인의 가시성을 높이면 관리자, 팀, 가치 흐름에 있는 이해관계자는 이러한 조정 문제가 미치는 영향을 인식하게 된다.

이 인식은 그 상황을 개선하는 행동의 변화를 이끌어낼 것이다.

한 가지 전술은 정부 및 규제 기관의 규칙을 살펴보고 모든 것을 평가, 승인, 감사, 검토해야 하는지 결정하는 것이다. 위험 프로파일에 따라 그런 회의가 필요한지 아닌지 두 가지 범주로 구분하여 일하도록 만들면, 그 기준에 따라 업무 항목 유형이나 서비스 클래스를 구분할 수 있다. 그런 다음 흐름이 원활하도록 진행 중 업무 제한을 유형과 클래스 양쪽 모두에 할당한다.

이것만은 기억하자
- 산업 프로세스 분야의 변동성 연구는 1920년대에 월터 슈하트가 시작했으며 20세기 중후반에 W. 에드워즈 데밍, 조셉 주란, 데이비드 챔버스의 연구를 통해 발전해 왔다.
- 변동성 연구 및 변동의 통계적 분석 방법은 프로세스 개선을 추구하는 도요타 생산 시스템(그리고 린)과 식스 시그마의 핵심이다.
- W. 에드워즈 데밍과 조셉 주란의 연구는 카네기 멜론 대학교에 있는

소프트웨어 공학 연구소의 연구 및 역량 성숙 모델(현재는 역량 성숙 모델 결합 또는 CMMI)에 커다란 영감을 주었다.
- 슈하트는 변동의 원인을 두 가지 범주로 나누었다. 그 두 가지는 프로세스 내부 또는 시스템 내부 원인과 프로세스 외부 또는 시스템 외부 원인이다.
- 내부 변동을 우연 원인 변동이라고 부른다.
- 외부 변동을 이상 원인 변동이라고 부른다.
- 소프트웨어 개발 생애 주기의 가치 흐름에는 수많은 우연 원인 변동의 근원이 있다. 대표적인 것이 업무 항목 크기, 유형, 서비스 클래스, 불규칙한 흐름, 재작업 등이다.
- 이상 원인 변동의 근원은 아마 무수히 많을 것이다. 대표적으로는 모호한 요구 사항, 긴급 요청, 환경 가용성, 불규칙한 흐름, 시장 요소, 직원 요소, 일정 조정 문제, 낭비 활동 등이 있다.
- 사용 중인 소프트웨어 개발 생애 주기와 프로젝트 관리 프로세스를 정의한 정책을 통해 우연 원인 변동을 제어할 수 있다.
- 이상 원인 변동은 위험 관리 역량뿐 아니라 이슈 관리 및 해결 역량으로 관리할 수 있으며, 근본 원인 분석 및 제거 역량을 통해 감소시키거나 제거할 수 있다.
- 칸반 시스템을 튼튼한 사건 기반 위험 관리 역량과 결합하면 더 나은 경제적 결과를 얻을 수 있다.
- 또한 칸반에서는 추가적인 위험 관리 방법(서비스 클래스 및 업무 항목 유형에 진행 중 업무 제한 할당, 업무를 유형이나 클래스로 분류하여 그 분류에 맞는 위험 프로파일 사용)을 제공한다.
- 칸반의 고급 위험 관리 전략과 전술에 대한 연구를 진행하고 있으며, 그 내용이 다음 책의 주제가 될 것이다.

20

이슈 관리 및 확대 정책

칸반 시스템에서는 어떤 이유에서든 업무가 차단되면 그 위에 차단 이유를 나타내는 분홍색 접착식 메모지를 붙이는 것이 관례가 되었다. 전자 시스템에서는 테두리를 빨간색으로 표시하는 것처럼 차단 업무 항목을 표시하는 방법에는 여러 가지가 있다. 가급적이면 전자 시스템에는 차단 이유가 되는 항목을 별도로 추적할 수 있는 기능이 있거나, 차단 이슈를 그 이슈 해결에 영향을 받는 고객 가치 항목과 연결하고 최우선 업무 항목으로 추적할 수 있어야 한다.

이 책을 쓰는 동안, 나는 칸반을 처음 시도하는 사람 중에서 차단 항목을 병목 지점으로 여기는 이들이 있다는 사실을 알게 되었다. 이것은 잘못된 생각이다. 차단 항목이 파이프를 막고 흐름을 제한할 수도 있지만 그렇다고 해서 차단 항목이 17장에서 설명한 병목 지점은 아니다. 차단 항목은 수용량 제약 자원도 아니고 즉시 불가성 자원도 아니다. 병목 코르크가 병목이 아닌 것과 마찬가지다. 병의 흐름을 되돌리고 싶다면 그냥 코르크를 제거하기만 하면 된다.

차단 업무 항목을 병목 지점으로 생각하는 것은 위험한 일이다. 그렇게 하면 잘못된 방향으로 문제 해결을 시도할 수 있기 때문이다. 차단 업무 항복은 병복 지점이 아니라 특별 원인 변농으로 다루어야 한다. 원하는 결과는 비슷하다. 병목 지점과 차단 업무 항목 모두 흐름을 개선하기 위해 그 이슈를 해결하기를 원한다.

차단 업무 항목을 처리하려면 최대한 신속하게 흐름을 회복할 수 있도록 조직의 이슈 관리 및 해결 역량을 개발할 필요가 있다. 그뿐 아니라 같은 문제가 다시 발생하는 일을 막기 위해 근본 원인 분석 및 해결 역량도 개발해야 한다. 후자의 역량은 특별 원인 변동 제거라는 주제로 19장에서 다루었다. 이번에는 전자의 역량을 논의할 것이다.

이슈 관리

단순히 차단 상태를 표시하고 추적하는 것만으로는 충분하지 않다. 많은 초창기 애자일 소프트웨어 개발 도구는 단순히 이 기능만을 지원했다. 항목, 스토리, 기능, 유스 케이스가 차단 상태라고 알려주는 것도 유용한 정보이긴 하지만 내가 전 세계 곳곳을 다니면서 여러 팀을 관찰해 보니 무언가 차단된 상태라는 것을 알고 있다고 해서 차단 상태를 해결할 수 있는 역량이 크게 늘어나지는 않았다.

실패 부하 업무 항목일지라도 차단 이유를 추적해서 최우선 업무 항목으로 다루는 것이 핵심이다. 이슈라는 특별한 업무 항목 유형은 이러한 목적을 위해 만든 것이다. 이슈는 분홍색 티켓으로 추적한다(그림 20.1). 이슈에 추적 번호를 부여하고 이슈 해결에 팀원(대개는 프로젝트 관리자)을 할당해야 한다.

고객 가치 항목을 진행하고 있던 팀원이 더 이상 업무를 진행할 수 없다면, 그 팀원은 차단 이유를 설명하는 분홍색 티켓을 업무에 붙여서 차단 상태를 표시하고 전자 추적 도구에 이슈 업무 항목을 생성해야 한다. 그 이슈

그림 20.1 영향을 직접 받는 변경 요청 업무 항목에 분홍색 차단 이슈 항목이 붙어 있다.

는 원래 업무 항목과 연결한다(그림 20.1 참조). 몇 가지 예를 들어보자. 요구 사항이 모호하고 전문가도 그 모호함을 즉시 해결할 수 없는 경우, 환경 설정이 필요한데 해당 업무를 수행할 엔지니어가 즉시 대응할 수 없는 경우, 전문가가 필요한 업무인데 그 전문가가 휴가, 병가 또는 그 밖의 이유로 업무를 진행할 수 없는 경우가 그런 상황이다.

7장에서 논의한 것처럼 일일 스탠드업 회의에서는 흐름 유지에 주력해야 한다. 그러므로 회의는 차단 이슈에 대한 논의에 집중하고 그 이슈의 해결을 지향해야 한다. 회의에서 분홍색 티켓을 깊이 있게 다룰 필요가 있다. 해당 이슈를 누가 해결하고 있으며 진행 상태는 어떠한지 질문해야 한다. 이슈를 확대할 필요가 있을까? 그렇다면 누구에게 확대해야 할까?

유휴 상태에 있는 팀원이 스스로 이슈를 찾아내고, 그 이슈를 해결해 시스템 흐름을 되돌리기 위해 힘 닿는 데까지 최선을 다해서 함께 문제를 해결하고 도움을 줄 수 있도록 독려해야 한다. 자기 조직화 역량이 강력한 팀에서는 이런 일이 자연스럽게 일어나기 쉽다. 팀원들은 자발적으로 이슈 해결에 도움을 줄 것이다. 그러나 자기 조직화 역량이 부족한 팀에서는 프로젝트 관리자가 팀원에게 이슈 해결 업무를 할당해야 할 수도 있다.

이슈도 다른 업무 항목과 마찬가지로 추적해야 한다. 이슈를 추적하려면 시작 날짜와 끝 날짜를 포함해야 하고 영향을 받는 모든 고객 가치 업무 항목과 연결해야 한다. 하나의 이슈가 다수의 고객 가치 항목을 차단할 수도 있다는 사실에 주의한다. 그렇기 때문에 이슈를 개별 업무 항목으로 추적하고 업무 항목 유형의 한 가지로 다루어야 하는 것이다. 칸반 시스템에 사용할 전자 도구를 선택할 때, 이슈 추적을 최우선 유형으로 지원하는 기능이 있거나, 이슈라는 이름의 업무 유형을 생성해서 그 항목을 분홍색 카드로 표시할 수 있을 정도로 기능이 충분한 도구를 선택하는 것이 좋다.

이슈 확대

팀이 자체적으로 이슈를 해결할 수 없거나 이슈 해결에 외부 인원이 필요한 상황이지만 불가능하거나 반응을 보이지 않는다면, 반드시 더 직위가 높은 관리자 또는 다른 부서로 해당 이슈를 확대해야 한다.

조직의 강력한 이슈 확대 역량을 개발하는 것이 중요하다. 그렇지 않으면 차단 이후의 흐름을 유지하고 회복하는 데 문제가 발생할 수 있다.

확대 정책을 문서화하거나 프로세스로 만드는 것이 훌륭한 확대 역량의 기본이다. 15장에서는 협업 스타일로 조직 정책을 개발하는 능력을 논의했다. 확대 정책은 그렇게 협업하는 방식으로 만들어야 하며 가치 흐름에 관련이 있는 부서들이 함께 합의해야 한다. 확대 정책을 널리 알리고 이해하도록 해야 하며, 모든 팀원이 정책을 설명하는 문서(또는 웹 사이트)에 쉽게 접근할 수 있어야 한다. 문제를 확대하는 방법과 대상에는 모호함이 없어야 한다. 확대 경로를 정의하고 그에 대한 정책을 만드는 시간을 가짐으로써 팀에서는 해결을 위해 이슈를 어디로 보내야 하는지 알게 된다. 이렇게 하면 이슈 확대를 누구에게 해야 하는지 찾아내는 시간을 절약할 수 있고, 직위가 높은 관리자가 프로세스에 얼마나 참여할 것인지 예측할 수 있다. 고위 관리자는 이슈 해결에 책임을 져야 한다. 그렇게 하면 흐름을 유지할 수 있고 궁극적으로 지연 비용을 최소화(또는 빠른 출시에 의한 수익 최적화)하는 데 도움이 될 것이다.

이슈 추적 및 보고

앞에서 언급한 바와 같이 이슈는 개별 업무 항목 유형이자 최우선 업무 항목으로 추적해야 한다. 이슈를 시각화하는 방법은 관례상 분홍색 또는 빨간색의 카드나 접착식 메모지를 사용하는 형태로 발전하였다(그림 20.2). 이슈 추적 시스템을 사용하려면 최소한 시작 날짜, 끝 날짜, 할당된 팀원, 이슈 설명, 차단된 고객 가치 항목과의 연결 등이 필요하다(그

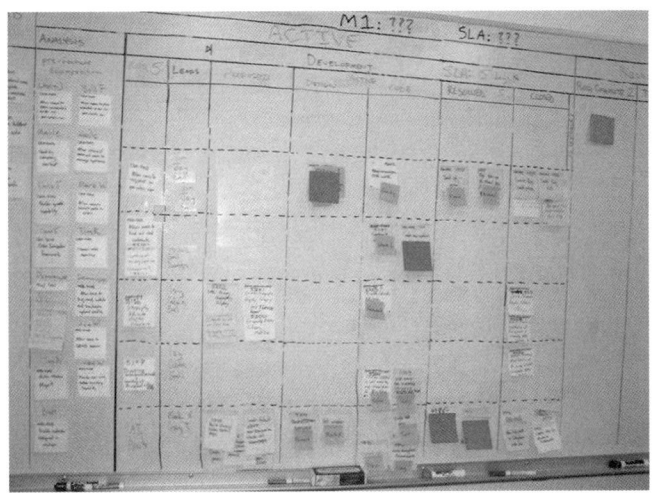

그림 20.2 다수의 기능에 영향을 미치는 여러 차단 이슈가 있는 보드

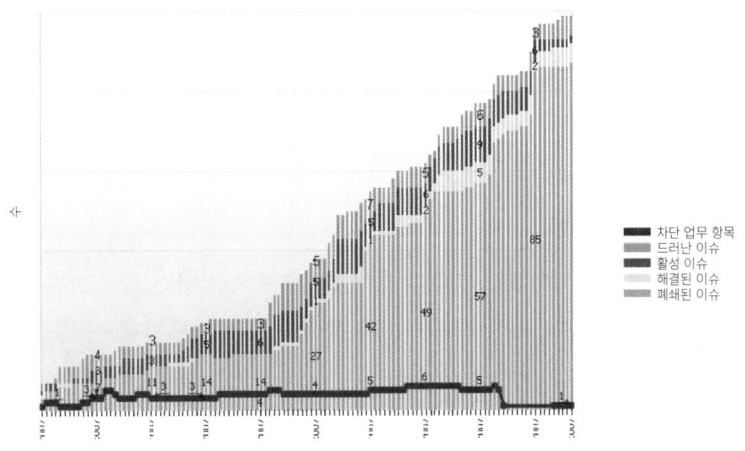

그림 20.3 차단 업무 항목 그래프를 함께 표시한 이슈 누적 흐름도

림 20.3). 해결 공수 이력, 인원 할당 이력, 확대 경로 표시, 추정 해결 시간, 영향 평가, 향후 예방을 위해 제안된 근본 원인 수정도 추적에 쓸모 있는 항목이 될 수 있다.

카드벽에 붙어 있는 분홍색 티켓으로 현재 얼마나 많은 항목이 차단 상태인지 확실하게 알 수 있긴 하지만 다른 방법으로 이슈를 추적하고 보고하는 것도 쓸모 있다. 이슈 및 차단 업무 항목을 누적 흐름도로 만들면 조직의 이슈 관리 및 해결 역량을 보여주는 강력한 시각적 지표가 된다. 시간 흐름에 따른 차단 업무 항목 추세는 근본 원인 분석 및 해결 역량, 즉 이상 원인 변동을 제거할 수 있는 개선 기회가 늘어나고 있는지 아닌지를 나타낸다. 현재 이슈, 할당된 인원, 상태, 예상 해결 날짜, 영향을 받는 업무 항목, 잠재적 영향을 표로 정리한 보고서 역시 대형 프로젝트의 일상 관리에 유용할 수 있다.

이 보고서는 운영 리뷰를 할 때마다 발표해야 하며, 이슈 관리 및 해결 그리고 근본 원인 분석 및 해결 역량이 조직에 나타나려면 어떻게 해야 하는지, 조직이 얼마나 성숙한 상태인지 논의할 시간을 확보해야 한다. 조직은 차단 이슈가 실패 부하에 미치는 영향을 인식해야 한다. 그렇게 하면 개선 기회를 객관적으로 결정할 수 있고, '특별 원인 변동을 예방하기 위한 근본 원인 해결'이라는 투자에서 쉽게 이익을 얻을 수 있다.

이것만은 기억하자

- 고객 가치 업무를 차단하는 문제를 추적하기 위해 칸반 시스템에는 이슈라고 부르는 최우선 업무 항목 유형이 있어야 한다.
- 차단 이슈를 시각화하기 위해 카드벽에 분홍색(또는 빨간색) 접착식 메모지를 사용하는 것이 관례가 되었다.
- 분홍색 이슈 티켓은 차단된 항목 위에 붙인다.
- 강력한 이슈 관리 및 해결 역량이 흐름 유지의 핵심이다.
- 차단 업무 항목이나 이슈는 병목 지점이 아니다. 차단 업무 항목이나 이슈는 수용량 제약 자원 또는 즉시 불가성 자원이 아니라 특별 원인 변동으로 관리해야 한다.

- 일일 스탠드업 회의에서는 이슈 관리에 집중해야 한다.
- 강력한 이슈 확대 역량은 강력한 이슈 관리 역량의 일부이며 필수다.
- 확대 정책은 명확하게 정의해야 하며 모든 팀원이 그 정책을 인식할 수 있도록 문서화해야 한다.
- 확대 정책은 가치 흐름에 관련이 있는 모든 부서에서 함께 합의를 했을 때 더욱 효과가 있다.
- 이슈는 전자 도구를 사용해서 추적해야 한다.
- 대형 프로젝트에서 전자 데이터에 기반을 둔 보고는 일상 이슈 관리 및 해결을 촉진할 것이다.
- 이슈 관리 및 해결 그리고 근본 원인 분석 및 해결 역량의 발전을 시각화하려면 이슈 및 차단 업무 항목을 누적 흐름도로 표현한다.

감사의 글

출판 프로젝트도 관리와 조정에 많은 노력이 필요하고 팀에 속해 있는 모든 사람이 참여해야 하는 일이며, 지은이는 정말로 작은 한 부분에 지나지 않는다. 재니스 린든-리드Janice Linden-Reed와 비키 롤랜드Vicki Rowland의 엄청난 노력과 고생, 헌신이 없었다면 이 책은 탄생하지 못했을 것이다. 나는 (지연 비용이 높은) 빠듯한 일정에 맞추어 이 책을 출간하기 위해 애쓴 두 사람의 놀라운 인내심에 감사의 말을 전하고 싶다.

내가 칸반을 시도할 수 있도록 설득하고, 칸반에 대한 이야기를 공개적으로 할 수 있도록 초창기 토론의 장을 마련해 주었던 도널드 라이너슨에게 고마움을 전하고 싶다. 도널드는 친절하게도 이 책의 추천사도 써주었다. 또 오랫동안 활발하게 활동하고 있는 Lean Software & Systems Consortium이라는 커뮤니티를 만든 노력에도 감사하고 싶다.

칼 스코틀랜드, 조 아놀드, 애런 샌더스와 함께 에릭 윌리크Eric Willeke, 크리스 쉰클Chris Shinkle, 올라브 마센Olav Maassen, 크리스 매츠Chris Matts, 롭 해서웨이에게도 감사하고 싶다. 칸반 초창기에 보여주었던 그들의 열정과 적용이 현재 왕성히 활동하는 커뮤니티를 만들었고 전 세계 칸반 확산을 이끌었다. 이들의 도움이 없었다면 이 책을 쓰지도 않았을 것이고 칸반은 런던, 로스앤젤레스, 뉴욕에 있는 미디어 회사뿐 아니라 캄보디아에 있는 다섯 명의 스타트업부디 300년 된 네덜란드의 보험 회사, 브라질의 대형 정유사, 아르헨티나의 외주 개발 업체, 그리고 전 세계 모든 대륙에 걸쳐 있는 수많은 회사의 여러 팀이 사용하는 흥미롭고 새로운 방식이 아니라, 미국 태평양 북서 지역의 몇몇 회사에서 사용했던 이름 없는 방식이 되었을 것이다. 칸반 적용은 일종의 현상이 되었으며 2007년 8월 워싱턴 D.C.의 애자일 2007 콘퍼런스에서 우연한 의기 투합이 없었다면 일어나지 않았을 일이다.

많은 사람이 원고를 검토한 다음 친절한 조언과 건설적 피드백을 주지 않았다면, 이 책은 그다지 유용한 도구가 되지도 못했을 것이고 읽기 좋은 책이 되지도 못했을 것이다. 나는 대니얼 베이컨티, 그렉 브로엄Greg Brougham, 크리스티나 스카시브Christina Skaskiw, 크리스 매츠, 브루스 마운트Bruce Mount, 노버트 윙클래러스Norbert Winklareth, 그리고 또 재니스 린든-리드의 기여를 특별히 강조하고 싶다. 각각 한 번 이상 초창기 원고를 읽고 전략적이며 사려 깊은 검토를 해주었고, 내용을 재구성하는 데 도움을 주었다. 그 덕분에 더욱 읽기 쉽고 이해하기 쉬운 좋은 책을 만들 수 있었으며, 이 책이 커뮤니티에서 오랫동안 유용한 도구가 될 것이다.

그리고 이 책에 피드백을 주고 편집에 기여한 많은 커뮤니티 구성원이 있다. 이들은 모두 2009년과 2010년에 내 원고를 자세히 읽어 주었다. 짐 벤슨, 마티아스 볼렌Matthias Bohlen, 조슈아 케리에브스키Joshua Kerievsky, 크리스 사이먼즈Chris Simmons, 데니스 스티븐스Dennis Stevens, 아르네 루크Arne Roock, 마티아스 스카린Mattias Skarin, 빌 바넷Bill Barnett, 올라브 마센, 스티브 프리먼Steve Freeman, 데릭 베일리Derick Bailey, 존 하인츠John Heintz, 릴리언 니즈보어Lilian Nijboer, 시 알히르Si Alhir, 싯다르타 고빈다라지Siddharta Govindaraj, 러셀 힐리Russell Healy, 벤저민 미첼Benjamin Mitchell, 데이비드 조이스David Joyce, 팀 우터마크Tim Uttormark, 앨런 켈리Allan Kelly, 에릭 윌리크, 앨런 샬로웨이Alan Shalloway, 앨리슨 베일Alisson Vale, 맥스웰 킬러Maxwell Keeler, 기예르모 아모림Guilherme Amorim, 레니 엘리자베스 필 프리스Reni Elisabeth Pihl Friis, 니스 홀스트Nis Holst, 칼 스코틀랜드, 로버트 해서웨이에게 감사드린다.

David J. Anderson & Associates, Incorporated라는 바퀴가 계속 돌 수 있도록 해주는 내 지칠 줄 모르는 사무 관리자인 미키코 후지사키Mikiko Fujisaki에게도 감사하고 싶다. 그가 없었다면 나는 절대 이 책을 쓸 시간을 낼 수 없었을 것이다.

내 오랜 친구이자 동료인 푸잔 로카Pujan Roka는 친절하게도 표지 그림을 그려주었다. 푸잔 역시 지금까지 두 권의 훌륭한 관리 분야 책을 출간한 지은이이자 재능 있는 만화가다. 푸잔과 푸잔의 책을 더 알아보고 싶다면 http://www.pujanroka.com을 방문하면 된다.

커뮤니티에서는 칸반 적용과 칸반에 대한 열정을 더욱 너그럽게 받아주고 있고, 이 원고를 각국 언어로 번역하자는 친절한 제안이 있었다. 이미 프랑스어, 포르투갈어(브라질), 독일어, 스페인어, 일본어 번역을 열심히 진행하고 있는 얀 피카르 드 밀러Jan Piccard de Muller, 안드레아 핀토Andrea Pinto, 에두아르도 보브신Eduardo Bobsin, 아르네 루크, 마사 마에다Masa Maeda, 히로키 콘도Hiroki Kondo에게 감사드리고 싶다. 나는 그들의 노력이 전 세계에 칸반 적용을 확산시키고 각 지역에 칸반 커뮤니티와 칸반에 대한 열정을 확대하는 데 도움이 될 것이라고 확신한다.

이 책에 사용한 그림을 제공해준 니콜 코하리Nicole Kohari, 크리스 헤플라이Chris Hefley, 데이비드 조이스, 토마스 블롬세스Thomas Blomseth, 제프 패튼Jeff Patton, 스티브 레이드Steve Reid에게도 감사를 표시하고 싶다.

그리고 마지막으로 지금은 아바네이드Avanade에서 근무하고 있는 내 좋은 친구 드라고스 두미트리우와 코비스에서 같은 팀에 있었던 대런 데이비스Darren Davis, 래리 코헨Larry Cohen, 마크 그로트Mark Grotte, 도미니카 데그란디스Dominica Degrandis, 트로이 마게니스Troy Magennis, 스튜어트 코크란Stuart Corcoran과 함께 릭 가버, 코리 라다스Corey Ladas, 다이애나 콜로미예츠에게도 감사하고 싶다. 그들이 없었다면 절대로 간반이 생겨나지 않았을 것이다. 간반을 적용하고 사용하고자 했던 그들의 노력 덕분에 우리가 배웠던 모든 사례 및 이야기가, 그리고 새롭고 더 어려운 상황에서 바꾸고 적용했던 해결책이 탄생했다. 그들이 없었다면 이 책도 없었을 것이고, 커뮤니티도 없었을 것이며, 필요한 때에 기민하고 규칙적이며 빠르게 개발된 고품질 소프트웨어를 반가워하며 기뻐하는 고객이 늘어나는 일도 없었을 것이다. 칸반이라는 우리의 여정은 앞으로도 계속될 것이고 바라건대 이 책을 통해 여러분도 그 여정에 동참하리라 확신한다.

2010년 4월 유럽의 어딘가,
칸반을 전파하는 길 위에서
데이비드 J. 앤더슨

부록 1

영감을 불러 일으키는
전 세계 칸반 실천가들의 한마디[1]

최고의 실력을 지닌 칸반 리더들이 한자리에 모여보자는 의견에 따라 칸반 대표자 모임Kanban Leadership Retreat이 열렸습니다. 칸반 리더십 교육에 참여했던 전 세계의 관리자, 개발자, 변화 전문가가 초대를 받았습니다. 16개국에서 온 42명의 칸반 리더가 모여서 아이슬란드의 아름다운 자연을 뒤로 한 채 린·칸반의 최신 주제를 함께 논의했습니다.

전 세계 칸반 커뮤니티에서 활동하는 대단한 사람들로만 이 행사가 이루어진 건 아닙니다. 이 책에는 행사에 기여한 많은 사람의 지혜가 담겨 있습니다. 칸반 대표자 모임 중, 그리고 모임 전후에 트위터, 블로그, 토론 그룹, 책, 인터뷰 등에 있었던 이야기를 모았습니다. 여러분이 칸반을 통한 지속적 개선이라는 각자의 여정을 계속하면서 이 책에서 쓸모 있는 영감을 얻을 수 있길 바랍니다.

칸반 리더십 워크숍이나 심지어 다음 칸반 대표자 모임에서 여러분을 만나볼 수 있길 진정으로 기대합니다.

데이비드 J. 앤디슨

---

[1] (옮긴이) http://www.djaa.com/quotable-kanban에서 무료로 다운로드할 수 있다.

기본

칸반의 다섯 가지 핵심 특성(시각화, 진행 중 업무 제한, 정책, 측정, 개선)은 초급, 중급, 고급 실천법을 모두 포함하고 있다.

- 릭 사이먼즈(Rick Simmons, 미국)

칸반은 사람과 프로세스 사이에 새로운 균형을 확립하고, 사람들이 자신의 프로세스를 스스로 설계할 수 있도록 한다. 그렇기 때문에 칸반은 프로세스를 설계하는 협력 활동이며 자신의 프로세스를 점진적으로 발전시키는 데 사고하고 행동할 수 있는 도구를 갖추고 있다.

- 알리손 발레(Alisson Vale, 브라질)

사람들은 내게 이렇게 묻는다. "린과 칸반의 차이점이 뭔가요?" 그 대답은 이렇다. 린은 목적지이고 칸반은 목적지에 도달하기 위한 수단이다.

- 데이비드 J. 앤더슨(미국)

칸반은 협력적 연구, 협력적 상상, 협력적 제한, 협력적 감지, 협력적 학습을 통해 설계한 출시 시스템이다.

- 칼 스코틀랜드(영국)

칸반의 가치는 통찰력을 준다는 점이다. 다양한 통찰력을 얻을 수 있도록 칸반 이외에도 다른 시각화 방식이나 측정 프레임워크를 함께 사용해보자.

- 래리 맥세론(Larry Maccherone, 미국)

칸반에서 가장 이해하고 받아들이기 어려운 것이 수용량이라는 개념일까?

- 예스페르 보아이(Jesper Boeg, 덴마크)

본질적으로 카드벽이 칸반 시스템은 아니다. 카드벽은 단지 시각적 제어 시스템일 뿐이다. 카드벽을 사용하면 팀은 프로젝트 관리자나 직속 상사의 지시 없이도 진행 중 업무를 시각적으로 관찰할 수 있게 되고, 자신의 작업을 스스로 조직하고 할당할 수 있게 되며, 백로그에 있는 업무를 완료할 수 있게 된다. 그러나 진행 중 업무에 명시적 제한이 없고 시스템 내에 새로운 업무를 당기는 신호가 없다면 그것은 칸반 시스템이 아니다.

- 데이비드 J. 앤더슨(미국)

사람들이 진실을 마주하고 싶어 하지 않으면 칸반은 실패한다.

- 힐렐 글레이저(Hillel Glazer, 미국)

요구 분석은 칸반의 중추이자 의사 결정의 기반이다. 요구에 대해 연구하지 않는 조직은 대부분 서비스 클래스를 활용하지 않는다. 그것은 변동성에 적절히 대응하여 요구를 할당할 수 없다는 뜻이고 결국 아무런 변화도 없는 칸반 보드가 된다.

- 마르턴 폴더르스(Maarten Volders, 벨기에)

칸반은 린으로 가는 첫걸음이다.

- 크리스 헤플라이(Chris Hefley, 미국)

점수로 추정하고 작업을 시간 단위로 분할하는 노력이 사이클 타임$_{cycle\ time}$[2], 지연, 진행 중 업무 제한, 함께 해결하기에 집중하는 것보다 결코 정확하거나 유용하지 않다.

- 프랭크 베가(Frank Vega, 미국)

---

[2] (옮긴이) 일반적으로 프로세스에서 첫 번째 작업이 완료된 후, 두 번째 작업을 시작하기 전까지 걸리는 시간을 말한다. 칸반에서는 보통 리드 타임과 비슷한 용도로 사용하고 있으며 리드 타임보다는 실제 작업 시간에 더 가깝다.

변화

린과 애자일을 진정으로 이해하는 사람들은 극소수이며 그들이 설명하는 것들을 주시하고 있어야 한다. 그 극소수가 바로 우리일 것이다.[3]

- 마리우스 드 베이르(Marius de Beer, 남아프리카 공화국)

변화가 미치는 영향이 크기 때문에 사소한 변화를 추진할 때에도 매우 신중하게 접근했다. 그리고 이러한 변화를 적용하는 것이 왜 좋은 아이디어라고 생각하는지 설명하는 데 아주 세심한 주의를 기울였다. 궁극적으로 팀에 변화를 강요하는 것이 아니라 팀이 자발적으로 프로세스로 변화시키길 원한다.

- 셰틸 옌센(Ketil Jensen, 노르웨이)

상황은 중요한 요소다. 칸반을 사용하면 상황을 특정 프로세스에 맞추는 대신, 상황에 맞는 프로세스를 설계할 수 있다.

- 알리손 발레(브라질)

칸반은 조직의 린 결과를 촉진하기 위한 복잡 적응 시스템으로 볼 수 있다. 칸반은 (어느 정도 예측 가능한) 창발적 행동을 유도하는 기본 조건이며, 적응할 수 있는 단순한 규칙이고, 피드백 메커니즘이며, 촉매 반응의 탐침探針이자 인력체引力體이다.

- 데이비드 J. 앤더슨(미국)

---

3   (옮긴이) 다음은 옮긴이의 질문을 받은 마리우스 드 베이르의 친절한 부연 설명이다.
"이런 이야기를 많이 들어보았을 겁니다. '팀이 자신들이 무엇을 하고 있는지 진정으로 이해하지 못해서 린·애자일 적용에 실패한다.' 또는 리더나 전문가가 '린·애자일을 잘못 사용하고 있어요. 제대로 이해하지 못하고 있군요'라고 하는 것도 들어봤을 겁니다. 레이캬비크 콘퍼런스 때에는 이 발언이 맞는 말이었습니다. 당시 우리는 글로벌 칸반 리더였고 우리(나조차도)의 대화 중 상당 부분이 다소 오만하게도, 얼마나 많은 사람이 진정으로 칸반을 이해 못하고 있는지에 대한 것이었을 겁니다. 그때는 분명히 우리가 칸반의 리더였고 전 세계에 칸반, 린, 애자일 적용 방법을 설명하는 사람들이었습니다. 대부분 다른 사람을 돕는 트레이너나 컨설턴트였으며, 몇 명은 해당 주제로 책을 쓰기도 했습니다. 그래서 업계가 칸반, 린, 애자일을 이해하지 못한다면 그 이유는 우리의 설명이 썩 좋지 못했기 때문일 것입니다. 내가 말하고자 하는 바는 이렇습니다. 사람들에게 린·애자일을 진정으로 이해하지 못한다는 말은 그만하고, 그 설명을 더 잘 할 수 있도록 노력하자."

내 생각에는 조직 내 다양한 위치에서 내린 각 결정마다 그 세부 사항은 다르겠지만 거기에는 같은 경험이 녹아 있다. … 단, 원칙이 분명한 경우에만 그렇다.

- 존 클리포드(John Clifford, 미국)

나는 단 한두 번의 회의만으로 팀에 칸반의 가치를 전해주었다. 업무 시각화만으로도 칸반은 가치가 있다.

- 릭 사이먼즈(미국)

윗선에 칸반을 이해시키고 싶다면 그들이 느끼는 압박과 요구를 알아야 한다.

- 사이먼 마커스(Simon Marcus, 미국)

지연 비용을 잘 이해하고 시장 위험을 관리할 수 있는 더 나은 전략으로 서비스 클래스를 설계하면, 그것이 조직 내에서 대화를 시작하는 좋은 출발점이 될 수 있다. 칸반의 모든 것을 갖추고 있어야만 규범적 경험을 따르는 CFO의 마음을 움직일 수 있고 그것이 행동을 지향하는 대화를 유도한다.

- 마르턴 폴더르스(벨기에)

여러분이 처해 있는 상황은 유일하며 마땅히 여러분의 분야, 업무 흐름, 관리 중인 위험, 팀이 갖고 있는 기술, 고객 요구에 적합하도록 최적화한 유일한 프로세스를 정의해야 한다.

데이비드 J. 앤더슨(미국)

"~을 하지 말라"에서 "~을 어떻게 할 것인가"로 바꿔보자.

- 힐렐 글레이저(미국)

경영진 전체의 지원을 받고 있다면 변화를 추진하기에 정말 좋겠지만 그렇지 못한 경우도 많다. 어쨌든 여러분은 린 변화를 시작할 수 있다. 작은 팀이거나 조직 내에 별로 영향력이 없는 팀일지라도 칸반 시스템으로 업무를 시각화하면서 변화를 시작할 수 있으며, 변화와 개선 그리고 린이라는 여정을 시작하는 데 칸반을 사용할 수 있다.

- 크리스 헤플라이(미국)

가시성

칸반의 규칙 중 한 가지가 시각화다. 내가 가장 좋아하는 규칙이다. 깨끗한 화이트보드 옆에 있으면 그냥 편히 앉아 있을 수가 없기 때문이다. 나는 마커와 접착식 메모지를 들고서 보드를 더 지저분하게 만들고 싶은 충동을 느낀다.

- 파벨 브로진스키(Pawel Brodzinski, 폴란드)

대상을 상위 수준에서 가시화하는 것 자체가 이미 파격적인 변화다!

- 마르쿠스 안드레자크(Markus Andrezak, 독일)

무언가를 장애물이라고 부른다는 것은 판단을 내린다는 뜻이고, 그 판단이 충돌을 야기할 수도 있다. 판단을 내리기보다 데이터를 시각화해 보자.

- 칼 스코틀랜드(영국)

나는 칸반을 설명할 때 "프로세스 업무 흐름의 시각화"라고 하지 않고 (무작정) 그냥 시각화라고 강조한다. 팀은 프로세스 업무 흐름만 시각화하고 멈추지 않을 것이다. 프로세스 업무 흐름은 시각화의 일부일 뿐이다. 팀이나 이해관계자에게 중요한 모든 정보를 표현하고 시각화해야 한다.

- 올라브 마선(Olav Maassen, 네덜란드)

이제 내가 리드 타임이나 사이클 타임을 더욱 훌륭하게 예측해내는 방식은 가치 흐름을 더 자세히 시각화하고 프로세스의 실제 불확실성을 개선하는 것이다. 당연히, 시각화하지 않았거나 식별하지 못한 수많은 병목 지점이 있을 수 있다.

- 마츠 위포리스(Mats Yforgs, 스웨덴)

변화는 가시적이고 분명하며 부정할 수 없도록 만들어야 한다.

- 조슈아 블룸(Joshua Bloom, 미국)

진행 중 업무 제한

수용량을 적절히 정해 놓으면 칸반 당김 방식은 과부하 상태에 빠질 수 없다.

- 도미니카 드그란디스(Dominica DeGrandis, 미국)

나는 진행 중 업무 제한이라는 매우 강력한 기법의 도움을 받아서 작고 긍정적인 변화를 만들 수 있는 팀의 능력이 프로젝트 성공의 중요한 요인 중 한 가지라고 생각한다.

- 셰틸 옌센(노르웨이)

리틀의 법칙을 보면 진행 중 업무는 사이클 타임의 선행 지표지만, 속도나 처리량 등 다른 것은 사이클 타임의 후행 지표라는 것을 알 수 있다.

- 대니얼 베이커티(미국)

다양한 상황을 개선하는 방법으로 케이던스를 추천한다고 해서 우리가 스프린트를 하고 있다는 뜻은 아니다. 스프린트를 약속하기보다 진행 중 업무를 제한하자.

- 유발 예레트(Yuval Yeret, 이스라엘)

그렇다! 진행 중 업무를 적절히 제한하면 자연스럽게 학습하게 된다.

- 다디 잉골프손(Daði Ingólfsson, 아이슬란드)

일단 요구량을 처리량에 맞추고 업무 흐름 내의 진행 중 업무를 제한하면 마법 같은 일이 일어난다. 병목 자원만이 부하가 가득 찬 상태로 남는다.

- 데이비드 J. 앤더슨(미국)

측정

주도적으로 지표를 끌고 갈 것인가, 아니면 지표에 끌려 다닐 것인가. 이론의 뒷받침이 없는 지표는 카나리아[4]처럼 사용할 수밖에 없다.

- 조슈아 블룸(미국)

데이터는 기대와 현실 사이의 갈등을 표면으로 끌어올린다. 대개는 현실을 기대에 맞추려고 행동을 바꾸거나 또는 기대를 바꾸어서 이 갈등을 해소하려 한다. 데이터를 보지 않는다는 것은 갈등을 무시하는 것과 마찬가지다.

- 래리 맥셰론(미국)

현재 칸반 시스템의 설계가 그 목적을 충족시키고 있는지 아닌지 알 수 있도록 측정하자.

- 헤르만니 휘티앨래(Hermanni Hyytiälä, 핀란드)

---

4 (옮긴이) 옛날에는 광부들이 이산화탄소에 민감한 카나리아를 탄광에 데리고 들어가서 유독 가스를 탐지했다. 카나리아가 살아 있는 동안에는 안전함을 느끼며 일할 수 있었고, 카나리아가 죽으면 곧바로 탈출해서 목숨을 지킬 수 있었다. 이제는 탄광에서 카나리아를 더 이상 사용하지는 않지만, 문제를 미리 경고해주는 사람이나 매개체를 가리키는 데 "탄광 속의 카나리아"라는 표현을 사용한다.

통계적 프로세스 관리 차트를 사용하면 프로세스에서 예측 불가능한 지점을 알아낼 수 있다. 시스템 변동성을 줄이면 예측성이 더욱 높아진다.

- 도미니카 드그란디스(미국)

흐름

칸반은 진정한 병목 지점을 분명하게 드러내고 완화해 주기 때문에, 갈수록 애자일 프로젝트에 칸반을 사용하지 않을 수가 없다.

- 예스페르 보아이(덴마크)

나는 이제 PMO의 미래를 어렴풋이 알 것 같다. 그 모습은 프로젝트 차별화와 서비스 클래스다.

- 파트릭 스테야에르트(Patrick Steyaert, 벨기에)

실패 요구, 즉 어떤 이유로든 실제 가치를 전달하지 못했기 때문에 발생한 작업이 매우 많다. 실패 요구 데이터를 수집해서 분석할 수 있다면 그 근본 원인을 제거할 수 있다. 대신 여유가 생긴 자원은 가치를 전달하는 일에 집중할 수 있게 된다.

- 요아킴 순덴(Joakim Sundén, 스웨덴)

정책

프로세스를 정책 집합으로 생각하는 것이 칸반의 핵심 요소다.

- 데이비드 J. 앤더슨(미국)

어떤 칸반 팀에서 마치 십계명처럼 정책을 만들어 놓은 것을 본 일이 있다. 나는 무엇을 금지하는 정책이 아니라 무엇을 해야 할지 알려주는 정책을 더 좋아한다.

- 클라우스 레오폴드(Klaus Leopold, 오스트리아)

진행 중 업무 제한은 정책이다. 칸반의 핵심 특성은 전부 정책으로 나타낼 수 있다. 여기에서 어려우면서도 결정적인 요소는 모두가 정책을 이해하고 기꺼이 동의해야 한다는 점이다.

- 재니스 린든-리드(미국)

고객 만족이 제일 중요하다. 케이던스 기반의 지속적 출시 정책은 고객에게 줄 수 있는 멋진 선물이다.

- 마사 마에다(미국)

칸반 시스템의 정책은 명시적이어야 하며 보드에는 이 정책을 명확하게 반영해야 한다. 그러나 나는 정책을 완벽하게 반영하고 있는 보드는 본 적이 없다. 보드(또는 보드 옆)에 각 단계의 준비 기준과 승인 기준을 붙여두거나 근처에 각 역할의 '선택 순서'를 걸어두는 등 완벽에 가까운 보드를 본 적은 있지만 정책을 명시적으로 만드는 데 보드만 사용하는 팀은 없다. 보드는 시각화이고 모델이지, 시스템은 아니라는 사실을 기억하자.

- 에릭 윌리크(미국)

우리는 아무도 이해하지 못하는 24가지 우선순위를, 모두가 금방 이해할 수 있는 세 가지 서비스 클래스로 바꾸었다! 우리는 칸반을 한다 :-)

- 클라우스 레오폴드(오스트리아)

'비즈니스 가치 창출'이라는 범주에 속하지 않는 모든 업무를 최소화하려는 마음가짐은 지나치게 단순한 것이며, 최악의 경우에는 위험과 거시적 경제 상황 모두를 보이지 않게 한다. 이러한 부분을 최소화하거나 무시하지 말고 선택과 정책을 명시적으로 만들어서 다양한 분야에 신중하게 투자하는 편이 더 유용하다. 이것이 바로 포트폴리오 기반 접근 방식이다.

- 마이크 버로우스(Mike Burrows, 영국)

품질

결함 추정은 낭비다. 결함을 수정해야 한다면 추정은 의미가 없고 수정할 필요가 없어도... 의미가 없다.

- 존 클리포드(미국)

실패 비용은 단순히 수정에 드는 비용뿐 아니라 버그를 만들어낸 비용도 포함한다.

- 힐렐 글레이저(미국)

결함률은 높지만 올바른 제품을 개발하는 것이 결함 없는 엉뚱한 제품을 개발하는 것보다 더 낫다.

- 파벨 브로진스키(폴란드)

데밍은 이렇게 말했다. "소프트웨어 품질을 두고 테스터를 비난하는 것은 말도 안 된다. 품질은 임원 회의에서 시작되는 것이다."

- 클라우스 레오폴드(오스트리아)

진행 중 업무를 줄이거나 반복 주기 길이를 짧게 하면 초기 품질이 상당한 영향을 받는다. 진행 중 업무의 양과 초기 품질 사이의 관계가 비선형이라는 것은 분명하다. 즉, 진행 중 업무의 양이 증가하면 결함은 기하급수적으로 늘어난다.

- 데이비드 J. 앤더슨(미국)

개선

처음에는 지속적 짜증이라고 불렀지만 나중에는 지속적 개선이라고 부르게 되었다.

- 캐서린 커크(Katherine Kirk, 영국)

낭비도 마찬가지다. ... 낭비를 찾아내거나 식별해 내려는 많은 사람과 함께 적극적으로 무엇이 낭비인지 논쟁을 하면서 상당한 시간을 소모할 수도 있다. ... 아니면 낭비에 집착하지 않는 곳에서 문화의 성장을 도울 수도 있다. ... 그것이 조직 전체에 자연스럽게 영향을 미치는 방법이다.

- 에릭 윌리크(미국)

칸반을 적용한 후 혁신이 멈춰버린 팀을 본 적이 있다. 그 팀은 다양한 기법을 찾아보긴 하지만 더 이상 프로세스를 바꾸려고 하지 않는다. 그렇게 하면 큰 발전을 이루지 못한다.

- 올라브 마선(네덜란드)

현재 프로세스에 무언가를 덧붙여서 프로세스를 바꿀 수는 없다. 제대로 작동하지 않는 부분을 제거해야 한다.

- 호칸 포르스(Håkan Forss, 스웨덴)

진행 중 업무를 제한하고 수용량에 여유가 있을 때에만 새로운 업무를 당겨오는 활동을 통해 만들어진 잉여 수용량은, 아무도 가능하다고 생각하지 못했던 개선을 가능케 한다.

- 데이비드 J. 앤더슨(미국)

이 모든 지속적 개선은 무엇을 위한 것인가? 주어진 상황에 따라 그 대답은 다르겠지만 질문은 계속되어야 한다. 그렇지 않으면 어떻게 성공할 수 있겠는가?

- 사이먼 마커스(미국)

칸반을 사용하면 모든 이에게 리더십이 자라난다. 칸반은 지식 노동자의 영속 농업permaculture[5]이다. 칸반은 관리를 분산적 리더십distributed leadership[6]으로 바꾸는 데 도움이 된다.

- 알렉시스 니콜라스(Alexis Nicolas, 프랑스)

다시 한 번 강조하지만, 칸반은 개발 프로세스가 아니라 프로세스 개선의 촉매다.

- 호칸 포르스(스웨덴)

안녕

공항 가는 버스를 기다리는 중. 안녕 레이캬비크, 잘 지내! #klris에서 정말 좋은 시간을 보냈어. 멋진 사람들도 만났어. 이 커뮤니티를 사랑해!

- 요아킴 순덴(스웨덴)

왜 린·칸반인가?

전사적 소프트웨어 개발은 여러 팀을 효율적으로 관리하는 것만으로는 부족하다. 조직 전체 비전을 관리해야 하고, 그 비전을 실현하기 위해 업무에 우선순위를 부여해야 하며, 팀이 성장하고 가치를 전달할 수 있는 상황과 방법을 만들어야 한다. 이 글은 그러한 넷 오브젝티브스의 여정을 담고 있으며, 왜 린과 칸반을 결합하면 기업이 효과적으로 소프트웨어를 개발하는 데 도움이 된다고 생각하는지를 설명한다.

넷 오브젝티브스는 12년 넘게 소프트웨어 개발 조직의 변화를 돕는 사업을 하고 있다. 처음에는 디자인 패턴, 리팩터링, 테스트 주도 개발 등의

---

5 (옮긴이) 호주의 빌 모리슨(Bill Morrison)이 만든 농업 개념. 전 세계적으로 생태 마을을 계획하거나 설계하는 데 사용하고 있다. 농장과 마을, 지역 사회를 지속 가능하게 만들기 위해 농학, 토양학, 생태학, 환경학, 조경학, 건축학 등 다양한 학문을 체계적으로 적용해 궁극적으로 영구히 살아남을 수 있는 인류 문화를 만들고자 시도하고 있는 방법론이다.

6 (옮긴이) 개별 리더가 리더십을 발휘하고 그 결과에 책임을 지는 형태가 아니라, 구성원 모두가 참여하고 상호 협력을 통해 공동 책임을 지며 그 책임을 완수하기 위해 함께 노력하는 것을 강조하는 리더십

기술 실천법을 다루었다. 거기에서 시작하여 점점 프로세스 및 관리 실천법 영역으로 그 범위를 확장했다. 제일 먼저 스크럼, 그 다음에는 린, 그리고 최근에는 칸반까지 추가했다. 그 과정에서 우리의 서비스 영역은 인수 테스트 주도 개발acceptance test-driven development, ATTD이나 창발적 설계emergent design 같이 기술과 프로세스를 포괄하는 실천법까지 다루게 되었다. 그 결과 제품 포트폴리오나 비즈니스 컨설팅 같이 더 폭넓은 가치 흐름을 지원할 수 있게 되었다. 왜 우리는 서비스 영역을 계속 넓혀온 것일까? 개발 프로세스 중에서 개인적인 부분을 바꾸는 것만으로는 충분치 않다는 것을 깨달았기 때문이다. 마치 '두더지 잡기'처럼, 한 부분만 바꾸면 다른 부분에서 새로운 문제가 드러날 뿐이었다. (팀에 애자일 실천법을 소개하면서 시작하는) 흔한 방법으로는 그 결과를 도저히 예측할 수가 없었다. 여러분이 팀 개선에 정말로 도움을 줄 수 있을지도 모르겠다. 하지만 그 팀이 소프트웨어 개발을 일부러 방해하고 있는 것이 아니라면 의미 있는 도움을 줄 수 없을 것이다. 그렇다. 효율적인 IT와 제품 개발이 가능하려면 기술, 프로세스, 관리, 가치 흐름, 포트폴리오 등에 총체적으로 접근해야 한다.

쉬운 일이 아니었다. 학습에만 10년 넘게 걸렸다.

많은 개발 조직이 규모가 (50명 이상으로) 점점 더 커지면서, 모든 팀에 항상 적용할 수 있는 방법을 찾고 싶었다. 원컨대 방법에 일관성이 있다면 여러 팀이 더욱 효율적으로 협업할 수 있을 것이다. 그러나 그런 방법은 잘 먹히지 않았다. 사실상 각 팀은 서로 다른 상황에 처해 있다. 팀마다 서로 고객도 다르고, 기술적으로도 다른 문제를 해결해야 했다. 팀 구성원도 달랐다. 지금까지의 경험도 다르다. 항상 무언가 다르기 때문에, 모든 팀에 똑같은 방법을 적용한다는 것은 불가능했다. 반대로 '팀이 방법을 스스로 선택하는 것' 또한 바람직하지 않다. 그렇게 하면 분명히 원하는 만큼 효과적인 협업이 일어나지 않을 것이다.

스크럼은 이 두 가지 방법의 절충안이다. 또한 스크럼은 많은 조직과 팀에서 성공을 검증받아온 확실한 방법이다. 그럼에도 불구하고 스크럼은 대부분 팀 차원을 벗어나지 못했고 조직 전체로 확대되는 일이 드물었다. 스크럼을 전사적으로 확대하려면 CEO의 권한 같은 외부의 힘이 반드시 필요했다.

팀 차원의 고객 중시 관점과 대규모 애자일 적용에 필수인 비즈니스 및 관리 중시 관점을 통합해야 하는 딜레마를 해결하는 것이 문제의 핵심이다. 오직 팀에만 집중해서 고객을 만족시킬 수 있는 힘을 팀에 주는 것도 좋지만 그렇게 하면 비즈니스 중시 관점을 잃는 결과를 낳을 수 있다. 반대로 비즈니스 가치에만 집중하는 관리자는 팀이 지닌 힘을 약화시키고 그렇게 하면 팀의 혁신 능력이 떨어질 수 있다. 어떤 방법을 써서라도 권한을 부여받은 팀이 성장할 수 있는 상황을 만들어야 하고, 또한 비즈니스에 최상의 가치를 제공할 수 있도록 IT 또는 제품 개발 측면도 소홀히 해서는 안 된다. 스크럼이나 그 외 팀 기반 접근 방식도 훌륭하긴 하지만 충분하지는 않다. 비즈니스 차원의 기민성은 팀 차원의 기민성과는 다르게 접근해야 한다.

여기에서 우리는 한 가지를 배웠다. 린 사고를 하면 '전체적으로 보고 부분적으로 행동'하는 데 필요한 마음가짐을 얻을 수 있다는 점이다. 조직은 전체를 최적화하는 데 필요한 부분적 행동에 도움이 되는 관점을 얻는다. 이렇게 숲을 보는 시야를 얻고 나면, 비즈니스에 가장 큰 가치를 더해주는 프로젝트가 무엇인지 분명히 알 수 있게 된다. 칸반은 팀이 그 가치를 드러내기 위해 스스로 조직화할 수 있는 도구를 갖추고 있다. 이것이 우리가 서비스에 칸반을 추가한 이유다.

그러나 칸반이 팀 차원의 도구만은 아니다. 린의 기본은 '사람에 대한 존중'이다. 이것은 '사람들이 스스로 일하는 방법을 생각하는 것'이라는 상식적 관점에 머무르지 않는다. 린에서 사람에 대한 존중이란 사람들이 변화에 반응하는 방법, 모여서 함께 일하는 방법, 서로 소통하는 방법, 최고를 배우는 방법을 존중한다는 의미다. 칸반은 분명히 사람에 대한 존중의 모든 측면을 담을 수 있도록 만들어졌다. 칸반은 사람들이 행동하는 방법과 일을 완수하는 방법을 통합해 놓은 것이다. 린 원칙을 통해 조직은 현재 지점에서 시작할 수 있고, 팀은 사실에 기반을 두고 점진적 발걸음으로 적응하고 개선할 수 있으며, 업무 흐름을 안정시킬 수 있는 도구를 얻게 되고, 비즈니스 쪽에서는 업무 가치를 기반으로 우선순위를 부여할 수 있는 수단을 얻는다.

린, 칸반, 애자일과 기술 실천법들을 조합하면 서로 일관성을 유지하면서 조직의 모든 계층에 통하는 조화로운 관점을 얻을 수 있다. 조직은 성과가 있을지 없을지 알 수 없는 권위적 방식을 사용하지 않으면서도 업무지침이 되는 충분한 실천법과 원칙을 얻게 된다.

이 방식을 사용하여 다양한 규모의 조직에서 성공적 결과를 얻었다. 그리고 이 모든 것을 한자리에 모은 것이 바로 우리의 발견이라는 여정이었다.

앨런 섈로웨이(Alan Shalloway), 짐 트로트(Jim Trott),
넷 오브젝티브스(Net Objectives)

모든 보드에는 동사가 있어야 한다!

아마도 학창 시절에 "모든 문장에는 동사가 있어야 한다!"라는 말을 많이 들었을 것이다. 명사로 문장을 구성하는 것이 수업 시간에만 나쁜 습관은 아니다. 칸반에서도 나쁜 습관이다. "모든 보드에는 동사가 있어야 한다!"

이것이 무슨 말일까? 새로운 칸반 시스템을 설계하고 적절한 프로세스 단계를 고민하면서 '제안 요구'나 '품질 게이트' 같은 이름을 사용하는 경우가 많다. 처음에는 그저 내가 조직 외부에서 온 코치라서 이 말이 무슨 의미인지 모른다고 생각했다. 그러나 나중에는 팀조차도 이 말이 무슨 뜻인지 모른다는 것을 알게 되었다. 고객이 요청한 제안이 완료되기를 기다리고 있다는 뜻일까? 누군가 지금 이 작업을 진행하고 있다는 뜻인가? 그렇다면 이 단계에서는 정확히 무슨 일이 일어나고 있는 걸까?

어떤 활동이 진행되어야 하는 열에 동사를 사용해서 이름을 붙이면 그 의미가 더욱 분명해진다(한마디 덧붙이자면, 나는 '대기 중 waiting for'을 동사라고 생각하지 않는다!). 이 규칙을 적용하면 '제안 만들기'나 'CTO와 함께 점검하기' 또는 '인수 테스트 수행하기' 같은 이름을 열에 붙일 수 있다. 이런 이름을 사용하면 시스템 내에서 무슨 일이 진행 중인지 매우 분명히 드러난다.

그러나 팀이 적당한 동사를 찾아내지 못하거나 합의를 이루지 못할 수도 있다. 하지만 이런 상황이 프로세스에 대한 매우 생산적인 논의를 시작하는 계기가 될 수 있다.

물론 모든 열에 예외 없이 동사를 사용하는 것이 합리적인 것은 아니다! 대기열('테스트 완료')이나 버퍼('개발 준비') 같은 경우가 그렇다.

활동이 이루어지는 단계를 대기열이나 버퍼와 분리해서 생각하면 모든 것이 더욱 단순해진다.

- 누가 어떤 활동을 수행할 책임이 있는지(그리고 현재 할당이 적절한지) 논의할 수 있다.
- 가치 흐름 내에서 작업이 얼마나 자주 대기 상태가 되는지 깨닫고 대단히 놀라는 경우가 많다.

이러한 통찰은 누적 흐름도에서 더욱 분명히 볼 수 있다. 대기열과 버퍼는 리드 타임을 증가시키기 때문에, 시간이 흐르면서 대기열과 버퍼가 미치는 영향을 전부 볼 수 있다.

활동이 단 하나도 없는 업무 흐름을 상상하기는 어렵다. 그러나 시각화

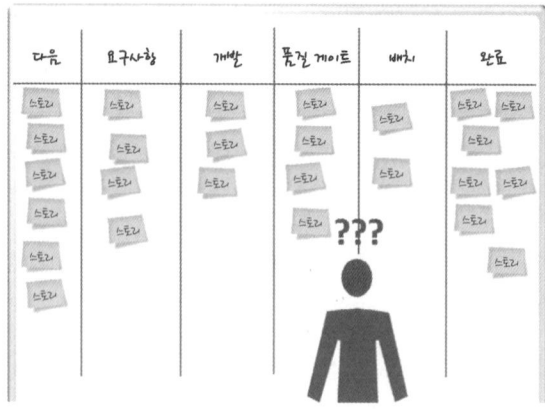

열 이름에는 프로세스 각 단계에서 무엇이 진행 중인지 분명히 드러나야 한다

할 활동이 거의 없는 보드도 있다. 그 이유는 티켓을 옮기는 것조차도 낭비일 정도로 업무가 빨리 진행되는 경우도 있기 때문이다. 항상 비어 있는 열이 보이면(그리고 항상 비어 있다는 사실을 보여줄 필요가 없다면), 그 열을 아예 없애버리는 것도 고려해볼 수 있다.

우리 'IT 애자일'에서는 영업 프로세스를 시각화하고 개선하는 데 칸반 시스템을 활용하고 있다. 현재는 고객 회신을 기다리는 동안 금방 끝낼 수 있는 몇 가지 활동('확인 메일 보내기')을 칸반에서 처리하는 중이다. 그래서 그 보드는 대기열과 버퍼 위주로 구성되어 있다. 우리가 그 사실을 알고 있다는 것 자체에 커다란 가치가 있다!

그 덕분에 행동이 이루어지는 단계를 개선하는 것이 별로 소용없다는 사실이 분명해졌다. 대신 우리는 대기 시간을 줄일 수 있는 방법을 생각해야 한다! 불가능해 보이겠지만 그렇지 않다.

아르네 루크(Arne Roock), IT 애자일(IT Agile)

칸반과 기본에 충실하기

2010년 초 우리는 기본적 제품 개발 이슈를 처리하는 데 칸반을 사용하기로 결정했다. 지금까지 폭포수 모델이나 반복적 모델 또는 한 가지 이상의 프로세스 모델을 조합한 하이브리드 애자일을 사용해 왔던 조직에 스크럼이나 XP 같은 애자일을 적용하면서 칸반의 긍정적인 면을 보아왔던 참이었다.

'인기 있는' 애자일 방법을 검토하게 된 가장 큰 이유는 확고히 자리를 잡은 경쟁 회사 때문이기도 했지만 그 외에도 칸반은 큰 매력이 있었다. 칸반이 세 가지 기본 원칙에 집중하기 때문이다.

- 점진적 변화
- 기존 프로세스 개선
- 관리 프로세스가 아닌 개발 프로세스

지금까지 대규모 (혁명적) 프로세스 개선 계획을 진행했던 수많은 조직을 보아왔다. 그중에는 식스 시그마나 CMMI도 있었고 심지어 애자일도 있었다. 우리는 그 조직이 '프로세스 개선 작업'의 포로가 되어버린 모습을 수없이 보았다. 개선 계획이 진행되는 동안, 팀이나 조직이 어떤 프로세스를 일관성 있게 따를 것인지 논의하면서 변화를 이루기 위한 시간, 노력, 비용이 전체적으로 커져버렸고 관리자는 그 이익에 의문을 품기 시작했다! 간단한 방법으로 점진적 변화를 약속하는 칸반은 이러한 기본적 문제를 처리하기에 적합하다. 칸반을 사용하면 팀은 변화를 편안하게 다룰 수 있다.

그리고 칸반은 온갖 새로운 프로세스를 강요하는 것이 아니라, 점진적 접근 방식을 통해 필연적으로 조직의 현재 프로세스를 솔직히 드러내고 개선하는 데 도움을 준다. 그렇기 때문에 전통적 소프트웨어 프로세스만이 아니라 스크럼 같은 인기 있는 애자일 프로세스, 심지어 소프트웨어 프로세스가 아닌 곳에도 칸반을 적용할 수 있는 것이다. IT 분야만이 아니라 영업이나 마케팅 또는 법무 같은 일반 비즈니스 분야에도 칸반을 적용할 수 있다! 칸반은 소프트웨어 팀에도 매력적이지만, 소프트웨어 개발 팀이 아닌 곳에서도 적용하고 있고, 우리에게 더 큰 기회를 제시하고 있으며, 이미 구체적인 결과들이 나타나기 시작했다.

그러나 칸반의 가장 흥미로운 측면은 팀이 '관리' 프로세스가 아닌 '개발'이나 '출시' 프로세스에 집중하게끔 한다는 점이다. 내 생각에는 이 부분이 바로 칸반과 다른 '경쟁자' 사이의 진정한 차별점이다. 칸반에 통계적 관리 차트를 사용하면 팀은 정상적 성과와 정상에서 벗어난 예외 상황을 구별할 수 있다. 칸반은 단지 문서화나 관리 또는 리뷰를 더 잘하라고 팀에 조언하는 것이 아니라, 근본 원인을 분석해서(즉, 나쁜 성과의 근본 원인을 공략해서) 테스트를 더욱 구체적으로 수행하고, 더 나은 개발 방법이나 설계 방법을 사용하거나, 고객에게서 더 나은 협업과 요구 사항을 이끌어내도록 장려한다. 그렇게 하다 보면 출시한 제품이나 서비스의 최종 품질이 점진적, 지속적으로 개선되기 시작하는데, 나는 칸반이 이런 부분에서 다른 프레임워크보다 더욱 효과적인 모습을 보여준다고 믿는다.

'전통적' 프로세스 개선 계획을 진행하면서 초기 이득을 반짝 실현한 이후, '프로세스 준수' 때문에 생기는 추가 낭비에 팀이 의구심을 품고 '무엇을 위해 개선 계획을 진행하고 있는지' 고민하는 일이 너무 많다. 이런 팀에서 칸반을 사용하면 기존에 있던 출시 및 개발 프로세스를 점진적으로 개선하고 더 의미 있는 성과 측정 방식을 사용함으로써 이익을 지속적으로 얻는다는 사실을 훨씬 쉽게 깨닫는다.

마헤쉬 싱(Mahesh Singh), 디지테(Digité, Inc.)

추정은 과대평가를 받고 있다

내가 어딜 가서 누구를 만나든, 단 하나의 예외도 없이 모든 조직은 추정에 어려움을 겪고 있었다(그리고 내 상황도 별반 다르지 않았다). 추정이 어려운 이유는 다양하다. 추정에 어려움을 겪는 조직에서 가장 흔히 나타나는 증상은 추정에 너무 많은 시간이 드는 것이다. 흔히 추정이 오래 걸리면 X라는 방법에서 사용하는 추정 기법이 너무 부담스럽고, 회의가 비효율적이고 지루하며 번거롭다는 불평이 나타나고, 결국 X라는 방법 전체가 의구심의 대상이 된다.

이런 상황에서는 대부분의 논의가 상당히 오래 걸린다. 12번 사용자 스토리의 기능은 5점일까, 8점일까, 아니면 13점일까? 아이고 모르겠다! 다양한 책에서 이 문제를 다루고 있는데 책에서 이 문제를 해결하는 방법을 알아낼 수 있을지도 모르겠다. 추정이 오래 걸리는 상황이라면 그것은 요구 사항이 불확실하다는 명백한 징후다. 여러 가지 방법으로 이 상황을 해결할 수도 있겠지만 대다수 해결책은 더 많은 부담이 생긴다. 확실한 해결책은 결코 존재하지 않으며... 뒤이어 무대에는 악당이 등장하게 되는데, 바로 변동성이다! 여기서 제품 책임자는 완전히 넋이 나가 버린다! 좀 더 점잖게 표현하자면 팀은 더 이상 구현 방식, 아키텍처, 설계, 작업 분할, 그 외 많은 것을 확신하지 못한다.

무엇보다 먼저 나는 이 시나리오에 등장하는 팀을 비난하고 싶지 않다. 쉽게 알아차리긴 어렵겠지만 이런 환경이라면 반드시 추정에 문제가 있다는 징후가 나타난다. 게다가 문제가 추정에서만 발생하는 것이 아니다. 추정은 여러분이 했던 약속의 일부일 뿐이다. "어쩌고저쩌고... 안 됩니다"라고 이야기하기 전에, 팀의 약속이란 빠듯한 스프린트 계획이나 릴리스 계획의 영향을 받을 수밖에 없는 시간 계획에 대한 약속이라는 점을 생각하자. 그런 빠듯한 계획 역시 다른 프로젝트에서 추정치를 바꿀 때마다 영향을 받으며, 아무리 능력 있는 제품 책임자일지라도 모든 기능의 변동성을 전부 고려할 수는 없는 법이다. 그 외에도 약속에 영향을 미치는 요인은 엄청나게 많다. 현재 우리 프로젝트에 영향을 미치는 요소들을 딱 5분만 머릿속에 떠올려보자. 눈앞이 캄캄해지면서 마음이 울적해질 것이다. 여러분이 '계획'을 수립할 때 이런 요소들을 전부 고려했고 추정과 약속 또한 그렇다면 계획을 더 수정할 필요가 없을 수도 있다. 하지만 완벽한 계획이란 절대 존재하지 않기 때문에 잠시 쉬면서 차 한잔 마시고 정신을 차린 다음 무조건 다시 출근해야 한다. 어쨌든 이제 여러분은 a)모든 불확실성을 고려해서 추정하는 것은 불가능하며 추정이란 단지 현재 가진 지식으로 판단할 수 있는 최선의 추측일 뿐이고, b)그런 상황에서는 추정이 그렇게 큰 문제가 아니라는 점을 알 수 있다.

또 다른 한 가지 증상은 팀이 추정 프로세스(피보나치 수열을 사용하는 플래닝 포커, 자연수를 사용하는 플래닝 포커, 21 제한의 스토리 분할... 아니다, 이제 그만. 나는 이제 다시 전통적 기능 점수 분석 방법인 시간 단위 추정을 사용한다!)를 결정하지 못하는 것이다. 나는 여러분이 지금까지 강요받아온 다양한 추정 프로세스 때문에 머리가 어지러울 지경이다. 이런 방식을 맹목적으로 따르는 사람들이 있다.

이제 내가 하려는 이야기를 듣고 나면 결정이나 추정이 정밀해야 한다는 강박에서 어느 정도 벗어날 수 있다. 내 생각이 맞지 않는 분야도 분명히 있을 텐데 그런 분야는 소프트웨어 개발 중에서 대략 40% 정도다. 나는 소프트웨어 개발 중에서 약 80%가 추정 문제를 겪는다고 생각한다. 어쨌든 내 생각은 다음과 같다.

추정을 두고 (너무 깊이) 고민하지 말자. 추정이 그다지 중요한 문제가 아닌 데에는 여러 가지 이유가 있다. 그중에서 사람들이 쉽게 이해할 수 있는 이유가 한 가지 있다. 과학적이고 합리적인 추론을 통해 추정의 변동성을 없앨 수 있다고 생각하는 사람도 있지만 나는 변동성이 대부분 통계적으로 큰 차이가 없다고 생각한다. 추정을 하다 보면 높게 추정할 때도 있고 낮게 추정할 때도 있다. 추정에서 발생한 오류에 어떤 패턴이 보인다면 팀은 시간이 지나면서 그 사실을 알게 되고 발견한 오류는 점점 줄어들 것이다.

좀 더 이해하기 어렵고 다소 논란이 있는 이유가 한 가지 더 있는데 나는 추정이 등장하게 된 근거도 틀렸고, 추정에서 주장하고 있는 바도 옳지 않으며, 심지어 제 기능을 하지도 못하고 있다고 생각한다. 시간 계획을 추적할 때는 추정이 쓸모 있지만 이미 만들어진 가치나 앞으로 만들게 될 가치 또는 특정 문제가 얼마나 복잡한지 판단할 때는 별로 도움이 되지 않는다. 부연 설명을 위해 좀 다른 이야기를 하려고 한다. 내가 인터넷 제품을 유지 보수하는 조직에서 몇 년 동안 일하는 중이었다고 생각해 보자. 자, 지금 내가 제품 개발에 대한 이야기를 하는 이유는 요점을 분명히 하기 위해서다. 여러분이 아마존, 이베이, 구글에서 일하고 있거나 인터넷에서 (적더라도) 수익을 내고 있는 제품을 갖고 있다면 제품 개발에만 신경 쓰면 된다. 내가 말하려는 것은 제품의 지속적인 개선과 변경이다. 내 생각에 제품 개발에서는 대개 시간 계획이 그다지 중요하지 않다. 그렇지 않은 경우는 거의 없다. 예를 들어 오전 열 시에 갑작스럽게 제품을 다른 방향으로 바꾸어야 하는 일이 생겼고 같은 날 기자 회견 자리에서 그 사실을 발표하는 상황이다. 회사 홍보 부서가 역량이 있다면, 그들은 제품이 완벽하게 준비되어 있지 않은 상황에서도 별 문제없이 기자 회견을 진행하고 성공시킬 수 있는 방법을 알고 있을 것이다(그렇다. 심지어 나는 이런 상황에서도 시간 계획이 별로 중요하지 않다고 말하는 중이다). 중요한 것은 시간 계획이 아니라 올바른 마음가짐과 (신속한) 사용자 피드백이다. 이상적으로 말하면, 제품 흐름이 끊임없이 새로운 각도로 바뀔 수 있도록 노력해야 하며 여러분이 진정으로 능력 있는 사람이라면 또 다른 페이스북 같은 회사에 의해 '마이스페이스'처럼 되지 않도록 혁신성을 잃지 않으면서 아식 가보지 못한 미시의 영역을 다룰 수 있을 것이다.

시간 계획은 누군가를 비난할 때만 쓸모가 있다. 책임질 수도 없고 완료할 수도 없는 110%의 기능을 담고 있는 시간 계획을 약속할 정도로 어리석었던 사람을 비난하는 것이다. 시간 계획을 바꾸지 않고 그대로 유지하기에는, 그리고 그 시간 계획을 달성하기에는 세상이 너무 복잡하다.

시간 계획을 지키려고 노력하는 것과 마찬가지로 활용도를 높이려고 노력하는 것 역시 대개는 실수다. 둘 중 한 가지를 성공했다고 해서, 또는 두 가지 모두를 성공했다고 해서 무언가가 증명되는 것은 아니다. 시간 계획을 지켜낼 수도 있고 활용도를 높게 유지할 수도 있겠지만, 그럼에도 불구하고 여전히 쓰레기 같은 제품을 개발하고 있는 중일 수도 있다. 그것은 스크럼의 스프린트에서 목표를 약속하지 않고 기능 또는 사용자 스토리를 약속하는 것이나 마찬가지다. 스프린트의 목표는 제품에서 X라는 부분을 출시하겠다 같은 형태가 되어야 하며, 스프린트에서는 그 목표를 달성하기 위해 목표가 얼마나 실현 가능한지, 목표를 달성하려면 어떤 기능을 구현해야 하는지, 어떤 부분을 단순화하거나 범위를 줄일 수 있는지, 어떤 부분에 더욱 노력을 기울일 필요가 있는지 등에 대해 생산적인 논의를 적극적으로 진행해야 한다. 행운이 따른다면 이와 같은 논의에 가장 큰 영향을 미치는 사용자 의견을 통해 가치 생산에 더 가까이 다가갈 수 있다. 그러면 무엇을 추측해야 할까? 이러한 접근 방식에서는 정확하게 추정할 필요가 없다. 명확한 요구 사항이 필요하지 않다는 뜻은 아니다. 여러분에게 필요한 것은 달성하기 어렵고 설명하기도 더 어려운 것이다. 그것은 바로 분명한 목표이며 목표를 달성한다는 것이 무엇을 의미하는지 모든 사람이 깊이, 그리고 빈틈없이 이해해야 한다.

이 시나리오에서 공통 목표를 달성할 수 있는 좋은 방법을 선택하는 데 좋은 추정이 도움을 준다는 점은 의심의 여지가 없다. 그러나 점수를 매기는 일은 전혀 중요하지 않다. 하지만 그 정도로 높은 수준의 이해를 갖춘 조직이라면 개인이 지쳐 쓰러지도록 하거나 팀이 시간 계획을 계속 지키도록 만드는 일은 결코 없을 것이다(그리고 그런 팀이라면 먼저 무엇이 잘못되어 있고 그 문제를 완전히 해결하려면 무엇이 필요한지 팀 스스로에게 질문할 것이다).

따라서 내 주장의 핵심은 다음과 같다. 지극히 추상적 수준의 목표를 분명히 설정하고 현재 이해하고 있는 당면 목표(즉 다음 릴리스 등)가 얼마나 복잡한지에 대해 대략적으로 추정한다. 팀이 찾아낸 괜찮은 선택 중에서 가장 실용적이고 현실적인 것을 골라 지능적 협상 프로세스를 통해 이 목표를 달성한다. 여기에서는 대략적이고 추상적인 추정이 좋다. 정확할 필요는 없다. 경험으로 볼 때 한 가지 사용자 스토리를 추정하는 데 1분 넘게 논의하는 것은 낭비다. 정말이다.

여기에서 나는 왜 제품 개발보다는 프로젝트에 이런 상황이 적용된다고 생각하는 것일까? 그냥 제품 개발이... 프로젝트를 통해 진행되기 때문이다. 프로젝트는 단지 구조상 형태이며 그 자체로는 아무런 의미도 없다. 프로젝트를 고객에게 출시하는 소프트웨어 판매자 입장에서 보면, 프로젝트란 단순히 제품 개발 프로세스의 일부일 뿐이다. 그리고 불합리하게도 제품 개발 시간 계획과 별도로 다루어야 할 정도로 프로젝트 시간 계획이 중요한 것은 아니다. 나도 알고 있다. 여러분의 고객은 그렇게 생각하지 않는다. 하지만 고객이 프로젝트의 시간 계획을 중요하게 생각한다고 해서 여러분도 그렇게 생각해야 하는 것은 아니며, 여전히 훌륭하게 업무를 진행할 수 있고 출시해야 하는 모든 것을 출시할 수 있다.

여러분이 현재 진행 중인 프로젝트가 안고 있는 위험과 변동성 전반에 대한 경각심을 불러일으키기 위해 한 가지 사례를 들려주려고 한다. 나는 예전에 글로벌 구인·구직 포털 개발을 약속한 일이 있었다. 개발자는 모두 여섯 명이었고 그 프로젝트의 요구 사항은 엑셀 파일로 단 세 줄뿐이었다. 나는 내가 해야 할 일을 잘 알고 있었다. 고객에게 필요한 것, 엄격하게 다루어야 할 부분, 새롭게 다룰 수 있는 부분을 정확히 파악하려고 한 주도 빠짐없이 고객과 만나야 했으며, 최종적으로 프로젝트를 실패할 경우 나보다 고객에게 더 큰 문제가 생긴다는 점을 고객에게 분명히 했다. 이 상황에서 정확한 추정이 과연 무슨 역할을 했을까? 여러분의 현재 프로젝트 상황이 훨씬 더 낫다는 생각이 드는가? 제품 백로그에 철저히 분석한 157개 사용자 스토리가 있기 때문에? 팀은 이러한 사용자 스토리의 세부 사항을 얼마나 깊이 이해하고 있어야 할까? 만약 SAP의 HR 시스템을 단순 통합하는 것이 아니라 변경도 필요한 상황인데 그 사실이 적혀 있는 부분을 놓치고 그냥 지나쳤다면? 아니면 릴리스 주기가 6주인데 그 시기를 하루 놓쳤다면(그렇다. 여러분은 3일짜리 사용자 스토리 때문에 6주를 잃었다)? 이런 상황에서 잘게 나눈 추정이 무슨 소용인가? 추정에 포함되어 있는 약간의 변동성은 프로젝트가 지니고 있는 다른 불확실성과 비교해 봤을 때 무시해도 될 수준이다. a)불확실성을 완전히 제거할 수 있는 방법은 없으며, b)적은 비용으로 불확실성의 수준을 크게 낮출 수 있는 확실한 방법도 없다. 추정이란 여러분이 당기고 있는 잘못된 지렛대에 불과하다.

여러분이 해야 할 일은 더 어렵고 다른 차원의 문제라는 달갑지 않은 소식이 있다. 하지만 그 일은 훨씬 덜 기술적이고 프로세스와 관련한 문제도 아니다. 여러분은 원하는 것이 무엇인지 명확하게 해야 하며, 전문가로서 그 역할도 훌륭히 수행해야 한다. 이것은 팀 내에서 이루어지는 논의를 투명하게 해야 한다는 뜻이다. 기본 속도감이 훌륭하고 그 감각을 공유하고 있는 곳에서는 추정도 도움이 될 수 있다.

getKanban 보드 게임[7]을 한 번 해볼 기회를 얻게 되면, 직관에 어긋나는 여러 가지 경험을 하게 된다. 그중 한 가지는 사용자 스토리의 변동성이 보드 게임 전반에서 그다지 중요한 역할을 하지 못한다는 점이다. 여기에서 주연은 리드 타임이며 대기 시간이 실제 업무 시간을 좌우하고 따라서 리드 타임이 변동성보다 훨씬 더 많은 부분에 영향을 미친다는 점을 알게 된다. 시스템에 불필요한 부분이 많다면 추정을 잘해도 별 도움이 되지 않는다는 뜻이다. 실제로 시스템에 불필요한 부분이 많을수록 추정의 개연

---

7 http://getkanban.com

성이 떨어진다. 게임을 해 보면 알 수 있는 또 한 가지 사실은 (거의) 아무도 주사위의 변동성(getKanban에서는 1200%)을 비난하지 않는다는 점이다. 그리고 마지막으로는 업무 흐름의 시각화, 명시적 규칙, 진행 중 업무에 대해 논의하면서 일일 회의에서 리드 타임을 살펴보기만 해도 흐름이 끊어지는 일은 결코 없다는 사실을 알게 된다. 팀은 게임을 하다 보면 모든 변동성을 경험하게 되는데 그렇다고 해서 고정일 티켓을 놓치는 일은 거의 없다. getKanban을 해 보면 변동성의 위력을 경험해볼 수 있다. 또한 추정 사용을 최소화하는 대신 제대로 우선순위를 부여하고 적극적으로 변동성을 탐색해서 진정한 기회를 만들어볼 수 있다.

마르쿠스 안드레자크(Markus Andrezak)

그린호퍼 래피드 보드를 활용한 칸반·린 개발

래피드 보드Rapid Board를 간략히 설명하는 이 글을 통해 우리는 그린호퍼GreenHopper[8]의 핵심 기능을 둘러볼 것이다. 칸반으로 소프트웨어를 개발하고 운영하는 팀이라면 기뻐서 펄쩍펄쩍 뛸 만한 기능을 소개하고 있다! 래피드 보드는 이미 그린호퍼를 사용 중인 고객들이 그동안 바라던, 여러 개의 지라 프로젝트를 동시에 볼 수 있는 기능, 스프린트 정보를 추적하기 위한 별도 필드, 각 페이지에 고정 URL 부여, 성과 순위 및 개선 검사, 그 밖에도 많은 기능을 포함하고 있다.

래피드 보드를 사용하면 팀은 중요한 문제를 시각화할 수 있고, 진행 중 업무를 최소화할 수 있으며, 사이클 타임을 측정할 수 있다. 이제 살펴볼 네 가지 기능은 다음과 같다.

- 완벽한 시각화
- 레인 및 빠른 필터

---

8 (옮긴이) https://www.atlassian.com/software/jira/agile, 2013년 8월에 지라 애자일(JIRA Agile)로 이름이 바뀌었다.

- 진행 중 업무 제한
- 보고 및 보드

완벽한 시각화 구축

래피드 보드는 JQL_{JIRA Query Language}의 유연함과 강력함을 기반으로 한다. 그린호퍼에 JQL을 적용하여 좀 더 유연한 기능을 제공할 수 있게 되었다. 예를 들면, JQL을 사용해 여러 지라 프로젝트의 이슈를 하나의 뷰에 표시할 수 있다. 세 가지 제품을 담당하는 팀이라면 그린호퍼 뷰에서 다음 명령을 사용할 수 있다.

```
project in ("Angry Nerds", "FourWalls", "PairOn") AND team = Dreamteam AND issuetype = Bug
```

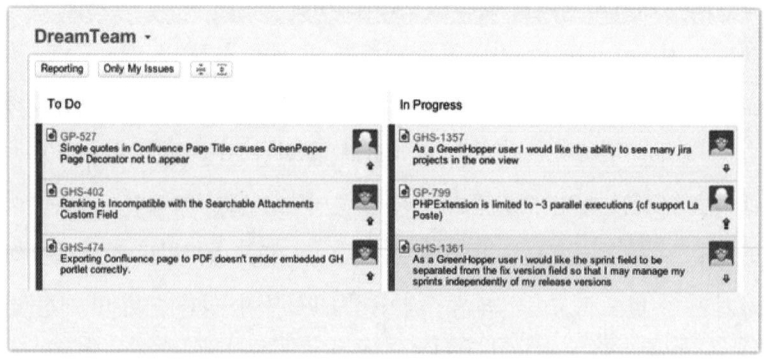

레인 및 빠른 필터

레인이나 빠른 필터_{quick filters}에서도 JQL의 강력함을 경험할 수 있다. 레인 및 빠른 필터에는 기본값이 미리 설정되어 있지만 필요하다면 팀에서 적당한 값으로 바꿀 수 있다. 우선순위나 완료일을 기준으로 긴급 레인을 사용 중인 팀이라면 다음 같은 명령을 사용할 수 있다.

```
(priority = blocker OR duedate <= now()) AND resolution = Unresolved
```

빠른 필터는 보드 위쪽에 있는 버튼이며 팀에서 필요한 이슈만 표시해야 할 때 유연하게 사용할 수 있다. 다음 그림에서 볼 수 있는 것처럼 일일 스탠드업을 진행할 때 빠른 필터 기능을 활용해서 지난 24시간 동안 변경된 이슈만 볼 수도 있다.

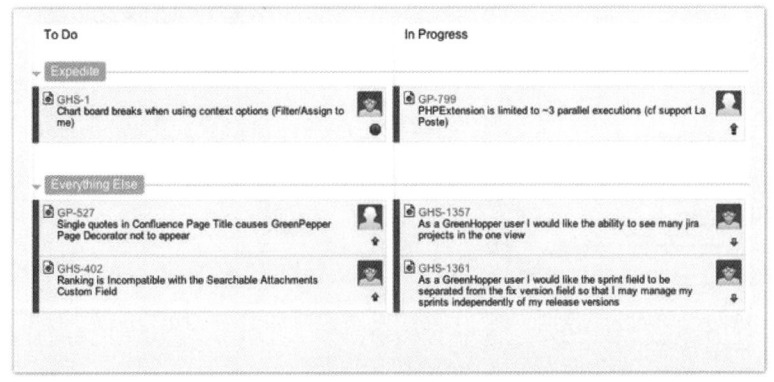

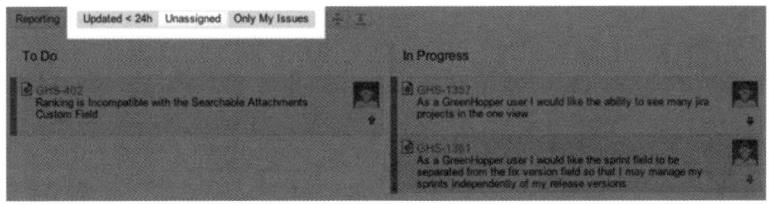

빠른 필터를 사용하면 특정 이슈만 볼 수 있다

열 제약을 통한 진행 중 업무 제한

그린호퍼는 유연하기 때문에 어떤 팀 업무에도 적용할 수 있다. 팀이 진행 중 업무WIP를 '팀원 수 더하기 1'로 제한하거나, 짝 프로그래밍을 장려하기 위해 '팀원 수의 절반'으로 제한하더라도, 최대 열 제약maximum column constraints을 지정하면 쉽고 눈에 띄는 방법으로 진행 중 업무를 제한할 수 있다.

나는 제품 책임자의 역할을 수행하는 데 도움을 받으려고 '개발 준비' 열에 최소 열 제약minimum column constrain을 지정한다. 이렇게 하면 스토리를 더 많이 당겨올 수 있다는 신호가 발생하며 그때 필요하다면 대기열을 보충할 수 있다. 다음 그림에서는 대기열 보충 신호(노란색)와 팀이 너무 많은 일을 동시에 진행하고 있다는 신호(빨간색)를 둘 다 볼 수 있다.

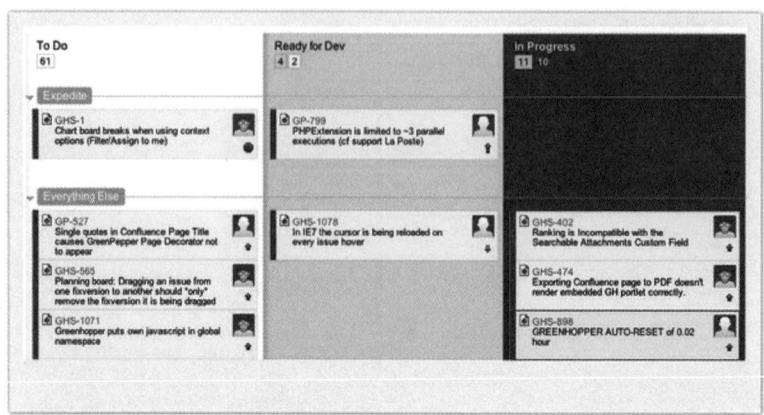

보고를 통한 개선 기회 찾기

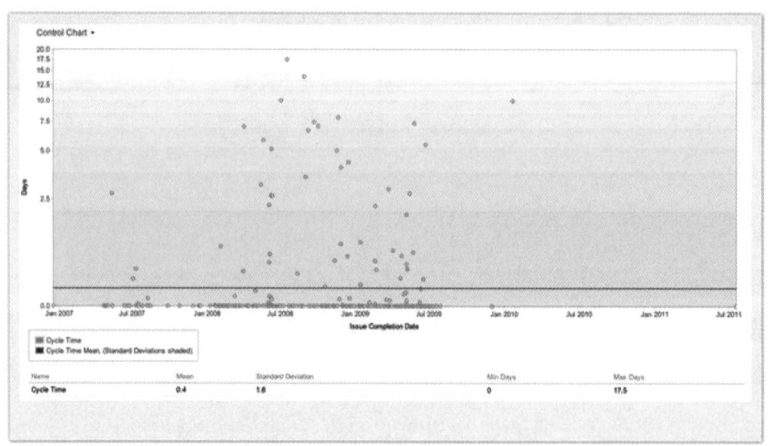

래피드 보드는 관리도와 누적 흐름도를 포함하고 있다. 관리도는 리드 타임(스토리가 생겨난 이후 시간)이나 사이클 타임(업무가 시작된 이후

시간)을 알아내는 데 사용한다.

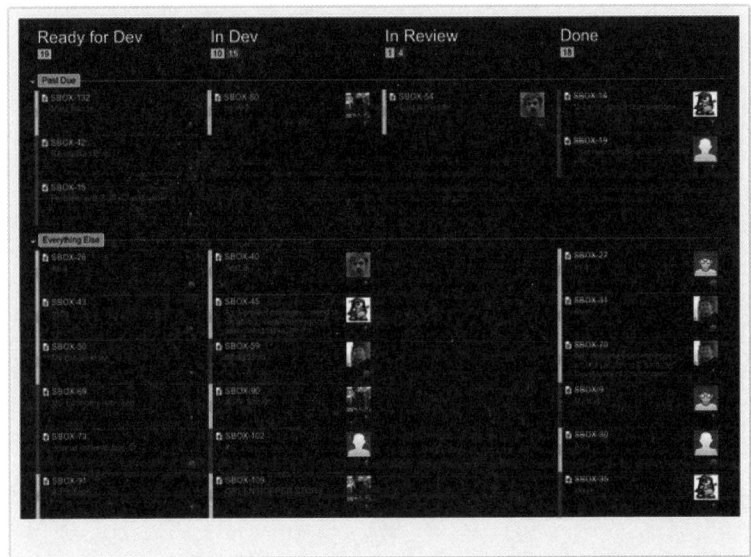

물론 멋진 이 차트를 전부 사용해서 지라 월보드JIRA Wallboard를 활용한 정보 방열기information radiator[9]를 구성할 수도 있다. 이것은 팀의 진행 상황을 조직 내 다른 그룹과 공유할 뿐 아니라, 팀이 현재 진행하고 있는 업무가 무엇인지 보여주는 훌륭한 방법이다. 빌드 상태, 트위터 검색, 영업 및 지원 통계, 작업량 등도 알 수 있다.

니콜라스 멀둔(Nicholas Muldoon), 아틀라시안(Atlassian)

---

[9] (옮긴이) 모든 팀원이 프로젝트의 최신 상황을 한눈에 알 수 있도록 다양한 방식으로 시각화해서 보여주는 애자일 실천법이다. XP에서는 '정보를 제공하는 작업 공간'이라고 부른다.

부록 2

인터뷰 1 - 칸반의 개척자 데이비드 J. 앤더슨[1]

2012년 10월 20일

레오나르두 캄푸스Leonardo Campos, 라파엘 부종Rafael Buzon, 에리크 페르Eric Fer, 안셀무 마르텔리니Anselmo Martelini 씀

소프트웨어 개발에 최초로 칸반을 적용한 데이비드 J. 앤더슨이 브라질을 방문했다. 인포큐InfoQ 브라질의 편집자들이 데이비드를 만나서 린, 애자일, 칸반을 주제로 인터뷰를 진행했다. 다음은 인터뷰 내용을 요약한 것이다.

인포큐: 린 철학과 애자일 철학은 서로 어떤 연관이 있나요?

데이비드: 비슷한 부분이 무척 많습니다. 그래도 차이점을 하나 꼽아보자면, 린은 완벽을 추구하는 반면에 애자일은 불완전한 정보로 진행해가면서 나중에 더 많이 알게 되면 진로를 변경한다는 아이디어가 바탕에 있지요. 린 방식으로 사고하는 사람들은 그 부분에서 어려움을 겪는 경우가 많습니다. 불완전한 정보를 갖고 앞으로 나아가야 한다는 개념을 어려워합니다. 이들은 재작업을 낭비로 생각합니다. 애자일은 완벽을 추구하지 않습니다. 이 부분이 중요한 차이점입니다.

---

1 (옮긴이) 포르투갈어 원문: http://www.infoq.com/br/articles/kanban-david-anderson-conceitos-e-mitos, 영어 원문: http://www.infoq.com/articles/David-Anderson-Kanban

린과 애자일의 또 한 가지 차이점은 사람을 바라보는 관점입니다. 린에서는 시스템 사고를 통해 모든 것을 바라봅니다. 사람도 시스템의 일부이기 때문에 사람이 이루는 성과는 시스템으로부터 큰 영향을 받는다고 여기고, 그래서 사람들이 효율적으로 일할 수 있는 시스템을 설계하는 것이 사람을 존중하는 방법이라고 생각합니다. 애자일의 접근 방식은 좀 더 인본주의적이며 사람들을 각 개인으로서 존중합니다. 애자일 철학은 사람들이 제대로 일할 수 있도록 내버려두어야 스스로 조직화하여 최선의 결과를 얻을 수 있다는 무정부주의 또는 자유주의에 가깝습니다. 린과 애자일은 사람을 존중하는 방법에서 큰 차이가 있습니다.

애자일 커뮤니티, 특히 미국 애자일 커뮤니티에서는 정치적 성향이 커다란 영향력을 미칩니다. 커뮤니티 내에는 인본주의자도 있고 자유주의자도 있으며 꽤나 무정부주의적인 철학을 지니고 있는 사람들도 있습니다. 애자일 커뮤니티에서는 사람은 태생적으로 선하기 때문에 (그래서 믿을 수 있기 때문에) 모두가 자신이 원하는 바가 무엇인지 알고 있을 것이라는 사상이 널리 퍼져 있습니다. 개인적으로는 그런 생각을 희망 사항이라고 봅니다.

예전부터 지금까지, 애자일 커뮤니티는 순수 공산주의 이론으로부터 영향을 받은 측면이 있습니다. 다음과 같은 생각을 통해 그런 부분이 드러납니다. "관리자는 모두 사악하다.", "사람들을 통제하려는 시도는 모두 나쁜 것이다.", "권한을 주장하는 시도는 모두 나쁜 것이다." 이런 말들이 정말로 맞는지 알 수 없지만, 린 방식으로 사고하는 사람들은 조금 다른 관점을 지니고 있다고 생각합니다. 그들은 시스템 구축이 중요하다고 생각하고, 시스템을 구축하는 사람들과 시스템을 운영하는 사람들의 존재가 중요하다고 생각합니다. 카이젠 문화는 자기 조직화가 아닙니다. 그러므로 애자일과 린은 사람에 대해서도 그렇고 조직에 대해서도 상당히 다른 방식으로 접근합니다.

출근해서 일을 하고 급여를 받고 퇴근해서 가족을 생각하면서 인생을 즐기고자 하는 사람이 있다 해도, 저는 괜찮다고 생각합니다. 그 사람들의 열정이 직장 내에 있지 않더라도 상관없습니다. 애자일을 따르는 많은 사람들은 모든 팀원이 직업에 대단한 열정을 지녀야 한다고 믿습니다. 저는 애자일을 큰 회사에 대규모로 적용할 때는 그런 생각이 현실적이지도 않고 실용적이지도 않다고 생각합니다. 열정적 직업 정신에 의존하는 이런 생각이 여섯 명 규모의 스타트업에서는 통할 수도 있겠지만, 대기업에 속해 있는 300명 규모의 사업부라면 그렇지 않습니다.

인포큐: 팀에 권한을 위임하는 것에 대해서는 어떻게 생각하나요? 그 생각에 반대하나요?

데이비드: 사람들이 원하는 것은 뭐든지 할 수 있도록 해주거나, 스스로 조직화해서 어떻게든 제대로 된 결과를 만들어 내리라고 가정하는 것이 위임은 아닙니다. 위임이란 경계를 정의하는 일입니다. 아이들 키우는 것과 마찬가지죠. 우리는 아이들에게 몇 시에 잠자리에 들어야 하는지, 어디서 놀아야 하는지, 집 앞마당을 벗어나도 되는지, 얕은 연못가에서 헤엄을 쳐도 되는지, 다이빙 보드에서 뛰어내려도 좋은지 같은 것들을 알려줍니다. 위임이란 사람들에게 분명한 경계를 제시하는 것이고, 그 경계 내에서 자주성을 발휘할 수 있도록 해주는 일입니다.

인포큐: 당신은 최근 칸반에 '조직적 피드백의 실행 implement organizational feedback' 이라는 새로운 핵심 실천 방법을 추가했습니다. 그 이유는 무엇인가요?

데이비드: 사실은 새로운 실천 방법을 추가한 것이 아닙니다. 명시적으로 드러냈을 뿐이죠. 제 책 『칸반』을 보면 이미 모든 장에서 이 주제를 계속 다루고 있습니다. 다만 핵심 실천 방법 중 하나로 나열하지 않았던 것입니다. 저는 이 부분이 커다란 실수라는 것을 깨달았는데, 사람들이

조직 차원의 피드백 루프를 충분히 실행하고 있지 않다고 보았기 때문입니다. 어떤 일이 일어나지 않고 있다면 더욱 분명하게 만들 필요가 있습니다. 그것이 바로 핵심 실천 방법 목록에 조직적 피드백의 실행을 추가한 목적입니다. 그러니까 새로 만든 것이 아니라 강조한 것입니다.

인포큐: 당신은 칸반이 수용량과 요구량을 맞추는 한 가지 방법이라고 이야기합니다. 거기서 얻을 수 있는 장점을 말씀해 주시겠어요? 그리고 비즈니스 쪽 사람들에게 이 부분이 중요하다고 어떻게 설득할 수 있을까요?
데이비드: 우리는 요구량이 수용량 또는 역량과 균형을 이루기를 원하며, 수용량이 과도한 부담을 받는 상황을 피하는 것은 매우 중요합니다. 부담이 지나치면 실제로 생산이 감소하고 품질이 낮아지며 생산 시간이 더 오래 걸립니다. 균형을 이루게 되면 수용량을 개선할 수 있고 모든 일이 더 빨라집니다. 마무리되는 일이 더 많아지죠. 품질 역시 더 좋아질 겁니다.

비즈니스 쪽 사람들은 수용량을 요구량에 맞게 제한하는 것이 어떤 의미인지 이해할 수 있어야 합니다. 그것은 지원 가능한 수용량에 맞게 요구량을 제공한다는 뜻입니다. 항상 지원할 수 있는 것보다 발생하는 요구가 더 많기 때문입니다. 하지만 인간의 창의성에는 제한이 없습니다. 정말로 중요한 것은, 사람들이 접하게 될 새로운 소프트웨어가 갖는 위험, 보상, 이익 등을 정확히 평가하는 것입니다.

그러므로 비즈니스 쪽에서 위험을 분석하고 자신들의 아이디어가 지닌 이익을 이해할 수 있도록, 그리고 요구량을 수용량에 맞추어 균형 잡힌 포트폴리오를 통해 최고의 정보를 제공하는 데 집중할 수 있도록 도움을 주는 것은 매우 가치 있는 일입니다. 제공할 수 있는 수용량을 개선하려고 우리가 노력하는 동안, 그들 또한 가능한 아이디어들 중에서 최고를 선택하는 방법을 배워야 합니다.

우리가 이 두 가지(수용량 증가 그리고 요구량에 대한 위험 관리 또는 개선)를 모두 이루어낼 수 있다면 더욱 조화로운 삶을 살 수 있습니다. 점점 더 요구가 많아지는 이유 중 하나는, 미래가 불확실하고 그래서 비즈니스 쪽 사람들이 "그냥 다 만들어 주세요"라고 이야기하며 양쪽 모두에 베팅하기 때문입니다. 분명히 이런 상황은 너무나 비합리적이기 때문에, 그들이 위험을 제대로 평가하고 직면한 불확실성을 더 잘 이해할 수 있도록 도와주어야 합니다. 그렇게 하면 비즈니스 쪽 사람들은 자신의 선택을 더욱 자신할 수 있습니다.

인포큐: 칸반에는 어떤 미신이나 오해가 있나요? 만약 그런 것이 있다면 그중 어떤 것이 가장 널리 퍼져 있고 커다란 오해일까요?
데이비드: 앨런 샐로웨이가 칸반에 대한 오해를 주제로 글을 쓴 적이 있습니다. 그 글이 좋은 참고가 되겠네요.[2] 칸반에 대해 많은 오해가 있다고 생각합니다. 그중 한 가지는 보드에 대한 오해입니다. 실제로 애자일 얼라이언스는 웹 사이트에서 칸반 보드가 애자일 실천법 중 한 가지라고 설명하고 있습니다. 칸반 방법을 "칸반"이라고 부르는 이유는 보드가 있기 때문이 아니라, 진행 중 업무를 제한하고 린에서 "책임이 따르는 마지막 순간last responsible moment"이라고 부르는 시점까지 약속을 늦추는 당김 방식인 가상 칸반 시스템을 구현한 것이기 때문입니다. 보드는 단지 진행 중인 것을 시각화하는 방법 중 하나에 불과합니다.

보드는 나중에 추가한 것이고 칸반 시스템이 먼저 등장했습니다. 당시에는 보드를 가르켜 그냥 "카드벽"이라 불렀고 카드벽은 애자일 커뮤니티 내에서 아주 흔한 것이었습니다. 보드는 새롭지도 않았고 혁신을 대표하지도 않았습니다. 가상 칸반 시스템을 사용한 것이 바로 혁신이었습니다.

---

2   (옮긴이) http://www.netobjectives.com/blogs/common-myths-kanban

계속 나타나는 많은 오해도 있습니다. 그중 하나는 칸반이 유지 보수나 IT 운영 업무에만 적합하고 대규모 프로젝트에 사용해서는 안 된다는 생각입니다. 그것은 분명히 잘못된 정보입니다. 예를 들면 우리는 2007년에 1100만 달러 규모의 프로젝트에서 50명이 넘는 사람들과 함께 칸반을 사용하기도 했습니다.

우리는 상당히 초창기부터 대규모 프로젝트에 칸반을 사용해 왔고, 예측성을 개선하고 위험을 관리하는 데 칸반을 사용할 수 있습니다. 이것은 (출시 일정의 확실성 측면에서) 프로젝트 관리와 거버넌스에 매우 중요한 부분입니다.

유감스럽게도, 칸반은 단지 유지 보수나 IT 운영 업무에만 사용할 수 있고 대규모 프로젝트에 사용해서는 안 된다는 오해가 애자일 커뮤니티에서 흔하며 되풀이해서 나타나고 있습니다.

인포큐: 칸반을 사용하면 폭포수 모델로 돌아가게 된다는 오해에 대해서는 어떻게 생각하나요? 아직도 그런 오해가 있나요?
데이비드: 칸반이 폭포수라는 오해는 2007년부터 2009년 사이에는 아주 흔한 것이었지만 이제는 그런 이야기가 많이 줄었습니다. 그런 오해가 생긴 이유는 칸반 초기 사례를 주로 애자일이라고 볼 수는 없는 전통적 소프트웨어 개발 생애 주기 또는 PSP/TSP 방법을 사용하는 팀에서 얻었기 때문이었습니다. 그렇기 때문에 초기 칸반 사례들은 전부 애자일이 아닌 사례들이었습니다.

그 이유는 당연하게도, 제가 애자일을 거부하는 팀을 개선하는 방법으로 칸반을 도입했기 때문입니다. 모든 초기 사례가 애자일이 아닌 것이 당연하죠. 하지만 요즘에는 애자일 사례가 아주 많습니다. 아마 50%가 넘는 사례들이 스크럼 위에 칸반을 더한 것이기 때문에 이제는 그런 오해가 대부분 사라졌다고 생각합니다.

인포큐: 당신은 요새 '아이디어에 대한 권한 부여와 프로세스 혁신 장려_giving permission for ideas and encouraging process innovation_'라는 실천 방법 추가를 고려하고 있습니다. 왜 예전에는 이 실천 방법을 추가하지 않았는지 말씀해 주시겠어요? 그리고 '칸반 마스터'의 필요성에 대해서는 어떻게 생각하나요?

데이비드: 사실 저는 칸반 원칙에 리더십을 장려하고 리더십과 관리는 다른 것이라는 점을 사람들이 인식하도록 해야 한다는 아이디어를 더했습니다. 관리자에게는 시스템을 운영하고, 그 시스템을 설계하고, 모든 정책 그리고 정책 변경이나 중단에 대한 결정을 해야 할 책임이 있습니다. 다 좋지만, 우리가 진정으로 원하는 것은, 평범한 개인이든 관리자든 업무를 진행하는 모든 이가 리더십 행동을 보여주는 것입니다.

리더십 행동이란 현재 상태가 충분치 않다고 이야기하면서 더 좋은 아이디어를 제안하거나 보여주는 것입니다. 그렇게 하지 않는다면 지속적 개선의 촉매를 얻을 수 없습니다. 전부 어깨만 으쓱하면서 이렇게 이야기할 겁니다. "어, 음, 뭐 그런 거지. 일하러 돌아가자고!" 아무것도 더 나아지지 않을 겁니다. 그래서 리더십이란 일종의 마법 재료이고 촉매입니다.

최근 비슷한 사례가 한 가지 더 있습니다. 스웨덴의 칸반 컨설턴트인 호칸 포스는 마이크 로더_Mike Rother_의 책인 『Toyota Kata』를 읽고 나서 칸반에는 세 가지 카타_かた_[3]가 있다는 아이디어를 제안했습니다.

첫 번째는 좁은 지역의 카이젠 활동을 유발하는 일일 스탠드업 회의입니다. 두 번째는 업무 흐름 사이, 칸반 시스템 사이의 개선을 유발하는 운영 리뷰입니다. 그리고 세 번째는 상급자와 하급자, 일선 관리자와 이선 관리자 사이에서 상급자가 하급자에게 "우리 시스템은 얼마나 잘 운영되고 있나요?", "우리 정책이 올바른가요?", "우리가 올바른 지표를 수집하고 있나요?", "우리는 올바른 것을 시각화하고 있나요?" 등의 질문을 하면서

---

[3] (옮긴이) 정해진 동작을 순서에 따라 반복하는 무술 훈련법. 태권도에서는 품새라고 부른다.

코칭하는 관계입니다. 그렇게 함으로써 우리는 우리가 살고 있는 세상을 이해할 수 있고 개선을 위한 변화를 만들 수 있습니다.

인포큐: 커뮤니티에서 '칸반 마스터'라는 용어를 익숙하게 생각하나요?
데이비드: 아니오! 우리는 (스크럼 마스터의 역할에 대응하는) 칸반 마스터라는 아이디어에 반대합니다. 저는 코치를 활용하는 편이 더 가치 있다고 생각합니다. 애자일 코칭에서 흔히 볼 수 있는 코치와는 다른 역할입니다. 애자일 코치들을 보면 대부분 팀에 소속되어 있고 매일 팀과 함께 일합니다.

우리는 칸반 코치가 보통 한 달에 2~3일 정도 함께 일하면서 정책이나 시각화, 지표 등에 대해 주로 이야기를 나누고 수용량을 이해하고 개선을 고민할 수 있도록 도움을 주는 역할이라고 생각합니다. 그렇게 하는 데 매일 함께 있을 필요는 없습니다.

인포큐: 최근 인포큐는 칸반이 스크럼의 다음 단계라는 기사를 발표한 적이 있습니다. 여기에 대해서는 어떻게 생각하나요?
데이비드: 그 기사가 시장 변화에 대한 이야기라면, 우리는 칸반이 소프트웨어 프로세스 시장에서 새롭고 중요한 기회가 되어가고 있는 중이라고 생각하고 있으며, 저도 그 말이 맞다고 생각합니다. 칸반 교육이나 코칭 또는 컨설팅, 칸반 소프트웨어, 시뮬레이션, 게임 등 모든 부분에서 커다란 탄력을 받고 있다는 많은 증거가 있고, 그래서 저는 시장 관점에서 보았을 때 칸반이 새로운 기회로 발전하고 있다고 봅니다. CMMI가 있었고, RUP가 있었고, XP가 있었고, 스크럼이 있었다고 생각한다면, 칸반이 그 뒤를 잇고 있습니다.

하지만 사람들이 칸반을 사용하기 전에 먼저 스크럼을 해야 한다는 의미의 기사였다면, 완전히 옳지 않은 말이라고 생각합니다. 스크럼은 큰 조직에 적용하기가 어렵습니다. 문화적으로 잘 맞지 않는 회사도 많고 사람들은 스크럼을 적용할 때 저항합니다.

반면에 칸반은 쉽게 적용할 수 있도록 설계되어 있습니다. 현재 상태 그대로 시작할 수 있는 방법으로 만들어졌습니다. 칸반은 스크럼의 대안입니다. 사람들이 (스크럼에 대한) 저항을 극복하길 그저 기다리는 중이라면, 칸반을 더 일찍 적용해서 더욱 빨리 개선할 수도 있는 큰 기회를 놓치고 있는 것입니다. 이미 스크럼을 적용 중이고 더욱 개선할 필요를 느끼고 있다면, 칸반을 나중에 추가하는 것도 좋은 생각입니다. 하지만 현재 스크럼을 하는 중이 아니라면, 바로 시작할 수 있는 방법으로서 칸반을 고려해 보는 것이 좋습니다.

인포큐: 위르헌 아펄로_{Jurgen Appelo}의 책 『Management 3.0』을 보면 '밈플렉스_{memeplex}'[4]에 대해 이야기하고 있습니다. 아펄로는 스크럼이 성공한 이유가 기존 밈플렉스를 새로운 밈플렉스로 대체했기 때문이라고 주장하고 있습니다. 여기에 대해서는 어떻게 생각하나요?

데이비드: 그 주장에 반박하지 않겠습니다. 하지만 문제는 밈플렉스의 완전한 제거와 대체가 가능할까요? 스크럼이 성공적이었다고 이야기할 수도 있겠지만 저항 또한 만만치 않았습니다. 스크럼을 적용하긴 했지만 많은 문제가 있거나 실패한 경우도 있습니다. 비교적 최근 믿을 만한 시장 조사를 통해 스크럼이 시장에서 15%를 차지하고 있다는 결과를 보았습니다. 전성기 RUP의 점유율보다 더 높습니다. RUP의 점유율은 약 11%였습니다. 15%면 훌륭하긴 하지만 그중에서 문제가 있는 적용이 얼마 정도인지 질문을 던져볼 필요가 있습니다.

---

4 (옮긴이) 밈(meme)은 리처드 도킨스(Richard Dawkins)가 『이기적 유전자』에서 주장한 개념으로 사상, 종교, 관습, 이념 등 인간의 삶을 규정하는 다양한 문화적 요소가 유전자와 비슷한 방식으로 퍼지고 번식한다고 설명하면서 사용한 단어다. 밈플렉스는 밈과 복합체(complex)의 합성어로 밈의 집단을 이야기한다. 언어, 종교, 과학 이론 등이 밈플렉스에 해당한다.

낙관적으로 생각해서 15% 전부가 스크럼을 멋지게 적용했다고 가정하더라도 시장에는 아직 85%가 남아 있습니다. 그 부분이 제가 해결하고자 하는 문제입니다. 사람들이 스크럼을 더욱 훌륭하게 적용할 수 있도록 시장의 15%에 집중하는 것과 시장의 나머지 85%에 도움을 주는 것 중에서 어떤 것이 더 좋을까요? 저는 위르헌이 스크럼은 옳다고 주장했던 많은 부분에 대해서는 의심하지 않습니다. 하지만 이 우주에는 그리고 관리나 소프트웨어 프로세스의 세상에는 해결해야 할 더욱 흥미로운 문제가 많고, 나는 그 나머지 공간에 더 관심이 있습니다. 스크럼 커뮤니티에 있는 많은 사람들도 스크럼을 개선하는 데 관심이 있으리라 확신합니다.

부록 3

인터뷰 2 - 린 칸반 2013 콘퍼런스에서 만난 데이비드 J. 앤더슨[1]

2013년 5월 8일
빅터 그라치 Victor Grazi 씀

실리콘 밸리 근처에 있는 산을 러시모어 산[2]처럼 조각한다면, 거기에는 데이크스트라 Edsger W. Dijkstra[3], 커니핸 Brian Kernighan[4], 쓰리 아미고 the Three Amigos[5], 갱 오브 포 The Gang of Four, GoF[6]와 함께, 칸반의 아버지인 데이비드 J. 앤더슨의 자리를 만들어두어야 할 것이다. 지난주 시카고 중심가에서 열렸던 린 칸반 노스 아메리카 Lean Kanban North America 콘퍼런스에서 인포큐는 David J. Anderson and Associates의 행사를 진행하던 앤더슨과 만나 인터뷰를 진행했다.

인포큐: 최근 우연히 스크럼을 사용해서 소프트웨어 개발 프로젝트를 이끌던 동료를 만난 일이 있었습니다. 그 친구가 요즘에는 칸반을 사용하

---

1 (옮긴이) http://www.infoq.com/articles/David_Anderson_Lean_Kanban_2013_Conference_Intervew
2 (옮긴이) 미국 사우스 다코타 주에 있는 바위산. 네 명의 미국 대통령의 얼굴을 조각해 놓은 것으로 유명하다.
3 (옮긴이) 네덜란드의 컴퓨터 과학자. 프로그래밍 언어 분야에 대한 지대한 공헌으로 1972년에 튜링상을 수상했다.
4 (옮긴이) 미국의 소프트웨어 과학자. C 언어를 만든 데니스 리치와 함께 쓴 『The C Programming Language』로 널리 알려져 있다.
5 (옮긴이) UML을 만든 그래디 부치(Grady Booch), 제임스 럼버(James Rumbaugh), 이바 야콥슨(Ivar Jacobson)을 가리킨다.
6 (옮긴이) 건축가 크리스토퍼 알렉산더(Christopher Alexander)의 디자인 패턴이라는 개념을 소프트웨어 개발에 도입한 에릭 감마(Erich Gamma), 리처드 헬름(Richard Helm), 랄프 존슨(Ralph Johnson), 존 블리시디스(John Vlissides)를 가리킨다.

고 있다고 말하기에 저는 깜짝 놀랐습니다. 프로세스를 어떻게 바꾸었냐고 물어보았더니, 사실은 스크럼과 칸반의 차이점을 잘 모르겠다고 이야기하더군요. 칸반을 전혀 이해하지 못하고 있는 것이 분명했습니다. 이 에피소드를 보면 모두가 애자일을 하고 있다고 주장하던 애자일의 초창기 시절이 떠오릅니다. 저는 이 이야기가 어떤 징후를 보여주고 있다고 생각하는데요, 칸반에 대해 참고할 만한 자료가 부족한 듯 합니다. 당신이 쓴 책은 상당히 중요하고 의미가 있지만 그 양이 300쪽이 넘습니다. 스크럼을 간단히 설명하고 싶은 경우, 스크럼에는 시간을 정해 놓은 반복 주기가 있고, 시작할 때에는 '스프린트'를 계획하는 회의를 진행하며, 끝날 때에는 회고를 진행하고, 속도를 측정하며, 일일 스크럼으로 프로젝트 상태와 장애물을 점검한다고 이야기할 수 있습니다. 이와 비슷하게 칸반을 한마디로 쉽게 설명할 수 있는지 궁금합니다.

데이비드: 우리도 그 지점에서 무언가 빠진 부분이 있다는 것을 알고 있습니다. 예전에 여덟 쪽짜리 안내서를 만들었던 적이 있었는데, 당시에는 쓸 만한 내용을 담고 있었지만 다시 만들어야 하는 상황입니다.

몇몇 얇은 책자도 이미 오래전인 2008년에 만든 것이어서, 우리는 그것을 다시 사용하는 것은 별로 좋은 생각이 아니고, 칸반을 제대로 설명하지도 못하고 있다고 판단했습니다. 사람들이 한 시간 이내에 읽을 수 있는 자료가 꼭 필요합니다.

린 칸반 유니버시티Lean Kanban University를 통해 '칸반 공식 가이드'를 발표할 예정입니다.

인포큐: '공식 가이드'를 언제쯤 볼 수 있을까요?

데이비드: 아, 이미 나왔어야 했죠. 2013년 내 발표를 목표로 하고 있습니다. 저는 이미 『칸반』 2판을 쓰기 시작했는데, 2013년 가을 초쯤 출간할 수 있으리라 기대하고 있습니다. 초판을 출간한 이후 몇 년 동안 많은 것

을 새롭게 배웠습니다. 칸반을 가르치면서 배운 것도 많고요. 『칸반』 2판을 다 쓰고 나면, 그 내용을 토대로 '공식 가이드'를 정리할 생각입니다.[7]

인포큐: 지금 바로 칸반을 사용해서 프로젝트를 시작하고 싶다면 어떻게 해야 할까요? 어떻게 시작해야 하고, 현재 업무는 어떻게 분석해야 할까요? 그리고 관리자를 어떻게 설득할 수 있을까요?

데이비드: 2012년 보스턴 린 콘퍼런스에서 제가 발표했던 것처럼, 거기에 사용할 수 있는 지침이 있습니다. 사람들에게 칸반을 가르칠 때 다음과 같은 질문으로 시작합니다. "고객과 외부 이해관계자가 무엇을 불만스러워 하는가? 내부 팀은 무엇을 불만스러워 하며는가? 다시 말해, 해결하고자 하는 문제는 무엇이고, 사람들은 왜 행복해 하지 못할까?" 우리는 이 질문을 통해 그 원인이 무엇인지 생각해 봅니다.

그런 다음 업무가 어디에서부터 오는지 찾아보라고 이야기합니다. 애자일에서는 "업무는 제품 책임자product owner에게서 온다"와 같은 이야기를 많이 듣게 됩니다. 업무는 제품 책임자에게서 오는 것이 아닙니다! 제품 책임자는 중개인이죠. 그래서 요구가 어디에서 발생하는지 찾아보는 것은 매우 중요한 일입니다. 요구는 영업 부서나 마케팅 부서에서 올 수도 있고, 정부 계획 당국이나 규제 기관 아니면 특정 고객이나 특정 시장으로부터 올 수도 있습니다. 그렇기 때문에 우리는 요구가 어디에서부터 오는지 이해할 수 있도록 도움을 주고 있습니다.

목표 대상을 찾아보라고 이야기하기도 합니다. 어떤 모바일 앱 회사의 제품이 아이폰, 안드로이드, 심비안을 지원한다고 예를 들어 봅시다. 심비안 버전은 조건이 바뀌어서 무언가를 변경해야 하는 경우가 거의 없겠지만, 이 회사의 앱을 더 이상 사용할 수 없는 심비안 폰으로 은행 업무를 처

---

[7] (옮긴이) 2014년 10월 현재도, 앤더슨은 여전히 『칸반』 2판과 공식 가이드 작업을 진행 중이다.

리하고자 하는 고객들이 생겨날 겁니다. 반대로 아이폰 버전은 모든 최신 기능을 갖추고 있겠죠. 그렇기 때문에 우리는 위험 요소를 찾아내고 서비스 만족도를 대표하는 것이 무엇인지 이해할 수 있도록 돕고 있습니다. 그것이 요구 분석 활동입니다. 다시 말해, 우리는 처음에 고객과 직원의 목소리를 이해한 후 그 다음에 요구 분석으로 옮겨갑니다.

그다음에는 현재 역량 수준을 알아내기 위해, 기존의 추적 시스템을 살펴보고 리드 타임과 출시율의 이력 데이터를 기반으로 수용량을 분석합니다. 이력 데이터가 전혀 없는 사람들도 있긴 하지만 그 비율이 점점 줄어들고 있습니다. 사람들은 보통 지라JIRA 같은 추적 시스템을 사용합니다. 추적 시스템을 사용하면 현재 수용량을 알 수 있고, 그렇다면 (요구 분석을 통해 얻은) 고객의 요구량을 현재 수용량에 맞춰볼 수 있습니다. 이러한 입력 데이터를 전부 살펴본 다음에야 칸반 시스템 설계를 시작할 수 있죠.

인포큐: 이 과정에 프로젝트 관리자를 배치하는 것이 좋을까요?
데이비드: 그렇게 할 수도 있지만 대개는 사람들이 직접 이 과정을 실행에 옮길 수 있도록 적절한 교육을 받길 추천합니다. 곧바로 보드를 벽에 걸고 접착식 메모지를 붙이는 사람들은 업무와 업무 흐름을 시각화할 수는 있겠지만, 그런 사람들이 고객 서비스를 개선하는 칸반 시스템을 설계하기는 어렵습니다. 칸반은 서비스 지향 방식이고 서비스 출시 개선 메커니즘입니다. 그렇기 때문에 당신이 제공하고 있는 서비스가 무엇인지, 그 서비스가 받는 요구는 무엇인지, 그리고 요구량과 비교해 봤을 때 공급 가능한 현재 수용량이 어떠한지 알아야 합니다.

인포큐: 칸반의 진입 장벽은 어떻습니까? 사람들은 큰 투자를 하기 전에 먼저 이해하기를 원합니다.

데이비드: 은탄환이 존재하지 않는다는 것은 분명한 사실입니다. 사람들은 한 부서가 생산성을 700%에서 800% 개선했던 BBC처럼, 조직 내에서 한 번도 본 적이 없는 결과를 실현하고 싶어 합니다. BBC 웹 사이트 개발 부서는 빠른 출시를 통해 광고 노출에서 연간 100만 달러의 수익을 추가로 만들어 냈습니다. 이들은 출시율을 700% 개선했고, 덕분에 출시 속도가 빨라져 출시 시간이 줄어들었습니다. 그래서 연간 100만 달러의 추가 광고 수익을 창출해냈죠. 이런 점이 칸반을 적절히 적용했을 때 얻을 수 있는 이익입니다.

인포큐: 하지만 프로젝트 관리자 관점에서 보면 마치 과장된 마케팅처럼 들립니다. 제가 처해 있는 환경에서 비슷한 결과를 기대할 수 있을지 알아보려면 어떻게 해야 할까요?

데이비드: 저는 이 이야기를 과장이라고 생각하지 않습니다. 사람들이 생산성을 400% 개선했다는 사례 연구를 발표하면, 저는 그걸 보고 "음, 보통 수준이군"이라고 이야기합니다. 콘퍼런스를 돌아다니면서 그런 이야기를 들려주는 사람을 100명 정도는 만날 수 있을 겁니다.

인포큐: 재미있군요. 하지만 실패한 프로젝트 이야기는 우리가 듣지 못하고 있고, 그런 이야기는 그냥 조용히 묻혀 버리고 있다는 문제가 있습니다.

데이비드: 책을 읽고서 아무런 도움도 받지 않은 채 놀라운 결과를 이룩한 회사들을 많이 봤습니다. 상업적 관점에서 무시무시할 수도 있는 이야기를 히니 헤드리죠. 책만 읽고서 그런 결과를 얻을 수 있다면, 사람들은 교육을 받으려 하지 않을 겁니다. 하지만 여기 북미에는 칸반을 얄팍하게 사용하는 사람들이 엄청나게 많고, 얄팍한 칸반을 '깊이 있는' 칸반 시스템으로 업그레이드한다면 커다란 이익을 얻을 수 있습니다.

칸반이 시장에서 많은 탄력을 받고 있고 당신도 그런 이야기를 많이 들었겠죠. 하지만 벽에 보드를 설치해서 보드를 통해 흐름을 살펴보고 있다는 등의 이야기를 하는 사람들은 얄팍한 칸반을 하고 있는 것이고, 대부분 인터넷에서 건져올린 내용일 겁니다. 애자일 커뮤니티, 특히 북미에 있는 커뮤니티들은 칸반에 대한 이해가 매우 빈약합니다. 그들은 칸반의 깊이, 시스템 사고 방식, 서비스 지향 방식의 진가를 알아보지 못하고 있습니다. 진행 중 업무를 제한하는 당김 방식이 반드시 필요하다는 것을 분명히 인식하지도 못하고 있습니다. 또한 칸반 시스템 설계의 핵심 역동을 깊이 살펴보지도 않고 있지요.

인포큐: 하지만 일단 발을 들여놓고 성장해 나가려면 진입 장벽을 극복하는 것이 중요한 일 아닐까요? 예를 들어 어떤 거대 금융 회사가 있는데, 그곳에는 관리자들이 층층이 쌓여 있고, 개발 팀은 칸반을 해보고 싶다는 생각을 갖고 있습니다. 개발 팀은 관리자를 설득해야 할 테고, 그 관리자는 "지난해에는 스크럼을 하자고 하더니, 올해에는 칸반을 하자고 하는군. 우리가 스크럼을 해서 무슨 이익을 얻었지?"라고 이야기하는 임원을 설득해야 합니다.

데이비드: 제 생각에 매우 중요하기도 하고 널리 오해하는 점이 있는데, 다시 강조하지만 그것은 북미 애자일 커뮤니티가 안고 있는 문제입니다.

애자일 쪽에서 이름이 널리 알려져 있는 많은 이들이 칸반을 팀 차원의 프로세스로 설명해왔습니다. 칸반은 결코 팀 차원의 프로세스만이 아닙니다. 첫 번째로 구현했던 칸반 시스템은 여러 부서 사이의 업무 흐름을 다루는 프로세스였습니다. 두 번째 칸반이나 2006년과 2007년 사이에 있었던 그 이후의 칸반도 여러 부서 사이의 업무 흐름을 다루었습니다. 팀 차원의 프로세스였던 적은 한 번도 없습니다. 칸반은 조직 차원의 업무 흐름 프로세스입니다. 칸반은 중간 계층이 변화를 이끌어갈 수 있도록 설계되어 있습니다. 그리고 이 점이 시장에서 차별점이 되었습니다. 많은 린 컨설턴트들은 최고 경영진을 설득할 수만 있다면 반드시 성공할 수 있다고 이야기합니다. 그런 변화는 하향식 변화입니다. 대부분의 애자일 변화는 밑으로부터 시작하는 경향이 있습니다. 왜냐하면 애자일은 팀을 지향하며 개발자를 지향하기 때문입니다. 칸반은 중간 계층에서 변화를 시작할 수 있도록 만들어졌습니다. 그리고 업무 흐름, 서비스 지향, 제품 생애주기의 다양한 부서와 여러 단계를 고려하여 만들어졌습니다. 여러 팀의 협업이 필요합니다. 그리고 이 모든 것을 해내려면 중간 관리자가 되어야 합니다. 여러 다른 조각을 하나로 묶어낼 수 있는 정치적 권한 때문입니다. 당신이 개발자라면 그것이 수준을 올리는 길입니다.

칸반을 사용하면 인생을 불행하게 만들고 방해하는 것들을 전부 처리할 수 있으며, 관리자는 차단 이슈에 집중해서 차단된 이슈를 더욱 빠르게 해결하고 업무를 원활하게 진행할 수 있습니다. 그러나 다른 무엇보다 칸반을 사용하면 사람들이 내게 요구하는 20가지 일을 한 번에 하는 것이 아니라 소수 몇 가지에 집중할 수 있습니다.

직원들이 지속적으로 큰 불만을 갖는 또 한 가지는 우선 순위가 늘 바뀌어서 계속 다른 방향으로 휘둘리는 상황입니다. 칸반을 사용하면 사람들은 커뮤니티 내에서 이야기하는 이른바 "스파이즈 걸스 질문"에 정말로 집중할 수 있습니다. 칸반 시스템 대기열에 새로운 항목을 보충하면서, 다음으로 원하는 두 가지가 무엇인지 이야기한 적이 있을 겁니다. 관리 컨설턴트인 스티븐 번게이Stephen Bungay는 이런 말을 했습니다. "정말로 원하는 것을 말해주세요. 정말 정말 원하는 것을."[8] 그리고 일단 한 번 정하고 나면 마음을 바꿔서는 안 된다고 이야기합니다. 따라서 원치 않는 무언가가 칸반 보드를 따라 흘러가고 있더라도 그걸 취소할 필요는 없습니다. 개발자

---

[8] (옮긴이) 스파이스 걸스의 히트곡인 Wannabe의 가사. 원문은 "tell me what you want, what you really really want"

와 분석가들은 이 점이 유용하다는 것을 알고 있습니다. 이들은 단지 사람들이 원하는 것들을 진행할 뿐이며 그 양을 제어할 수 있기 때문에 집중하고 출시하고 다음 업무를 시작할 수 있습니다. 상향식으로도 어느 정도 개선을 볼 수 있지만, 뒤이어 가치 흐름의 위아래 방향으로 개선을 확대하지 못하면 그 기세가 한풀 꺾일 겁니다. 정치적 영향력이 충분한 사람이 없다면 개선을 이루기 어렵습니다. 지금 확산에 대해 이야기하는 중인데, 가끔은 누군가 이끌지 않아도 자발적으로 칸반 시스템이 확대되는 모습을 보기도 합니다.

하지만 솔직히 말해서 칸반을 제대로 적용하려면, 임원급 또는 작은 회사인 경우 선임 관리자 같은 중간 관리자의 참여가 필요합니다. 그러나 상향식은 직원들에게 심리적, 사회학적 장점을 줍니다. 사람들이 제대로 일할 수 있도록 해준다면 스트레스는 상당히 줄어들겠지만, 그렇다고 해서 경제라는 기관에 동력을 공급해주지는 못합니다. 저는 책에서 '잉여 시간 slack'의 장점에 대해 이야기했습니다. 잉여 시간이 갖는 장점에 대해 이야기한다고 해서, 칸반을 제품이나 서비스로서 받아들이도록 설득시킬 수는 없습니다. 그렇게 한다면 고위 경영진에게 칸반에 비용을 지불해야 하는 이유를 전달하지 못합니다.

인포큐: 칸반을 사용했을 때 당신이 설명하는 효율을 얻을 수 있을지 판단할 수 있는 의사 결정 트리 decision tree[9]가 있습니까?

데이비드: 예, 고급 과정에서 이 부분을 가르치고 있습니다. 사실은 칸반을 사용하지 않고 있는 상황이 오히려 더 설명하기 쉽습니다.

선임 관리자들이 서둘러 극적인 결과를 보고 싶어 하는 참을성 없는 혁명가들로 이루어져 있다면, 칸반을 사용하기 어렵습니다. 하지만 문화적

---

9 (옮긴이) 불확실한 미래 상황을 분기점이 있는 도형으로 표현해서 의사 결정 문제를 분석하는 데 사용하는 방법. 디시전 트리 또는 의사 결정 나무라고 부르기도 한다.

으로 보수적인 나라에서 관료주의적 조직에 몸담고 있다면, 칸반을 적용하기가 비교적 쉬울 겁니다. 칸반은 극단적 혼돈 상태 또는 연구의 초기 단계에도 적용하기 어렵습니다. 칸반은 개발 분야와는 궁합이 잘 맞지만 연구 분야와는 썩 어울리지 않습니다. 가치 흐름을 설명할 수 있고, 고객이 바라는 서비스가 무엇인지 찾아낼 수 있어야 하기 때문입니다. 이런 것들을 설명할 수 없다면 칸반 시스템을 구축할 수 없습니다.

또한 기술 회사 관점에서 보면, 회사에는 구성 관리 역량도 필요하고, 버전 제어도 필요하며, 무언가를 개발 중이면서도 다른 부분을 릴리스할 수 있는 능력도 필요합니다. 평범한 애자일에서 요구하는 것보다 더 수준 높은 구성 관리 역량이 필요하죠. 하나의 반복 주기를 시작해서, 몇 주 동안 업무를 진행한 다음, 배포를 한다면, 반드시 브랜치를 종료하거나 코드에 레이블을 붙이게 됩니다. 하지만 칸반 시스템에서는 여러 브랜치를 동시에 다룰 수 있습니다. 모든 조직이 이 정도 기술 역량을 갖추고 있진 못합니다.

인포큐: 저는 조금 더 좋은 칸반 적용법을 알고 싶습니다. 현재 개발 프로세스를 관리하는 중이라고 가정해 볼까요? 일반적으로 프로젝트 모델을 먼저 만들고, 다음에 테스트를 작성하고, 구현을 하고 나서, 테스트를 거친 다음, 코드 리뷰를 합니다. 이 각각을 칸반 보드 위에 있는 하나의 열로 볼 수 있을까요?

데이비드: 아마 그럴 겁니다. 하지만 상류 및 하류 프로세스도 포함시키고 싶을 겁니다. 현재 정치적으로 제어할 수 있는 범위를 살펴본 다음, 정치적 역량을 더 갖춘 다음에 상류와 하류를 포함시킬 수 있습니다.

인포큐: 그게 바로 제가 원하던 방식입니다. 팀 리더는 의사 결정을 하고 실행하고 그 제품이 잘 작동한다면 마무리를 하겠지요. 조촐하게 시작해

서 차이를 보여준다면 그 방법이 확산될 겁니다.

데이비드: 어떤 프로세스를 사용하더라도 사회적 자본이 필요하고, 신뢰를 쌓기 위해 사회학적 방법이 필요합니다. 정보를 더욱 투명하게 제공하는 것이 한 가지 예죠. 작동 방식을 이해할 수 있고, "내가 2주 전에 주었던 업무가 지금은 어디에 있지?"라고 이야기할 수 있을 때, 사람들은 신뢰를 보여줍니다. 또한 신뢰는 조금씩 늘어나는 것이고, 신경 심리학적 이유로 인해 비정기적으로 출시하겠다는 큰 약속을 하는 것보다 정기적으로 출시하겠다는 작은 약속을 하는 편이 빠른 신뢰 구축에 더 큰 도움이 됩니다. 목표와 일치하는 출시가 신뢰를 쌓습니다. 그것이 바로 상향식에서 탄력을 만들어 내는 비결입니다.

이틀짜리 고급 교육 과정을 마친 후에 가끔 이렇게 이야기하는 사람이 있습니다. "변화와 심리학과 사회학을 배웠는데요, 칸반은 언제 배우나요?" 사실상 칸반 대부분이 바로 변화이자 심리학이자 사회학입니다. 칸반 시스템의 핵심은 신호 메커니즘을 통해 진행 중 업무를 제한하는 당김 방식일 뿐입니다. 거기에다 요구에 대한 이해와 적절한 제한을 선택하는 방법 등 몇 가지를 덧붙인 것입니다. 칸반이 조직 내 지식 노동자의 성과를 혁신할 수 있도록 하는 방법은 무엇일까요? 그것은 바로 심리학과 사회학입니다.

인포큐: 데이비드, 자세한 이야기를 들려주셔서 감사합니다! 칸반은 분명 세상을 휩쓸게 될 겁니다. 당신의 여정에 행운이 깃들길 바랍니다.

칸반 관련 자료

David J. Anderson and Associates
http://djaa.com

The Limited WIP Society
http://www.limitedwipsociety.org

Kanban Development Yahoo! Group
http://groups.yahoo.com/neo/group/kanbandev/info

Lean Kanban Inc.
http://leankanban.com

후주 및 참고 문헌

I. Anderson, David J. 『Agile Management for Software Engineering: Applying the Theory of Constraints for Business Results』. Upper Saddle River, NJ: Prentice Hall, 2003.

II. Beck, Kent. 『Extreme Programming Explained: Embrace Change』. Boston: Addison Wesley, 2000. (『익스트림 프로그래밍: 변화를 포용하라』, 김창준·정지호 옮김, 인사이트 펴냄, 2006)

III. Beck, Kent 등, 「The Principles Behind the Agile Manifesto」. http://www.agilemanifesto.org/principles.html. (「애자일 선언 이면의 원칙」, http://agilemanifesto.org/iso/ko/principles.html)

IV. Goldratt, Eliyahu M. 『What is this thing called The Theory of Constraints and How should it be implemented?』 Great Barrington, MA: North River Press, 1999.

V. Anderson, David J., Dragos Dumitriu, 「From Worst to Best in 9 Months: Implementing a Drum-Buffer-Rope Solution in Microsoft's IT Department」, Proceedings of the TOCICO World Conference, Barcelona, 2005.11

VI. Belshee, Arlo. 「Naked Planning, Promiscuous Pairing and Other Unmentionables」. 2008 애자일 콘퍼런스 팟캐스트. http://agile-toolkit.libsyn.com/index.php?post_id=400364

VII. Hiranabe, Kenji. 「Visualizing Agile Projects Using Kanban Boards」. InfoQ, 2007.8.27 http://www.infoq.com/articles/agile-kanban-boards

VIII. Hiranabe, Kenji, 「Kanban Applied to Software Development: From Agile to Lean」," InfoQ, 2008.1.14, http://www.infoq.com/articles/ hiranabe-lean-agile-kanban

IX. Augustine, Sanjiv. 『Managing Agile Projects』. Upper Saddle River, NJ: Prentice Hall, 2005.

X. Highsmith, Jim. 『Agile Software Development Ecosystems』. Boston: Addison Wesley, 2002.

XI. 노키아 테스트는 바스 보드 Bas Vodde가 만들었으며, 제프 서덜랜드 Jeff Sutherland가 업데이트하면서 설명을 덧붙였다. http://jeffsutherland.com/scrum/2008/08/nokia-test-where-did-it-come-from.html

XII. Beck, Kent 등, 「The Principles Behind the Manifesto」. http://www.agilemanifesto.org/principles.html(「애자일 선언 이면의 원칙」, http://agilemanifesto.org/iso/ko/principles.html)

XIII. Jones, Capers. 『Software Assessment Benchmarks and Best Practices』. Boston: Addison Wesley, 2000.

XIV. Ambler, Scott. 『Agile Modeling: Effective Practices for Extreme Programming and the Unified Process』. Hoboken, N.J.: Wiley, 2002.

XV. Chrissis, Mary Beth, Mike Konrad, Sandy Shrum. 『CMMI: Guidelines for Process Integration and Product Improvement』, 2d ed. Boston: Addison Wesley, 2006.(『CMMI 개발: 프로세스 통합과 제품 개선을 위한 지침』, 정호원 옮김, 대웅 펴냄, 2013)

XVI. Sutherland, Jeff, Carsten Ruseng Jakobsen, and Kent Johnson. 「Scrum and CMMI Level 5: A Magic Potion for Code Warriors」. Proceedings of the Agile Conference, Agile Alliance/IEEE, 2007.

Jakobsen, Carsten Ruseng, Jeff Sutherland. 「Mature Scrum at Systematic」. 『Methods & Tools』, Fall 2009. http://www.methodsandtools.com/archive/archive.php?id=95

XVII. Larman, Craig, Bas Vodde. 『Scaling Lean & Agile Development: Thinking and Organizational Tools for Large-Scale Scrum』. Boston: Addison Wesley, 2008.(『대규모 조직에 적용하는 린과 애자일 개발』, 전정우·문관기·천은정 옮김, 케이피앤북스 퍼냄, 2012)

XVIII. Willeke, Eric, David J. Anderson, Eric Landes(editors), 「Proceedings of the Lean & Kanban 2009 Conference」. Bloomington, IN: Wordclay, 2009.

XIX. Beck, Kent 등, 「Principles Behind the Agile Manifesto」, 2001, http://www.agilemanifesto.org/principles.html(「애자일 선언 이면의 원칙」, http://agilemanifesto.org/iso/ko/principles.html)

XX. Anderson, David J. 「New Approaches to Risk Management」. Agile 2009, Chicago, Illinois. http://www.agilemanagement.net/Articles/Papers/Agile2009-NewApproachesto.html

찾아보기

ㄱ

가치
    서비스 클래스를 이용한 최적화 22
    업무 항목 변동성의 분리 192-194
가치 부가 정보 273-275
가치 흐름
    그리기 85
    동시 활동 98
    순서 없는 활동 100
    시작 지점 및 종료 지점 정의 85-86
    업무 유형 86-87
    업무 항목 카드 94-96
    요구 분석 91-92
    요구에 맞는 수용량 할당 93-94
    입력과 출력의 경계 97-98
    전자 추적 96-97
    카드벽 그리기 88-91
가치 흐름 그리기
    대기열 보충 회의 109-110
    릴리스 계획 회의 110-112
    우선순위 회의 136-137, 142
    운영 리뷰 회의 전 203-204
    일일 스탠드업 106-108
    일일 스탠드업 후속 회의 108
    주간 회의 136
개선 기회 239
    낭비 제거 240-247
    도요타 생산 시스템(TPS) 243-244
    린 제조 243-244
    변동성 감소 240-247
    병목 지점 240-247
    식스 시그마 244-247
    제약 이론 240-243
    칸반을 회사 문화에 맞추다 247
    W. 에드워즈 데밍(W. Edwards Deming) 244-247
개인 소프트웨어 프로세스(PSP) 방법 145-146
결함 38
    분류 112-114
    수정 32-33
    원상 복구 124
    클래스 159
    테스트 33

계획 게임 139-140
고객 만족 20
고든 패스크 상 13
공급망 162
공유 자원
    관리 199-200
    즉시 불가성 260
관리
    변화 29
    위험 294
    정량적 22
관리자
    가치 보여주기 209
    변화 전문가 29
    실패에 대한 관용 68
    우선순위 부여 30
권한 부여 22-24
권한을 위임받은 직원 67-68
규모의 경제 126
기능 주도 개발(FDD) 29, 35, 229
기술적 우월 의식 40
긴급 서비스 클래스 131, 161-162
    정책 167-168
긴급 요청과 변동성 290-291

ㄴ

낭비
    개선 기회 240-247
    실패 부하 276-277
    재정의 269-270
    조정 비용 273-275
    처리 비용 270-273
낭비 활동 구별 275-276
낭비의 은유 269
네이키드 플래닝 기법 12
노키아 테스트 23
높은 성숙도 220-221
누적 흐름도 35

ㄷ

다르게 존재할 수 있는 권한 23-24
당김 방식 9, 103-105
    네이키드 플래닝 기법 12

드럼-버퍼-로프 8
진행 중 업무 제한 9
칸반 시스템 17, 135
대기열 89-90
보충 활동 174-176
사건 기반 결정 150
제한 147
크기 109-110, 147
대기열 보충 회의 109-110
대형 프로젝트 189-190
2단계 카드벽 195-196
가치 출시와 업무 항목 변동성의 분리 192-194
계층적 요구 사항 190-192
공유 자원 관리 199-200
레인 196-197
서비스 클래스 197-198
시스템 통합 198-199
우선순위 부여 케이던스 190
입력 대기열 190
크기 변동성을 다루는 또 다른 접근법 197
더 골(골드랫) 240
데이비드 챔버스(Chambers, David) 279
도널드 라이너슨(Reinertsen, Donald) 9-11, 30, 46, 269
도널드 휠러(Wheeler, Donald) 46
도메인 특화 언어 34
도요타 24, 67
카이젠 문화 67-68
도요타 생산 시스템(TPS) 242, 243, 269, 279, 295
개선 기회 243-244
무다(낭비) 21
칸반 시스템 11, 14
동시 활동 98-99
드라고스 두미트리우(Dumitriu, Dragos) 49-50, 140-142
드럼-버퍼-로프 9, 241, 247
디자인 패턴 34-35
디지털 화이트보드 105

ㄹ
래드트랙 96
레거시 시스템 교체 72
레인 196-197
리더십과 팀 4
리드 타임 37, 62
변동성 46
예측성 개선 216
측정 181-182
리얼 옵션 이론 239
리틀의 법칙 38
린 사고 126

린 제조 241-242
낭비 269-270
칸반 시스템 11
린킷 96
릴리스 73-74
계획 양식 111
계획 회의 110-112
고품질 74
제조사 릴리스(RTM) 124
처리 비용과 조정 비용 73-74

ㅁ
마감 시한 3
마이크로소프트 49, 130, 249
팀 파운데이션 서버 96, 105-106
XIT 유지 개발 팀 140
멀티태스킹 260-261
명시적 프로세스 정책 54
모호한 요구 사항 287-289
무다(낭비) 21
무형 서비스 클래스 165-167
정책 169-170
문화 변화 80-81

ㅂ
백로그 정리 정책 59-60
백로그 크기 감소 112-113
버전원 96
버퍼 89-91
균형 유지 148
병목 지점 148-149
크기 148-149
변경 요청 91-92
대략적 작업량(ROM) 추정 53
생애 주기 51-52
우선순위 재부여 및 일정 재수립 52-53
투자 대비 수익(ROI) 계산 52
변동
내부 원인 280-281
분포 92
외부 원인 281
우연 원인 280, 282, 286, 296
이상 원인 289, 293-294
변동성 90
감소 47
긴급 요청 290-291
내부 원인 281-287
리드 타임 47
모호한 요구 사항 287-289
불규칙한 흐름 286, 291-293
서비스 클래스의 혼재 285-286
수용량 제약 자원 253-254

시장 요소 293-294
어리석은 정책 선택 47
업무 항목 유형의 혼재 283-284
업무 항목 크기 282-283
영향 47
외부 원인 280-281, 287-295
원인 279-281
원인 공략 30, 46
이슈 로그 리뷰 114-115
잉여 시간 47
재작업 286-287
조정 활동 일정 수립 294-295
진행 중 업무 47
행동 변화 30-31
환경 가용성 293
변화 7
가능하면 최소한의 변화 85
시스템 유지 보수 73
적용할 때 생기는 저항 줄이기 68-69
초기에 미치는 영향 최소화 68-69
추진 59
변화 관리
문제 23
성공적 변화 관리 6-9
역량 213-215
변화 전문가 29, 50
병목 지점 7-8, 90, 250
개발자 61
개선 기회 240-247
완화 148-149
제거 8
제거 방법 8
찾기 8-9
처리량 43
부분적 개선 68
브룩스의 법칙 252-253
비주얼 스튜디오 팀 시스템 141
비즈니스 가치 최적화 45

ㅅ

사건으로 인한 위험 294
사고 프로세스(TP) 241
사람이라는 요소가 포함된 자동화 10
사용자 스토리 120-121, 229
사회적 규범 68
사회적 자본 40-41, 68, 77-81
사회학적 변화 75-77
서비스 수준 합의 170-171
서비스 클래스 76, 159
　가치 최적화 22
　고정 출시일 클래스 162-164
　긴급 클래스 161-162

대형 프로젝트 197-198
무형 클래스 165-167
변동성 285-286
비즈니스에 미치는 영향 160
수용량 174-176
정의 160-167
정책 160-161, 167-170
표준 클래스 165
할당 172-173
활용 173-174
성공 레시피
예측성 개선을 위한 변동성의 원인 공략 46
요구량을 처리량에 맞추기 42-43
우선순위 부여 44
이미 있는 팀에 적용할 수 있는 관리 지침 30
자주 출시하기 35-40
적용 30-46
진행 중 업무 줄이기 35-40
칸반 47
품질에 집중하기 32-35
성과
반복적 개선 방식 8
영향을 미치는 요소 52-53
소모 비용 125
소프트웨어 개발 12-13
변동성 13
변동성 감소 46
병목 지점 61
새로운 요구 사항 42-43
소프트웨어 업무 추적 시스템 18-19
속도 45
예비 진료 112-114
잦은 릴리스 42
지나친 결함 32
출시 처리 비용 124-125
칸반 시스템 18-19
소프트웨어 개발 생애 주기 8
소프트웨어 공학 연구소(SEI) 69, 279
개인 소프트웨어 프로세스/팀 소프트웨어 프로세스(PSP/TSP) 50
역량 성숙도 모델 결합(CMMI) 213
조직 혁신 및 이행(OID) 69
소프트웨어 생산 라인 34
소프트웨어 유지 보수 72
소프트웨어 출시 조정 122-123
소프트웨어 팩터리 소프트웨어 생산 라인 참조
수용량 제약 자원
변동성 253-254
보호 행동 253-257
이용 253-257
종속 행동 257-259
투명성 256

확장 행동 251-253
수용량 할당
　　　공정한 할당 58-59
　　　요구에 맞는 할당 93-94
　　　위험 분산 22
　　　진행 중 업무 155
스크럼 23, 69
　　　스탠드업 회의 106-108
　　　일일 스탠드업 회의 275
　　　팀 120
스탠드업 회의 106-108, 273-274
스크럼 지지자 275
스티키 버디 115
시각적 신호 시스템 190
시각적 제어 103-105
시각적 제어 시스템 19
시간 제한 반복 119-122
시스템 사고 21
식스 시그마 244-247, 279
신뢰 45
　　　규칙적 출시 129
　　　작은 표현 41
　　　잦은 릴리스 40-41
　　　칸반 20
　　　협업 79-80
신속 대응 팀(RRT) 133-135
실버 카탈리스트 96
실패 부하 276-277
　　　측정 187
실패의 경험에서 얻은 교훈 29
실천법 중심 평가 23
심오한 지식 시스템 243, 244-247

ㅇ

아바타 95
암묵지 42
애자일 개발
　　　규칙적 케이던스 119-121
　　　대형 프로젝트 190-192
　　　더 나은 경제적 결과 7
　　　더 빠른 스크럼 213-214
　　　방법 69
　　　비즈니스 가치 최적화 44
　　　에코시스템 23
　　　원칙 190
　　　이슈 관리 및 확대 114-115
　　　작동하는 코드의 생산율 44
　　　점진적 변화 22
　　　지속 가능한 속도 3-4
　　　차단 업무 항목 298
　　　카드벽 19
　　　팀과 암묵지 42

　　　품질 33-34
　　　프로젝트 관리 225
애자일 모델링 34
애자일 방법
　　　기능 주도 개발 29
　　　스크럼 119-121
　　　익스트림 프로그래밍 119-121
애자일 선언 32
애자일 선언 이면의 원칙 4, 32, 120
애자일 얼라이언스 13
애자일 젠 96
애자일 콘퍼런스 12-13
애자일 프로젝트 리더십 네트워크(APLN) 12
업무 작업 제한 145-147
업무 항목
　　　가치 출시와 변동성 192-194
　　　버그(미처 발견하지 못하고 출시된 결함) 91-92
　　　변경 요청 91-92
　　　서비스 클래스 159-170
　　　완료 89
　　　유형 혼재와 변동성 283-284
　　　제품 결함 91-92
　　　제품 문구 변경(PTC) 91-92
　　　지연 비용을 고려하여 수립한 우선순위 부여 22
　　　차단 297-298
　　　출처에 따른 명명 87
　　　카드벽 그리기 88-91
　　　크기 87
　　　크기와 변동성 282-283
　　　흐름 88
업무 항목 카드 94-96
업무 흐름 190
　　　대기열 제한 147
　　　병목 지점 완화 148-149
　　　수행 순서 88
　　　시각화 21, 51-52, 88-91
　　　제한하지 않는 구간 151-153
　　　진행 중 89
　　　칸반 시스템 135-136
업무 흐름 시각화 21, 51-52, 88-91
엘리 골드랫(Goldratt, Eli) 8-9, 30, 240, 252, 274
역량 성숙도 모델 결합(CMMI) 67, 213, 221
　　　조직 혁신 및 이행(OID) 69
예비 진료 112-114
예측성
　　　규칙적 케이던스 136-137
　　　변동성의 원인 공략에 의한 개선 30, 46
오노 다이이치(大野耐一) 10, 24
와츠 험프리(Humphrey, Watts) 50, 279
완료일 달성 실적 62
완료일 달성 실적 측정 170-172, 183

요구
　　분석 91-92
　　분포 92
　　시기적 92, 175-176
　　요구에 맞는 할당 93-94
　　처리량에 맞추기 30, 42-43
　　평균 도달률 92
요구 분석 91-92
요구에 의한 우선순위 부여 140-142, 150-151
요구에 의한 출시 129-131
우선순위 부여 30
　　관리 30
　　단순화 218-219
　　대기열 보충 회의 109-110
　　성숙도 구축 45
　　영향력 44-45
　　요구에 의한 우선순위 부여 140-142
　　잦은 우선순위 부여 137
　　제품 관리자 58
　　조정 비용 133-136
　　처리 비용 138-139
　　특별한 목적에 의한 우선순위 부여 140-142
　　효율성 137
우선순위 부여 케이던스 73-74
　　대형 프로젝트 190
　　우선순위 부여 조정 비용 133-136
　　입력 대기열 149-150
　　증가를 위한 효율성 개선 139-140
　　합의 136-137
우선순위 부여 회의 136-137, 142
　　대기열 크기 149-150
　　XIT 사례 연구 140-142
우연 원인 280
운영 리뷰
　　관리자의 가치 209-210
　　린 변화 207-208
　　비즈니스 중심의 분위기 설정 204-205
　　손님 초대 205
　　적절한 케이던스 208-209
　　주요 안건 206-207
　　초기 사례 210-211
　　카이젠을 촉진하는 조직적 집중 210
　　회의 전 203-204
월터 슈하트(Shewhart, Walter) 245, 279
위험
　　사건으로 인한 위험 294
　　수용량 할당에 의한 분산 22
위험 관리 60, 239, 294
위험 프로파일
　　수용량 93
　　요구 사항 255
이상 원인 변동 281, 289, 293-294

이슈
　　관리 298-299
　　보고 300-302
　　추적 300-302
　　확대 300
이슈 및 차단 업무 항목 보고 185
익스트림 프로그래밍 120, 282-283
인과 분석 및 해결(CAR) 69, 214
입력 케이던스 57
잉여 시간
　　개선의 기회 217-218
　　변동성 46
　　지속적 개선 43-44

ㅈ
자동화 255
　　예비 진료 113
잭 웰치(Welch, Jack) 246
적시 생산 10
전자 추적 96-97
점진적 변화 22
점진적 프로세스 개선 10
정책
　　명시적 54
　　서비스 클래스 160
　　예비 진료 113
　　조정 59-61
제약 이론(TOC) 7, 21, 30, 252
　　개선 기회 240-243
　　고정 출시일 서비스 클래스 162-164, 168
　　드럼-버퍼-로프 8-9
　　병목 지점 찾기 8
　　사고 프로세스(TP) 241
　　수용량 제약 자원(CCR) 251-259
　　이용 253-257
　　즉시 불가성 자원 262-263
　　지속적 개선 프로세스(POOGI) 240
　　집중의 5단계 240, 242-243
　　크리티컬 체인 241
제품 관리자 57-59
조셉 주란 279
조정
　　낭비 활동 찾기 275-276
　　당김 103-105
　　대기열 보충 회의 109-110
　　릴리스 계획 회의 110-112
　　비용 감소 129
　　스티키 버디 115
　　시각적 제어 103-105
　　예비 진료 112-114
　　이슈 로그 리뷰 114-115
　　일일 스탠드업 회의 106-108

일정 수립의 어려움 294-295
전자 추적 105-106
지역 동기화 116
카드벽 103-105
확대 114-115
후속 회의 108
조정 비용
　낭비 273-275
　사회적 자본 78
　스티키 버디 115
　우선순위 부여 133-136
　이슈 및 차단 업무 항목 보고 288-289
　출시 122-123, 130
　출시 케이던스 119
조직
　높은 성숙도 220-221
　문화 발전 20
　성숙도와 역량 가속화 68-69
　압박 153-154
조직 문화 발전 20
조직 혁신 및 이행(OID) 68-69, 213-214
종속 행동
　수용량 제약 자원 257-259
주간 회의 136-137
즉시 불가성
　공유 260-261
　보호 행동 262-263
　이용 262-263
　자원 262-265
　종속 행동 263-265
　확장 행동 265-266
지라 96
지라 그린호퍼 96
지속 가능한 속도 4-6
지속적 개선 43-44, 67
지표 179
　리드 타임 181-182
　실패 부하 187
　완료일 달성 실적 183
　이슈 및 차단 업무 항목 그래프 185
　진행 중 업무 추적 180
　처리량 183-185
　초기 품질 187
　흐름 효율성 185-186
직원 4, 67-68
직원 만족 개선 216-217
직장 문화 67
진행 중 업무
　감소 30, 35-42
　개발 준비(입력) 대기열 73
　규모에 맞게 바꾸기 42-43
　대기열 147

리드 타임 37
변동성 46
병목 지점 완화 148-149
수용량 할당 155
암묵지 42
압박을 받는 조직 153-154
양 38
업무 작업 145-147
업무 흐름을 제한하지 않는 구간 151-153
입력 대기열 크기 149-151
제한 9, 18, 21, 55, 90, 154-155, 190, 228-230
지표 추적 180
초기 품질 39-40
카드벽 88-89
투명성 75-77
품질 제어 38
OTA 다운로드 팀 39-40
진행 중 업무 제한 21

ㅊ
차단 업무 항목 297-298
　이슈 관리 298-299
　이슈 추적 및 보고 300-302
　이슈 확대 300
처리 비용
　감소 128-129
　낭비 270-273
　낭비 찾기 275-276
　우선순위 부여 138-139
　출시 123-125
처리량
　병목 지점 43
　요구량에 맞추기 30-31, 42-43
　입력 대기열 149-151
　측정 183-185
최소 시장성 기능(MMF) 192-193
최소 시장성 릴리스(MMR) 192-193
최적화 67
　프로세스 85, 213-214, 218-219
　서비스 클래스를 이용한 가치 최적화 22
추정 54-55
출력 경계 97-98
출시
　요구에 의한 출시 129-131
　조정 비용 122-123, 130
　처리 비용 123-125, 130
　특별한 목적에 의한 출시 129-131
　효율성 125-127
출시 케이던스 119
　요구에 의한 출시 129-131
　조정 비용 122-123
　처리 비용 123-125

370

출시 효율성 125
　　특별한 목적에 의한 출시 129-131
　　합의 127-128

ㅋ
카드벽
　　2단계 카드벽 195-196
　　공유 자원 관리 199-200
　　그리기 88-91
　　당김 103-105
　　대기열 89-90
　　동시 활동 98-99
　　레인 196-197
　　버퍼 89-91
　　병목 지점 89-90
　　서비스 클래스 197-198
　　수행 활동 88-89
　　시각적 제어 103-105
　　애자일 소프트웨어 개발 19
　　업무 항목 카드 94-96
　　열 88-89
　　완료 업무 89
　　입력 대기열 89
　　조정 103-105
　　진행 중 업무 89
카이젠(지속적 개선) 프로세스 10, 14, 67
　　카이젠을 촉진하는 조직적 집중 201-211
카이젠 문화 67-68, 75
칸바너리 96
칸반 시스템 17-18
　　교육 프로그램 214
　　당김 방식 9, 17-18, 135-136
　　드럼-버퍼-로프 9-11
　　모델 21-22
　　목표 215-221
　　변화 관리 23-24, 213-215
　　사용 이유 20-21
　　사회적 자본 80
　　사회학적 변화 75-77
　　서비스 수준 226-227
　　서비스 클래스 172-174
　　성공 레시피 47
　　시스템 설계 및 운영 220
　　시작 가이드 222-224
　　신뢰 20
　　애자일 선언 이면의 원칙 120
　　예상치 못한 효과 74-75
　　예측성 179
　　우선순위 부여 73, 218-219
　　잉여 시간 216-217
　　장점 221-222
　　적용 기회 인식 21

　　지표 179
　　직무 88
　　진행 중 업무 75-77
　　카이젠 문화 75
　　탄생 11-12
　　프로세스 최적화 69, 85, 215
　　회사 문화 247
칸반 시스템의 모델 21-22
칸반 시스템의 시작 및 종료 지점 정의 85-86
케이퍼스 존스(Jones, Capers) 32
코드 인스펙션 33-34
크리티컬 체인 241

ㅌ
타깃 프로세스 96
터치 타임 186
테스트 주도 개발(TDD) 33
테스트와 결함 33
통계적 프로세스 관리(SPC) 244-247, 279
투명성
　　수용량 제약 자원 256
　　운영 및 시스템 설계 220
　　진행 중 업무 75-77
투명한 운영 220
특별한 목적에 의한 우선순위 부여 140-142
특별한 목적에 의한 출시 129-131
팀
　　결함 수정 32-33
　　계획 게임 139-140
　　고객과 가치 사슬 파트너에 대한 약속 225-227
　　고유한 프로세스 22-24
　　기능 주도 개발(FDD) 35
　　다르게 존재할 수 있는 권한 24
　　병목 지점 7-8
　　사용자 스토리 120-121
　　사회적 자본 76
　　성숙도 구축 45
　　스스로 생각하기 23
　　역할과 책임 31
　　요구량 맞추기 20
　　인원 할당 변경 61
　　일정과 우선순위 결정 95-96
　　자기 조직화 274
　　적극적 리더십 6-7
　　적용 지침 30
　　제약 요인 7
　　지속 가능한 개발 속도 20
　　지역 동기화 116
　　진행 중 업무 제한 20
　　테스트 주도 개발(TDD) 33
　　핵심 특성 21-22
　　협력적 분석 및 설계 34

찾아보기　371

팀 파운데이션 서버 105, 141

ㅍ
포그 버그즈 96
폭포수 모델 70-71
표준 서비스 클래스 165
    정책 169
품질
    개선 32-35
    더 높은 품질 3
    디자인 패턴 34
    애자일 선언 32
    저하 36-39
    접근 방식 33-35
    진행 중 설계의 양 줄이기 35
    집중 30, 32-35
    초기 품질 33
    최신 개발 도구 34
    코드 인스펙션 33-34
    협력적 분석 및 설계 34
품질 보증 운동 244
프레드 브룩스(Brooks, Fred) 162, 252-253
프로그램 관리 조직(PMO)의 포트폴리오 관리 정책 55, 133
프로그램 관리자 49
프로세스
    상황에 따른 적용 6-7
    시각화 85-86
    점진적 개선 11-12
    최적화 23-24, 85, 215
    혁신 장려 22-23
프로젝트
    마무리 활동 271-272
    범위에 포함되어 있는 기능 35-36
    병목 지점 7
    제약 요인 7
    조정 비용 273-275
플래닝 포커 139-140
플랫폼 교체 166
플로우 아이오 97
피처 크루 229

ㅎ
할당 시간 186
허블 망원경 124
협력 게임 139-140
협업 68, 79-801
    확산 77
    확대 114-115
활동
    낭비 활동 찾기 275-276
    동시 활동 98-99
    순서 없는 활동 100-102
효율성
    우선순위 부여 137
    우선순위 부여 케이던스 139-140
    출시 케이던스 128-129
후속 회의 108
흐름
    측정과 관리 21
    효율성 측정 185-186

A-Z
Agile Management for Software Engineering(앤더슨) 7-8, 241, 258
APLN 애자일 프로젝트 리더십 네트워크(APNL) 참조
AT&T 249
BBC 월드와이드 292
CAR 인과 분석 및 해결(CAR) 참조
CMMI 역량 성숙도 모델 결합(CMMI) 참조
FDD 기능 주도 개발(FDD) 참조
J형 곡선 효과 153
Kanbandev 야후 그룹 12, 32
Limited WIP Society 24, 105
Managing Agile Projects(어거스틴) 12
OID 조직 혁신 및 이행(OID) 참조
OTA 다운로드 서버 35
OTA 장치 관리 35, 37-40
PCS 비전 122
PSP/TSP 소프트웨어 공학 연구소(SEI), 개인 소프트웨어 프로세스/팀 소프트웨어 프로세스(PSP/TSP) 참조
SEI 소프트웨어 공학 연구소(SEI) 참조
Software by Numbers(덴, 클리랜드-황) 192
Software Engineering Professionals(SEP) 292
TDD 테스트 주도 개발(TDD) 참조
The Machine That Changed the World(워맥, 존스, 대니얼스) 243
TOC 제약 이론(TOC) 참조
TPS 도요타 생산 시스템(TPS) 참조
W. 에드워즈 데밍(Deming, W. Edwards) 21, 279
    개선 기회 244-247
    심오한 지식 시스템 243
XIT 유지 개발 팀 51-52, 140
    생산성 개선 62
    요구에 의한 우선순위 부여 150-151
    우선순위를 부여하는 공동 협력 게임 141-142
    지속적 출시 62

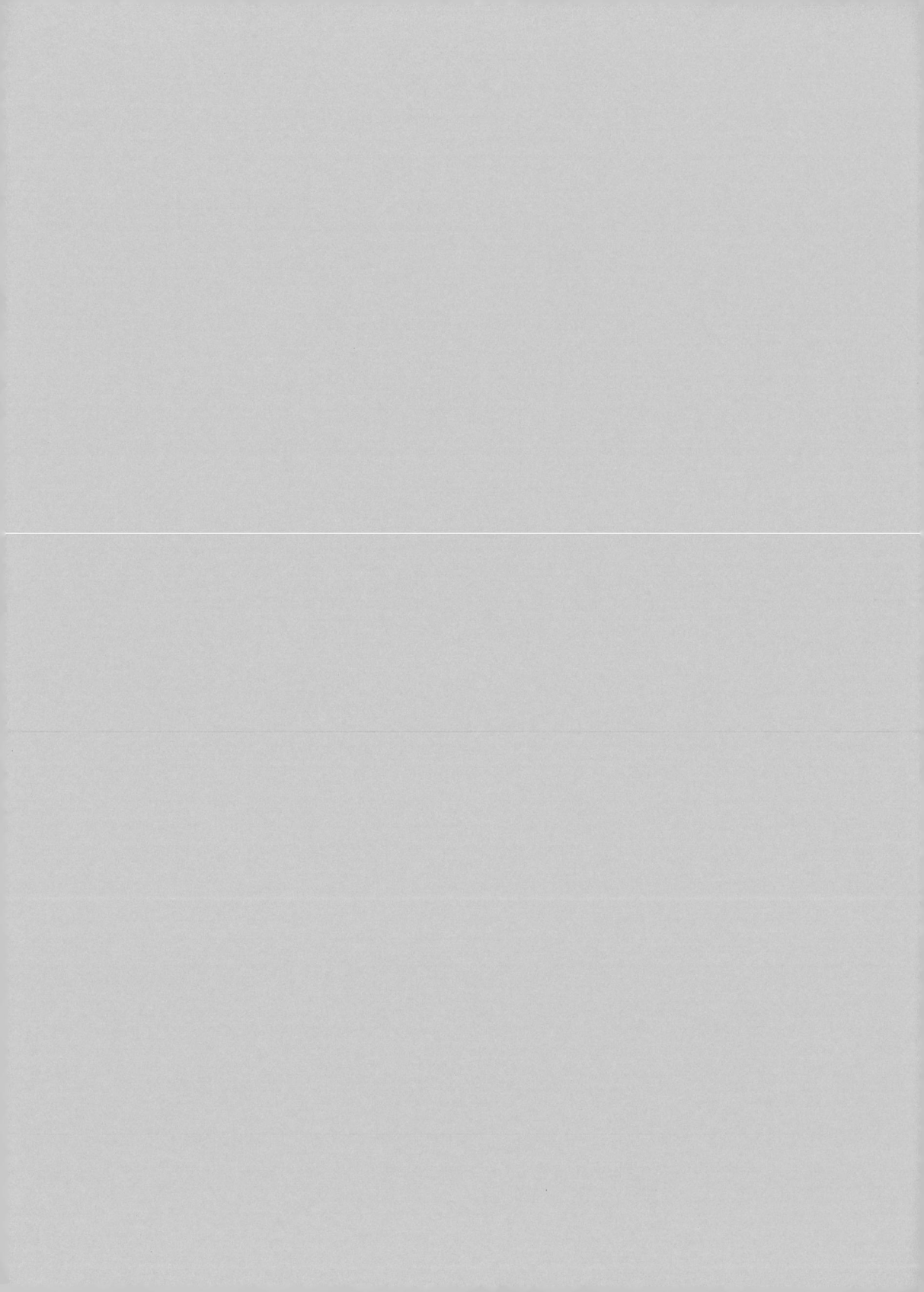

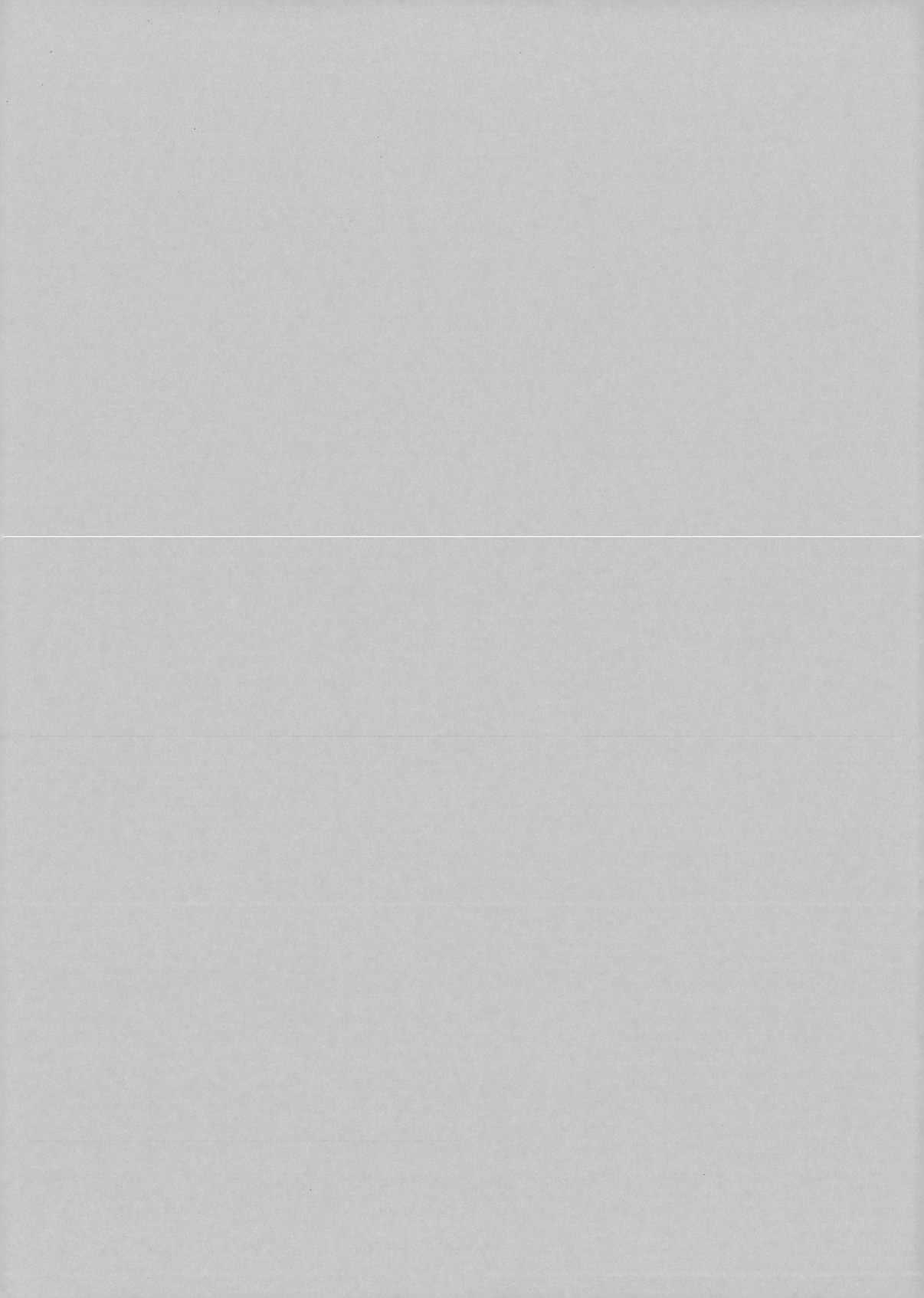